汉译世界学术名著丛书

十五至十八世纪的物质文明、经济和资本主义

第一卷

日常生活的结构：可能和不可能

下 册

〔法〕费尔南·布罗代尔 著

顾良 施康强 译

商务印书馆
创于1897 The Commercial Press

291

第五章

技术的传播：能源和冶金

人类为改造外在世界作出的一切努力都是技术，这是不仅包括在强力作用下实现的突变，即所谓革命（火药的革命、远洋航行的革命、印刷术的革命、水磨和风磨的革命、早期机器的革命），而且包括耐心地、不厌其烦地对工艺和工具从事的缓慢改良：水手勒紧缆绳，矿工挖掘坑道，农民犁田，铁匠打铁，这些重复无数次的动作固然谈不上有什么革新意义，但它们是知识积累的结果。马赛尔·莫斯说过：“我所说的技术是一种有效的传统行为”；[1]总之，这是从古代延续到今天的一种人对人的训练。

如同历史一样，技术势必范围广阔，发展缓慢，界线模糊；历史说明技术，技术又反过来说明历史，但在任何一个方面，这种相互联系都并不尽如人意。在这个扩大到历史极限的领域里，不存在单一的作用，而只有多次的、反复的、错综复杂的作用。技术的历史肯定不是一条直线。勒费弗尔·代诺埃特上尉的著作至今令人钦佩，但他的唯物主义犯了简单化的毛病。肩轭于9世纪取代了
293 胸轭，这能增强马的拉力，但不能逐渐取消奴隶制（马克·布洛赫驳斥了这种走捷径的错误观点）；[2]同样，也不是最早在北海采用的艉舵从12世纪起为惊人的航海冒险[3]作了准备或提供了保证。

尼德兰地区用镰刀收割：这在16世纪末尚属少见。小勃鲁盖尔（约1565—1637）作画。

L.怀特曾经断言，眼镜的普及不但使15世纪的读书人大量增加，而且有助于文艺复兴时代的思想起飞。[4]我们至多把这个看法当作旨在逗乐的笑话。其实，还有一些别的因素也曾助了一臂之力！至少印刷术该是其中之一。如果愿意说笑话，我们还可以想到，室内照明在那个时代也开始普及，这为阅读和写作争取了多少时间！可是，我们首先必须问：这种新的阅读和求知的激情，即经济学家所说的求知"欲念"根源何在？远在眼镜风行以前，佩特拉克时代不是已经有人在拼命钻研古代的手稿吗？

总之，在一场并不仅仅涉及技术的辩论中，贯古通今的历史和广义上的社会都要出场说话。社会是一部缓慢的、无声的和复杂的历史，它顽强地重复已知的现成答案，并排斥新的探索，认为创新会造成困难和危险。任何发明创造都必须先等待几十年或几个世纪，然后才能进入现实生活的大门。技术应用永远落后于发明，只有当社会达到一定的接受能力时，才谈得上把发明付诸应用。长柄镰的情况就是如此。15世纪的西欧接连发生瘟疫，人口大批死亡，手持长柄镰的死神几乎成了一个缠人的形象。但在当时，长柄镰专门用于割草，很少充当谷物收割工具。短柄锯镰仅割谷穗，留下相当长的秸秆供畜群食用，树木的枝叶则用于垫厩。尽管欧洲城市人口大大增加，土地都用于种麦，长柄镰却因被认为能使麦穗掉粒，直到19世纪初仍未普及。[5]后来，由于需要加快收割，浪费一点粮食也不再在乎，这种工具才得到优先推广。

成百个其他例子可说明同一件事情。蒸汽机发明以后很久才推动了工业革命（或者不如说，工业革命推动了蒸汽机的应用）。

如果历史仅仅表现科技发明的事件，我们从中看到的不过是一片幻景，昂利·比兰纳的一句话作了很好的概括："〔维京人抵达的〕美洲之所以得而复失，是因为欧洲当时还不需要美洲。"[6]

这就等于说，技术有时是人们由于经济、社会、心理等方面的原因而不能达到和不能充分利用的可能性，有时又是人力能够达到的、最高的"物质"极限和"技术"极限。在后一种情况下，一旦极限被突破，原有水平便成为技术加速前进的起点。但是，打破障碍的动力绝不是科学技术的简单的内在发展，至少在19世纪前肯定不是。

关键问题：能源 294

在15至18世纪期间，人所支配的能源包括人力、畜力、风力、水力以及树木、木炭和煤炭。这些能源加在一起，种类虽多，数量却很有限。未来的事态发展告诉我们，技术进步取决于煤的利用——欧洲在11至12世纪，据文献记载，中国在公元前4000年——特别是有计划地把煤炼成焦炭后用于炼铁。但是，人们长期把煤当作辅助燃料。焦炭发现后也没有立即被投入使用。[7]

人　　力

人的肌肉力量不大，按马力（一秒钟内把75公斤重量提高1米所做的功）计算，功率很低（相当于3%至4%马力，一匹辕马约有27%至57%马力）。[8]福雷·德·贝利多尔于1739年指出，需要七个人才能完成一匹马的工作。[9]换其他的计量方法：1800 年每人每天能“犁地 30 至 40 公亩，晒草 40 公亩，用锯镰收割 20 公亩，脱粒约 100 公升小麦”，功效确实很低。[10]

然而，在路易十三时代，人工作一天的报酬不是马的七分之一，而是二分之一(8 至 16 苏)；[11]人的工价合理地偏高。人虽然自身力量不大，但几乎总是能依靠许多工具，以种种形式增加这种力量。其中有些工具在远古时代就已产生，如锤、斧、锯、钳和锄；人还用自身的体力推动简易动力机，如钻头、绞盘、滑轮、吊车、千斤顶、杠杆、脚蹬、曲柄、转盘等。对于古代从印度或中国传到西方的这最后三种工具，G. 豪特里库尔提供了一个恰当的名称，叫作“人力机”。一组简单的滑轮不是能把人的功率提高四倍、五倍乃至更多吗？有鉴于此，工程师和物理教师证书获得者钱拉·瓦尔特认为，计算人力的平均功率应考虑到他使用的工具，大致可确定为 13%至 16%马力(1980 年 6 月 26 日的信)。

人本身因而就是一系列可能性。这里涉及技巧和灵活：巴黎一名搬运工(事情发生在 1782 年)背负的“重量能压死一匹马”。[12] P. G. 普恩索(1806 年是个很晚的日期)竟在《耕作者之友》中提出以下的建议，实在令人惊奇：“假如能够用锄翻耕全部土地，那该多么令人神往。锄耕肯定比犁耕好处更多，法国许多地区更喜欢锄头，用惯了这种工具可大大缩短操作时间，因为一个人在半个月内就能翻耕 487 平方米土地，深度达 65 厘米，土地只锄一遍就够了，而犁耕却要反复四遍，才能在坚实的土地上播种；更何况，用锄翻
295 耕的土地特别疏松……由此可见，在耕地不大的情况下，用犁耕地并不合算，这正是导致小农庄主破产的主要原因……其次，业已证

明，锄耕地块的产量竟高达普通地块的三倍。用于耕地的锄头至少在长度和强度方面应比菜园小锄高一倍；在翻耕和粉碎板结的土块时，菜园小锄顶不住人使的劲。”[13]

我们不要以为这是不着边际的空想。乡村中的零工在翻耕小块土地时，如果不用平板锄，也往往要用鹤嘴锄。用18世纪的话来说，这叫作“使点手劲”或“靠双臂种地”。[14]问题是要计算：假如不是偶一为之而是成为常规，这种“中国式”的、荒唐的“使点手劲”能产生什么结果？在这种情况下，西方的城市还能建立和存在吗？牲畜饲养又该成什么样子？

在近代中国，农民仍赤手空拳地从事单调的劳作。一名旅行家于1793年记述：那里不仅人力劳动“最为便宜，而且只要确信并非滥用，凡是能用人力的地方都用人力”，人力不被滥用这个说法还未必可信。人挥锄耕地，代替水牛拉犁，提水引水，转动辘轳，用手推磨碾碎粮食（“这是无数居民的日常工作”），为旅客抬轿，背负或肩挑重物，转动压纸机的圆辊，为船拉纤；而“在其他许多国家，这类事情一般用马”。[15]在从扬子江到北京的大运河上，名为“天妃闸”的最高船闸不能自由启闭。船只通过时， 297
“根据船只自重和载重的大小，需要400至500人，甚至更多的人，在河道两岸拉绳”，带动绞盘把船从闸的一边抬到另一边。马加良恩斯神甫一面指出这种操作既困难又危险，另一面又推崇中国人习惯于完成“各种机械工程，使用的工具比我们少得多，而且还简便得多”。[16]难道他的推崇有道理吗？十年过后（1695年），热梅利·卡勒里也对轿夫的步伐迅速深感惊叹，他们一溜小跑竟同“鞑靼小马”[17]不相上下。一名耶稣会神甫于

每艘满载珍贵的假山石（太湖石）的船只都必须有六个中国人在纤道拉纤。18世纪的中国画。法国国家图书馆版画部。

296

1490年前后库特山银矿的情景。装矿砂的筐子由二人使用绞车提拉。该矿也拥有马拉绞车，但设备还很简陋。50年后，即在阿格里哥拉时代，才改用巨大的水轮。

1657 年在北京制造了一个灭火唧筒,依靠人力和借助风力能把“水喷到 100 尺高”。[18]可是,即使在印度,水车以及榨糖和榨油的石磨都套牲口牵拉。[19]在 19 世纪的日本,北斋的一幅画提供的图景几乎令人难以置信:甘蔗竟全靠臂力压榨。

耶稣会神甫们于 1777 年还说:“使用机器和役畜是否有益的问题不是很容易解决的,至少在土地勉强能养活其居民的国家是如此。机器和役畜在那里有什么用处?无非是让一部分居民专事清谈,也就是说,他们不为社会做任何事情,却要社会满足他们的需求和福利,或更糟糕地要社会接受他们的滑稽可笑的主张。某些乡村因人口过多,劳动力出现过剩,我们的农民〔耶稣会教士用中国人的口吻说话〕决心前往满洲和新征服的地区去干活,那里的农业正在发展……”[20]这似乎是个合理的办法。何况,中国农业也确实正向国内外展开有力的垦殖活动。但我们可以顺便指出,在当时,农业进步还不能赶上和超过人口的增长。

关于黑非洲或印度的人力劳动,是否要长篇大论去谈呢?奥朗则布在前往克什米尔途中,面对喜马拉雅山的悬崖峭壁,不得不放弃骆驼,改用 15000 至 20000 名挑夫,其中有的被迫服役,有的“贪图每挑百磅可得十埃居的好处”。[21]有人说这是浪费,但也有人认为是节省。在比赛特尔的养济院(1788 年),原来用 12 匹马从井里提水,“但是,一个聪明的节约措施带来了更大的好处,一些强壮有力的犯人从此被用于从事这项工作”。[22]说这句话的人居然是道德家塞巴斯蒂安·迈尔西埃!同样,我们后来在巴西的城市中有时也还看到用黑人奴隶代替马匹牵引双轮载重货车。

泰奥都尔·德·勃利：秘鲁的羊驼商队。法国国家图书馆版画部。

技术进步的条件无疑是在到处需要的人力劳动和其他替代能源之间力求取得合理的平衡。人若过分去同其他能源竞争，终究没有好处：无论是古希腊和古罗马时代的奴隶，或者是中国大批能干的苦力，他们的廉价劳动力结果阻碍了机器的发展。当然，不重视人的价值，也就没有进步可言。人力是必须付出一定成本的能源，因而必须设法帮助人，尽可能替代人力劳动。

298

兽　力

人很早依靠家畜代替自己劳动，但家畜在世界上的分布很不均衡。如果一开始就把新旧大陆区分开来，这一“原动力”的历史就比较明朗了。

美洲的情形相当简单。印第安人留下的唯一重要的遗产是羊驼。“安第斯山的绵羊”虽然不宜重载，却能适应科迪列拉高原的稀薄空气。所有其他牲畜（小羊驼和火鸡除外）都来自欧洲，包括牛、绵羊、山羊、马、狗和家禽。对经济生活最有重要意义的还是马骡和驴骡，它们逐渐成为基本运输工具，但北美和巴西的某些地区除外，尤其是阿根廷的潘帕斯地区，那里的双轮大车直到20世纪仍照例用牛拉套。

骡帮带着叮咄作响的小铃在广阔的原野行进，亚历山大·洪堡于1808年指出，骡帮对新西班牙的货运和玉米面运输极其重要；[23]没有骡帮，任何城市都不能生存，富裕的墨西哥城更是如此；过了十来年后，奥古斯特·德·圣伊雷尔在巴西也注意到相同的现象。骡帮有固定的行进路线、宿营地和“站头”，如里约热内卢附近都马尔山脚下的埃斯特雷拉港。[24]骡帮客商出资推动棉花和咖 299
啡生产，他们是早期资本主义的先驱者。

1776年，幅员辽阔的秘鲁王国拥有500000头骡，在沿海地区或安第斯山从事运输，或在利马拉四轮轿车。秘鲁从南方和阿根廷的潘帕斯进口的骡每年可能达50000头。骡群在潘帕斯放牧，每群都有成千上万头之多；骑马的雇工向北驱赶骡群直到图库曼和萨尔塔，并在那里开始残酷的训练；骡群最后被送到秘鲁或巴西，特别是圣保罗省苏鲁卡巴的庞大集市。[25]马塞尔·巴塔雄认为，这种生产和这项贸易令人想到今天的汽车工业“及其在一个面临摩托化的大陆拥有的内部市场”。[26]

这项贸易也是原始的阿根廷同产银的秘鲁和产金的巴西相结

合的一种方式：秘鲁拥有500000头骡，巴西大概也有那么多，加上新西班牙、加拉加斯、波哥大的圣菲或中美洲等地使用的骡（驮载或骑用，很少拉车），总数肯定达一二百万头之多。假定平均五至十名居民拥有一头骡，这为贵金属、食糖和玉米的运输提供了巨大的动力。除欧洲外，世界上任何地方都不能与此相比。甚至在欧洲，西班牙于1797年约有10000000人（几乎等于西属和葡属美洲的全部人口），却仅有250000头骡。[27]即使有关美洲的数字有待进一步考证后加以订正，欧洲与美洲的差距仍然很大。

欧洲的其他家畜也在新大陆大量繁殖，特别是牛和马。潘帕斯草原笨重的牛车是殖民地时代巴西特有的景色，这些由牛套轭的木车使用实心轮子，车轴转动时吱吱发响。牛群也在野地放牧，巴西圣弗朗西斯科山谷的"皮革文明"使人想起阿根廷潘帕斯和南里奥格朗德的同等情景：人们大块吞食半生不熟的烤肉。

至于马，虽然这里数量极多，但同世界各地一样，它代表着雄健暴烈的畜中贵族，为驱赶畜群的牧主和雇工充当坐骑。18世纪末，骑术惊人的阿根廷牧人已奔驰在潘帕斯草原。一匹马的价值究竟是多少？两个里亚尔：丢失一匹别难过，找回十匹也容易，或奉送，或牵走，悉听尊便！牛甚至不作为商品出售，听凭人们用绳圈或球套去捕捉，一头骡在萨尔塔市场上的售价可达9比索，[28]而一名黑奴在布宜诺斯艾利斯的售价通常为200比索；新大陆就这样提高人的价值，并且把动物世界交给人支配。

旧大陆很早已经开始利用畜力，不但历史悠久，而且情形复杂。

从濒临大西洋的撒哈拉到戈壁沙漠，横亘着连绵不绝的荒漠，单峰驼和双峰驼就在旧大陆这块不毛之地繁殖。这在今天看来，真是再也合理不过的事。炎热的沙漠是单峰驼的领地，山区对这种怕冷的动物并不适宜；寒冷的沙漠和山地则是双峰驼的疆域，两种骆驼恰好以安纳托利安和伊朗为界各居一方。一位旅行家于1694年说得好："上帝为炎热地区和寒冷地区分别造就了两种不 300
同的骆驼。"[29]

但这种合理分配必须经过一个漫长的过程方能实现。单峰驼只是在纪元开始的前后才深入撒哈拉，[30]又随着7世纪和8世纪的阿拉伯征服以及11和12世纪"游牧部落"的到来，才巩固了自己的地位。至于双峰驼，它利用土耳其势力向小亚细亚和巴尔干方向推进，于11至16世纪期间完成了自己的西征。当然，两种骆驼都越过了各自的辖地。[31]单峰驼越过伊朗，到达印度，如同马匹一样高价出售，又深入撒哈拉南部，来到黑非洲边缘，在那里把接力棒交给独木船和挑夫，并一度向北发展到墨洛温王朝期间的高卢。双峰驼则同时在东方进占巴尔干国家，但未能征服这一地区；直到19世纪，它只是那里的过客。1529年，双峰驼为围攻维也纳的土耳其军队运送给养。同样，在旧大陆的另一端，双峰驼深入到中国北部。一名旅行家于1775年指出，北京附近除双轮车外，还有"驮运绵羊"的骆驼。[32]

伊斯兰地区的短途运输、耕种和灌溉几乎被骆驼完全垄断(虽然在地中海附近，很早就使役驴子)，驼帮的长途跋涉保持着撒哈拉、近东和中亚之间的联系。这类联系的存在应归功于一种灵活而古老的资本主义形式。[33]单峰驼和双峰驼都能驮载相当重的货物，起码达700磅，通常是800磅(埃尔佐鲁姆附近)。据1708年的一份文献记载，在塔布里兹和伊斯坦布尔之间骆驼的载重竟高达 1000 至 1500 磅。[34] 这里的磅重显然略低于 500 克；平均负重相当于四至五公担。一个拥有 6000 头骆驼的商队可运货 2400 至 3000 吨，约等于四至六艘大帆船的载重量。全靠骆驼作工具，长期承担旧大陆内陆交通的伊斯兰得以在商业上保持领先地位。

至于黄牛（还有水牛和牦牛），它在旧大陆到处繁殖。它的活动范围北部到西伯利亚森林为止（那里是野鹿和驯鹿的领域），在南部则被热带牛蝇所阻，以非洲的赤道森林为界线。

牛在印度有时不事劳作，但有时也牵犁、拉车、推磨，充当士兵或贵族的坐骑。莫利族客商带领成万头牛的庞大车队从事小麦或稻米的运输。遇到外敌攻击时，男女一起以弓箭抵御。在印度北方，狭窄的道路两旁矗立着树木和墙垣，每当两个车队迎面而来，

18 世纪末年的埃及水车。摘自《埃及风物志》，该文献集系由随同波拿巴远征埃及的科学家小组编写并由帝国政府于 1812 年出版。

必须让它们循序通过,互不混杂,其他行人全被堵塞,夹在牛群中进退不得达两三天之久。[35]印度的牛饲料既差,更无畜厩。中国的水牛数量有限,虽然干活不多,但喂料更少,全靠自行觅食;水牛野性未退,见到生人容易惊怒。

特别在欧洲,人们经常见到一对牛拖着实心轮子的木车(西班牙的加利西亚今天仍有)。牛也能像马一样单独套车:日本人和中国人往往这样做(轭圈套在胸前,“不在牛角上”);北欧有时也这样
(轭圈套在肩上)。作为役畜,牛有极大的潜力。西班牙农学家阿 301
龙索·德·埃雷拉[36]在其1513年发表的著作中主张用牛拉犁,反对用骡:骡走得较快,但牛耕得更深,更加经济。相反,法国的夏尔·埃斯蒂安和让·里埃博对马热情赞美,他们于1564年写道:“布尔博内或福雷地区三头最好的牛,干活顶不上法兰西岛或博斯地区的一匹好马”。[37]弗朗斯瓦·魁奈于1758年又重新提出异议:在他那个时代,役使马匹的资本主义农业正排斥主要使用耕牛的传统农业。[38]根据目前的测量,马的牵引力与牛大致相等。如果算一笔总账(马的速度较快,每天工作的时间较长,但食量较大,而且老马价值极低,不比老牛尚可供屠宰),为完成等量的工作,牛的成本比马高30%。在17世纪的波兰,用来计算土地面积的一个单位就是一匹马或两头牛的工作量。

马是历史舞台上的老演员。法国早在新石器时代已有马的存在。马孔附近索吕脱累发现的广达一公顷的马冢便是个证明;从公元前18世纪开始,马已在埃及生长,并在古罗马时期穿越了撒哈拉沙漠。马的原生地也许在亚洲中央的准噶尔地区附近。总
之,马在欧洲分布极广,因而到16和17世纪,德国西北部森林、瑞 302

士山区、阿尔萨斯和孚日等地都有野马生长。1576 年,一位名叫丹尼尔·斯班克尔的地图绘制家在谈到这些野马时说,“它们在孚日山林中生长繁殖,冬季经常躲在岩石下避寒……这些马性格极其暴烈,但在狭窄光滑的岩石上行走时脚步很稳”。[39]

可见,马是欧洲的老住户,欧洲人逐渐发明了整套马具(肩轭于 9 世纪在西欧出现,马鞍、马镫、马嚼、缰绳、马辔、挽具和马掌分别在 9 世纪前后出现)。在古罗马时代,由于轭套使用不当(胸轭使马呼吸困难),马只能拉较少的重物,勉强顶四个奴隶的工作。12 世纪,随着肩轭的出现,马具突然有了改善,动力也增加了四至五倍。马从此不但可用于冲锋陷阵,而且在犁耙土地和运输方面也起很大作用。这一重要变革与一系列其他变化——人口增长,重犁的普及,北方地区三年轮作制的推广,产量提高,北欧的经济高涨——互有联系。

然而,马的分布仍不均衡。相对而言,中国马匹很少,拉斯戈台斯神甫于 1626 年说:“我们在长春府很少见到马,这里的马体型小,跨步也小,不钉马掌,骑手不用马刺。马鞍和嚼子同我们的不完全一样。〔直到 18 世纪,这里的马鞍是木制的,马缰用的是普通绳子。〕我们在福建和广州见到的马略为多些,但从不成群。据说山上有许多马恢复了野生习性,人们惯于捕捉野马加以驯化。”[40]至于骡,另一位旅行家说,这里的骡数量很少,个头也小,但是售价比马更高,因为养骡比较方便,再说骡比马更加耐劳。[41]如果要在中国骑马旅行,必须在动身时就选定一匹好马,因为驿站只是为皇帝服务,旅客在中途换不到坐骑。聪明的办法是坐轿子,由八名轿夫轮流抬着,不但轻便,而且迅速和舒适。行李和货物的运输往往由挑夫或由独轮车承担，间或也用骡或驴驮载；托运局办事井井有条，只要把东西交托妥当就够了（到终点后，可前往相应的托运局领取）。[42] 人们无疑可以说，“中国皇帝拥有世界上最庞大的骑兵”；马加良恩斯于 1668 年提供了显然十分精确的数字：389 000 匹战马和 175 000 匹驿马，[43] 驿站只供君主同全国各地交换信件文书。即使如此，1690 年在讨伐厄鲁特汗期间，北京官员和百姓拥有的马匹竟全被军队征用。[44] 当然，全体臣民拥有的马匹总数看来要比君主的马匹多得多。除个别例外（如四川的矮马），中国的马匹主要靠塞外的满蒙接壤地区供应（开原和广宁的马市，1467 年后在抚顺附近）。[45] 据 18 世纪初的一个材料，皇帝每年在马市约收购 7000 匹马，“王公、文武官员”和百姓购买的数量约等于此数的“两 303
至三倍”。在北方收购的马至多每年 28 000 匹，这个数量太少了。

印度和黑非洲的马更少。马在摩洛哥几乎是一种奢侈品，人们用以在苏丹换取金砂、象牙和奴隶：一匹马在 16 世纪初可换 12 个奴隶，后来也还可换 5 个。[46] 人们从波斯购得马匹，在霍尔木兹装船运往印度。果阿地区马价可达 500 帕杜埃，相当于莫卧儿帝国的 1000 卢比，而当时一名年轻奴隶只值 20 至 30 帕杜埃。[47]

在既无大麦又无燕麦的情况下，这些高价购买的马匹又如何喂养？塔维尼叶于 1664 年写道：“人们用一种带角的大颗粒菜豆喂养马匹，菜豆先在小磨中压碎，然后用水浸泡，因为豆粒太硬不宜消化。喂豆时间分早晚各一次；人们用两磅粗糖、两磅豆面粉和一磅黄油混和，揉成小团，塞进马的喉咙里去；然后需要洗净马嘴，因为马厌恶这种食料。整个白天只喂连根拔出的野草，但应注意洗净，不能夹杂沙土。”[48] 日本一般用牛套车（牛来自朝鲜），马主要为贵族充当坐骑。

在穆斯林国家,马是高贵的畜种。从伊斯兰教初起,特别在它取得最初的成功后,骑兵是一支打击力量。卓万尼·博台洛于1590年承认瓦拉几亚、匈牙利、波兰和土耳其骑兵的优越性:“如果他们突破你的防线,你就无法逃脱;如果他们被你击溃,你却不能追击。因为他们像鹰一样,或者向你猛扑过来,或者一溜烟跑掉。”[49]此外,伊斯兰地区盛产马匹:一名旅行家于1694年在波斯见到过由成千匹马组成的商队。[50]从军事观点看,奥斯曼帝国于1585年在亚洲拥有四万骑,在欧洲有十万骑;据使者的报告,与之对敌的波斯约有八万骑。[51]“马队”的气势蔚为壮观。其实,亚洲生产的战马数量越过土耳其,骏马云集斯库台的场面足以证明;有专用船只把这些马匹运到伊斯坦布尔。[52]

19世纪,泰奥菲尔·哥提埃看到伊斯坦布尔有那么多纯种马来自内志、汉志和库尔德斯坦,不禁为之陶醉。可是,就在码头对面(即斯库台的对面),停着几辆“土耳其轿车”,车身“金碧辉煌”“车架装有布篷”,拉车的却是“黑色水牛或银灰色黄牛”。[53]实际上,马在19世纪仍只为士兵、富人充当坐骑或作其他高贵的事。当然,伊斯坦布尔也有用马拉磨的情形;在巴尔干西部,还有掌上打着整块铁蹄的小马从事运输。但这些都是仅供驾辕的役马。一名旅行家于1881年提到的每匹价值高达四五十埃居的马(18岁的黑奴仅值16埃居,儿童值6埃居)[54]不属这种类型。只是在1920年第一次世界大战结束后,小亚细亚才用马代替牛和骆驼耕地。

同世界其他地区相比,欧洲的骑兵发展较慢。欧洲为此吃过大亏。在普瓦蒂埃会战后，欧洲为保护自己和生存下去不得不增加马匹和骑兵，其中包括武装骑士的战马和日常坐骑，还有仆从骑 304
的劣马。无论在伊斯兰教方面或在基督教方面，发展骑兵都是为了赢得战争，虽然有时抓紧，有时放松。瑞士兵战胜了大胆查理的骑兵，这在西方标志着步兵和矛兵的恢复和向火枪兵过渡。西班牙于16世纪组建团队意味着步兵的胜利。同样，在土耳其方面，近卫军奠定了士兵不骑马的体制。然而，骑兵队在土耳其军中仍占重要地位，并且长期比西方的骑兵高超。

骏马在欧洲价格甚昂。科斯姆·德·梅迪契于1531年重任佛罗伦萨大公时建立了一支两千骑兵的卫队。为了摆这个排场，他几乎倾家荡产。1580年，西班牙骑兵以迅雷不及掩耳之势征服了葡萄牙，但阿尔巴公爵很快就抱怨缺少马匹和车辆。到下一个世纪，加塔洛尼亚战争（1640—1659年）期间也同样出现马匹匮乏；法军在路易十四统治期间全靠每年向国外购买20000至30000匹马。路易十四虽然在弗里西亚、荷兰、丹麦、柏柏尔地区收购种公马和建立法国种马场，[55]但法国在整个18世纪仍旧需要从国外取得马匹。[56]

那不勒斯和安达卢西亚是良种马的产地：那不勒斯的高头大 305
马和西班牙的矮种良马都享盛名。但不得那不勒斯国王和西班牙国王的允准，任何人即使肯出高价也不能买到。当然，走私活动十分活跃，在加塔洛尼亚边界竟由宗教裁判所负责监视走私，走私马贩一经截获，有被宗教裁判所判处逐出教门的危险。只有曼图亚侯爵那样的豪门巨富，才能派专人在卡斯蒂利亚、土耳其和北非探明市场，买进好马、良种猎犬和猎鹰。[57]派船在地中海从事劫掠的

在18世纪的满洲，如同在阿根廷的潘帕斯一样，用绳圈套野马。皇帝的马队赖此获得马的供应和补充。中国几乎没有牧马业。吉美博物馆。

托斯卡纳大公（即成立于1562年的圣艾蒂安骑士团的船只）往往给予柏柏尔海盗一定的帮助，换取他们馈赠的良马。[58]到了17世纪，随着同北非的联系变得方便，柏柏尔的马匹遂在马赛登岸，一般在博盖尔交易会出售。亨利八世时代的英格兰、路易十四治下的法国，还有德意志，纷纷于18世纪建立大批种马场，试图用进口的阿拉伯马培育出纯种马。[59]布丰说："世界上最好的种马都直接地或间接地由阿拉伯马培育而成。"因此，马的品种在西方逐渐有所改良。畜养的马群也随之增加。18世纪初，奥依根亲王的奥地利骑兵在对土战争中迅速取胜部分地是这些进步的结果。

西方在扩大饲养战马的同时,也注意发展为运送军需和大炮所必须的辕马。1580 年,阿尔巴公爵率军入侵葡萄牙之所以进展神速,[60]全亏他征用了大批车辆。早在 1494 年 9 月,查理八世的军队携带野战炮高速行进,使意大利居民深感吃惊,牵炮的牲畜不是牛,而是“按法国方式把耳鬃和尾鬃全都剃光”的高头大马。[61]路易十三时代的一本教科书[62]开列了一支两万人的部队转移时所需物品的清单。其中首先要有大批马匹驮运厨师的炊具、军官的行李杂物、野外铁匠炉的工具、架桥工具、外科医生的卫生包,特别需要驮运大炮和弹药。如果没有 25 匹马,就休想移动重炮的炮身,火药和炮弹至少也要 12 匹马载运。

这类工作都由北方的高头大马承担,北方逐渐向南方出口马匹。至少从 16 世纪初开始,米兰就向德意志商人买马;法国从麦茨犹太商人那里转手购买;朗格多克也是大买主;法国开始有固定的养马地区:布列塔尼、诺曼底(吉布莱马市)、利穆赞、汝拉等。

马匹价格在 18 世纪是否相对下降,我们并不清楚。但欧洲的马匹数量肯定大大增加了。在英格兰,马贼和窝主于 19 世纪初单独构成一个社会阶层。据拉瓦锡的统计,法国大革命前夕约有 300 万头牛,178 万匹马,其中 156 万匹用于农业(只用马干农活的地区有 96 万多匹,同时也用牛干农活的地区有 60 万匹)。[63]而当时法国居民总数仅 2500 万人。按同等的比例计算,欧洲大概拥有 1400 万匹马和 2400 万头牛。这将对欧洲的强大作出贡献。

306

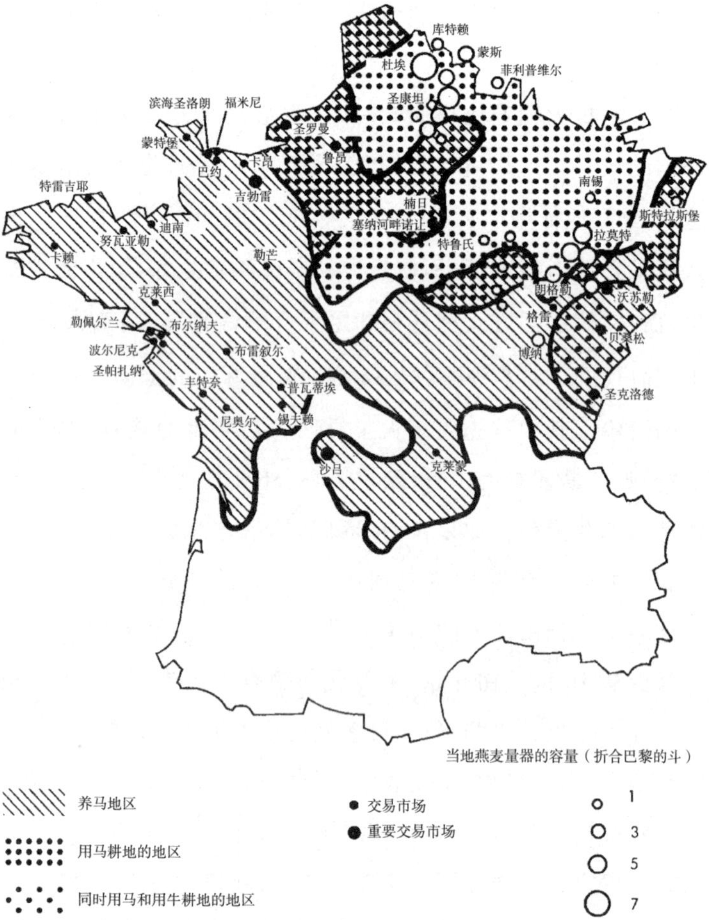

23. 18世纪的法国养马业

注：1)养马地区；2)法国东北部的大致界线，那里实行自由放牧和三年轮作，拥有很大的燕麦市场，土地主要用马犁耕。以上两个地区诚然界线分明，但也有几个插花地区（诺曼底、汝拉、阿尔萨斯等）。除法国东北地区外，犁地一般用牛拉套，但普罗旺斯以及朗格多克和多菲内部分地区也还用驴。

骡在西班牙、朗格多克以及欧洲其他地区的农业中也占一定地位。基克朗·德·博热曾谈到普罗旺斯的骡,"其价格往往超过马";[64]一名历史学家根据他所了解的骡和骡帮的数字以及骡帮的交易额,推断出17世纪普罗旺斯经济活动的节奏。[65]最后,马车只能通过阿尔卑斯的某些大道(如勃伦纳),其他道路的运输是骡的独占领域。在苏兹以及在阿尔卑斯的所有其他骡站,人们竟称骡子为"大车"。法国的普瓦图是重要的养骡和养驴地区之一。 307

城市的日常供应和相互联系都有赖于马,市内的轿式马车和出租马车当然更离不开马。巴黎1789年前后约有21000匹马。[66]这些马必须经常更新。新的马匹不断成群运来,每群10至12匹,每匹马都拴在前面一匹的尾巴上,马背上盖一条毯子,两侧各用一块隔板隔开。马群在圣维克多附近或在圣热纳维埃夫高地集中,圣奥诺兰街长期开设马市。

除星期天有船——并不始终都有——开往塞夫勒或圣克卢外,塞纳河对城市交通几乎毫无用处,更何况,当时几乎不存在公共交通。有急事的人主要靠租车出门。18世纪末,约有2000辆破车在市内行驶,拉车的马多属老弱,车夫作风粗鲁,每天必须纳付20苏"车辆通行税"。当时"巴黎的交通阻塞"十分闻名,具体事例有成千上万。一名巴黎人说:"刚出车的时候,车夫的态度还算温和;时近中午,他们变得不好说话;临到晚上,他们简直蛮不讲理。"下午二时左右用正餐的时候正是要出租车的高峰,车子几乎遍找不到。"你刚打开一辆车的车门,别人又从另一面打开车门;他上车,你也上车。非得找巡长才能解决车归谁用。"在这种时候,往往可以看到金碧辉煌的轿车被出租车挡住去路,"窗门已被木板钉死、车篷皮子已被烧焦、破旧不堪的"出租车一步一颠地在前面慢慢行驶。[67]

阻塞交通的罪魁祸首恐怕是旧巴黎的狭小街巷，居民拥挤在街巷两旁奇形怪状的房屋里。由于路易十四反对发展巴黎的城市建设（通过 1672 年敕令），这一状况变得尤其严重。巴黎原封不动地保留了路易十一时代的风貌。除非像 1666 年伦敦大火和 1755 年里斯本地震那样经历一场灾难，巴黎无法摧毁旧城。塞巴斯蒂安·迈尔西埃一度曾动过这个念头，他在谈到巴黎迟早"不可避免"的毁灭时，曾举里斯本为例，只消三分钟就把这个丑陋的大城镇夷为平地，"如果用人工去摧毁，将费很长的时间……事后城市重建起来，焕然一新"。[68]

车辆在巴黎和凡尔赛之间的来回路上行驶较为方便，拉车的瘦马在无情的驱赶下，累得"满身大汗"。这是些"亡命之徒"。何况，"凡尔赛是马的天地"。"如同城里的居民一样，马也分门别类：有的壮实，喂养得好，训练有素；有的其貌不扬，只为宫廷仆役或外省人拉车。"[69]

圣彼得堡和伦敦也是同样的情形。我们只要读萨米埃尔·佩
308 皮的日记就够了，他在查理二世时代经常乘坐出租马车散步和旅行。后来，他终于破费买下一辆私人轿车。

今天的人很难想象货运和客运问题当时究竟意味着什么。每个城市到处都是马厩。钉马掌的铺子临街开设，就像今天的修车铺一样。我们不能忘记燕麦、大麦、秸秆和干草的供应问题。塞巴斯蒂安·迈尔西埃于 1788 年写道：在巴黎，"谁不喜欢闻刚割下的干草的味道，谁就与世上最惬人意的香味无缘；谁若喜欢这种味

道，就每周去唐费尔门（今天唐费尔-罗什洛广场南面）两次。那里，装满干草的小车排成长队，等待顾客光临……专为拥有车马随从的大户人家供应物品的商人在这里察看干草的质量；有人随便抽出一把干草，又摸又嗅，甚至放进嘴里嚼嚼，那是侯爵夫人府上的马料采买”。[70]不过，供应干草的干线还是塞纳河。1718 年 4 月 28 日，一条满载干草的船不慎着火。船正好停靠在“小桥”的桥孔边，火势殃及桥头的房屋和附近的民房。[71]伦敦的干草市场设在“白教堂”关卡之外。奥格斯堡也是如此，从表现皮尔拉什广场四季景色的那幅画上可以看出，除了猎物和过冬的木柴，农民于十月间带来市场出售的就是成堆的干草。纽伦堡的一幅画也向我们展现，摊贩正推着小车兜售市内各马厩所需的秸秆。

水力发动机和风力发动机

西方于 12 和 13 世纪经历了第一次机械革命。这里所说的革命是指由水磨和风磨的增多而导致的一系列革命。这些“初级动力”显然功率很低，每个水轮仅二至五马力；[72]风磨有时达五马力，至多为十马力。但在能源供应不足的经济中，它们已是一种重要的辅助动力，并对欧洲最初的发展起着一定的作用。

水磨历史较久，其重要性也大大超过风磨。风力变化无常，水力总的说来比较稳定。正因为历史悠久，又由于江河、水槽、拦水和泄洪设施甚多，可以推动涡轮或叶轮，水磨发展较广。我们不能忘记巴黎在塞纳河上和图卢兹在加龙河上直接利用水流动力的船上磨坊。我们还不能忘记，伊斯兰和西方即使在潮汐不大的地方也利用这一动力。一名法国旅行家于1533年在威尼斯潟湖的一

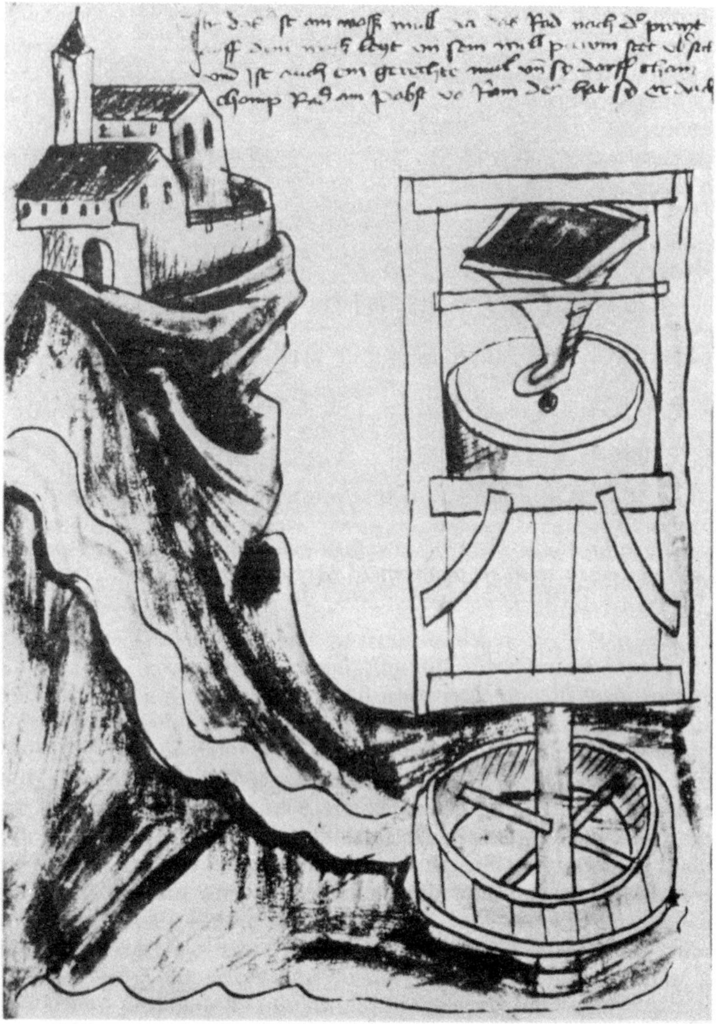

卧式涡轮水磨晚期的形象(1430 年)。这是一座波西米亚水磨，长期保留了卧式体系(请比较本书第三卷第五章翻印的法国圣经中的插图，那里的轮子已是直立的)。

座水磨面前看得入迷，这是他在穆拉诺岛仅见的一座，“当潮涨潮落时，海水推着轮子转动”。[73]

最早的水磨是一种简易的卧式涡轮机：人们有时称它为希腊水磨（因为它出现在古希腊）或斯堪的纳维亚水磨（因为它在斯堪的纳维亚地区长期存在）。人们也可以称它是中国水磨、科西嘉水磨、巴西水磨、日本水磨、法罗群岛水磨或中亚细亚水磨，因为那里的水轮分别在18世纪或20世纪都还横着转动，由此产生的动力 309
用以缓慢推动磨盘。在15世纪的波西米亚或1850年左右的罗马尼亚，人们也还看到这些轮子，这是毫不奇怪的。在贝希特斯加登附近，这类涡轮水磨甚至工作到1920年前后。

罗马的工程师于公元前1世纪使轮子垂直转动，这是个“天才 310
的”创造。经过齿轮传动，垂直运动后来又变为水平运动，从而带动磨盘，磨盘的转速比动力轮快五倍；这便是变速装置。最初的发动机并不一定简陋。考古学家在阿尔附近的巴尔勃高尔发现了一些奇妙的古罗马设施：一个十几公里长的“管道式”渡槽，终点装有18个轮子，这几乎是真正的动力机组。

然而，古罗马晚期的这个设施仅见于帝国的少数地点，并且只用于磨麦。12和13世纪的革命不但使水轮数量增多，而且扩大了使用范围。西多会修士在法国、英格兰和丹麦推广铁匠炉的同时，也推广了水力发动机。几个世纪以后，除非不能用管道引流造成落差，从大西洋到莫斯科公国的欧洲已没有一个村庄不设置用 311
天然水流带动的水轮和磨坊。

水轮的用途变得更加广泛；它带动粉碎矿石的臼槌、打铁的重锤、缩绒机的捣棒、铁匠炉的风箱、唧筒、磨削刀刃的砂轮和粉碎树

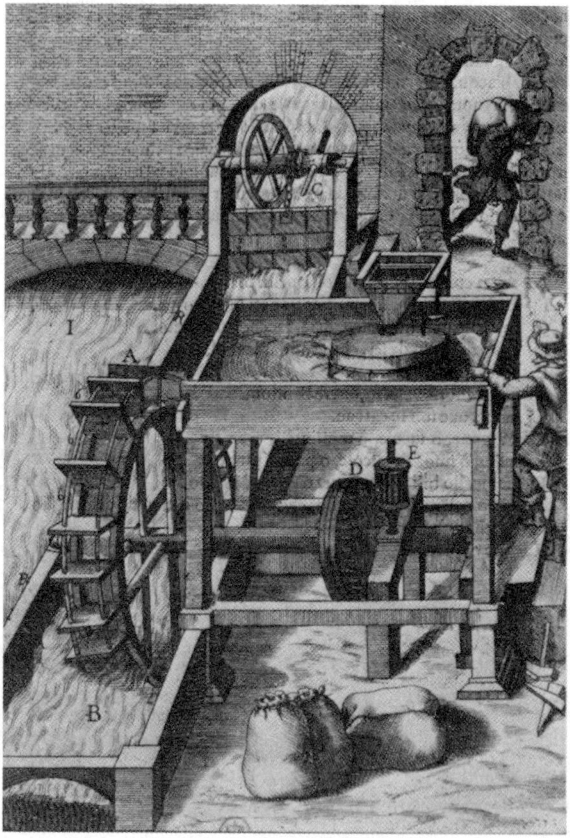

水磨的机械结构(1607 年)充分表现了水轮的垂直运动转化为磨盘的水平运动(这项发现当时已有几百年的历史)。引自维·宗卡的《机器的新舞台》。

皮的装置,以及用于新出现的造纸作坊。此外还有 13 世纪出现的机械锯,维雅尔·德·霍恩库尔于 1235 年绘制的图样足以证明。随着 15 世纪采矿业的飞跃发展,最完美的动力机为矿山工作:升降矿斗的绞车,坑道中的通风机,各种抽水机(水车、连环水斗、吸气或压气唧筒）、通过杠杆传动、结构相当复杂的吊车，这最后一种设施几乎原封不动地保留到18世纪，甚至更晚的时间。所有这些美妙的机械（有的大轮子直径达十米）在格奥尔格·阿格里哥拉的《论冶金》（1556年巴塞尔版）中都有很漂亮的图样，该书展示的图样为以往成果作了总结。

至于锯、捣棒以及铁匠炉的锻锤和风箱，关键是如何把圆周运动转化为往复运动，凸轮轴的利用解决了这个问题。有关齿轮的应用完全可以单独写一本书，而且有人已经写了。在我们看来，奇怪的是木料竟能解决最复杂的问题。然而，即使当时的人也远非经常见到这些机械杰作。每当有机会遇到时，他们总是感到惊讶和钦佩，即使那是晚近的事。巴特勒米·若利于1603年翻越汝拉山前往日内瓦，他在内罗尔山谷的西朗湖口看到一些加工松木的水力发动机，“人们把松木从山上往下扔，一个由水推动的轮子经过几次自下而上和自上而下的运动〔锯所做的运动〕就把松木锯妥，松木随着轮子的工作向前移动，另一根松木紧紧跟上，一切都进行得井井有条，如同人工操作一样”。[74] 显然，这种景象是难得见到的，因而才载入游记。

水轮机已成为普遍的工具，以致人们迫切要求到处利用江河的力量，不论利用得充分与否。“工业”城市（哪个城市没有工业？）设在河边比较适宜，因而尽量向河边靠近，以便控制水流，即使城市的风貌不能做到一半像威尼斯，至少也要有三四条街沿河展开。特鲁瓦市就是个典型；巴勒杜克的鞣革街傍靠一道河湾；盛产呢绒的沙隆市建在马恩河畔（河上的一座桥名为“五磨坊桥”）；兰斯有维斯勒河；科尔马有依勒河；图卢兹有加龙河，这条河上很早就有一批“船上磨坊”,装着随水流转动的轮子;布拉格高踞伏尔塔瓦河的几个河湾之上。纽伦堡依靠佩尼茨河推动市内和近郊的水轮(1900 年还有 180 个水轮在转动)。巴黎及其四郊有 20 来座风磨作补充,但即使气候条件允许天天工作,它们所提供的面粉每年不
312 过巴黎面包消费量的二十分之一。1200 座水磨(大部分专门用于磨面)沿着塞纳河、瓦兹河、马恩河以及依维特和比埃夫尔等小河工作(戈白林的皇家手工工场于 1667 年建在比埃夫尔河畔)。由泉水汇成的小河有个优点,因为它们冬天很少冰冻。

城市普遍设立水力发动机也许大体上可被认为是第二阶段。罗伯尔・菲力浦在其未公开发表的论文中说明了推广水磨的第一阶段:根据水磨必须有水可被利用的规律,它最初建立在村庄附近,从而成为几百年内根深蒂固的能源基地。首先用于粉碎粮食的水磨当时是庄园经济的基本工具。建造磨坊必须由领主决定,领主负责购买磨盘,提供石料和木料,农民只出劳动力。庄园经济是一系列能够自给自足的基础单位。而推行商品集中和再分配的交换经济则以城市为中心,为城市而工作。城市把自己的体系置于以往体系之上,并建立起大批新的磨坊,以满足其各方面的要求。[75]

磨坊最终是衡量前工业化时期欧洲能源状况的一个标准尺度。让我们顺便听听一位名叫康普费尔的威斯特伐利亚医生旅行途中的感想,他于 1690 年在暹罗湾的一个小岛停泊时,存心要弄清水流的流量。他说,水流充沛,足以推动三座磨坊。[76] 18 世纪末,在沦为奥地利属地的加利西亚,一项统计提供以下的数字:面积为 2000 平方古法里,人口为 200 万,水磨却有 5243 座(风磨仅

12座）。乍眼看来，数字似乎极大，《英格兰土地清丈册》于1086年记载，在塞文河和特兰托河以南，仅3000个村社就有5624座水磨，[77]只要仔细看了绘画作品和城市地图上无数的小轮，就会明白水磨已经普及。总之，如果各国水磨和人口的比例与波兰大致相同，工业革命前夕的法国应有6万座，[78]全欧洲约有50万至60万座。

拉兹洛·马凯在一篇文章里大致确认了以下的数字："50万至60万座磨坊，相当150万至300万马力"；我以为，这篇文章的一丝不苟和才华横溢堪与马克·布洛赫的经典论文相媲美。他计算的出发点是：横梁的大小；轮子的尺寸（直径为2至3米）；转轮翼片的数量（平均每个转轮有20张翼片）；每小时磨面的数量（每盘磨约20公斤）；每座水磨拥有转轮的数量（平均1.2个转轮或略多些）；东欧和西欧两个地区的磨坊数量（至少就磨面粉用的磨坊而言）大致相同；水磨和居民之间保持几乎固定的比例（具体地说，平均为1与29之比）。水磨的数量和转轮的大小与人口同步增长，动力设备在12至18世纪期间几乎翻了一番。每个村庄原则上都有自己的磨坊。凡在风力和水流不足的地方，如匈牙利平原，磨盘不能全由水力带动，便用马拉或手推。[79]

风磨的出现比水磨晚得多。人们原来以为风磨最初产生在中国内地；现在看来，它起源于伊朗或西藏高原的可能性更大。

伊朗在公元7世纪大概就有风磨，在8世纪则肯定有了，直立 313
的风篷带着轮子横向转动。轮子又通过中心轴带动磨盘粉碎粮食。结构极其简单：不用调整风车的方向，风篷始终都能迎风转动。另有一个好处：风车和磨盘之间的衔接不需要任何传动齿轮。实际上，对风车磨坊说来，问题只是带着上方的磨盘转动，从而在下方不动的(睡着的)磨盘上粉碎粮食。这些风磨大概由穆斯林地区传往中国和地中海地区。位于西班牙穆斯林地区北部边界的塔拉戈纳于10世纪已有风磨,[80]但我们不清楚它们是如何转动的。

314 在中国,风磨的水平运动将延续几个世纪;西方则不同,它侥幸把风磨如同水磨一样改造成为直立的转轮。工程师们说这是一项天才的变革,能使功率大大增加。在基督教国家逐渐推广的风磨正是这种新式风磨。

一座风磨。14世纪的木刻。克吕尼博物馆。

据阿尔的文献记载，当地于12世纪已有风磨。英格兰和佛兰德在同期也有风磨。13世纪，风磨已遍布法兰西。到了14世纪，德意志把风磨传到波兰和莫斯科公国。顺便提到一个细节：十字军并非如人们所说的那样在叙利亚发现风磨，倒是他们把风磨带到叙利亚去。[81]发展很不平衡，但一般说来，风磨在北欧的出现比在南欧更早。例如，在西班牙的某些地区，特别在拉曼查，很晚才出现风磨；一名历史学家说，唐吉诃德害怕风磨是十分自然的，因为他从未见过这种庞然大物。意大利的情形也是如此：1319年，在但丁《神曲·地狱篇》，撒旦张开巨大的手臂"如同正在转动的风磨"。[82]

风磨的维修费用比水磨略高，如果按完成同等工作计算，特别用于磨面，开支也更大。但风磨的用处更广。从15世纪开始（1600年后更是如此），风车在尼德兰主要用于带动水斗，把地面的积水排入沟渠。[83]它将成为尼德兰在海堤内和在湖泊边耐心地夺回土地的工具之一，这些湖泊是因过量开采沼泽的泥炭而形成的。荷兰成为风车之乡的另一个原因是它位于大西洋和波罗的海之间的西风带中心。

最初，[84]整座风车能自己旋转，使风篷始终面对风向；布列塔尼被称作"烛台"的水车属于这一类型。风车架设在中央支架上，方向舵可转动整个车身。为了最大限度地利用风力，风篷的位置宜尽量远离地面，齿轮和磨盘因而就设在建筑物的高处（为此，必须有货包升降机）。一个细节值得注意：翼轴并非完全横卧，倾斜度凭经验调节。从现存的风车和草图（如1588年拉美利绘制的草图）看来，传动装置、制动系统等机械结构相当简单，还可用左右两盘磨代替中间的一盘磨……

315

木制机器和传动系统:这个大绞盘是只笼子,里面有三个人在推动它。慕尼黑德意志博物馆摄影部。

该风磨的风篷十分特别,绕一根垂直轴转动,因而不用换方向。运动的转换同水磨恰好相反:最初的水平运动最后传到带动戽水斗的直立轮(这部于1652年制成的机器用在英格兰沼泽地抽水)。荷兰风磨的运动作双重转换:风篷的垂直运动转换为由中轴传带的水平运动,再重新转换为抽水机轮子的垂直运动。(W.勃利斯作画:《英国的精益求精》,1652年伦敦。)

荷兰风车的传动结构略为复杂些,它在顶上接受动力,又把动力传到底部的一系列水斗。动力由“空心的”中央支架通过“车轴”传递。因此,每当需要粉碎粮食而对这种风车作适当改装时,往往会出现一些困难,虽然不是不可克服的困难。

荷兰工程师很早推广(至迟在16世纪)一种塔式风车:唯一可活动的塔顶负责调整风篷的方向。这种风车有时被称作“大褂风车”(因为远看像农民穿的大褂),其缺点是很难用木垫或滑轮帮助“塔顶”在风车固定部位上运动。磨坊内部需要解决的问题仍然是
316 风篷的起动和制动,风篷翼片方向的转动,通过料斗慢慢把粮食注入转动的上磨盘的“入料口”里;而最关键的问题就是通过齿轮把风篷的垂直运动转变为磨盘的水平运动。

在更广泛的意义上,重大的进步在于发现,无论水磨或风磨,一个发动机(一个轮子)竟能带动几件工具:不是一副磨盘,而是两至三副磨盘;不是一台锯,而是一台锯加一把锤;不是一个臼槌,而是一组臼槌,例如蒂罗尔的式样古怪的水磨并不从事磨面,而是用“臼槌”砸碎小麦[85](用这种办法粉碎小麦所得的面粉粒子很粗,主要用于做面饼,或者做全麦面包)。

317 船帆:欧洲船队情况

这里不准备全面提出船帆的问题,而只想估量船帆提供的能量,这是人掌握的最大动力来源之一。欧洲的历史已正确无误地证明了这一点。1600年前后,欧洲拥有的商船吨位约为60万至70万吨,考虑到实际使用时打的折扣,这一数字至多可被认为是个数量级。据法国于1786至1787年的可靠统计,欧洲船只总吨

位在大革命前夕达到 3372029 吨:[86]载重量在 200 年内增加了四倍。按每年平均航行三次计算,货运量达 1000 万吨,相当于今天一个大港口的吞吐量。

根据这些数字,我们还不能像推算蒸汽机船的功率那样比较可靠地推算出船帆完成的功率。1840 年前后,帆船和蒸汽机船同时并存,如果吨位相同,蒸汽机船的效率约是帆船的五倍。既然 1600 年间欧洲拥有的吨位约 60 万至 70 万吨,如果帆船的一个吨位平均需要的推动力为三分之一或四分之一马力(按 1840 年的蒸汽机船计算),我们可推测,风力完成的功率应在 15 万至 23.3 万马力之间(这个数字并不可靠)。如果把战船也计算进去。数字还应大大增加。[87]

日常的能源——木柴

今天的能源统计不包括畜力,在一定程度上也不包括人的体力劳动;树木及其副产品也往往被撇在一边。可是,18 世纪前,树木既是首要的常用材料,又是重要的能源。18 世纪前的文明是木材和木炭的文明,正如 19 世纪是煤的文明一样。

只消看看欧洲的情景,一切都清楚了。木材广泛应用于建筑,即使石结构建筑也不例外;水陆运输工具,机器和工具,都用木材制造(金属部件始终有限);织机和纺车、榨油机和抽水机以及大部分农具也用木材;步犁完全是木结构,铧犁往往是在木铧上装一块薄铁片。有些复杂的传动装置,各零部件之间相互咬合,精确无比,我们今天在慕尼黑技术博物馆(德意志博物馆)还可看到。那里还陈列黑森林制造的几台 18 世纪的座钟,全部齿轮均为木制,更加稀有的是一只圆钟,也用木材制成。

到处有用的木材当时具有举足轻重的影响。欧洲的强盛,原因之一正是它利用了良好的林木条件。从长时段看,伊斯兰国家相对地因林木资源的匮乏和逐渐枯竭吃了大亏。[88]

我们这里所关心的当然只是燃烧时直接转化为热能、用作室
318 内取暖和工业燃料的木材;冶金、酿造、炼糖、玻璃和砖瓦制造、干馏和煮盐等行业往往都用木材作燃料。但是,除了制造各种动力工具,木材还有其他多种用途,不能无限制地当柴火烧掉。

树林一视同仁地给人提供取暖、盖房以及建造家具、用具、车辆、船只的木材。

根据不同的用途,需要不同质量的木材。盖房要用橡木;造船要用松木、栎木和胡桃木等十来种树木;[89]炮架要用榆木。因此,砍伐极其严重。人们为了制造武器,不惜付出高昂代价从远方运来木料:所有的树林都难逃刀斧之灾。从波罗的海和荷兰装船的厚薄木板于16世纪即运往里斯本和塞维利亚。其中包括一些业已造好的现成船只,虽然笨重,但价格便宜。西班牙人把这些船只派往美洲后无意召回,听凭它们在安的列斯群岛结束自己的使命,甚至才刚靠岸就立即拆毁:这就是所谓"半用半扔"的船。

任何国家为建立一支船队必定要破坏大片森林。柯尔贝尔时代,造船业对整个王国的森林资源实行分片砍伐,利用各种航道进行运输,阿杜尔河和夏朗德河等小水流也包括在内。孚日地区的松木先从默尔特河顺水漂浮,再用滑车拉到巴勒杜克,然后在奥尔南河捆成木排;木排沿索尔河和马恩河前进,进入塞纳河。[90]桅杆是战舰的关键部件,法国却被排斥在波罗的海贸易之外,那里的树

木从里加和圣彼得堡出发，主要运往英国。法国没有考虑开发新大陆的森林（英国人后来这样做了），特别是加拿大的森林。

法国的海船因而不得不使用“组合桅杆”。组合桅杆由几根木杆拼在一起，然后套上铁箍，但它缺乏韧性，船篷张得过满时容易折断。同英国相比，法国船只的速度始终稍逊一筹。在美洲殖民地独立战争期间，局势一度有所改观：中立国同盟夺走了英国对波罗的海的控制，英国人不得不利用组合桅杆，优势转到了他们敌人的一方。[91]

这些砍伐不是唯一的浪费，甚至在长时段上也不是最危险的浪费。农民，尤其欧洲的农民，不断清除树根以扩大耕地面积。森林的敌人是对森林的“使用”。弗朗斯瓦一世时代，奥尔良的森林面积达 14 万平方弓丈，一百年后据说只剩下 7 万平方弓丈。这些数字并不完全可靠，但可以肯定，从百年战争结束（战争曾便于森林侵占耕地）到路易十四治下，开荒十分活跃，林地范围日益缩小，剩下的面积同今天几乎不相上下。[92]各种偶然事件都被用作借口：1519 年，一场大风暴在绿森林刮倒五万至六万株树，其实不应该都算在风暴的账上。绿森林在中世纪曾把里昂高原和吉祖尔森林连成一片；耕地乘机从缺口挤了进去，两块林地从此再也联接不上。[93]就是在今天，从克拉科夫到华沙的鸟瞰图表明，长条形耕地怎样在森林中穿插分割。法国森林在 16 和 17 世纪终于稳定下 319
来，这也许因为制订森林保护法规（如 1573 年敕令，柯尔贝尔的措施等），也许还因为这是自然达到的平衡：尚能开垦的土地过于贫瘠，不值得再去费力气。

如果认真作番计算，特别在新大陆，有人一定会想，放火烧林和改种作物是干了件错事，这是通过破坏既有财富去换取尚待兴建的财富，而且后者不一定比前者更有价值。这种设想显然是不合道理的：如果森林不先纳入经济的范围，如果没有一批中间人——驱赶畜群（不单是觅食橡实的猪群）的牧人，樵夫，烧炭人，赶车人以及所有自由自在的荒野山民——专门从事开发、利用和破坏，森林的财富也就无从谈起。森林的价值仅仅在于被利用。

19世纪前，大片森林尚属化外之地：斯堪的纳维亚森林，芬兰森林，莫斯科和阿尔汉格尔斯克之间被狭长道路所穿越的连绵不断的森林，加拿大森林，向中国和欧洲市场供应皮毛的西伯利亚森林，新大陆的热带森林，以及非洲和南洋群岛的丛林；这最后两个地区的丛林不产提供皮毛的动物，人们追逐的是珍贵树木：如在今
320 天洪都拉斯境内的洋苏木（即在巴西东北沿海砍伐的、能作红色染料的树木），德干的柚木，以及别处的檀香木、香红木等。

樵夫在砍柴（阴文刻纸）。大概是下布列塔尼1800年前后的情景。巴黎民间艺术和民间传统博物馆。

除了所有上述用途外，木柴可用于做饭、取暖和工业燃料，其需求量在16世纪前就以惊人的速度在增长。举一个突出的例子：1315至1317年间，第戎附近六座花砖窑所烧的木柴需要423名樵夫在勒赛森林专事砍伐，还要334名牧人从事运输。[94]总的说来，木材资源的丰富仅是表面现象，而对木材的要求却很多，因而争夺十分激烈。即使在当时，一座森林集中的燃料还比不上一个不很大的煤矿。树木砍伐后必须等20至30年才能重新成林。三十年战争期间，瑞典人砍掉了波美拉尼的大片森林，以致广大地区后来遭到沙土侵袭。[95]18世纪时，法国的形势相当严重，据认为一座冶炼炉烧掉的木柴等于马恩河畔沙隆整座城市的消费。愤慨的村民抱怨冶炼炉吞噬森林，甚至剥夺了面包炉的燃料。[96]1724年后，波兰的维利契卡盐井往往不再用火煮盐，而是满足于采集岩盐，原因正是附近的树木砍伐过多。[97]

烧柴搬运困难，确实应该就近取得。如果距离超过30公里，运输简直劳民伤财，除非能利用河道或海洋自动完成。17世纪那时，砍下的树干被扔进杜河，漂到马赛。“新木柴”最初用船运抵巴黎，从1549年起，开始从莫尔旺沿居尔河和荣纳河顺流“漂送木材”；再过12年后，又从洛林和巴鲁瓦沿马恩河及其支流进行漂送。这些木排长达250法尺，居然灵活地通过桥洞，让巴黎人看傻了眼。木炭于16世纪从桑城和奥脱森运抵首都；到了18世纪，木炭来自四面八方，有的驮载车装，更多的是用船运，荣纳河、塞纳河、马恩河和卢瓦尔河上满载木炭的船只，“栅栏垒有几层高，以使超过船帮高度的木炭不致下落”。[98]

早在14世纪，大批木排沿波兰各河流到达波罗的海。[99]遥远的中国也是同样的景象，但规模更大，四川的木排用藤条捆扎，经水道运往北京："木排的大小同商人的财产成正比，最长的木排长达半法里"。[100]

海洋可为木材的长途运输服务。例如，"黑帆船"把木炭从科西嘉角运往热那亚；伊斯特拉和克瓦内尔的船只每年冬季向威尼斯运送木柴，小亚细亚负责供应塞浦路斯和埃及，帆船后面有时拖一根飘浮的树干。甚至划桨船也向埃及运送木柴，那里的燃料匮乏达到了危机的程度。[101]

然而，这种运输毕竟是有限的，大部分城市只能满足于就地取材。巴塞尔人 Th.普拉台尔于 1595 年在蒙彼利埃医学院完成了他的学业，他注意到城市四周没有树林，"最近的树林位于圣保罗
321 玻璃厂四周，距赛尔纳夫足足有三法里远。木柴从那里运进城论斤出售。如果冬季延长，真不知他们去哪里搞来木柴！他们的壁炉消耗木柴很多，而他们在炉边冻得发抖。当地没有火炉；面包炉烧的是迷迭香、胭脂虫栎和其他荆棘。这里树木奇缺，同我家乡的情形恰好相反"。[102]越往南去，树木越少。西班牙人文主义者安东尼奥·德·格瓦拉说得对：坎波城的燃料比锅里煮的食物更贵。[103]埃及没有木柴时就烧甘蔗皮；科孚把榨油剩下的橄榄渣压成砖状，然后立即晒干，充当燃料。

为了供应大批木材，必须组织庞大的运输队伍，木排经过的河道必须整修；此外，还应组织广大的商业渠道，注意保持一定储备，政府为此发布许多规定和禁令。即使在树木繁茂的地区，木材也总是越用越少，因而必须实行合理使用。但是，玻璃厂和炼铁厂似乎都不注意节省燃料。每当工厂的燃料供应地过远或燃料价格过高，至多不过是迁移厂址，或者减少生产。威尔士地区于 1717 年

在道尔京建造了一座高炉，点火的时间却拖到四年以后，“等到筹集了够用36个半星期的木炭那一天”。这座高炉平均每年只开工15星期，原因还是燃料不足。由于燃料供应经常处于紧张状态，“高炉照例每隔两三年工作一年，间隔的时间有的甚至长达五年、七年乃至十年”。[104]根据一名专家的计算，18世纪以前，如果高炉平均每出铁一年就停工两年，一个中等规模的铁厂消耗的木材等于2000公顷树林的产量。因此，随着18世纪的工业高涨，木材的紧缺变得更加严重。“孚日地区的居民全都从事木材贸易：他们争相砍伐，森林在短期内被破坏无遗”。[105]英格兰自16世纪起即已潜伏着这一危机，后来终于出现了煤的革命。

燃料不足自然引起了价格上涨。苏利在其《王国经济状况》一书中指出，“百物昂贵，原因就在木柴日益稀少”！[106]1715年开始，物价犹如脱缰之马，“在旧制度的最后20年直线上涨”。勃艮第“竟找不到成材的木料”，“穷人索性不再生火”。[107]

在这些领域，我们即使想算出一个数量级也十分困难，但我们至少还掌握粗略的估计。法国于1942年被迫恢复用木柴取暖，那年约用掉1800万吨木柴，其中一半是薪柴。1840年，法国消费量约为1000万吨，其中一半是薪柴，另一半是木炭（建筑用木材不算在内）。[108]1789年，消费量大致是2000万吨。当时仅巴黎一地，木炭和薪柴消费量约为200多万吨，[109]平均每个居民消费2吨多。这个数字显得很高，但在当时，运抵巴黎的煤的数量甚微：仅为薪柴的一百四十分之一（随着煤的地位日渐提高，1840年时的情形显然就大不相同）。假定法国和欧洲的比例为1∶10，欧洲烧掉的薪柴在1789年应该是2亿吨，在1840年约是1亿吨。

里昂在17世纪还有木桥。若安纳·林格尔巴赫作画。维也纳阿尔培尔蒂纳美术馆。

322 正是在2亿吨这个数字的基础上,我们试图计算木柴的能源大概折合多少马力。2吨木柴能抵1吨煤。假定每小时马力约需烧2公斤煤。再假定烧柴的时间每年约为3000小时。那么,我们可算出木柴提供的能量将是1600万马力。我向专家们提供的这些数字只是个误差甚大的数量级,何况按马力计算的方法既不准确又嫌过时。还必须考虑到能量的有效使用率很低,约占30%,也就是说,界于400万至500万马力之间。这个数字对前工业化时期说来仍然相当大,但还不算反常:我们注意到,根据比较可靠的计算,煤的使用只是于1887年才在美国经济中超过木柴!

煤

中国和欧洲当时并非不知道使用煤。在中国,煤被用于北京的家庭取暖(据马加良恩斯神甫说,已有4000年历史)和显贵人家的厨房,也用于“铁匠炉、糕饼炉、染坊以及其他行业”。[110]欧洲自11和12世纪开始采煤,如英格兰的浅层煤田、列日地区、萨尔地区以及里奥内、福雷、昂儒等地的小煤窑，采得的煤用于烧石灰和家庭取暖，也用于炼铁的某些工序（不是所有的工序，除非是后来 323 采用无烟煤或焦炭；后者出现较晚，在 18 世纪末才开始发挥作用）。但远在 18 世纪末以前，煤已在一些次要部门代替木炭，如铁的加热、切割、拉丝等。煤的运输距离也相当长。

1543 年，马赛海关查到自罗纳河运来的煤块，其产地大概是阿莱斯。[111]在同一个时期，一家采煤农户向德西兹附近的拉马钦供煤，成桶的（或说成车的）煤一直送到卢瓦尔河的拉洛吉码头。煤从这里再装船转运穆兰、奥尔良和图尔等地。[112]这类事例其实不值一提。从 16 世纪开始，蒙贝利亚尔附近的苏尔诺盐井已烧煤煮卤。1714 年秋，巴黎木柴紧缺，进口商加拉班股份公司在市政厅当众试验"苏格兰烟煤"。他们将获得进口这种外国煤的特许。[113]甚至在鲁尔地区，煤一直等到 18 世纪最初几年才发挥作用。昂赞的煤也在那个时候才经由敦刻尔克远销布雷斯特和拉罗歇尔；布洛内煤矿的煤才在阿图瓦和佛兰德地区使用，供卫兵取暖，也供烧砖、酿造啤酒、烧石灰和铁匠炉制作马掌；1750 年后，由于吉伏尔运河的建成，里奥内煤矿的煤运往里昂变得更加方便。车装驮载的运输方法是推广用煤的主要障碍。[114]

在欧洲范围内，只有列日煤田和英格兰的纽卡斯尔煤田是很早取得成功和具有相当规模的两个煤矿。列日从 15 世纪起就是个"军工生产基地"和冶金城市，那里的煤用于产品的精细加工，其产量于 16 世纪上半期增加了两至三倍。在随后的战争年代里，列日主教辖区的中立立场更推动了生产的发展。从矿井深处挖出的煤经由默兹河向北海和英吉利海峡方面出口。[115]纽卡斯尔的成就更大，煤的革命使产量很大的一系列工业都能用煤作燃料，从而推动英国于1600年向现代化方向迈进：海水煮盐、烧制玻璃和砖瓦、炼糖、明矾加工（明矾以往从地中海国家进口，如今在约克郡沿海精制）、烤制面包、酿造啤酒和家庭取暖等大量燃料消费尚不计在内。伦敦城几百年来已因烧煤取暖而烟雾弥漫，以后的环境将更加恶化。在消费不断扩大的刺激下，纽卡斯尔的煤产量将不断增加：从1563至1564年的年产3万吨上升到1658至1659年的50万吨。1800年间的产量约在200万吨左右。泰恩河口总是停满了主要在纽卡斯尔和伦敦之间往返的运煤船；船只的吨位于1786至1787年间竟高达34.8万吨，每年往返航行六次。纽卡斯尔煤部分向遥远的海外地区出口（"海煤"因此而得名），于16世纪至少运往马耳他。[116]

为了把煤用于炼铁，人们很早就想到将煤加以提纯，就像把木柴放进土窑内烧成木炭一样。英国于1627年已开始烧焦炭，并设置了专利。德比郡第一次干馏煤的日期是在1642至1648
324 年间。当地的啤酒酿造者很快用焦炭代替柴草和普通煤烘烤麦芽，这种新的燃料使德比啤酒"以洁白和甘美而闻名"，[117]而且从此不带普通煤的怪味。德比产品当时成了英格兰的第一流啤酒。

但焦炭没有立即在冶金业交上好运。一位经济学家于1754年说："用火干馏可以清除煤所含的沥青和硫，因而在重量减轻三分之二和体积变化不大的情况下，焦炭仍是一种燃料，但不再像煤那样散发让人讨厌的黑烟……"[118]这种"煤炭"只是到1780年前后才在冶金业开始风行。这一迟缓乍眼看来令人难以理解，我们

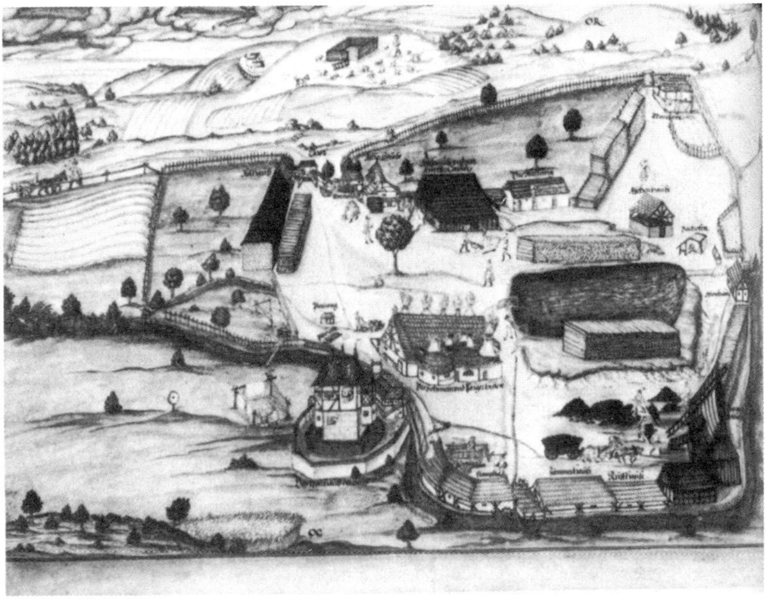

图林根的炼铜炉，纽伦堡的普芬井家族的产业。1588 年，燃料仍用木炭，柴垛堆得很大。纽伦堡国家档案馆。

在后面还将谈到。[119]这是个很好的例子，说明人对新事物的惰性。

在这方面，中国的情形更加说明问题。我们已经指出，煤在中国用于家庭取暖也许可追溯到公元前几千年，用于炼铁也可追溯 325 到公元前 5 世纪。烧煤取热确实很早使生铁的生产和使用成为可能。中国烧煤的历史虽然如此之早，但在 13 世纪人口激增时，却仍未推广使用焦炭，尽管当时大概已经知道了烧制焦炭的方法。[120]这只是大概，而不是肯定。否则这将是一个何等重要的论据！当时强盛的中国本来具有打开工业革命大门的条件，而它偏偏没有这样做！它把这个特权让给了 18 世纪末年的英国，而英国也拖了很长时间才去利用本已唾手可得的东西。技术只是一种工具，人并不是始终会利用它的！

作个小结

我们再回到18世纪末的欧洲，提出两个互为联系的结论：第一个结论涉及欧洲的整个能源状况；第二个涉及欧洲使用的机械。

一、对于欧洲掌握的能源，我们可以根据其各自的地位排列出以下的顺序，绝无出错的危险：首先是畜力，共有1400万匹马，2400万头牛，每头牲畜等于四分之一马力，总计为1000万马力；其次是人和工具（5000万劳动者），相当于600万至800万马力；再其次是木柴，可能等于四五百万马力；然后是水轮，约在150万至300万马力之间；最后是船帆，至多有23.3万马力，战船不计在内。这些数字同现今的能量结算差距甚大，我们可以预计到这一点。以上不完整计算的意义不在于数字的大小（我们没有算风磨、内河船舶、木炭和煤的数字）。问题是要看到，畜力、人力和木柴无可争议地占首要地位（风磨的数量比水轮少，动力只等于后者的三分之一或四分之一）。磨坊之所以没有取得更大的发展，其部分原因是技术落后（多数情况下用木材，不用铁），而其主要原因是磨坊所在地并不需要更多的动力，在当时条件下，能量不能传送。能源不足是旧制度下经济发展的主要障碍。中等规模的水磨比二人操作的手摇磨的效率高四倍；但最初的蒸汽磨的效率又比水磨高四倍。[121]

二、工业革命前曾有一个准备阶段。畜力牵引、燃木取火以及由水力和风力推动的简易机器，加上大批人力劳动，所有这些因素于 15 至 17 世纪期间促使欧洲有一定程度的发展,动力、功率和实际智慧也在慢慢提高。正是在这原有发展的基础上,从 1730 至 1740 年间出现了一股进展越加猛烈的势头。可见,工业革命发生前,已有了一种往往不可捉摸的或不被觉察到的革命动向。一系列科学发现和技术进步,有的引人注目,有的要用显微镜才能看到,如各种齿轮、千斤顶、传动皮带、“天才的曲柄连杆结构”、稳定 326
转速的飞轮、轧钢机、日益复杂的采矿机械。还有大量新创造:针织机、丝带敲边机(也称直杆机)、多种化工工艺……“就在 18 世纪下半期,开始了让车具、钻具和镗具适应工业用途的尝试”,虽然这些工具很久以前早已使用。也在同一个时期,开始了纺织机械的

1600 年前后的法国煤矿(壁炉饰面板)。“为达目的,必先吃苦。”慕尼黑德意志博物馆摄影部。

自动化进程,这对英国经济的"起飞"将具有决定性作用。[122] 为了使这些梦寐以求或终于制成的机器能充分发挥作用,美中不足的只是需要增加能源,而且必须是易于调配的能源。有关的工具业已存在,正在不断完善中。值得注意的是,印度和中国的工具十分简陋,与产品的精美适成对比。欧洲的旅行家对此深为惊讶,有人说:"人们不禁感到意外,这样简单的机器竟能织出中国最漂亮的丝绸。"[123] 另一位作者在谈到印度著名的府绸时几乎用相同的话表达这个感慨。[124]

随着蒸汽机的出现,西方的一切都加速发展,好像受到魔力的推动一样。但这种魔力是事先经过酝酿和准备的。套用一位历史学家(皮埃尔·莱翁)的话说:先有进化(即缓慢前进),然后才有革命(即加速前进)。两种运动是互相联系的。

327 穷亲戚——铁

可以肯定,在 15 世纪,特别在 18 世纪,世界上所有的人都会认为,把铁比作穷亲戚是牵强附会和不合实际的。蒙巴尔的冶金工场主布丰对此会作何感想?其实,对于这个既近又远的时代,只有我们 20 世纪的人才会感到奇怪,何以铁的使用会如此之少。

总的说来,铁的冶炼方法当时与今天基本相同,都是使用高炉和锻锤,但从数量看就大相径庭。今天的一座高炉"24 小时消费的焦炭和矿石可达 3 列火车的容量",而在 18 世纪,设备最完善的高炉最初只是断续开工,后来装上了双火精炼等设备,年产量也不过 100 至 150 吨。铁产量今天以千吨计算,而在 200 年前,产量单位还是当时的公担，即今天的50公斤。这个级差区分着两种文明。摩尔根于1877年写道："铁一旦成为生产中最重要的原料，这意味着人类进化史上发生了最重大的事件。"[125]一位名叫斯蒂芬·库洛夫斯基的波兰经济学家甚至相信，通过冶金工业这一优先部门可以摸出经济生活的全部脉搏：冶金工业体现着过去和将来的一切。[126]

但直到19世纪初，"最重大的事件"尚未发生。1800年，世界铁产量（包括生铁、锻铁、钢）仅达200万吨，[127]这个一半可靠的数字看来水分很大。在当时经济文明中占统治地位的与其说是铁，不如说是棉花（归根到底是棉花发动了英国革命）。

冶金业实际上仍是墨守成规，很不稳定。它还取决于自然资源。矿石幸而比较充裕，森林已感不足，河水的动力常有变化：在16世纪的瑞典，农民也生产铁，不过仅在春天汛期；凡有高炉的地方，水位下降就带来失业。总之，无论在阿尔萨斯、英格兰或乌拉尔，很少或几乎没有专业工人，往往都是普通农民从事炼铁。也没有现代意义上的企业家。欧洲的炼铁工场主多数是地主，他们委托管家或佃户照看铁工厂！最后一个不稳定因素是，铁的需求同战争的爆发和结束相联系，时多时少。

当时的人显然不是这么看问题的。他们常说铁是用途最广的金属，所有人都有机会看到锻铁炉（至少是村内铁匠或马蹄匠的炉子）、高炉、加热炉和精炼炉。确实，分散的地方性生产或短途供应是当时的一般情形。亚眠于17世纪从离其市场不到100公里的梯埃拉什运来铁，再在方圆50至100公里的范围内销售。[128]16世纪，奥地利的一个名叫茹登堡的小城市（位于奥伯施泰马克地区)[129]是莱奥本一带钢铁冶金产品的集散地,我们掌握了那里的一名商人的日记,从日记中可以查到有关采购、销售、运输、价格、
328 计量等详细情况,了解各种不同质量的铁产品,从粗铁、铁条到钢材、粗细铁丝,乃至针、钉、剪、火炉和白铁器具。所有这些产品的去路都并不很远:即使价格高昂的钢也不翻过阿尔卑斯山运往威尼斯。冶金产品不像棉毛织品那样远销外地,个别的奢侈品例外,如托莱多的剑、布雷西亚的兵器,还有茹登堡那位商人向安特卫普供应的打猎用弩箭。冶金产品的大宗交易(16 世纪的坎塔布连地区,17 世纪的瑞典,18 世纪的俄罗斯)通过河道和海道进行,数量十分有限。

17 世纪的日本铁匠炉。

日本制剑技术。锻造和抛光（18 世纪）。

总之，在 18 世纪或 19 世纪前的欧洲（欧洲以外的地区自然更是如此），铁的生产和使用在物质文明中尚未达到举足轻重的地位。那时候，钢的熔炼尚未实现，搅拌法尚未发现，焦炭炼铁尚未普及，贝塞麦、西门子、马丁、托马斯等一系列名称和工艺尚未问世。

世界（除中国外）最初的冶金技术

炼铁技术是在旧大陆被发现的，从公元前 15 世纪起，它大概

以高加索为出发点，很快在旧大陆传播。旧大陆的各文明地区都
329 先后学会了和程度不同地掌握了这门基本技艺。唯有两个地区的进步特别引人注目。中国起步很早，却在13世纪后停滞不前，令人不解；欧洲起步较晚，但进展很快。

中国无可争辩的优越在于它发展最早：公元前5世纪前后，中国已能炼铁；最初用煤，也许在13世纪开始用焦炭熔化矿石，虽然此说尚有疑问。欧洲于14世纪前尚未炼出铁水，用焦炭炼铁可能起源于17世纪，英国只是在1780年后才普遍采用这一方法。

中国冶金业起源之早提出了一个问题。达到高温大概与煤的使用有关；再说开采的矿石含磷量很高，在温度相对不高的条件下也可熔化；还有人力或涡轮推动的风箱能向炉内不断鼓风，保持较高的温度。那里使用的炉子与我们的炉子毫无共同之处：这是一些“用耐火材料砌成的长方形凹坑”；里面放有若干坩埚，煤就堆在这些装有矿石的坩埚之间。矿石因而不直接接触燃料，工人能够随意添加包括木炭在内的用料。经坩埚多次熔炼，可得到几乎完
330 全消除了碳素的软铁，或含碳量不同的铁，即低碳钢或高碳钢。坩埚连续熔炼两次所得的产品被中国人用于浇铸犁铧或成套的铁锅，这种方法在西方只是过了18至20个世纪后方才通行。G.豪特里库尔根据语义考证推断，施蒂里亚和奥地利——那里的高炉于14世纪由熔炼法代替锻炼法生产铁——采用了中国技术，它经由中亚细亚、西伯利亚、土耳其和俄罗斯传到欧洲的终点站。[130]

亚洲坩埚冶炼法的另一成就是它制造了一种“含碳优质钢”（有人认为其原产地在印度，也有人认为在中国），相当于今天最好的“过共析钢”。这种钢的质地和制造方法直到19世纪对欧洲人

仍是个谜。它在欧洲被称作大马士革钢，在波斯被称作“波纹钢”，在俄罗斯被称作“布拉特钢”，英国人后来称它是“乌茨钢”，主要用于制造锋利无比的剑刃。它产于印度的戈尔康达王国，欧洲人到达那里时，它以钢锭形式出售。达维尼叶说，钢锭像一块面包那样大小，每块约 600 至 700 克，主要向远东地区，向日本、阿拉伯、叙利亚、俄罗斯和波斯大批出口。夏尔丹于 1690 年说，波斯人认为当地的钢不如这种印度钢，而欧洲的钢又不如当地的钢。[131] 波斯人用印度钢制造最优良的刀刃。其特点是：当金属块在坩埚中冷却时，碳素结晶成具有白色纹理的、极其坚硬的碳化铁，表面呈现波纹闪光。这种声名卓著的钢价格十分昂贵，葡萄牙人于 1591 年在印度洋沿岸截获了一船，但里斯本和西班牙的任何铁匠都未能加以锻造。列奥米尔（1683—1757）曾从开罗搞来一块样品，委托巴黎的铁匠加工，也同样遭到了失败。烧红的“乌茨钢”一经锤打，立即折断，波纹闪光随之消失。这种钢只能在低温条件下锻造，或者在坩埚中熔化后浇铸。19 世纪前几十年，许多西方科学家和俄罗斯冶金学家热衷于研究“乌茨钢”的秘密，他们的研究将成为金相学的起源。[132]

所有这些事实说明，人们毫无争议地认定印度是大马士革钢的发源地。但是，阿里·马扎海利在一篇炫人眼目的文章里，根据阿拉伯和波斯 9 世纪和 11 世纪的资料以及中国更古老的资料，提出了关于印度钢源自中国的假设（请注意，印度钢同中国的铸铁一样，也在坩埚中制作），认为钢刀系由坩埚熔炼的亚洲钢铸成，剑则是与西方一样，用经过锤锻和淬火的钢制成；他讲述了大马士革钢刀富有传奇色彩的历史：先从亚洲传到土耳其斯坦，经斯基塔人的媒介,转入印度、波斯、穆斯林国家和莫斯科公国。波斯萨桑王朝之所以能战胜罗马军团,主要原因是它的骑兵使用大马士革钢刀,其质量大大超过罗马军团粗糙的短柄铁剑。最后,“亚洲的游牧部落之所以能侵入罗马帝国和中世纪的欧洲,原因也在于钢刀——中国的钢刀——的优越”。[133]

印度的马头柄短刀(17 世纪)。用大马士革钢浇铸,镶有灰色玉石。卢浮宫东方古物部。

荒唐的是,中国在遥遥领先后,却于 13 世纪停滞不前了。中国的冶金和锻造工匠满足于重复既有的成果,不再取得任何进步。
331 焦炭冶炼虽然已经发明,却并无发展。这一切很难弄清,很难说明。中国的命运总的说来存在着相同的问题,十分模糊,至今还难以解决。

施蒂里亚和多菲内在 11 至 15 世纪期间的进步

另一个问题是欧洲的后来居上。中世纪的冶金业最初出现在锡格河和萨尔河之间或塞纳河和荣纳河之间的河谷地区。铁矿石几乎各地都有;稀少的只是接近纯铁状态的陨石,欧洲早在拉台恩原始史时代已用这种陨石炼铁。矿石经粉碎、筛洗和焙烘后,与木炭分层放置在形状各异的炉子里。例如,在塞纳河和荣纳河之间的奥脱森林中,紧靠山坡的窑洞充当没有炉壁的、简陋的“风炉”。炉子点火后两至三天,就能取得内含许多炉渣的小块海绵状铁;接着，必须送铁匠炉加工，加热（多次把铁烧热），在铁砧上锤打。[134]

一些比较复杂的炉子很快出现，炉子装有炉壁，但尚未密封，不再满足于自然通风（像普通的壁炉那样）。在萨尔地区挖掘出土的朗登塔尔炉（在公元 1000 至 1100 年间使用）约有 1.5 米高，最大剖面直径为 0.65 米（炉身呈圆锥状），内壁系用木模范型烧结的黏土，另有两台风箱鼓风。[135]科西嘉、加塔洛尼亚、诺曼底等地区的炼铁炉与此大同小异（诺曼底加工瑞典的矿石）：都有炉壁，炉顶不封口，用蹩脚风箱鼓风，工效很低。使用含铁量达 72% 的矿石，出铁量大致仅 15%。当然，这种原始状况同样适用于 11 世纪后欧洲农民（当时十分活跃）和旧大陆不发达民族从事的金属冶炼。[136]

蒂罗尔的机械化锻铁：鼓风机和锻锤由一个水轮带动，图前方系凸轮轴（16 世纪）。维也纳奥地利国立图书馆图片部。

在11和12世纪后,水轮给欧洲带来了相当缓慢、但具有决定性意义的进步,各大产铁地区都安装了水轮。炼铁炉从森林迁到了河边。水力推动庞大的鼓风机以及粉碎矿石的捣槌和"趁热打铁"的铁锤。随着这些进步的实现,高炉于14世纪末终于诞生。高炉在德国(也许在尼德兰)出现后,很快传到马恩河上游河谷等法国东部地区;至于普瓦图、曼恩河下游等法国西部地区,森林中的手工炼铁炉将一直保持到16世纪。[137]

332 施蒂里亚实现的新的进步堪称典范:那里于13世纪出现了用手拉风箱鼓风、四面围有炉壁的炼铁炉;14世纪出现的高炉比前一种炉子更高,并且用水力鼓风,14世纪末的高炉炉身继续增高,与预热炉配套,构成鼓风炉(这个名称出现在1389年的一份文件上)。由于安装了由水力推动的巨大皮风箱,由于高炉有了炉膛,终于第一次实现了熔融,这个重大进步意味着熔炼法于14世纪已被"发现"。从此,人们将能随意将熔铁炼成脱碳程度很高的熟铁或不完全脱碳的钢。施蒂里亚致力于钢的生产。[138]但在18世纪末的革新出现前,旧法炼钢炼出的往往不是钢,而是"钢化的铁"。

与此同时,锻造工场远离高炉,向下游发展,因为如果保持工厂的整体,燃料消耗量就变得过大,供应难以保证。从1613年的一张素描可以看到,一座鼓风炉孤零零地竖在那里,设在下游的锻
333 造工场配合高炉工作。锻造工场拥有一个水力锻锤,或称德意志锤:一根粗大的橡树梁子充当锤把;锤头的铁块可重达500至600磅,一个带钩的轮子将锤头举起,再让它落在铁砧上。这一巨大的打击力对加工当时大量生产的粗钢是完全必要的。但是,由于铁

需要不断再加工，还有被称作意大利锤的小锤从事急速的锤打，这种式样的小锤大概来自号称“铁之古都”的布雷西亚，中间经过了弗里乌尔工人的介绍。[139]

说明这些进步的另一个例子是阿尔卑斯山西部：这个例子的好处是它揭示了查尔特勒修士在冶金业初期发展中所起的作用。查尔特勒修士自 12 世纪起在施蒂里亚、伦巴第、卡林西亚、皮埃蒙特定居，他们“同近代冶金业的各项发明紧密相关”。他们很可能于 12 世纪在多菲内的阿尔瓦首创熔铁法，总之，明显地早于施蒂里亚等地。他们很早利用巨大的引水管道把阿尔卑斯山的一条激流完全截住，从而带动功率强大的鼓风机。随着蒂罗尔工人的来到(1172 年)，他们又发明了用木炭加废铁精炼铸铁的方法，因而制成了所谓“天然钢”。不过，以上涉及的时间不太可靠。[140]

其实，每个产铁中心都经历特殊的阶段，都有独特的方法(尤其是精炼)，都有自己的秘密、顾客以及选定的产品。但是，各地固有的技术终究会逐渐推广，至少工匠的流动还是很快的。举一个小例子：1450 年，“生于列日”的两名工人在桑利附近的阿瓦朗河畔取得一块场地，“准备制造河水落差，建造一个熔炉或铸铁工场”。[141]

所有这些高炉迟早都将由间歇生产改为连续生产；每次出铁后，炉子立即又装上矿石和木炭。为修理或装料而暂停工作的间歇变得稀少。高炉的规模日渐扩大：1500 至 1700 年，高炉容量增加了一倍，达到 4.5 立方米，日产铁水 2 吨。[142]人们逐渐习惯于把铁放在铁水中重新淬火，以增加其含碳量。

集中前的集中

在战争的帮助下，铁的需求量成倍增长，用以制造盔甲、剑、矛、火枪、炮、铁弹……这些紧迫的要求显然只是一时之需，随后很难转产。但生铁和熟铁也用于制造厨房用具、大小锅子、锅架、柴架、壁炉护板和犁铧。随着这些需求的日益增长，铁的生产便日益集中，虽然这还是工业集中前的一种松散的集中，因为在一个地点所能调动的运输力量、燃料和动力还很有限，食物供应也有困难，而生产活动又时断时续。这一切不允许有太大规模的集中。

15 世纪末的布雷西亚可能有 200 家武器工场，这些工场除场主外只雇佣三至四名工人。据一个文件说，当时约有六万人从事铁的生产，这个数字还是夸大了，虽然它应包括远在卡莫尼卡河谷

15 世纪的一家小客店。围桌坐下的旅客把自己的武器挂在背后。伊索涅乡墅的壁画。

的炼铁工、锻造工、水轮工、采掘工、运输工等。所有这些工人分散在城市四周 20 至 30 公里的范围内。[143]

16 世纪里昂的情形也是如此,它是方圆 100 多公里范围内许 334
多小冶金工场产品的集散地。按照产品的重要性顺序排列,圣艾蒂安生产小五金、火枪、戟以及少量的长短剑配件;圣夏蒙生产小五金、火枪、钩环、圆环、马刺、钢锉以及铜盆、"转锭"等缫丝和染丝的必要器具……次一等的冶金中心专门制造铁钉,如圣保朗雅雷、圣马丁、圣罗曼、圣迪迪埃;台尔诺瓦制造小五金、圣桑福尼安制造铁罐;圣安得烈制造铁铲、犁头等农具。稍往远去,维韦罗尔生产"驴骡的挂铃"(里昂的意大利大商人向国外出口的铃铛也许就在这里生产的);圣博内勒夏图生产的"剪羊毛器"声誉卓著。[144]

生产铁钉等物的工匠自己把商品送往大城市,顺便让驮畜捎带少量的煤。这证明冶金工业使用煤炭,里昂也用煤炭作家庭取暖(韦兹街区的石灰窑也烧煤),经精细加工的冶金产品比未加工的产品销路好些。

只要看一看纽伦堡及其市郊的各种小五金生产,17 世纪瑞典 335
的钢铁生产,18 世纪乌拉尔的工业高涨,比斯开或列日地区的工业生产方式,我们就会注意到以下相同的状况:生产单位较小,地理位置比较分散,运输十分困难。只有在沿海或靠近河道的地方(莱茵河、波罗的海、默兹河、加斯科尼湾、乌拉尔)生产集中方有可能。背山临海的比斯开不但水流湍急,而且拥有山毛榉林和丰富的矿藏,因而那里的冶金业规模很大。直到 18 世纪中叶,西班牙仍向英格兰卖铁,英国人正是用西班牙的铁装备船只,在海上同西班牙船队进行较量。[145]

几个数字

我们已经说过，把 1800 年前后的世界钢铁产量算作 200 万吨，肯定是估高了。假定工业革命前世界钢铁产量约等于欧洲产量的两至三倍，欧洲产量在 1525 年左右不过 10 万吨（根据约翰·内夫的数字）；1540 年为 15 万吨（根据斯蒂芬·库洛夫斯基的数字，[146] 以下亦然）；1700 年为 18 万吨（其中，英国占 1.2 万吨，瑞典占 5 万吨）；1750 年为 25 万吨（英国占 2.2 万吨，俄国占 2.5 万吨）；1790 年为 60 万吨（英国占 8 万吨，法国占 12.5 万吨，瑞典占 9 万吨，俄国占 12 万吨）。欧洲铁产量 1810 年仅达 110 万吨；1840 年达 280 万吨，其中英国占了一半。不过，第一次工业革命当时已经开始。

本世纪的 70 年代，欧洲钢产量总共是 7.2 亿吨。这就等于说，在本书铺陈的漫长岁月里，铁的时代尚未完全确立。如果后退到工业革命发生前，并继续逆时间前进，我们就会看到铁的作用不断减小，铁将恢复它在旧制度下默默无闻的地位。历史车轮最后将回到荷马史诗的时代，那时候，武士的盔甲“等于三对牛的价值，一把剑值七对牛，马嚼比马本身更加值钱”。[147] 本书叙述的那个时代从头到尾还是木材横行天下的时代。

其他金属

作为历史学家，我们惯于把大宗商品的生产和贸易放在第一位；这些商品不是香料，而是食糖或小麦，不是稀有金属或贵金属，而是用于制造日常用具的铁，尽管在这几百年里铁的用量还不算太大。对于用途不广的稀有金属，如锑、锡、铅和锌，以上的认识是正确的，锌只是在18世纪末才被使用。但就金、银等贵金属而言，争论便远没有得出结论。身价低贱的铁不会像贵金属那样招惹种种贪欲图谋。人们为了取得白银真是费尽了心机，阿格里哥拉的著作中有关银矿的漂亮草图或孚日地区圣玛丽亚矿的矿井和坑道 336
剖面图都足以为证。为了取得白银，西班牙开采了宝贵的阿尔马登汞矿（15世纪炼银采用混合法，16世纪后才改为工业生产）；为了取得白银，采矿业完成了各项进步（开挖坑道、抽水、通风）。

可以认为，铜当时起的作用与铁相同，甚至更大。青铜铸炮是大炮中之佼佼者。船壳包铜于18世纪开始普及。自15世纪起，渗铅二次熔铜法已从铜矿石中分离出银。铜是继金银之后用于制造货币的第三种金属。此外，铜的冶炼比较容易（一座反射炉日产

16世纪上半期孚日山区克鲁瓦德洛林的银矿：矿井、升降机、绞车、矿车。该地的乡村矿井直到1670年仍在开采。法国国家图书馆版画部。

30 吨铜),因而在早期资本主义的帮助下,萨克森地区曼斯菲尔德的铜矿生产于 16 世纪直线上升,瑞典的铜业于 17 世纪飞跃发展,由荷兰东印度公司垄断的日本铜也在同期引人注目。雅克·克尔以及势力更大的富格尔家族曾是铜业大王。即使在随后的几个世纪里,人们也可以在阿姆斯特丹交易所闭着眼睛做铜的投机生意。

第六章

技术革命和技术落后

以上谈到了技术基础的停滞不前。革新只能从缝隙中慢慢冒出。火炮、印刷术和远洋航行曾是15至18世纪期间的三大技术革命。但要说革命，这仅是说说而已，其中任何一次都不是跑步完成的。唯独远洋航行最终造成了世界的不平衡和不对称。在一般情况下，技术迟早是会传播出去的：阿拉伯数字、火药、指南针、纸张、蚕丝、印刷术都无不如此。任何革新从不满足于为一个集团、一个国家或一种文明服务，除非其他的集团、国家或文明确实不需要这项革新。新技术的诞生过程十分缓慢，邻近地区有足够的时间感到惊讶和去了解它。大概在1347年克雷西会战期间，或更确切地说，在加来攻城战期间，火炮开始在西方出现；只是到了查理八世远征意大利时，即经过一个半世纪的酝酿、试验和批评后，火炮终于成为欧洲战争中的主要武器。

这种停滞不前的状态在某些部门尤其突出。例如在运输方面（尽管麦哲伦的远洋探险使世界第一次认识到了海洋的整体性）和在农业方面，革命性的进步仅仅触及狭小的领域，并淹没在因循守旧的汪洋大海里。旧制度正趋向崩溃，但仍未被推翻：进步缓慢，困难重重，情形实在令人沮丧。

338

三大技术革新

火药的起源

一种“西方”民族主义正怂恿科技史的专家们否认欧洲对中国的借鉴或者缩小这种借鉴的重要性。不论优秀的科学史专家阿尔都·米埃里[1]如何强词夺理，中国人发明火药毕竟不是一种“神话”。他们从9世纪起已用硝土、硫磺和炭屑制造火药。最早的火器同样也是由中国人在11世纪制成的，但中国出现第一门火炮的日期却在1356年。[2]

西方是否在同期也发现了火药呢？有人认为火药是老培根（1214—1293）的发明，但不能提供任何证据。火炮出现的日期比较可靠：1314或1319年在佛兰德；1324年在麦茨；1326年在佛罗伦萨；1327年在英格兰；[3]1331年在弗里乌尔的奇维道尔围城战。[4]也许还有克雷西会战（1346年），据弗洛瓦萨尔说，英军的“炮火”使瓦洛阿家族的菲力浦六世统率的法军惊得“目瞪口呆”。更加可靠的是，爱德华三世曾于次年攻打加来时使用了火炮。[5]但新武器真正发挥作用还在下个世纪欧洲中部的胡斯战争期间。起义者于1427年已有四轮车载运的轻炮。最后，在查理七世同英军作战的末期，火炮曾起了决定性作用，但这一次，受益的却是一百年前在加来之战中失利的一方。火炮的地位变得重要与一项新发现有关：1420年前后，[6]由于原料配方的变化，燃烧及时可靠的颗粒状

最初的火炮贴近城墙轰击。马西奥尔·德·巴利的《查理七世的兵士们》一书，1484 年版。法国国家图书馆。

火药代替了板结而不易引爆的块状火药。

我们不能因此认为火炮已成为正规武器。我们约略知道，火 339
炮于 14 世纪在西班牙和在北非曾起过一定作用。例如，在 1457 年的休达城内：葡萄牙人于 1415 年占领了摩洛哥的这个重要沿海城市，摩尔人当时正进行反攻。请听听前来同非基督徒作战的一名士兵（亡命之徒）所讲的话："我们用我们的机器相当成功地向他们发射石块……摩尔人射手只有弓箭和投石器作武器……他们白天不断投射石子。"[7]可是，四年前，陈兵君士坦丁堡城下的土耳其人于 1453 年已用一门硕大无比的火炮攻打城市……但即使在西班牙，1475 至 1476 年间布尔戈斯围城战期间也还使用投石器。有关这方面的细节，可以补充的是，硝石于 1248 年间已在埃及出现，被称作"中国雪"。还可以肯定，火炮于 1366 年在开罗使用，于

1376年在亚历山大港使用，于1389年在埃及和叙利亚已很普遍。这张时间表——1347年在加来，1356年在中国，等等——不能证明究竟谁先发明了火炮。卡洛·西博拉认为，15世纪初的中国火炮只会比欧洲火炮好，而不会差。但到了15世纪末，欧洲火炮就胜过亚洲制造的任何火炮。因此，当欧洲火炮于16世纪在远东出现时，曾引起了极大的恐慌。[8]总之，中国火炮未能根据战争的需要而演变。一名旅行家于1830年左右曾指出，在中国城市的郊外，"设有铸炮工场，但工人缺少经验，操作也不熟练"。[9]

火炮变得可以移动

最初，火炮是一种炮身短、装药少的轻武器（火药稀少，价格昂贵）。人们始终弄不明白当时各种火器的名称究竟指的是什么。例如，名叫"里博德坎"的火器大概是指由许多枪筒（类似火枪枪管）组成的集合体，因而有人称之为多管枪！

火炮后来变得越来越笨重，根据伦敦塔保存的样品，理查二世在位期间（1376—1400年），平均炮重由136公斤增加到272公斤。15世纪常见的臼炮，如德意志轰雷炮，是用木架支撑的庞大的长筒青铜炮，移动时遇到的困难几乎无法解决。1499年，为了平定瑞士各州，马克西米利安皇帝向斯特拉斯堡借用的"奇迹炮"移动如此缓慢，差一点落在敌人手里。1500年3月，路德维希·勒莫尔从德国运往米兰"六门大炮"，两门在途中摔碎：[10]类似事故屡见不鲜。

早在这个时期以前，已经诞生了口径大、移动比较灵活和便于随军转移的炮车，例如查理七世在福米尼（1450年）和卡斯蒂荣

(1453年)赖以取胜的比洛兄弟炮队。意大利也有了活动炮车,用牛牵引,这在1467年莫利纳奇拉遭遇战中可以看到。[11]但装有车座、由驮马牵引的火炮只是于1494年才跟随查理八世进入了意大利,使当地绅士恐慌万状。这种火炮不再发射石块,而是发射铁弹,铁弹的使用迅速得到推广,它所瞄准的目标不再仅限于城内的 340
房屋,而且包括城墙。围城战的关键始终在于能否守住或攻破城门,任何要塞如今都抵挡不住炮火的直接轰击。火炮被运到城墙脚下护城河的外侧,并立即"加以掩蔽",或用路易十二的史官让·多东的话说,"搭篷保护"。

炮火的猛烈使要塞城市有30多年时间处于无险可守的状态:城墙竟像舞台布景一样容易倒塌。针对这种状况,逐渐形成了新的防御手段,脆而易碎的石墙被夯实的土墙所取代,铁弹轰进土里不起任何作用,而防守者设在城墙楼台上的火炮却有居高临下之利。查理五世皇帝的掌玺大臣梅古里乌·加提纳拉[12]于1530年
断言,只要有50门炮就能使皇帝在意大利的优势不被法国人所动 341
摇。[13]1525年,帕维亚要塞牵制了弗朗斯瓦一世的军队,使帝国大军于2月24日得以从背后偷袭。采用同样的办法,马赛于1524年和1536年抵抗了查理五世皇帝的进攻。维也纳于1529年抵挡了土耳其的进攻;麦茨于1552至1553年抵挡了日耳曼罗马帝国的进攻。但如敌方进行偷袭,城市仍可被攻破:迪伦于1544年,加来于1558年,亚眠于1596年分别陷落。要塞防守的加强预示着攻城和守城将成为战争的一门学问。只是在很久以后,弗里德里希二世的战略和拿破仑的战略才突然脱离这套程式,新战略关心的不再是城市的得失,而是消灭敌人的有生力量。

火炮变得能够移动。查理八世的装有车座的火炮随军向意大利进发。

装在船上的火炮：格拉维尔勋爵、海军上将路易·马莱（卒于1516年）的战船。奥利维埃·德·拉马尔什：《坚毅的骑士》，尚蒂伊的贡岱博物馆，编号507。

与此同时,火炮正日渐完善和变得合理,查理五世皇帝于1544年把炮筒的长径比定为7∶1,亨利二世则定为6∶1;用于攻城和守城的大炮射程为900步;其他的炮,即所谓"野战炮",射程仅400步远。[14]随后的技术进步将很缓慢:举法国为例,德·瓦利埃尔将军早在路易十五时代建立的体系直到1776年才由格里博瓦尔着手改进,改进后的火炮在大革命和拿破仑帝国时期到处大显神威。

船上的火炮

火炮很早就被安装在船上,但比较随便,没有定规。早在克雷西会战前,一艘名叫"塔中玛丽号"的英国船于1338年装上了火炮。30多年后,即在1372年,40艘卡斯蒂利亚大船在拉罗歇尔海面用火炮击毁多艘英国船,后者因未装火炮无力抵御。[15]可是,据一些专家说,在1373年前后,英国船只装备火炮已成为惯例!在威尼斯同热那亚进行无休止的战争(1378年)期间,没有任何证据可证明威尼斯的划桨战船装有火炮。但在1440年,也可能更早些,威尼斯的战船已装有火炮,土耳其的战船显然也是如此。无论如何,一艘土耳其大船(150多吨)于1498年在米蒂利尼岛附近同威尼斯的四艘划桨战船发生冲突,前者的火炮比后者更加猛烈有效,曾用石弹三次击中对方,其中一颗石弹重达85磅。[16]

用火炮装备战船当然并非一日之功,也不是毫无困难。大概在1550年前,海上还没有瞄准目标径直平射的长筒火炮;到16世纪,椭圆形船只两侧尚未普遍设置炮孔。武装的和非武装的船只同时存在,尽管这要冒点风险。我已举了英国人于1372年在拉罗歇尔海面的厄运为证。但在大西洋上，1520 年前后，法国海盗船拥有火炮，葡萄牙商船没有武器装备。这毕竟是 1520 年的事呀！

从 16 世纪开始，由于海盗猖獗，所有船只都不得不装上火器，并有专门使用火器的炮手。几乎不分战船和商船，全都武装了起来。因此，在商船和战船的区分问题上，17 世纪发生了奇怪的争执。路易十四时代的战船在进入海港时享有专门的礼遇，但以不随带商品为条件，战船如今全都带有商品，争论由此发生。

这种海上武装很快遵守一种相当固定的规则：一定吨位的船 342
只配有一定数量的船员和火炮。从 16 世纪起，每十吨位的船设置一门炮，这个比例在 17 世纪也还通行。因此，我们可以说，于 1638 年 4 月停靠在波斯沿海阿巴斯港的一艘英国船武装不足，300 吨位仅有 24 门炮。规则显然并不十分严格，船与船之间、炮与炮之间差别很大，武装程度也还有其他标准，例如海员的人数。16 世纪末以后，在地中海航行和驶往印度的英国船一般武装程度较高，拥有的海员和火炮比其他船多；过道上不堆商品，船员在防
卫时行动比较灵活。这正是英国船成功的原因之一。[17] 343

还有其他的原因。大型船只曾长期在海上称霸，因为它们装备的火炮数量多、口径大，利于防卫，航行比较可靠。但从 16 世纪起，小型船只猛烈发展，因为小商船装货快，不在港口耽误功夫，小战船则能做到武装更加精良。拉齐伊骑士于 1626 年 11 月对黎塞留解释说：“大船过去之所以令人丧胆，因为它们备有大炮，而中等船只却只能装备小炮，小炮不能击穿大船的船身。新的发明如今使人们找到了航海的诀窍，因而一艘 200 吨的船能像 800 吨的船一样携带大炮。”[18] 一旦海上发生遭遇，大船竟有失利的危险：小船

航速较快,行动方便,能在死角随意击中大船。荷兰和英国在世界七大海的成功正是依靠了小吨位的船只。

344

火铳、火枪、击发枪

火铳出现的确切时间不可能弄清楚,大概是在15世纪末,至少在16世纪初是可以肯定的。据"忠实的仆人"说,1512年布雷西亚围城战期间,守卫者"开始像苍蝇一样密集地开枪放炮"。[19]制伏旧时代骑士的武器是火铳,而不是臼炮或长筒炮。火炮一度使城堡很难守卫。好心的巴亚尔骑士正是于1524年被火铳发射的镞箭击中而丧生。蒙吕克声称曾为劳脱雷克远征那不勒斯(结果惨遭失败)在加斯科尼招募七八百名士兵,他惊呼:"假如这种倒霉的机器根本没有被发明,那该有多好!"他还说:"募兵之事只花几天工夫即告完成,其中包括火铳手四五百名,当时法国火铳手的人数十分有限"。[20]

这类感慨给人这样一个印象,似乎为法国效劳的军队最初在武器方面落后于西班牙、德意志和意大利的部队。法语的"火铳"一词(haquebute)首先是对德语"Hackenbüchse"一词的模仿。随后的形式(arquebuse)又是对意大利语"archibugio"的模仿。火铳的名称未定也许颇能说明问题。法军1525年在帕维亚的惨败,原因显然很多,西班牙火铳手发射的重弹也是其中之一。后来,法军成倍地增加了火铳手(两名长矛手配备一名火铳手)。阿尔巴公爵走得更远,他把驻守在尼德兰的步兵分成相等的两部分:一半用火铳,一半用长矛。在1576年的德意志,长矛与火铳约为五与三之比。

德吕特尔海军上将(1607—1676)的旗舰“七省号”火炮如林。阿姆斯特丹里日克博物馆。

实际上,17世纪仍被称作“武器女王”的长矛不可能立即消失,因为火铳必须用叉架托住,反复装填火药,点火引爆,动作十分迟缓。即使在火枪代替火铳后,古斯塔夫·阿道夫仍保留一名长矛手配两名火枪手的比例。直到火枪改进后,变成了击发枪,这种状况才可能改变。击发枪于1630年设计成功,于1703年在法军中投入使用。勃兰登堡选帝侯的军队于1670年开始用纸包装弹药,法军则在1690年后;最后,步兵采用刺刀终于结束了长矛和火器并存的局面。17世纪末,欧洲全部步兵都用击发枪和刺刀武装起来,但演变过程竟长达两个世纪。[21]

在土耳其，进步更加缓慢。勒班陀会战时（1571 年），土耳其划桨船上的弓箭手仍多于火铳手。1630 年，在埃维亚岛附近遭土耳其划桨船攻击的一艘葡萄牙大帆船“遍体负箭，直到桅顶”。[22]

枪炮生产和财政支出

火炮和火器给各国的战争和经济生活，给武器的工业化生产带来了巨大的变革。

工业逐渐趋向集中，但尚未完全定型，因为军火工业仍然名目
345 繁多：生产火药的工场不生产火器、刺刀或火炮；能源也不能随意集中，必须沿着河道或进入森林去寻找。

唯有富国方能应付新战争的庞大开支。富国将消灭那些长期独立处理自身事务的城邦国家。1580 年，蒙田途经奥格斯堡时，[23]曾对该地的军火库欣羡不已。如果在威尼斯，他可能会赞赏那里的兵工厂，圣马克教堂的大钟每天召唤 3000 名工人前去上工。当然，各国都有自己的兵工厂（弗朗斯瓦一世建了 11 所，在他的统治末年，全国共有 13 所），都有庞大的武器库：亨利八世在位期间的英国有伦敦塔、威斯敏斯特、格林威治等处。西班牙历任国王以坎波城和马拉加的武器库为后盾，推行其扩张政策。[24]土耳其苏丹在加拉塔和托普哈恩也设有武器库。

但在工业革命前，欧洲各国的兵工厂往往是些手工作坊，而不是实行合理分工的制造厂。有些工匠甚至在家工作，距兵工厂有一段路程。让制造火药的磨坊远离城区难道不更加安全吗？这类磨坊一般设在山区或人口稀少的地区，如爱菲尔地区的卡拉布尔、科隆附近和贝尔格地区；1576 年，马乐梅迪在发生反西班牙起义

的前夕，刚建立了12座火药磨坊。所有这些磨坊，包括18世纪在莱茵河支流乌珀河畔建立的磨坊在内，往往用桤木烧制木炭。必须把木炭用硫磺、硝土一起研细过筛，由此取得粗细不同的颗粒状火药。

历来注意节省的威尼斯坚持使用价格较为便宜的粗粒火药。要塞总管于1588年指出，最好还是"如同英国人、法国人、西班牙人和土耳其人那样使用细粒火药，这能使火铳和火炮都用一种火药"。市政会议当时库存600万磅粗粒火药，可供要塞的400门炮各放300响。为了达到400响，还需增加200万磅火药，其开支等于60万杜加。如果再要过筛，制成细粒火药，开支将会增加四分之一，即15万杜加，但细粒火药装药量可比粗粒火药少三分之一，反而得了便宜。[25]

请读者原谅我们在这里算这笔陈年旧账。它能顺便告诉我们，威尼斯为确保自身安全，至少要花180万杜加购买火药，也就是说，其开支大于威尼斯城本身的年财政收入。这意味着，即使没有战争，军费开支也极其可观。何况数字还在逐年增加：1588年，阿尔玛达无敌舰队驶往北欧时，携带了2431门炮、7000支火铳、1000支火枪、123 790发炮弹，平均每门炮50发，另加足够数量的火药。1683年，法国舰队装有5619门铸铁炮，英国的船炮达8396门之多。[26]

军事冶金工业开始出现：起初于15世纪在威尼斯的属地布雷西亚；接着在施蒂里亚的格拉茨四周以及科隆、雷根斯堡、诺德林根、纽伦堡和苏尔附近（德意志的兵工厂在1634年被梯利摧毁之前曾经是欧洲最大的军火生产中心）；[27]1605年，圣艾蒂安"维纳

346 

火铳手，再现帕维亚战役（1525 年）的巨幅画作的细部，吕勃雷希特·海莱于 1529 年在德国创作。斯德哥尔摩国立博物馆。

斯瘸腿丈夫的大兵工厂"拥有 700 名工人；此外还有瑞典于 17 世
347 纪依靠荷兰和英国资本建造的高炉群，那里的吉尔工厂一次交货就能提供 400 门炮，这些炮使联合省于 1627 年在莱茵河三角洲以南挡住了西班牙的进攻。[28]

火器的发达刺激了炼铜工业，因为当时仍采用铸造教堂大钟的办法制造青铜炮（青铜炮的合金成分与钟不同，含有 8%的锡和 92%的铜，15 世纪已找到这一合适比例）。铁炮（其实是铸铁炮）仅于 16 世纪出现。阿尔玛达无敌舰队装备的 2431 门炮中，铁炮有 934 门。这种廉价的炮将代替昂贵的青铜炮，并大批制造。火炮的发展与高炉的发展（柯尔贝尔在我国多菲内地区新建的高炉）

互有联系。

但是，不但制造火炮和供应弹药要花钱，维修和搬运也要花钱。1554 年，西班牙在尼德兰有大小不等的各式火炮 50 门，每月的维修开支超过 40 000 杜加。为了搬动这些笨重的东西，必须有 475 匹马组成的骑兵“小分队”，加上 1014 匹马组成的“辎重队”和 575 辆四轮车（每辆车四匹马），共计 4777 匹马，每门炮几乎占用 90 匹马。[29]顺便指出，当时一艘划桨船的维修费用约为每月 500 杜加。[30]

火炮在世界各地

在世界范围内，重要的不仅是技术本身，而且是使用技术的方式。土耳其人在围城战中挖坑道的技巧无比高超，他们也是高明的火炮射手，但在 1550 年间，他们仍未学会单手使用沉重的马枪；[31]据 1565 年马耳他攻城战的一名见证人说，他们“给火铳装弹药不如我们的人迅速”。罗德里戈·维韦罗对日本人十分钦佩，但他指出，日本人不会使用火炮，他们的硝土质量很好，而火药却很差。拉斯戈台斯神甫（1626 年）对中国人作出了同样的评价：他们使用的火铳装药不足；[32]另一位见证人说，中国的火药粒大质次，至多能用于放礼炮。中国南方（1695 年）通过同欧洲人的贸易，“引进了七掌尺长的击发枪，枪弹很小，但主要供玩乐，并不真正使用”。[33]

西方突然开始重视炮兵学校的作用，这类学校往往设在城内（特别在面临战争威胁的城市），学生们每逢星期天列队前往射击场，往返途中都有乐队开道。尽管需求日增，欧洲从未缺少火炮手、火枪手和铸造工匠。他们的足迹遍布世界各地，如土耳其、北非、波斯、印度、暹罗、南洋群岛和莫斯科公国。在印度，直到奥朗则布去世（1707 年），莫卧儿帝国的炮手都是欧洲雇佣兵。他们后来才被穆斯林所代替，但效果不好。

随着技术的传播，技术最终为所有的人服务。这至少在欧洲是如此，各国之间常有取长补短。如果 1643 年罗克洛瓦之战标志着法国炮兵的胜利（我们对此不能断定），这至多只能算是偿还旧
348 债（请想想帕维亚的火铳）。可以肯定，火炮没有让某国君主在武力上长期占有优势。它使军费增加了，由于国家的筹划有方，企业主的利润当然也大大增加。在世界范围内，欧洲利用火炮的优势，打开了远东的海上门户；火炮在美洲起的作用很小，但火铳最终奠定了欧洲人的胜利。

在伊斯兰地区，胜败各占一半。西班牙人夺取格列纳达（1492 年）和占领北非领地（1497、1505、1509 至 1510 年）靠的是火炮。伊凡雷帝攻克喀山（1551 年）和阿斯特拉罕（1556 年），同样靠的是火炮。但土耳其也进行了反击：1453 年夺取君士坦丁堡，1521 年攻克贝尔格莱德，1526 年莫哈奇之战的胜利。土耳其在战争中从基督徒手里夺得了火炮（1521 至 1541 年，在匈牙利缴获火炮 5000 门）；它使用的火力在当时令人震惊：莫哈奇会战时，集结在战场中心的土耳其炮兵把匈牙利防线切成两截；马耳他之战（1565 年），60000 枚炮弹向守军射击；法马古斯塔会战（1571—1572 年）中，发射的炮弹达 118000 枚。更有甚者，火炮使土耳其对其他伊斯兰国家具有压倒优势（1516 年战胜叙利亚，1517 年战胜埃及），并在同波斯的斗争中稳操胜券：波斯大城市塔布里兹经炮轰八天后

终告陷落。巴卑尔在印度打败德里苏丹也应归功于火炮；全靠火炮和火铳，他于1526年又取得了帕尼帕特会战的胜利。再说发生在1636年的一件小事：架在长城上的三门葡萄牙火炮竟把满洲军队打得狼狈逃窜，使明朝得以苟延十年之久。

以上情况并不全面，但足以让我们作结论了。火炮并没有彻底打乱各大文化区域之间的界线，尽管在局部地段有进有退：伊斯兰仍留在原来的地区，远东腹地未受影响；普拉西之战仅是1757年的事。尤其，火炮正慢慢向各地传播；1554年起，日本海盗船也开始装备火炮；到了18世纪，任何一条马来海盗船都有了火炮。

从纸张到印刷术

纸[34]也来自遥远的中国，伊斯兰国家是向西传播路上的中间站。最早的纸坊于12世纪出现在西班牙，但欧洲的造纸工业要到14世纪初才在意大利建立。法布里亚诺四郊的水轮带动钉有钉子的巨大棒槌，把破布捣烂。[35]

水既是动力，又是配料。造纸需要使用大量清水，纸坊就设在城市上方水流湍急的河边，以免居民污染水质。威尼斯在加尔达湖畔造纸；孚日很早就有造纸作坊，香巴尼（以特鲁瓦为中心）和多菲内也是如此。[36]意大利的工人和资本家在造纸业的发展中起了重要作用。就原料而言，幸而破布十分充裕。欧洲于13世纪扩大了大麻和亚麻种植，麻布内衣代替了过去的羊毛内衣；此外，旧绳索（例如在热那亚）也能派上用场。[37]新工业的兴旺一度使原料供 349
应出现危机；某些地区的造纸商同破烂收购商竟打起了官司。后者在各大城市和破布质量高的地区流动收购，如勃艮第的破布便以优质见称。

纸不如羊皮结实美观,它的唯一优点是价格便宜。150 页手稿要用 12 头绵羊的羊皮,[38]“这就等于说,抄写功夫反而比较省钱”。新材料的平整和柔软确实事先解决了印刷的困难,而印刷术的成功当时也已具备了各方面的条件。12 世纪以来,无论在大学内或大学外,西方的读书人大大增多。求书心切推动了誊写工场的发展,既然需要大量正确的抄本,人们便寻找快速的方法,例如用描色法复制装帧画。全靠这些方法,真正的“出版业”终于问世。于 1356 年完成的《曼德维尔游记》有 250 册手抄本留传至今(其中有德文和荷兰文 73 册,法文 37 册,英文 40 册,拉丁文 50 册)。[39]

活字印刷的发现

活字印刷于 15 世纪中叶在西方出现,其发明者可能是美因茨人谷登堡及其合作者;但究竟是谷登堡或是定居阿维尼翁的布拉格人普洛科普·瓦尔德福格尔,或者是哈勒姆的科斯台(假如确有此人),或是某个无名氏,这并不要紧。重要的问题是要知道,这一发现究竟属于简单模仿或是另辟蹊径。

中国于 9 世纪已发明了印刷术,日本于 11 世纪印刷了佛经。最早的印刷术是在木板上刻字,每块等于 1 页,工作极其缓慢。毕昇于 1040 至 1050 年间发明的活字印刷使印刷术面目一新。他用胶泥制成的活字借助石蜡固定在金属字盘上。这种活字几乎未被推广;随后出现的锡铸活字极易磨损。但在 14 世纪初,使用木制活字已经流行,甚至传到了土耳其斯坦。最后,15 世纪上半期,金属活字在中国和朝鲜均有改进,并在谷登堡发明前半个世纪得到广泛的传播。[40]这是否属于向西方的技术转让呢？罗阿·勒卢瓦曾有这个想法，那是在 1576 年，换句话说，是很久以后的事。他说："在海上周游历国"的葡萄牙人从中国带回了"印有中国字的书籍，并说那里早已使用活字印刷。有些人因而认为，这项发明先从鞑靼和莫斯科公国带到德意志，然后再传给其他基督教国家"。[41]这条传播途径缺乏根据。但是，去过中国的旅行家的确很多，其中一些人还是饱学之士，因而欧洲发明活字的说法值得怀疑。

总之，无论属于简单模仿或是独辟蹊径，欧洲的印刷业于 1440 至 1450 年间业已形成，虽然不无困难和经过一系列的调整，因为活字必须用合金制成，铅、锡和锑的配比必须正确无误（锑矿 351
仅于 16 世纪被发现），才能使铅字既不太硬，又较耐磨。制作过程分三步：先用十分坚硬的钢制成凸形冲模；然后在铜板（很少用铅板）上压成凹形字模；最后浇铸合金，得到的活字方可使用。接着必须"排字成行"，挤紧行距，上油墨，将字印在纸上。手摇印刷机于 16 世纪中叶出现，直到 18 世纪没有太大改变。主要的困难是铅字磨损很快，替换旧字的时候，又要重新使用钢制冲模，但钢模也有磨损，也就是说，一切都要从头开始。这真是一门精雕细刻的行业，[42]难怪新发明要在本行业中产生，而不是像有人所说那样，起源于雕版印刷业。相反，使用雕版印刷民间画的商人曾一度反对新发明。1461 年前后，班贝格的印刷商阿尔勃莱希特·普菲斯特尔首次把木刻技术并入书本印刷。雕版印刷从此不可能再与活字印刷相角逐。[43]

印刷机改进十分缓慢，直到 18 世纪仍保持原样或变化不大。"当弗朗斯瓦·昂博瓦兹·狄杜于 1787 年设计一次完成一印张的印刷机时,旧印刷业还停留在谷登堡的时代;假如谷登堡借尸还魂,走进路易十六登基后不久的法国的一家印刷厂,他立即会感到像回到家里那样熟悉,只有个别细节有点陌生。”[44]

活字版发明后即向世界传播。如同外出谋生的火炮手一样,印刷帮工也带着轻便器材四处漂泊,他们间或在一地定居,接着又出门接受新雇主的邀请。第一本书的印刷时间:巴黎为1470年,里昂为1473年,普瓦蒂埃为1479年,威尼斯为1470年,那不勒斯为1471年,卢万为1473年,克拉科夫为1474年。据了解,110多个欧洲城市于1480年设有印刷所。活字印刷于1480至1500年传入西班牙,在德意志和意大利日渐普及,开始影响斯堪的纳维亚国家。1500年,236个欧洲城市有了印刷工场。[45]

据统计,所谓“古本”,即1500年前的印书,总印刷量约为2000万册。欧洲当时拥有7000万居民。到了16世纪,印刷业便加速发展:巴黎有2.5万种出版物,里昂有1.3万种,德意志4.5万种,威尼斯1.5万种,英格兰1万种,尼德兰可能有8000种。每种出版物平均印数约1000册,14万至20万种书共印1亿4000万至2亿册。可是,直到16世纪末,包括莫斯科公国等边缘地区在内的整个欧洲的居民总数也不过1亿挂零。[46]

欧洲的书籍和印刷机向非洲、美洲出口,门的内哥罗的印刷商以威尼斯为基地,向巴尔干国家渗透,犹太难民则把西方的印刷机带到君士坦丁堡。葡萄牙人的远洋航行把印刷机和活字版带到印度,首先当然是果阿,他们在印度的大本营(1557年);接着传到靠近广州的澳门(1588年),又于1590年到达长崎。[47]如果说印刷术确系中国首创,那时候,可谓物归原主了。

350

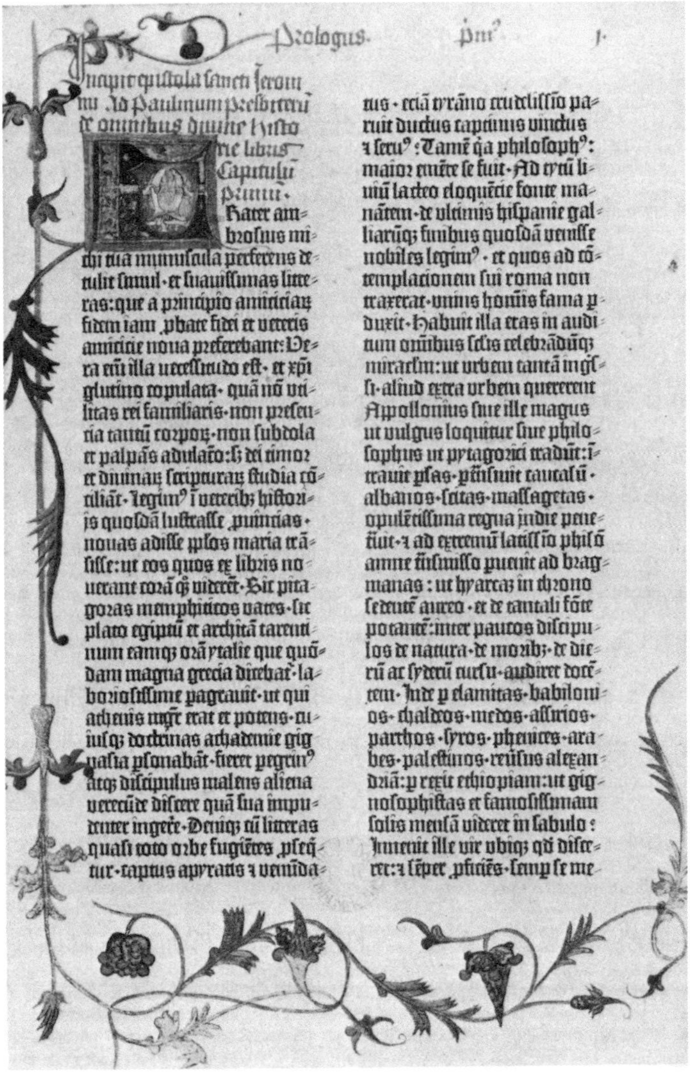

《圣经》第一卷的第一印张，绘有彩色图案的三十六行古本。班贝格，1458 至 1459 年间的谷登堡活字印刷。

352

印刷业与历史进程

作为奢侈品，书本从一开始就屈从严格的利润法则和供求法则。印刷器材必须经常更新，劳动力的价格在上涨，纸张比其他费用高出一倍多，资金回笼十分缓慢。一切都使印刷业受高利贷者的盘剥，后者很快又控制了发行网。从 15 世纪起，出版商中出现了小型的“富格尔式财东”：里昂有巴特勒米·布野（卒于 1483 年）；巴黎有安托尼·维拉尔，他最初雇工抄写手稿并印制彩色装帧图案，后来采用了新工艺，专门为英法两国印制画册；吉文塔家族在佛罗伦萨发家；安东·科贝格尔于 1473 至 1513 年间在纽伦堡至少出版 236 部书籍，他也许是当时最大的出版商；让·普蒂于 16 世纪初曾操纵巴黎的书籍市场；此外还有威尼斯的阿尔德·马努斯（卒于 1515 年）；最后应该举出于 1514 年生在都兰的普朗坦，他于 1549 年迁居安特卫普，并发了大财。[48]

作为商品，书籍与道路、贸易和交易会相联系；里昂和法兰克福于 16 世纪就有书市；莱比锡于 17 世纪出现书市。总的说来，书籍曾是西方赖以强盛的手段之一。思想的生命力在于接触和交流。原来局限在古籍手稿中的思潮从此汹涌澎湃地四处扩张。因此，尽管遇到强大的阻力，书籍的出版发行仍有迅速的发展。15 世纪时的古籍以拉丁文为主，而且多系宗教和劝善的题材。16 世纪初，用拉丁文和希腊文出版的古代文学典籍将为人文主义发起咄咄逼人的攻势效力。过后不久出现的宗教改革和反改革运动都将以书本为武器。

总之，人们无法说清印刷业究竟为谁服务。它给一切带来了生机和活力。举一个例子，也许可以看出其后果。推动 17 世纪数学革命的伟大发现，用奥斯瓦尔德·施本格勒的话说，是函数的发现，如果用我们目前的语言，就是 y=f(x)。假如尚未使用无限小和极限的概念——这些概念在阿基米德的思想中已经存在——，那就谈不到函数的问题。可是，16 世纪又有谁知道阿基米德？少数佼佼者罢了。列奥纳多·达·芬奇曾听人谈到阿基米德的手稿，便到处寻觅。印刷业逐渐转到出版科学著作的方向，虽然这种转变十分缓慢。当时陆续重印了古希腊的数学著作，除出版欧几里得和贝尔加的阿波洛尼乌斯(关于圆锥曲线)的著作外，还以普及形式介绍了阿基米德的思想。

现代数学在 16 世纪末至 17 世纪初期的缓慢演进是否应归功于这些较晚出版的书籍？大概是的。没有这些书的出版，进步很可能还要等一段时间。

西方的壮举:远洋航行

征服海洋使欧洲在世界居领先地位达几个世纪。在这里，技
术——远洋航行——在世界范围制造了一种不均衡状态，或一种 353
优越地位。欧洲横行世界海洋确实提出了一个大问题:何以解释远洋航行的技术在作出示范后不被世界各海洋文明地区所共享？从原则上讲，每个濒临海洋的文明地区都能参加竞赛。可是，走上跑道的却只有欧洲。

旧大陆的航海事业

更加出人意外的事实是各海洋文明地区历来互有交往，从欧

洲的大西洋直到印度洋、南洋群岛和太平洋沿海,它们像一根连续的线条贯穿整个旧大陆。让·普雅德认为地中海和印度洋仅是海洋的一个组成部分,用他风趣的话说,就叫"印度之路"。[49]其实,如果作为旧大陆的主航线,"印度之路"历来从波罗的海和英吉利海峡开始,直到太平洋为止。

苏伊士地峡并未把印度之路拦腰切断。何况,在几个世纪里,尼罗河的一条支流流入红海(从而与地中海相连接),奈绍河是当时的"苏伊士运河",在圣路易时代仍然通航,过后不久方才壅塞。16世纪初,威尼斯和埃及曾想把它重新挖通。此外,人、畜、船只部件都能穿过地峡。土耳其于1538、1539和1588年进入红海的船队都是先拆成零件由骆驼驮运,然后在海边再行装配。[50]华斯哥·达·伽马的环球旅行没有破坏欧洲和印度洋之间久已存在的联系,而是为这种联系增加了新的途径。

邻近不一定意味着混杂。无论在什么地方,海员比任何人都更加坚持自己的实践。中国的帆船虽然具有许多优点(帆、舵、分隔的船舱,于11世纪出现的指南针,自14世纪开始船身已很庞大),却只开往日本,朝南从不超过北部湾;从岘港一线的海面到遥远的非洲海岸,追风逐浪的只是印度尼西亚、印度或阿拉伯的张着三角帆的次等船只,因为各文明地区之间的海上边界与陆上边界一样固定不变(这个说法可信吗?)。无论在海上或在陆上,每个文明地区都愿意画地为牢。邻居之间也互相拜访:中国的帆船前往北部湾,因为北圻实际上处在中国统治之下。苏伊士地峡之所以不是一条边界(虽然它有成为边界的可能,而且在表面上似乎像是一条边界),这是因为文明经常从这里一步跨过。拉丁式船帆,或

354

威尼斯幻想图(15世纪末),但比亚泽塔及其两大建筑(康普尼尔和总督宫)在图上仍然可见。远方,在想象的岛屿和潟湖之间,有张挂四方帆的船只。尚蒂伊的贡岱博物馆。

称“斜篷”,最早出现在印度洋的阿曼海,伊斯兰在地中海部分地区立足后,从阿曼海带来了这种船帆。三角帆只是经过这种历史迁移才在地中海定居。我们今天已把三角帆看作地中海的象征。[51]

可是,从腓尼基人到希腊人,从伽太基人到罗马人,地中海各民族过去历来使用四方形船帆,代替了四方帆的三角帆确实是从外部传来的。何况,三角帆曾经遇到过抵制,主要在我国朗格多克的海岸,这仅是个小小的细节;当拜占庭王朝以其强大的舰队和有
355 效的火器征服地中海时,希腊对三角帆的抵制更加坚决。说三角帆源自深受伊斯兰影响的葡萄牙,这是无论如何不会有疑问的。

相反,北欧仍照例使用四方帆,那里的航海业于13世纪前业已十分发达;特别结实的船身是用木板如同屋顶的石片一样搭接而成的(搭接式船身);北欧最了不起的奇迹是发明了在船内操纵的转轴舵,专家们称之为艉舵(因其转轴位于船体的尾部而得名)。

总的来说,欧洲有两种不同的海船:地中海式和北海式;经济征服——不是政治征服——将使两种海船发生对抗,然后合二而一。从1297年起,随着商船第一次直达布鲁日,热那亚船只[52]——地中海的大船——控制了北方最有利可图的贸易。这既是吞并和控制,也同时是榜样和启示。里斯本于13世纪之所以蒸蒸日上,因为它是一个转运港,它从四面八方吸取教益,从而形成了活跃的海上资本主义经济。在这种情况下,地中海的长条船为北海的航船充当榜样,并向它们提供了宝贵的拉丁船帆。反过来,通过巴斯克人的辗转介绍,北海的搭接式造船法,特别是能使船逆风航行的艉舵也逐渐被地中海的船厂所接受。通过交流和交融,特别是后者,一个崭新的文明整体——欧洲——正在确立。

张挂三角帆的木船,拜占庭时代一只盘子上的装饰图形。科林思博物馆。

于 1430 年问世的葡萄牙快帆正是这些结合的产物;这种小型 356
帆船采用搭接结构,使用艉舵,共有三根桅杆,扬两篷四方帆,一篷拉丁帆;拉丁帆侧对船身,与桅杆呈倾斜状(横桁一端比另一端更高和更长),能轻松地调整船的方向;四方帆面对船身,用于兜住船后吹来的风。快帆在大西洋航行一段时间后,便同其他欧洲船只一起来到加那利群岛,收起三角帆,改张四方帆,趁着信风向安的列斯群岛海面驶去。

357　世界的海上航道

远航的目的是为征服世界的海上航道。事实表明,尽管竞争十分频繁,世界上任何一个人口众多的航海国家都未能领先。腓尼基人应埃及法老的请求,完成了绕非洲一周的航行,比华斯哥·达·伽马早2000多年。爱尔兰水手于公元690年发现了法罗群岛,比哥伦布早几个世纪;爱尔兰修道士于公元795年在冰岛登陆,该岛于公元860年被维京人重新发现;约在981或982年,埃里克·勒罗日到达格陵兰,诺曼人将一直留在那里,直到15和16世纪。维瓦尔迪兄弟于1291年驾两艘划桨船出直布罗陀海峡前往印度,后在朱皮角洋面船破人亡。他们虽然只是绕了非洲一周,但他们提前两世纪开始了地理大发现的进程。[53]

这一切都是欧洲的事。中国人于11世纪开始使用罗盘,于14世纪已拥有"四层甲板的大帆船,船身分隔成几个密封舱,配备4至6根桅杆,可张12篷帆和运载1000来人",在后人看来,这些有利条件似乎能使中国人成为无比强大的竞争者。南宋年间(1127—1279年),中国人把阿拉伯船从中国海贸易中逐走,有力地清扫了自己的门口。15世纪,中国船队在云南籍穆斯林、大太监郑和率领下完成了多次惊人的远航。第一次,他带了62艘大帆船前往南洋群岛(1405—1407年);第二次(1408—1411年,率27000人,船48艘)以征服锡兰而结束;第三次(1413—1417年)征服了苏门答腊;第四次(1417—1419年)曾到达阿拉伯和阿比西尼亚海岸,第五次(1421—1422年)到了印度,都是作为和平使者同外国交换礼物;第六次往返迅速,给苏门答腊的巨港酋长送交中

17 世纪初*，装有火炮的武装商船在印度之路途中遇到成群的飞鱼。摘自泰奥都尔·德·勃利的《奇异故事》，法兰克福，1590 年：《美洲的巴西之行》。

国皇帝的一封信；第七次，也是最后一次，最为壮观，船队于 1431 年 1 月 19 日自龙江湾出发，当年移碇浙江和福建各南方港口，于 1432 年继续进发，经爪哇、巨港、马六甲半岛、锡兰、卡利卡特到达终点霍尔木兹；1433 年 1 月 17 日，一位穆斯林出身的中国使者在那里登陆，随后可能转道前往麦加。船队于 1433 年 7 月 22 日回到南京。[54]

据我们所知，中国航海业到此完全停止。明代的中国无疑将

---

* 疑误，原文如此。——编者

面临北方游牧民族日益强大的威胁。首都从南京迁到了北京(1421 年)。这段历史已经成为过去。我们不妨设想一下,如果中国的帆船当时向好望角以及印度洋和大西洋之间的南大门埃吉海角继续前进,那又会造成什么结果。

另一个大好机会也错过了:阿拉伯地理学家(同托勒密的意见相反)在几个世纪前已曾预言能绕非洲大陆航行一周(最早的旅行家马苏第于公元 10 世纪对桑给巴尔沿岸的阿拉伯城市已有了解)。他们赞同基督教会一成不变的见解,后者根据圣经,断言海
359 洋是个统一的整体。修道士莫罗(1457 年)在其地图说明书《不可比较的地理》中提到,一艘阿拉伯船于 1420 年曾作了一次奇怪的旅行。据说,这艘船在“黑暗海”(阿拉伯人这样称大西洋)无边无际的水面上航行 2000 海里,历时 40 天,但返航时却花了 70 天。[55] 亚历山大·洪堡相信确有其事。

然而,探索大西洋的奥秘还有待欧洲人去完成,这个问题解决后,其他问题也就迎刃而解。

大西洋的简单问题

大西洋在地图上呈现三个巨大的海风和海浪圈,三个广阔的“椭圆”。只要学会利用顺风和顺水,航行可不费什么力气。风力和水力会带着你在大西洋上往返。维京人曾在北大西洋顺利地航行一周;哥伦布也是如此,他的三条船一直飘到加那利群岛以及更远的安的列斯群岛,中纬度的风于 1493 年春又把它们送回,先到纽芬兰附近,后又经过亚速尔群岛。在偏南的海域,另一个风圈先把船带到美洲海岸,又把它送回南非顶端的好望角一线。确实,这

358

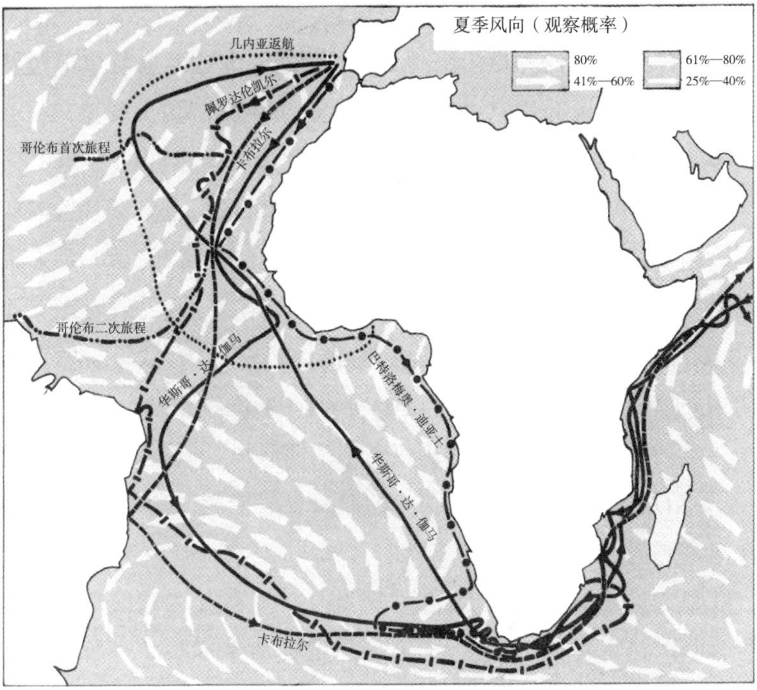

24. 穿越大西洋的往返航程:地理大发现

这张简图显示夏季北信风和南信风的位置。大家知道信风随季节而转移地点。印度的往返航线服从某些相当简单的规律。动身去印度时,全靠北信风,随后又在南信风的推动下前往巴西海岸。回来时,先利用经线上的南信风,又侧向利用北信风,直到接上中纬度的风为止。从这个角度看,由几内亚返航的虚线(或如葡萄牙人所说,由米纳返航)表明,船只返回欧洲时,必须远离非洲海岸。在华斯哥·达·伽马以前从事旅行的巴托洛梅奥·迪亚士却犯了错误,他贴近非洲海岸向南航行。最早的远洋航行虽然大致掌握了这些规律,但遇到的困难仍比我们通常想象的要大得多。此外,还必须考虑到海流的作用,它给航行提供的方便或制造的困难都很大。

里有个前提条件:找准风向,抓住顺风后,就不把它放走……这通常是指在洋面上。

远洋航行自然先由沿海地区的人从事,这是再也简单不过的道理。爱尔兰人和维京人的最初尝试已被漫长的历史所遗忘。必须等到物质生活更加活跃,南北的技术融为一体,掌握了罗盘和方向图后,欧洲才克服本能的恐惧,重振航海宏图。葡萄牙探险者于1422年到达马德拉岛,于1427年登上亚速尔群岛;随后又沿非洲海岸线航行。前往博赫阿多尔角确实十分容易,但返航时困难重重,刚好顶着北信风。前往几内亚,抵达奴隶市场,取得金砂和假胡椒,也极其容易,但回程时就必须侧向利用信风,在海上航行一个月后,在马尾藻海域找到从西向东刮的海风。同样,从米纳返航(圣乔治达米纳城建于1487年)的船只也只能侧向利用逆风,直到亚速尔群岛。

最大的困难是要敢于冒险,用当时一个富有诗意的法国字来说,叫作"进入深渊"。今天的人已忘记了从事这些壮举所需的勇气,正如我们的后代大概也不知道今天的宇航员是何等勇敢。让·博丹写道:"大家都知道葡萄牙国王开展远洋航行已历时一个世纪",他们夺得了"大批印度财富并使欧洲充满了东方宝物"。[56]东方宝物正是远洋船只从印度带回来的。

即使到17世纪,人们仍习惯于尽可能紧贴海岸航行。托梅·卡诺于1611年在塞维利亚出版的书中谈到意大利人时说:"他们不是从事远洋航行的海员。"[57]确实,地中海船只一般总是一站一站地停靠,所谓"进入深渊"也不过是从罗得岛前往亚历山大港:如果一切顺利,不过四天海路;或者从马赛前往巴塞罗那,沿狮湾这

河上的中国小船。法国国家图书馆版画部。

个危险的弓形海域的直边航行；或者从巴利阿里群岛经撒丁岛、西西里直达意大利；在船只航行的这个旧时代，紧贴欧洲海域的最好航线是从伊比利亚半岛到拉芒什运河出海口的往返旅行，虽然中间要穿过加斯科尼湾的急流和大西洋的大浪。1518年，斐迪南离 360
开兄长查理五世皇帝，从拉雷多动身，因乘坐的船队错过了拉芒什运河的出海口，漂泊到爱尔兰。[58]波兰国王的使臣唐蒂斯库于1522年自英格兰赴西班牙，曾是他一生中最惊险的经历。[59]可以肯定，在几百年里，穿越加斯科尼海湾曾是远洋航行的最初尝试。经过几百年的尝试后，加上别的方面的成功，征服世界的条件终于具备了。

但是，16 至 18 世纪的观察家和海员注意到，中国和日本的航海业与欧洲完全不同；他们无法理解为什么唯有欧洲才从事远洋航行。门多萨神甫于 1577 年断言：中国人“害怕大海，不习惯远航”。[60]因为，在远东地区，海船也是一站一站地停靠。罗德里戈·维韦罗曾在日本大阪和长崎之间的内海旅行了 12 至 15 天，他说，“航程中，几乎每夜都上陆睡觉”。[61]杜哈德神甫（1693 年）声称，中
361 国人“善于近海航行，不善于远洋航行。”[62]巴罗于 1805 年写道：“他们尽可能紧贴海岸，除非迫于无奈，才远离陆地。”[63]

18 世纪末，乔治·斯吞通在黄海以北的渤海湾仔细观察了中国帆船，并进一步指出：“桅杆高耸和绳缆众多的两艘英国船（马戛尔尼专使乘坐的“雄狮号”和“豺狼号”）同低矮简陋，但是坚固宽敞的中国帆船恰成鲜明对照。每艘中国帆船载重约 200 吨。”他注意到分隔的密封舱，极其粗笨的两根桅杆，“由一棵整树或一块整木做成”，每根桅杆张有“一篷巨大的方帆，船篷通常由竹篾、草席或苇席充任。帆船两端几乎呈平面，一端的舵如伦敦拖网船的舵一般宽，牵引舵的缆绳从船的一侧通向另一侧”。比主舰“雄狮号”略小的“豺狼号”载重量仅 100 吨。它在渤海湾海面同中国帆船并排航行，竟被甩在后面。斯吞通解释说：“这种双桅船是为适应欧洲海域风向多变或逆风航行而建造的，因而比相同吨位的中国帆船吃水（即船体在海水中的深度）深一倍。欧洲船只船底过平，侧向航行时容易丧失风力之利，但这个缺点在中国海表现不太突出，因为那里一般只是在有季风〔指船后吹来的顺风〕的条件下才航行。

此外，中国的帆篷转动灵活，能与船的两侧形成锐角，因而尽管船的吃水不深，却便于接受风力。”

总而言之，“中国同古希腊一样具有舟楫之利。由于中国人航行的范围较小，海岸附近岛屿众多，他们的大海与地中海便十分相似。人们还可以注意到，欧洲航海业开始完善的时代也正是激情和需要迫使他们从事远洋航行的时代。”[64]

上述观察并未说明问题。我们又回到了原来的出发点，一步也没有前进。远洋航行是进入世界七大海的钥匙。但任何人都不能证明中国人或日本人在技术上一定不能掌握和利用这把钥匙。

当时的人和历史学家在研究中都想方设法从技术方面去寻找答案，结果反而受了技术答案的束缚。也许，答案并不首先在技术方面。一名葡萄牙领航员对国王胡安二世说，“随便找条好船”，都能回到米纳的海岸，国王随即威胁他，如再多嘴，必把他投入监狱。另一个同样可信的例子：1535 年，迪埃哥·博台尔霍驾着一只普通小船从印度归来，葡萄牙国王立即下令烧毁。[65]

还有更好的例子：一条日本帆船依靠自己的力量，于 1610 年从日本前往墨西哥的阿卡普尔科，该船把海上遇难的罗德里戈·维韦罗及其伙伴送回本国，这是日本人送给他们的礼物。虽然这条船由欧洲人驾驶，但另有两条由日本人驾驶的帆船后来也完成了同一航程。[66]这些经验证明，就技术而言，中国帆船并非不能远 363
航大海。一句话，我们认为纯技术的解释站不住脚。

今天，历史学家甚至认为，小型快帆的成功并非因为它的帆和舵特别优越，而是因为它吃水较浅，“能够接近海岸和进入港湾”，尤其因为“船体较小，建造比较省钱”！[67]这种看法贬低了快帆的作用。

穆斯林地区船只发展缓慢也很难找到解释。它们利用季候风的交替在印度洋上直线航行也许比较容易，但这毕竟需要有丰富的知识和会用等高仪；他们拥有着高质量的船只。华斯哥·达·伽马的阿拉伯领航员从梅兰德开始为葡萄牙船队领航，一直领到卡利卡特。这个故事令人深思。既然如此，水手辛巴德及其后代的冒险旅行何以没有导致阿拉伯称霸世界？借用维达尔·德·拉布拉什的一句话说，阿拉伯人在桑给巴尔和马达加斯加以南海域的航行何以遇到“莫桑比克的可怕激流”就基本停止？这条激流猛烈地把船只推向南方，推到“黑暗海”的大门口。[68]我们的回答首先是，阿拉伯从前的航行曾使伊斯兰直到15世纪仍统治着旧大陆，我们在前面已谈到了它的霸业，其后果确实不可低估；其次，他们既然拥有一条沟通苏伊士地峡的运河（12至13世纪），又何必去海角另辟新路？在桑给巴尔沿海和撒哈拉的尼日尔河曲地区，黄金、象牙和奴隶已被伊斯兰商人所攫取。前往西非对他们又有什么“必要”？至于局促于狭小的“亚细亚海角”的西方，它的功绩难道不正是需要离开家乡去夺取世界吗？一位中国史专家也说，当时如果没有资本主义城市的扩张，西方将一事无成……。[69]西方资本主义城市起了发动机的作用，没有这一作用，技术也就无能为力。

这不等于说金钱和资本造就了远洋航行。相反，中国和伊斯兰国家当时十分富裕，拥有我们今天所说的殖民地。同它们相比，西方还是个“无产者”。但重要的是，从13世纪后，长时段的内应力提高了西方世界的物质生活水平，改造了整个西方世界的思想状态。历史学家所说的黄金热、世界热和香料热在技术领域的伴侣正是不断寻求新事物并付诸实用，也就是说，减轻人的劳苦和保证劳动的最大效率。各项实际的发现表明人们决心征服世界，这些发现的积累以及对能源越来越大的兴趣事先就赋予欧洲一显身手的能耐，预示着它将占有优胜的地位。

慢吞吞的运输 365

巨大的成功意味着巨大的革新：远洋航行开创了世界性的联络体系。但是，运输的缓慢和不完善并未因此有丝毫改变，这就时刻限制着旧时代的经济发展。直到 18 世纪，水上运输仍是那么慢吞吞，陆上运输似乎陷于瘫痪。所谓欧洲于 13 世纪建立了庞大而繁忙的道路网的说法纯属无稽之谈，只要看一看维也纳绘画陈列馆里的约翰·勃鲁盖尔的一组小型画作，就能够明白，即便到了 17 世纪，平原地带的道路也不是畅通无阻的。从远处望去，人们一般还能勉强认出路的轮廓。如果路上没有行人来往，简直就看不出这是一条道路。所谓行人，往往是几个步行的农民，一辆带着农妇和篮子去赶集的大车，赶车人边走边牵着笼头……当然，有时也可见到矫健的骑士，或三匹马轻松地拉着一辆载有资产者全家的篷车。但在下一幅画里，路上的坑洼积满了水，骑马者束手无策，泥浆一直浸到马的小腿；四轮轿车的轮子陷在泥浆里，前进十分困难。行人、牧人和猪羊觉得还不如走路边的高坡更加稳妥。中国北方有同样的情景，也许更糟。如果道路已经“烂成泥浆”或者“有点绕弯”，车辆、马匹和行人便“在耕地里抄条近路或另辟便道，很

362

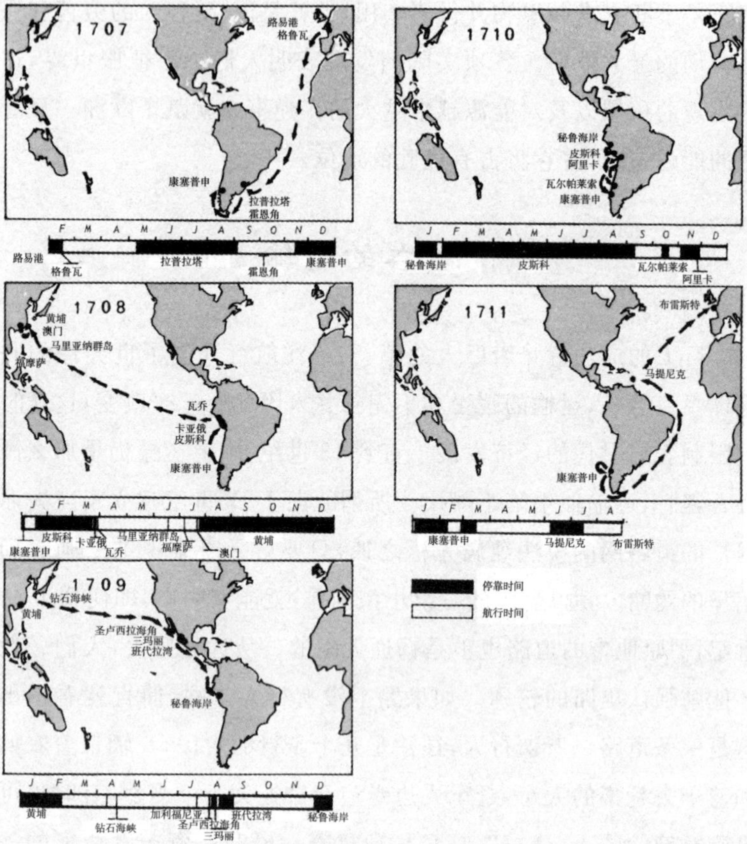

25.“圣安东尼号”的游历

由弗隆达德指挥的“圣安东尼号”的航行历时55个月。画出这次旅行的航线，可以说明世界在18世纪仍多么辽阔。如同当时所有的船只一样，“圣安东尼号”在港口停泊的时间超过海上航行的时间。根据法国国家图书馆的一份文件。

少考虑地里的种子是否发芽或已经长大”。[70]指出这一点，是为了修正有关中国其他道路的形象，关于那些修得极其漂亮、有时铺沙或铺石的大道，欧洲旅行家谈到时都十分钦佩。[71]

从黎塞留或查理五世皇帝时代的欧洲到宋代的中国或到神圣罗马帝国，运输这个领域简直毫无变化，或变化少得可怜！这对商业交往和人与人的联系既是无声的命令，又是沉重的包袱。当时的信件要等几星期乃至几个月才能送到收信人的手里。直到1857年铺设第一条国际海底电缆，才有厄内斯特·瓦杰曼所说的“地域的崩毁”。铁路、蒸汽机船、电报和电话开创世界范围内真正群众性的交往，则更是很晚以后的事了。

固定不变的路线

随便一条道路都反映着一个时代的风貌。就拿眼下这条路来说，那里有几辆车，几头役畜，几个骑马人，几所客寓，一家铁匠铺，一个村庄，一座城市。但我们不要以为这是一条不稳定的路线：18世纪前的任何道路，即使标志很不明显，即使穿越阿根廷的潘帕斯草原或位于西伯利亚，路线都相当固定。可供行人和车马选择的路线极其有限；商旅为了免纳捐税，躲开某个关卡，也许对某条路线有所偏爱，但在遇到困难时只有走正路纳税；根据路上的霜冻或泥泞状况，他们在冬季走一条路，到春季走另一条路。但他们从不会放着已有的道路不走。出门旅行，总要依靠他人的照料。

任俄军军医的瑞士医生雅各布·弗里于1776年沿鄂木斯克 366
至托木斯克的路线（890公里）旅行了178小时，平均速度每小时5公里。他在每个驿站必定换马，以便有把握顺利地到达下一站。[72]

364

17 世纪的一条道路,勉强可以认出路面。勃鲁盖尔·德·佛罗尔作画,《风车》的部分画面。

误了站头在冬季意味着葬身雪地。18 世纪在阿根廷内地旅行，人们还是乘坐笨重的牛车；到达布宜诺斯艾利斯后，牛车卸下载运的小麦或皮革，再从门多萨、圣地亚哥或胡胡伊转道前往秘鲁；如果喜欢的话，旅客也可骑驴或骑马前往，但要注意安排行程，及时穿过荒原，以便找到设有客店、供应饮水以及出售鸡蛋、鲜肉的村庄。如果旅行者对挤在狭窄的车厢里感到腻烦，他可以要上两匹马，一匹充当坐骑，另一匹驮载“足够的卧具”，赶在车队前面快步迅跑，时间最好选在早晨 2 时至 10 时之间，以便躲过炎热。“马匹已习惯这种赶路方式，不用催促，自动飞快奔跑。”至于好处，无非是及早赶到驿站，这是“旅客可以找到的最好的休息处所”。[73]那里有饭店和客店提供食宿。这些细节有助于我们理解 18 世纪的一名作家在谈到从布宜诺斯艾利斯去卡尔卡拉纳尔的第一段路程时所说的话：“在这三天半的旅程中，除了两段长路外，到处都能找到充足的牛肉、羊肉和鸡，价格又很便宜。”[74]

后来在新开发地区（西伯利亚、新大陆）也可见到的这些景象相当典型地反映了几百年前在古老文明地区旅行时的情景。

为了穿越巴尔干半岛到达伊斯坦布尔，比埃尔·莱斯卡洛皮埃说，“必须从早到晚不停赶路，除非遇到小溪或草地，才可以下马从挎包里掏出块冷肉，从马背上或鞍架上取出一瓶酒，在正午时分略事休息，而卸下笼头的马也就带着绊绳吃一点草料”。必须在天黑前找到下一站的马店才能有吃有喝。马店就像收客站一样，“两站之间隔着一天的行程……人们不分贫富统统住进谷仓般大的客房里，屋子没有窗户，从墙洞勉强透进一点光线”。客房的正中拴牲口，客人就躺在四周的石台上。“每人都看着自己的马，草料放

路边客店同时是歇脚、会面和交易的场所(托马斯·罗兰逊的水彩画,1824 年)。在 16 和 17 世纪的英国,客店曾对发展不受城市行规约束的自由市场起过重大作用(同见本书第二卷第 32—33 页)。曼彻斯特惠特沃思艺术画廊。

在石台上,他们〔土耳其人〕使用一种皮口袋,让马把脑袋伸进口袋里去吃大麦和燕麦。"[75]一位那不勒斯旅行者于 1693 年对这些马店的描述比较简单:"这不过是些……马厩,马匹居中,主人躺在旁边。"[76]

中国于 17 世纪印刷的《官道图经》指明了从北京出发的各条驿道和各个驿站,出公差的官员在驿站受到接待,吃住费用全由皇帝负担,他们也在那里更换马匹、船只和轿夫。驿站之间相隔一天路程,它们或者是大城市,或者是次等城市,或者是营寨,再或者是没有集市而有"驻军守卫"的"驿"和"津"。这些地方后来往往扩展成为城市。[77]

归根结蒂，在靠近城市和村庄的地区旅行才是乐事。《法国的乌利斯》（1643 年）这本旅行指南不仅向你推荐好的客店——如马赛的“国王之鹰”，亚眠的“主教”旅社——，而且劝你在佩罗纳别住“雄鹿”客店（究竟出于报复还是真有道理，这很难说）！轻松、迅速 367
是在人口稠密、秩序安定的地区（如中国、日本、欧洲和伊斯兰国家）从事旅行的优越条件；在波斯，“每隔四里就有一个宿站”，旅行的“开销也省”。但在下一年（1695 年），同一位旅行家离开了波斯，他对印度斯坦的旅行抱怨不已：一旦离开莫卧儿皇帝的土城，“就找不到旅店和宿站，没有拉车的牲口可供出租，也找不到食物；夜间只得在旷野或树下露宿”。[78]

说海上航线事先已经确定，只会使人感到更加惊奇。船只毕竟要受风向、水流以及停靠站的支配。在中国沿海和地中海，人们不得不贴紧海岸航行。海岸吸引着列队行进的船只，决定它们的航行方向。至于远洋航行，人们凭经验遵循一定的规律。西班牙和“卡斯蒂利亚的印度”之间的往返路线一开始就由克里斯托弗尔·哥伦布所确定，后来在 1519 年由阿拉米诺斯略加修改，[79]从此到 19 世纪再也没有改变过。返航时的航道距北纬 33°线很近，这使旅行家们猛然遇到北方的严寒。其中有一人（1697 年）写道： 368
“寒冷开始变得严酷，有人只穿着绸衣，没有大衣，很难挺得住。”[80]同样，乌尔达内塔于 1565 年发现了阿卡普尔科至马尼拉的航线，并把它固定了下来，从新西班牙来到菲律宾比较容易（三个月），但返航的路线却困难而漫长（六至八个月），乘坐返航船的旅客（1696 年）付款高达 500 块本洋。[81]

如果一切顺利，船只就按既定路线航行，在既定的港口停靠，并补充食物和淡水。必要时，也可重漆船底，修整船身或改换船桅，长时间地停在风平浪静的港内。一切都事先作了安排。在新几内亚海面，只有小吨位船只能够靠近海岸的浅滩；当船帆尚未收拢时，遇到狂风袭击，桅杆容易被折断；如果可能的话，船就开往葡属太子岛——普林西比岛——寻找替换的桅杆、糖和奴隶。在巽他海峡附近，最好是沿苏门答腊海岸航行，然后前往马六甲半岛；苏门答腊的岩岸可使船只免受狂风袭击，那里的海水不深。当狂风出现时（康普费尔于1690年前往暹罗时乘坐的船遇上了狂风），必须抛锚停航，并如同附近海面的其他船只一样，留在浅海区，等待狂风过去后继续旅行。

道路变迁说的不可信

首先，我们不可夸大道路的历史变迁。这些变迁说法不一，有时出现，有时消失。如果听信这些说法，整部历史就将由道路变迁来解释。可是，交易会的没落显然并不因为法国当局——特别是固执的路易十世（1314—1316年在位）——在通向香巴尼的路上制造了种种障碍，甚至也不因为热那亚的大船自1297年起在地中海和布鲁日之间建立了直达的和定期的海上联系。14世纪初，大宗贸易的结构发生改变，流动售货的商人越来越少，商品自动向各地流通；从此，在意大利和尼德兰——欧洲经济的两“极”——之间，只消一封书信就能解决商品的购销问题，商人不再长途跋涉和当面协商。香巴尼作为中间站已不那么有用了。另一个会面结账的地点——日内瓦交易会——只是在15世纪才兴旺起来。[82]

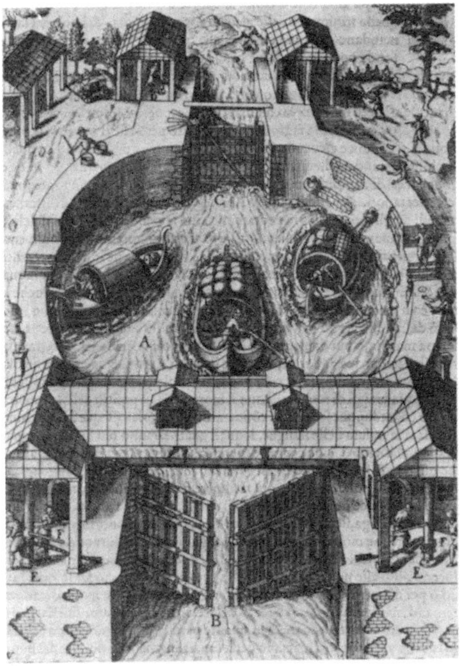

船闸的结构，维·宗卡1607年作画。T.S.维扬认为，发明水闸与发现蒸汽同等重要，它至少标志着西方的一项重要技术进步。

同样，1350年间蒙古陆路被切断的原因也不能用细小的理由去解释。13世纪的蒙古远征使中国、印度和西方之间建立了直接的陆上联系。伊斯兰被撇在一边。从陆路来到遥远的中国和印度虽然旷日持久，但十分安全可靠，并非只有马可·波罗以及他的父亲和叔父做过这样的旅行。这条道路的被切断应归罪于14世纪中叶的衰退。和蒙古人统治的中国一样，西方突然出现了全面衰退。我们切莫以为，新大陆的发现立即改变了世界的主要交通路线。在哥伦布和华斯哥·达·伽马远航后的100年，地中海仍是活跃的国际交往中心；衰退则是后来的事。

369 至于陆上短途运输，其成功与否取决于当时的形势，因而运输量时高时低。布拉邦特伯爵的自由贸易政策是否真如人们所说的起了决定作用还值得怀疑：在香巴尼交易会兴旺发达的13世纪，这一政策显然是有效的。米兰与哈布斯堡的鲁道夫（1273—1291年在位）为在巴塞尔和布拉邦特之间保留一条不设税卡的通道而达成的协议也同样取得圆满成功。那么，不成功的又是什么呢？那是在后来：1350至1460年间的一系列协议保留这条道路的关税优惠，根特市于1332年出资在桑利附近修复从根特通往香巴尼交易会的道路，[83]正是在环境变得不利时试图寻找新的出路。到了1530年，当交易会重新兴旺时，萨尔茨堡主教成功地把托埃恩山区的骡道改建为通车的大路，但并不排斥背靠米兰和威尼斯的勃伦纳山口和圣戈塔山口。[84]因为各条道路当时都有用处。

内河航运

陆地的中心只要有了河流，一切也就有了生机。无论在什么地方，这种古老的生机是容易想象到的。就以格雷为例，在今天空旷的索恩河上，当年每到冬天，船只的航行十分繁忙，有葡萄酒和“里昂的商品”要运往上游，又有小麦、燕麦和干草要运往下游。巴
370 黎如果没有塞纳河、瓦兹河、马恩河和荣纳河，就将陷于没吃、没喝，甚至没有柴烧的境地。15世纪前的科隆如果不在莱茵河畔，就不会成为德意志的最大城市。

16世纪的地理学家每当介绍威尼斯时，立即会谈到大海以及向潟湖会合的各大河流：布伦塔河、波河和阿迪杰河。划桨船和撑篙船纷纷从这些河道来到大城市。各地的狭江小河也无不被利

用。沿埃布罗河下航的平底船"从图德拉经托尔托萨进入大海"，在18世纪初还负责运输纳瓦拉省制造的火药、枪弹、手榴弹和其他军火，尽管困难很多，特别"在弗力克斯险滩，必须卸下商品，待空船通过后再重新装船"。[85]

在欧洲，历来船运繁忙的地区与其说是德意志，不如说是位于奥得河以东的波兰和立陶宛，那里在中世纪就依靠树杆扎成的大木排发展了活跃的内河航运；每个木排上建有船夫居住的小棚。由于运输量很大，河流沿岸开设了托伦、科夫诺、布列斯特-立托夫斯克等水路码头，并引起了无穷的纠纷。[86]

然而，从世界范围看，中国南方从长江到云南边界的内河航运为其他地区所望尘莫及。一名见证人于1733年写道："中国〔国内〕贸易之大在世界独一无二，关键正是河流畅通……那里到处都有过往的大小船只和木排(有的木排长达半里，遇到河道弯曲处能灵巧地折拢)，规模之大犹如流动的城市。船夫就在船上安家，携带妻室儿女，因而人们完全可以相信大多数旅行家的讲述，中国在船上生活的人和在城市乡村生活的人，数量几乎相等。"[87]马加良恩斯神甫说过："世界没有一个国家的航运业〔指内河航运〕能与中国相比"……那里"有两个帝国，一个在水上，另一个在陆地，有多少个城市，就有多少个威尼斯"。[88]请看另一名旅行家的见证，此人于1656年沿扬子江前往上游的四川，历时四个月，扬子二字就是"洋的儿子""江面像大海一样无边无际，江水深不见底"。过几年后(1695年)，又一名旅行家认为，"中国人像鸭子一样喜欢在水上生活"，并解释说，他们"在木排上"一耽就是几小时，甚至几天，"过往船只真多"，沿河穿过一座城市，"必须在众多船只中间找出通路”，慢得让人心急如焚。[89]

交通工具的守旧、固定和落后……

如果我们把表现15至18世纪世界运输的一系列图片收集起来，故意弄乱，不加任何说明，让读者去鉴定，任何一位读者都会正确无误地根据图片认出有关的地点：这是中国的轿子或带篷的手推车，那是印度从事驮运的牛或参加作战的象，这是巴尔干国家（甚至突尼斯）的土耳其马帮，那是伊斯兰地区的骆驼队，这是非洲的搬运工队，那是欧洲牛拉或马拉的二轮和四轮车。

但如果需要确定这些图片的日期，那将是个无从解决的难题，因为交通工具的进化极其缓慢。1626年，拉斯戈台斯神甫在广州
371 地区看到中国轿夫在奔跑，“长竹竿上抬着载客的轿厢”。乔治·斯吞通于1793年也描绘了这些精瘦的苦力，“身穿破衣，头戴草帽，脚踏布鞋”。在前往北京途中，他的船改走运河，苦力们只用双臂和绞盘把船“提到高处，所费的时间竟比过闸门还短；当然，用的人就要多些。但在中国，人力到处是现成的，开支也省，因而一般能用人力的地方就不用其他手段”。[90]至于非洲或亚洲的商队，伊本·巴托塔（1326年）、16世纪的一位英国无名旅行家、勒内·卡叶（1799—1838）和德国探险家格奥尔格·施魏夫特（1836—1925）的有关描述几乎众口一词：除了时间不同，情景完全相同。1957年11月，我们在波兰克拉科夫的公路上曾见到一队四轮马车载着农民和松树枝进城，车后的枝杈在路上搅起的灰尘像是一束蓬松的乱发。这种景象在今天显然即将消失，但在15世纪却是活生生的现实。

海上的情形同样如此：中国或日本的帆船、马来人或波利尼西亚人的独木船、红海或印度洋上的阿拉伯船都很少变化。巴比伦历史学家厄内斯特·萨肖（1897—1898 年）对阿拉伯船的描绘与贝隆·杜芒斯（1550 年）或热梅利·卡勒里（1695 年）完全一致：木板由棕榈纤维拴住，不用一颗铁钉。热梅利在印度的达曼曾亲眼见过造船，他写道："钉子系木质，用棉花嵌缝。"[91]直到英国蒸汽船侵入时，这些帆船依然很多，即使今天，它们还像水手辛巴德时代那样在这里或那里使用着。

欧　洲

在欧洲，区分不同交通工具的时间先后显然还是可能的。我们知道，由炮车演变而来的双轮拖车只是于 1470 年左右真正被使用；简陋的四轮轿车只是于 16 世纪中叶或末期方才出现（到 17 世纪才装玻璃）；公共马车于 17 世纪出现；意大利的长途客车和出租马车座位排得很挤，在浪漫主义时代出现；最早的船闸于 14 世纪问世。但这些革新在日常生活里不能逃脱无数经常性因素的制约。同样，在船只的领域里，变化也受吨位、速度等不可逾越的最高水平的限制；这些最高水平正是经常起作用的因素。

从 15 世纪起，热那亚的大帆船载重量已达 1500 吨，载重千吨的威尼斯大船装运叙利亚的大包棉花；16 世纪拉古萨货船载重为 900 吨和 1000 吨，专门从事盐、羊毛、麦的贸易，运输整箱的食糖和成捆的皮革。[92]16 世纪葡萄牙的巨型帆船货运量达 2000 吨，船员和旅客也达 800 余人。[93]只要用于造船的木材不够干燥，船身就会出现漏水；遇到一场风暴，船会被刮到莫桑比克沿海的浅滩；轻

巧的海盗船会把大船包围,抢走财物后再放上一把火;这类事故造
372 成的物质损失都是极大的。1592 年被英国人截获的“圣母号”因吃水过深不能开进泰晤士河。该船的吃水量超过 1800 吨,夺得该船的“罗利号”大副约翰·伯罗格爵士说该船大得出奇。[94]

总的说来,在 1588 年阿尔玛达无敌舰队建成前一百年,造船工艺已达到了最高记录。唯有在法律上和事实上垄断重货贸易或远程贸易的大公司才造得起这种大吨位的船只。18 世纪末,声势显赫的“印度船”(专门从事对华贸易)货运量也不过 1900 吨。由于建筑材料、船帆和火炮等方面的限制,航行的发展势必受到种种束缚。

但是,最高限度并不等于平均数。直到帆船航行的末期,仍有 30、40 至 50 吨的小船在海上追风逐浪。只是到了 1840 年,才开始用铁制较大船只的船身。在这以前,船的吃水量一般为 200 吨,个别的达 500 吨,1000 至 2000 吨的船乃稀有之物。

运输速度和货运量小得可怜

道路既坏,速度又慢:当时的人对这种现实已习以为常。但生活在 1979 年的人会正确地看到,这对过去的全部人类活动是个巨大的障碍。保尔·瓦勒里说过:“拿破仑的行军速度与尤利乌斯·恺撒同样缓慢。”后面的三张草图可以表明传到威尼斯的消息需要多长的时间。威尼斯贵族马林·萨努铎每天记下市政会议收发信件的日期,根据他的日记,可以看到 1496 至 1533 年间的情形;威尼斯出版的手抄小报——正如巴黎人说的“手传新闻”——可反映 1686 至 1701 年以及 1733 至 1735 年间的情形。其他的统计也得

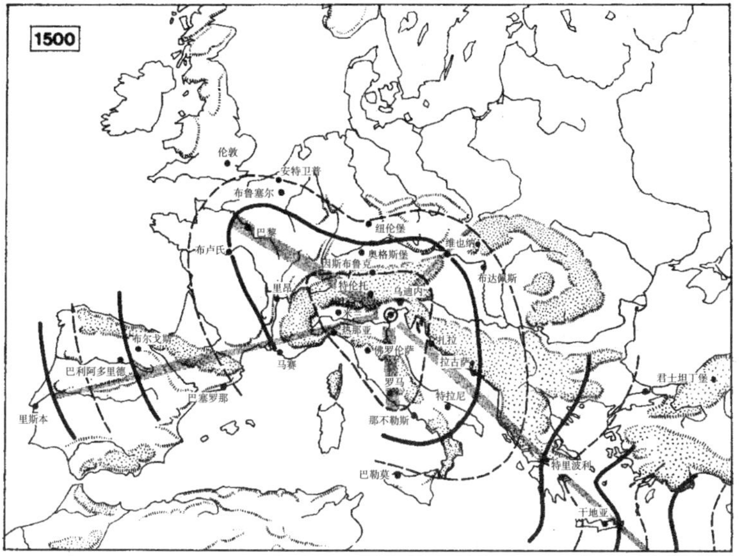
1500
伦敦
安特卫普
布鲁塞尔
巴黎
纽伦堡
布卢氏
奥格斯堡
维也纳
因斯布鲁克
布达佩斯
里昂
特伦托
乌迪内
热那亚
布尔戈斯
扎拉
佛罗伦萨
巴利阿多里德
马赛
拉古萨
君士坦丁堡
罗马
巴塞罗那
特拉尼
里斯本
那不勒斯
特里波利
巴勒莫
干地亚

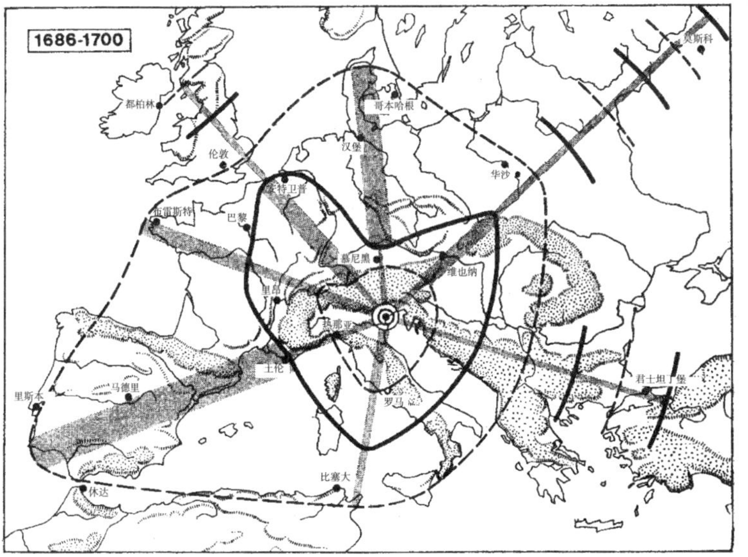
1686-1700
莫斯科
都柏林
哥本哈根
汉堡
伦敦
华沙
安特卫普
布雷斯特
巴黎
慕尼黑
维也纳
里昂
热那亚
土伦
君士坦丁堡
里斯本
马德里
罗马
比塞大
休达

374

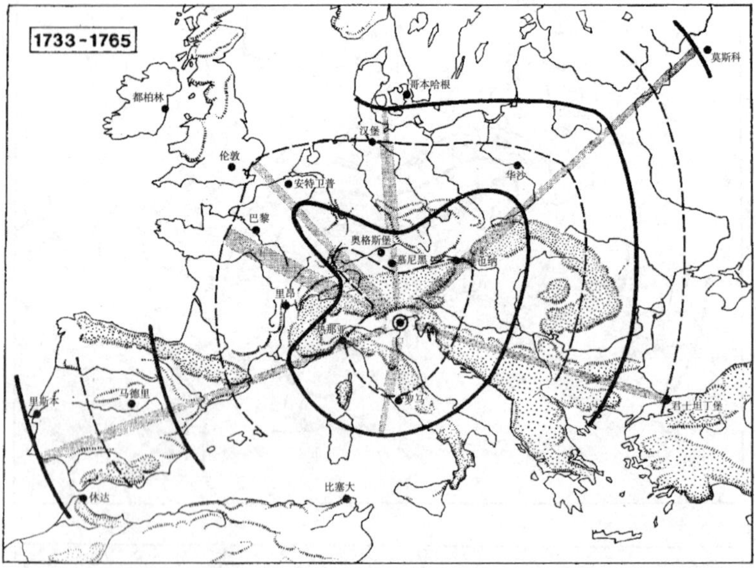

26. 消息传往威尼斯

按星期勾画的等时曲线大致指示出送达信件所需的时间,三张草图上的线路都以威尼斯为中心。第一张图系根据萨尔台拉神甫 1500 年(或更确切地说 1496 至 1533 年)的研究成果而绘制。

第二和第三张图系根据伦敦档案局收藏的威尼斯手抄小报绘制。材料是由 F.C.斯博内代我查找的。

平均速度越快,虚线包括的范围也就越广。

根据不同的轴线,三张草图之间的差异可能显得很大。原因在于根据当时时局的紧急程度,信件的数量有多少的不同。总的来看,第三张图与第一张图是一致的,信件传送速度缓慢,而第二张图表明,花费的时间有时要少得多。何况单凭图表还不能作出定论。速度按理应该在同一等时曲线的范围内进行比较。但是这些范围在图上画得并不十分确切。如果把这三个范围重叠起来,它们的面积看来大致相近,突出部分可由下陷部分相抵消。但要从面积推算每天的速度,这当然还不能不谨慎从事。

出相同的结论，也就是说，无论骑马、坐车、驾船或步行，最高速度一般为 24 小时走 100 公里。突破这个记录十分难得，也是可贵的壮举。16 世纪初，如果悬以重赏，能够在四天内把一项命令从纽伦堡送达威尼斯。大城市之所以消息来得快，就因为肯出高价，减少路上的耽搁总是有法可想的。其中的一个办法显然是建造石块路或石板路，但过了很长时间，这些道路还是极少。

在 17 世纪，尽管科尔夫树林附近仍有盗匪出没，令人心惊胆寒，但自从巴黎和奥尔良（当时法国主要的内河港口，其地位与巴黎不相上下）之间铺设了石路后，两地的联系变得十分迅速。此外，卢瓦尔河是国内最便于航运的河道，“河床最宽，水流最长……帆船航程达 160 多法里，为法国任何其他河流所不及”。巴黎至奥尔良的这条道路是车辆畅通无阻的“王道”，或用 1581 年一名意大利人的说法，“通衢大道”。由伊斯坦布尔经索非亚到贝尔格莱德的大道于 16 世纪通车；到了 18 世纪，高马轻车更是川流不息。[95]

道路建筑在 18 世纪有了进一步的发展。仅以法国为例：驿车货运量由 1676 年的 122 万磅增加到 1776 年的 880 万磅；道路工程的预算由路易十四时代的 70 万里佛上升到大革命前夕的 700 万里 373
佛。[96]这笔预算还只包括修筑新路的费用；旧路的养路工程全靠农民提供无偿劳役；修路劳役由行政当局于 1730 年创设，1776 年一度被杜尔哥取消，但于当年又被恢复，直到 1787 年才废止。法国当时已建和在建的道路都在 12000 法里（约 53000 公里）左右。[97]

长途马车一天几班，按时到达各站，其中最著名的是“杜尔哥班车”。当时的人曾把它当作危险的怪物。有人说：“车厢很窄，位置太挤，旅客下车时必须从邻座抽回胳臂或腿……如果不巧与大肚子、宽肩膀的旅客凑在一起……还是识相让开为好，否则叫苦也来不及了”。[98]长途马车行驶飞快，车祸众多，无人赔偿损失。此外，大道仅在狭窄的正中部分铺石；车辆交错时必有一排轮子偏在道边的泥地。

当时的有些议论实属愚蠢，这与后来铁路出现时招致的众多物议没有任何不同。1669 年，一辆长途马车在一天内竟走完了曼彻斯特到伦敦的路程；此事激起了众多的抗议，因为这意味着高贵的马术将要结束，制造马刺和马鞍的行业将要破产，泰晤士河的船夫也将消失。[99]

前进的步伐并未因此而停止。1745 至 1760 年间，第一次道路革命已见端倪；运输价格在下降，“一伙小资本家”趁机渔利。他们走在变化中的时代的前列。

这些新记录毕竟规模不大，只限于干线要道。就法国而言，除开为杨格所推崇的“驿道”[100]外，其他道路多数不宜载重车辆行驶，甚至如亚当·斯密所说，不宜“骑马旅行，唯一保命的办法是骑骡”。[101]不通大路的乡村处于与世隔绝的状态。

运输业和运输

运输是西欧农民收割谷物、采摘葡萄后或在冬季从事的副业，他们得到很少一点报酬就感到满足。农民的忙闲是运输活动起伏的标志。无论何地，有组织的或无组织的运输都由穷人或至少由收入微薄的人承担。航海也是如此，水手总是在欧洲和世界的贫贱小民中招募。17 世纪在海上称霸的荷兰船也不例外。被中国人称作“二等英国人”的美国水手也是如此，他们于 18 世纪末驾着

50 至 100 吨的小船，从费城或纽约出发，越过海洋，来到中国，据说他们一有机会就喝个酩酊大醉。[102]

顺便指出，运输业的经营者一般都不是大资本家，他们所得的利润有限。关于这个问题，我们下面再谈。[103]

运输业尽管是薄利的小本经营，但运费本身却很高昂。据中世纪德国史的一位专家说，按绝对价值计算，运费约占 10%。[104]这个平均数按不同的国家和时代而有所变化。我们知道 1320 和 1321 年在尼德兰买进和运往佛罗伦萨的呢绒价格。运输费用（按 375 已知的六种计算）最低占货物价值的 11.7%，最高占 20.34%。[105]这还是分量轻、价格高的商品。其他商品很少采用长途运输。在 17 世纪，"为从波纳运一大桶酒去巴黎，运费要付 100 至 120 里佛，而这桶酒本身往往只值 40 里佛左右"。[106]

陆路运费一般高于海路。因此，陆上的长途运输很不兴旺，生意都被内河航运夺走，但领主和城市在河道上大量设卡收捐。过境船只往往被拦住，受检查，还必须送贿赂，耽搁很多时间。即使在波河平原和莱茵河流域，有的商人因讨厌关卡的不断拦截，宁肯改走陆路。此外，遇到强盗的危险也不容忽视，抢劫事件在世界各地屡见不鲜，这是经济和社会经常处于不安定状态下的一个额外病症。

相反，海路运输意味着自由贸易的开始，意味着生活猛然变得 376 好过。它对海洋国家的经济是个促进。早在 13 世纪，英国粮食陆路运输每经 80 公里，价格就提高 15%，而从波尔多运往哈尔或爱尔兰的加斯科尼葡萄酒，虽然远涉重洋，价格不过增加 10%。[107]让-巴蒂斯特·萨伊于 1828 年在工艺博物馆讲课时说，美国大西洋沿岸城市的居民“宁肯用从千里之外运来的英国煤取暖,而不用近在十里之内生产的木炭。陆上走十里的运费比海上行千里还贵”。[108]让-巴蒂斯特·萨伊在讲授这些基本概念(重述亚当·斯密的类似见解)时,蒸汽船尚未投入使用。但很久以来,依靠木材、篷帆和船舵的海上运输已经达到尽善尽美的可能性限度,这显然因为工具在使用中日渐完善。

相比之下,陆上交通工具的落后显得特别突出,特别令人惊异。陆上交通工具的完善要等待工业革命的第一次高潮的到来,直到动荡的1830至1840年间,即大量兴建铁路的19世纪30年代。在铁路取代“杜尔哥式”马车前,一场规模巨大的道路改革表明,从技术上讲,这场变革本可以更早完成。道路网已有了很大扩展(在一切变革都已大规模进行的美国,1800至1850年道路增加七倍,奥地利帝国于1830至1870年间增加一倍);车辆和驿站有了改善;交通也变得大众化了。这些变化不是某项特定的技术发明的成果,而是依靠了大量投资和许多有意识、有计划的改进,因为当时的经济发展已使运输业成为必要和“有利可图”。

运输对经济的限制

以上的简短说明不能描绘运输的概貌——甚至不能概括介绍威·桑巴特的经典论著[109]——,我在后面还会谈到这个问题的某些方面。[110]我的目的只想简略地指出,在任何社会里,作为发展经济的手段,交换在多大程度上受到运输的制约:速度缓慢、数量微薄,意外事故和成本很高是当时无法克服的障碍。为了习惯旧时代长期存在的这一现实,我们再次引证保尔·瓦勒里的名言:

维斯杜拉河左岸的华沙。各种船只——载重帆船、划桨船和木排——沿河排成长队。Z.伏盖尔作画，18 世纪末。

“拿破仑的行军速度与尤利乌斯·恺撒同样缓慢。”

马在西方是速度的象征，是缩短路程的最佳手段，虽然在我们后人眼里，这个手段似乎不值一提。但在当时，西方竭力改进马车：随着马匹大量繁殖，拉车的马增加到了五匹、六匹乃至八匹；为使急于赶路的旅客和车辆及时起程，沿途驿站提供新鲜的脚力作替换；道路本身也有改善……情况之所以如此，这也许因为陆路运输的地位远远超过始终是慢吞吞的内河航运。[111] 在 18 世纪，即使法国北部的煤也是用车运输多于用船。[112]

这场同地域的斗争在世界各地进行着，虽然它似乎事先已注定要失败。如果去中国，或是去波斯，你会从反面充分地认识到马 377
的重要性，因为运输在那里主要靠人力。据说中国的轿夫跑得同鞑靼小马一样快。波斯拥有漂亮的马匹，但主要用于打仗和摆阔气，“鞍辔饰有金银宝石”。它们很少被用于运输或快速的联系。紧急的信件文书或珍贵的货物都派专人运送。夏尔丹于1690年说：“这些擅长奔走的差役被称作专差。就凭他们背上背的一瓶水和一只口袋，里面装着他在三四十个小时内所需的干粮，就能被人一眼认出。他们不走大路，专抄路程较短的小道。他们穿的鞋子也与众不同，为了在途中不犯困，他们腰上还系着铃铛。从事这个行业的人都祖辈相传，从七八岁起就练习大步走长路。”同样，“印度国王的命令由两人奔跑传送，每隔两法里替换一次。他们不戴帽子，把文书袋顶在头上，只要听到铃声就知道他们快要到达；到达后，他们扑在地上，已作准备的另外两人取过文书袋接着奔跑”。这些专差每天跑10至20法里。[113]

378

技术史的重要性

前进和停滞是技术发展中往往交替出现的两个过程。在推动人类生活进步的同时，技术一级又一级地走上更高的台阶，达到新的平衡，然后保持相对的平衡，因为技术如果不是从一场“革命”向另一场革命前进，它就停滞不前。从各种迹象看来，减速因素似乎不断在起作用，我很想进一步强调减速因素的深远影响，但这又谈何容易！技术的进步和停滞贯穿着全部人类历史。所以，即使研究技术史的专家也几乎从未完全掌握技术史。

技术和农业

虽然有的技术史专家确实作了努力，写出了大部的著作，但他们对于农业技术所花的功夫还很不够，甚至连最起码的问题也没有讲透。几千年来，农业始终是人类的主要“产业”，但人们却往往把技术史当作工业革命的史前史来研究。机械、冶金和能源总是排在前列，从不看到农业技术的因循守旧和变化不快（变化缓慢毕竟也是变化）带来的重要后果。

清理林地是一门技术；开垦长期荒芜的土地又是另一门技术；为此，必须拥有结实的犁铧、有力的役畜、众多的劳力和邻居的帮助（葡萄牙垦荒者实行换工）；扩大耕地面积，也就是说，砍树（不论是否刨掉树根）、烧荒、围林，或者排水、筑堤、灌溉，都需要技术，这在中国是如此，在荷兰或意大利也是如此；至少从15世纪开始，意大利的“改良土壤”是项浩大的工程，并很快取得工程师的正规指导。

正如我们前面说过的，任何人口增长都伴随着或紧跟着农业的变革。原产美洲的新作物在中国（玉米、花生、白薯）和欧洲（玉米、土豆、扁豆）种植标志着历史的重大转折。新作物的出现意味着新技术的发明、应用和完善。转折过程虽然十分缓慢，但其规模最终却很庞大。因为农业，或者说种地，牵涉到“千家万户”。一项农业革新的成败始终取决于社会的支持、推动和要求。

技术本身 379

有人或许会问，是否有纯技术的存在？回答只能是否定的。关于工业革命前的几百年，我们已反复作出了这样的答复。但最近有一部论著[114]指出，否定的答复在今天仍然有效：虽然科学和技术目前联合主宰着世界，但这种联合必定意味着，目前的社会与以往的社会一样起着推动或阻碍技术发展的作用。

尤其，在18世纪前，科学很少考虑实际应用。当然也有例外：惠更斯发明的钟摆（1656—1657年）和游丝（1675年）使钟表的面目为之一新；比埃尔·布盖发表的《论船只制造及其运动》（1746年）。这些例外也是对规律的证实。综合着全部工艺经验的技术，其形成和发展都很缓慢。好的工艺教程很晚问世：格奥尔格·鲍威尔（阿格里哥拉）的《论冶金》写于1556年，奥戈斯蒂诺·拉美利的《各种奇巧器具》写于1588年，维多里奥·宗卡的《机器的新舞台》写于1621年，贝纳尔·福雷的《工程师袖珍辞典》写于1755年。"工程师"的职业经历了缓慢的孕育过程。在15和16世纪，"工程师"不单负责军事工程，而且以建筑师、水利专家、雕塑家和画家作为谋生职业。正规的工科学校在18世纪前尚未出现。桥梁公路工程学校于1743年在巴黎成立；于1783年开办的矿业学校是对1765年在弗赖贝格创办的"高等科学院"的模仿，弗赖贝格是萨克森的采矿中心，那里培养的大批工程师主要前往俄国任职。

各行各业纷纷从基层自动实现专业化：一个名叫尤斯特·阿曼的瑞士工匠于1568年列举了90种不同的行业；狄德罗的《百科全书》统计有250种；伦敦皮戈商号于1826年提供的一览表指出，伦敦这座大城市里有846种不同的行业，其中有些行业的名称近乎儿戏，显然不很正规。[115]所有这些变化毕竟是缓慢的。既有的技术阻挡着人们前进。16世纪中叶，法国印刷工人罢工，其原因正是印刷机的改进导致了削减工人人数。同样说明问题的是，工人抵制采用轧辊，而这一改良是为了使轧光织物的大剪刀使用时更加方便。更有甚者，自15至18世纪中叶，纺织工业的变化不大，原因是当时的经济和社会组织、分工的强化和工人的贫困使纺织工业足以满足市场的需求。障碍是如此之多！詹姆斯·瓦特(1769年7月26日)对他的朋友说得正确："生活中再没有比发明更加愚蠢的事了"。因为发明家每次要有所成就，必须先取得社会的批准。

在威尼斯，发明专利证书，不论有无价值，都必须经元老院登记入档，[116]其中十分之九是为了解决本市的问题：疏通入海河流的航道；提水；开挖运河；改造沼泽地；在没有水力可资利用的平川地区寻找磨坊的动力；推动锯子和磨盘，粉碎鞣料和制造玻璃的原料。一切按社会的命令办事。

有幸得到王公青睐的发明家可取得一份"发明专利证书，或更确切地说，一种利用其发明的垄断性特权"。路易十四政府发放了 380
一大批专利证书，"涉及多种技术，例如曼特农夫人曾给予投资的节约取暖的设施"。[117]但是，真正重大的发明仍旧停留在纸上，因为没有人需要这些发明，甚至没有人想到有这种需要。

菲力浦二世统治初期有一位聪明的发明家，名叫巴尔塔札尔·德·里奥斯，他曾建议制造一种大口径的火炮，可以拆卸成零件，由几百名士兵分散背运，这一建议未被采纳。[118]1618年出版的《格勒诺布尔附近气井的自然史》竟无声无息，作者让·塔尔丹是图尔农地方的医生，他在书中研究了"气井作为天然贮气罐的功用"，并在广泛使用煤气照明前200年揭示了煤的干馏法。1630年，即在拉瓦锡前一个多世纪，佩里戈尔地方一位名叫让·雷伊的医生曾说明，铅和锡焙烧后因"吸收了部分空气"而增加重量。[119]
1635年，施温台在其《物理和数学随想》中陈述了电报的原理："可 381

利用磁针在两人之间通话”。关于磁针的实验,必须等到 1819 年由沃埃斯台特去完成。“可叹的是施温台还不如夏普兄弟有名!”[120] 美国人布希贝尔于 1775 年发明了潜水艇;法国军事工程师杜培隆发明了多管枪,“军队的管风琴”。

在中世纪,布鲁日的起重吊车是个庞大的木质建筑,需用三个人起动一个大轮子。

所有这些发明全都落空。同样,纽可门于 1711 年发明了蒸汽机。30 年后,即在 1742 年,英格兰仅使用一台蒸汽机,整个欧洲大陆仅有两台。在随后的 30 年里,蒸汽机总算取得了成功:康沃尔郡造了 60 台,在锡矿中用于抽水。但法国到 18 世纪末还只有五台蒸汽机用于冶金业。我们已经谈到,迟迟不用焦炭炼铁也是十分典型的例子。

阻碍技术进步的原因有成千上万。劳动力过剩和工人失业的

1787 年敦刻尔克港的双臂吊车。由轮子着地的活动吊车移动方便,设有变速装置,部分配件用金属制造。同布鲁日的吊车比较,这是很大的进步,但全部活动仍依靠人力。法国国家图书馆。

问题如何解决？孟德斯鸠已指责磨坊夺走了农业工人的劳动。法 382
国驻荷兰大使博纳侯爵在 1754 年 9 月 17 日的信中要求派“一名能干的机械师盗取阿姆斯特丹使用的能节省许多人力的各种磨坊和机器的秘密”。[121]但是,正因为节省人力尚无必要,机械师也就没有派出。

剩下的一个问题是成本,资本家对这个问题特别敏感。工业革命广泛展开后,英国企业家在开办棉纺工厂的同时,继续与手工织机保持联系。确实,困难始终在于向织工提供棉纱。即使在这个“瓶口”被打通后,只要家庭劳动能满足需求,又何必去设法实现织布的机械化？必须在布匹需求大量增加、织工要求的工资过高时，解决织布机械的问题才有其必要。可是，随着手工织布的报酬急剧下降，我们将看到，企业主为成本着想，长期宁肯使用手工而不采纳新技术。我们可以设想，假如英国棉布业的高涨竟半途而废，情形又将会是怎样……任何革新都要十次百次地向困难冲击，都要在失败中求得生存。推行焦炭炼铁的过程简直慢得令人难以置信，这是英国工业革命不知不觉中遇到的重要波折；关于这一波折，我在下面还有机会再谈。

在指出技术的局限，并说明其成功明显依赖于机遇之后，我们不能因此低估技术的作用。技术迟早要成为社会的必需；那时候，一切都取决于技术，技术起着第一位的作用。只要日常生活能在原有基础上比较顺利地取得进步，只要社会能满足现状和随遇而安，人们在经济方面就没有任何理由去寻求变革，发明家的计划（发明总是会有的）也就被束之高阁。只是在局面已经无法维持，社会在其可能范围内处处碰壁时，采用新技术才成为势在必行，人们才会对成千种发明发生兴趣，从中寻找最好的方案去克服困难和开辟未来。因为总有几百种潜在的革新方案可供选择，总有那么一天，端出这些方案将成为当务之急。

自从本世纪 70 年代出现经济衰退以后，今天的情形不正是最好的说明吗？除失业和通货膨胀等困难外，石油危机已指日可待；门歇正确地指出，技术革新是唯一良策。[122] 但在 1970 年前，人们已认准了科研和投资的方向：太阳能、油页岩开发、地热、沼气；替代石油的酒精在第二次世界大战期间已曾付诸使用，而且很快就土法上马。这方面的努力后来又被搁下。不同的是，在今天，一场全面大危机(关于这场百年仅见的危机,我们后面再谈)已把经济发达的各国逼到墙角:不革新就灭亡(停滞)!它们当然要选择革新的道路。这种抉择显然也是经济大发展的前奏,几千年来出现的历次经济大发展始终都以技术为支柱。在这个意义上,技术是女王:技术改变世界。

383
第七章
货　　币

谈到货币，我们就登上高一级的层次；表面上看，这似乎超出了本书的范围。然而，站得高一点纵览全局，货币运动似乎是加速商品交换的一种工具、结构和内在规律。进一步说，无论何地，货币莫不介入全部经济关系和社会关系；因此它是极为灵敏的"指示器"：根据货币的行市起落和盈余短缺，我们可以相当有把握地判断人的全部经济活动，直至他们生活中最不起眼的角落。

货币虽说是一个古老的实在，或者确切地说，是一门古老的技术，是人们觊觎和瞩目的一个对象，但它始终使人感到难以捉摸。人们觉得它神秘莫测。首先，货币本身是复杂的，伴随它的货币经济在任何地方都未臻完善，甚而16、17以至18世纪的法国也不例外。货币仅渗入某些地区和某些部门；其他地区和部门则被它搅得心神不宁。货币之所以是新鲜事物，更多的原因不在于它本身，而在于它带来的后果。它使日常必需品的价格突然变化；它造成一些无法理解的关系，以致人们既认不出自身，也认不出自己的习惯和原有的价值观念：人的劳动变成了商品，人本身也变成了"物"。

诺埃·杜·法依记载的布列塔尼老农的谈话(1548年)足以

说明他们的惊讶和不知所措。他们说，农家的财富大为减少，是因为“人们不等鸡和鹅长大，就把它们卖掉〔当然是在城里的市场上〕换取银钱，或者把它们送给律师、医生（此类人物……〔从前〕几乎无人问津）。给律师送礼是为了求他不要好待某位邻居，剥夺他的遗产继承权，把他关进班房；犒劳医生是为了求他治疗某人的热病，给他放血（谢天谢地我从未身试）或灌肠；其实已故的蒂范那· 384
拉勃洛阿〔一位女郎中〕用不着那么多花招和解药，有时只念一段经照样治病”。反过来，香料和糖果，从胡椒到糖葱和糖衣杏仁，“则从城市传入我们乡下”。这类东西对人体有害，从前的人根本不知道它们的存在，“今天的宴席若是缺了它们，就索然无味，有失 385
体面”。针对上面这段话，交谈者之一接着说：“上帝作证，伙计，你说的都是实话，我今天就像在一个陌生世界生活似的。”[1]这些话的措辞含糊，不过意思还是明确的；整个欧洲大概都有人这样交谈。

事实上，任何一个旧式结构的社会一旦向货币敞开大门，迟早要失去它原有的平衡，不能控制从中释放出来的能量。新的运动打乱了旧的布局，极少数人从中得利，其他人则要受到命运的捉弄。在货币的冲击之下，任何社会都要脱胎换骨。

货币经济的扩张因而是一出情节跌宕起伏的戏剧。在习惯于货币存在的古老国家固然如此，在那些货币刚介入、还没有立即意识到它的重要性的国家同样如此。后一类国家如 16 世纪末的奥斯曼土耳其帝国，骑士的“领地”被纯粹的私人产业取代；差不多同一时期，德川幕府统治下的日本向城市社会和市民社会转化，经历着一场典型的危机。不过我们只要审视今天某些不发达国家正在发生的事情，就能对这个重要的过程有简明扼要的了解。以黑非洲为例，那里视地区而异，百分之六十到七十的交换不通过货币进行。那里的人暂时还能“像蜗牛呆在壳里一样”，在市场经济以外生存。他们好比已被判刑的犯人，只是缓期执行罢了。

两个税吏，马丁·梵·雷米瓦德作画（16世纪）。伦敦国家画廊。

历史不断为我们展示的正是这类缓期执行的犯人，而且他们最终逃脱不了命运的安排。他们相当幼稚，极有耐心。他们到处经受生活的打击，却不知打击来自何方。他们需要交纳地租、房租、通行税、各种捐税，限定食用官盐，并在城里的市场上购买他们需要的东西。这一切，都得用现金支付。如果银币不够，至少得用铜币。塞维尼夫人的一名布列塔尼佃农，1680 年 6 月 15 日前来交租。他带来一大口袋铜币，总共只值 30 里佛。[2]法国的食盐过境税一直用实物交付，后来在大盐商的推动下，1547 年 3 月 9 日敕令规定改收钱币。[3]

“叮当响”的货币通过成千上万种途径进入日常生活。现代国家是货币的主要经手人（税收，现金支付雇佣兵的饷银，官员的薪金），并从中受益，但它不是唯一的受益者。许多人，如税吏、盐税局职员、典当铺主、产业主、大承包商和“金融家”，凭借他们占据的有利地位到处撒网。这类新型的富人自然和今天的富人一样不会招人喜欢。博物馆里常见他们的肖像；画家往往在笔下倾注了老百姓对这类人的憎恨和轻蔑。正是这种情绪、这类明显的或者隐蔽的索回自身利益的要求使民众对货币本身的不信任感得以经久不衰，连最初的经济学家们对货币也存有戒心。但是这一切都不能改变历史的进程。货币流通在世界范围内形成了一定的路线和重要的站头，安排了经营专利商品、谋取巨额利润的商人会面。麦哲伦和台尔·卡诺的环球航行历尽艰辛。弗朗西斯科·卡莱提和热梅利·卡勒里分别于 1509 年和 1693 年出发做环球航行时，携带了一口袋金币和几包经过精心选择的商品，他俩都平安归来。[4]

货币自然既是货币经济的变化和革命的标志，也是这两者的 386

原因。货币与承受它并创造它的运动不可分离。西方老派学说往往只看到货币本身，并用比喻方法给它下定义。货币是“社会机体的血液”（在哈维发现血液循环以前，这个形象早就平淡无奇）；[5]至于说货币是一种“商品”，这一真理已被重复几百年了。根据威廉·配第（1655 年）的意见，“货币好比政治机体的脂肪：脂肪太多，身体就不灵便；脂肪太少又要得病”：[6]这是医生的说法。1820 年，一位法国商人解释说，货币“不是我们用来耕种土地以求收获的犁”。它的作用只是帮助商品流通，“好比数量适当的润滑油使机器各个部件转动更加灵活，上得太多反而碍事”；[7]这是机械师的口吻。不过比起下面那个大可争议的论断，这些形象还算言之成理。优秀的哲学家约翰·洛克不是一位高明的经济学家；他在 1691 年把货币和资本等同起来，[8]这样就几乎把货币与财富、度量单位和被测定的数量混淆起来。

所有这些定义都忽略了最主要的东西，即货币经济本身。货币经济才是货币存在的理由，这一经济只有在人们需要它并能够为它承担开支的地方才能确立。它的灵活性和复杂性取决于带动它的那个经济的灵活和复杂程度。所以有多少种经济节奏、体系和形势，就有多少种货币和币制。一切相互关联，共处于一个并不神秘的运动之中。不过我们时刻需要提醒自己，旧制度下多层次的货币经济与现行货币经济不同，它未臻完善，没有推广到整个人类。

15 到 18 世纪之间，在广大地区通行物物交换，但每当需要时，总有所谓原始货币来补充实物贸易的不足。这些“不完善的货币”，如贝壳和别的物品，代表最初的进步；它们仅是在我们眼中显得不完善而已：接纳它们的经济体系无力承担其他形式的货币。欧洲的金属货币往往也有不敷应用的时候。与物物交换一样，金属也不能始终胜任它的使命。于是纸币好歹就出场了，或者更确切地说是信贷问世。如17世纪德国人挖苦说的“信贷先生”上台了。事实上，这里发生的过程是相同的，只是层次不同罢了。任何一种有活力的经济都要脱离它习用的货币语言，在它自身运动的推动下创造新的语言，而所有这些创新都起到试验作用。约翰·劳的体系或者与之同时在英国发生的南海公司丑闻是与战后的财政应急措施、无所忌惮的投机活动或“压力集团”之间的利益分配截然不同的事情。[9]在法国，信贷也在混乱中诞生。胎儿很不理想，但总是生下来了。帕拉丁娜公主说过：“我真想让地狱的烈火把这些钞票统统烧掉”，她赌咒说自己对这可憎的体制一窍不通。[10]这种不安乃是面对新的语言产生的一种反应。因为各种货币好比不同的语言（请原谅我们也使用一个形象），它们发出召唤，使对话成为可能；只有存在对话时它们才得以存在。

如果说中国的币制不复杂（它一度使用纸币，这个奇特的历时颇久的插曲可视作例外），那是因为它在与受它剥削的四邻——蒙古、西藏、南洋群岛、日本——打交道时用不着复杂的币制。如果说中世纪的伊斯兰帝国连续几百年高踞从大西洋到太平洋的旧大陆之上，那是因为当时没有一个国家（除了拜占庭）能与它的金币（第纳尔）和银币（第莱姆）竞争。金银货币是伊斯兰扩张势力的工具。如果说中世纪的欧洲最终改进了它的货币体制，那是因为它必须“攀登”屹立在它面前的穆斯林世界。同样的道理，16世纪的 387
土耳其帝国逐渐完成货币革命，那是因为它必须与欧洲国家保持步调一致，而像过去那样限于隆重地交换使节已经不够了。最后要提到日本。这个国家从 1638 年起实行锁国政策，但这不过是一种说法：它仍向中国的帆船和得到许可的荷兰船舶开放。通过打开的缺口引入的商品和货币迫使它采取对策，开发本国的银矿和铜矿。与此同时，17 世纪城市兴起，一种“真正的市民文明”在一些地位优越的城市里蓬勃发展。一切相互关联。

17 世纪有许多以“信贷先生”的死亡为题材的漫画，这是其中一幅。“信贷先生”的尸体躺在画面前方。周围有人哭泣。这里画的是日常信贷，即店主给老百姓的赊账。由于货币短缺，店主停止赊账。原画有说明：面包铺老板对顾客说：“什么时候你有钱，我就有面包。”

如上所述，显然可以看到一种对外货币政策。有时是外国采取主动，因其强大或因其软弱迫使对方采取相应的对策。要与别人对话，势必要找到共同语言和共同点。“远程贸易”，大型商业资本主义的长处，正在于它能够使用全球贸易的语言。即便国际贸易在数量上不占主导地位（香料贸易甚至就其价值而言也不如欧洲的小麦贸易）[11]——我们将在本书第二卷中看到这一点——，它所代表的高效率和建设性的革新使它具有决定性意义。它是任何迅速“积累”的源泉。它指挥旧制度下的整个世界。货币不离它的左右，随时为它效力。国际贸易为各国经济指明方向。

不完善的经济和货币 388

我们若要描述货币交换的各种原始形式，恐怕永远也说不完。有关的形象太多了，需要加以分类，更重要的是完善的货币（如果它确实存在）和不完善的货币之间的对话能帮助我们追根究源。如果历史能够作出解释，那就应该把问题解释清楚。但有一个条件：不能认为完善和不完善是相互隔绝的，不会在适当时机彼此混合；不要以为这是互不干扰的两笔账，更不要以为一切交换势必是等价交换（今天还是这样）。这些看法都是错误的。货币是在本国和在国外剥削他人的一种手段，是加剧剥削的一种方式。

对 18 世纪世界的“共时性”观察已经令人信服地证明了这一点。当时在广大地区仍有几百万人生活在荷马时代，用牛的数目来计算亚契里斯的盾牌的价值。亚当·斯密对这一形象不胜神往。他写道：“根据荷马的说法，狄奥美德的盔甲仅值九头牛，而格罗古斯的盔甲值一百头牛。”今天的经济学家会把这些质朴的人群称作第三世界：历史上任何时候都有第三世界存在。接受对它始终不利的对话使它经常吃亏。不过有时候是迫于无奈。

原始货币

一旦出现商品交换，货币马上就忸怩地充当媒介。一种需求量较大或比较充裕的商品便扮演货币的角色，或力图成为交换的计量单位。例如盐曾在上塞内加尔、上尼日尔各“王国”和阿比西尼亚充当货币。一位法国作者1620年说，在那些地方，盐“像水晶石一样被加工成手指长的方块”，既当货币，又当食物，“以致我们真可以说他们把钱吃掉了”。这个谨慎的法国人随即惊呼，“假如他们有一天发现自己的钱已经溶化成水”，[12]岂不危哉！在莫诺莫塔帕河两岸和几内亚湾一带，棉布扮演同一角色。那里的人在黑奴买卖中用一匹“印度布”代表一个人的价格，后来代表这个人本身。专家们会说，一匹“印度布”就等于一个年龄在15岁到40岁之间的奴隶。

在同一个非洲海岸上，铜镯（当地叫手镯或脚镯）、一定重量的砂金以至马匹也作为货币使用。拉巴神甫（1728年）提到摩尔人转卖给黑人的高头大马。他写道：“他们把每匹马的价格定为15个奴隶。这种货币未免有点滑稽，不过每个国家都有自己的风俗习惯。”[13]英国商人为了排挤竞争者，18世纪初订下了最优惠的价目：“他们把一个奴隶的价格定为四盎司黄金、三十块比亚斯特（银币），四分之三磅珊瑚或者七匹苏格兰棉布。”但在非洲内陆某一黑人村落里，母鸡“又肥又嫩，与别的国家的阉公鸡和小母鸡不相上下”，因为数量太多，一只鸡只值一页纸。[14]

389 非洲海岸的另一种货币是大小不等、颜色各异的贝壳。其中最有名的是刚果河两岸的“钦波”以及叫做“考里”的小贝壳。一位葡萄牙人 1619 年写道，“钦波是种极小的海生蜗牛，它本身没有任何用处和价值。这种货币从前由野蛮人引入，迄今仍在使用。”[15]其实直到 20 世纪的今天还在使用！“考里”也是一种小贝壳，呈蓝色，并有红色条纹，可以编串成念珠。印度洋上的荒凉岛屿如马尔代夫群岛和拉克代夫群岛出产这种贝壳，船舶在那里满载考里之后，驶往非洲、印度东北部和缅甸。荷兰人 17 世纪在阿姆斯特丹输入考里，然后慎重地用于贸易。经由佛教传入中国的路线，考里从前也在中国使用。后来它让位于铜钱，但并未完全消隐。云南省生产的木材和铜直到 1880 年只满足本省的需要：近年的研究表明，那个时期订立的某些租赁和销售合同仍用“考里”做计算单位。[16]

随同伊丽莎白女王和爱丁堡公爵菲利浦访问非洲的一名记者曾发现一种与贝壳同样奇特的货币。他不胜惊讶地写道：“尼日利亚内地的土人购买牲畜、武器、农产品、纺织品甚而妻子时用的不是女王陛下的英镑，而是一种在欧洲铸造〔不如说制造〕的奇特货币。该种货币〔……〕诞生于意大利，被叫做‘小橄榄’。托斯卡纳的里窝那有家工厂专门加工珊瑚，至今犹存。”所谓“小橄榄”乃是用珊瑚琢成、中央穿孔、表面有棱线的圆柱体，在尼日利亚、塞拉利昂、象牙海岸、利比里亚以至更远的地区流通。非洲人购买货物时把成串的“小橄榄”挂在腰带上，旁人一眼就能看清他有多少财富。贝罕赞 1902 年以一千英镑的代价买到一枚特大的“小橄榄”，重一公斤，色泽艳丽。[17]

不过我们不可能逐一列举所有各种出人意料的货币。各地都有它们的踪迹。根据 1413 年和 1426 年的规定，冰岛制订了适用几个世纪的用干鱼抵价的市场价目表（一块马蹄铁值 1 条干鱼；一双女鞋值 3 条干鱼；一桶葡萄酒值 100 条干鱼；一桶黄油值 120 条干鱼，等等）。[18]在阿拉斯加或彼得大帝时代的俄国，皮货行使货币的功能。有时干脆使用裁成四方块的毛皮，沙皇发饷官的箱子里就装满这种皮块。但是西伯利亚用名贵的、可供出售的裘皮交纳税款，沙皇也用被称为“软金”的裘皮支付多种开支，特别是向官吏发放薪金。在美洲殖民地，不同地区分别以烟草、食糖、可可代替货币。北美印第安人把白色或紫色贝壳加工成圆柱形，然后串起来充当货币。这就是所谓“万普姆”，欧洲移民直到 1670 年继续把它作为合法货币使用，而事实上它停止流通的日期至少不早于 1725 年。[19]同样地，16、18 世纪之间广义的刚果地区（包括安哥拉）兴起一系列市场及活跃的交换网点，主要与白人及其代理人从事贸易。白人的代理人名叫“蓬贝洛”，往往深入腹地。为此使用两种代用货币：“钦波”和大小不等的布片。[20]贝壳有统一规格，以能否通过一种标准筛子的孔眼为准，一个大贝壳等于十个小贝壳。布片作为货币也有大小的不同，如一页纸大小的布片叫“吕朋戈”，如餐巾大小的叫“姆普素”。这类货币通常以十进位计算，与金属
390 货币一样自成体系，既有倍数也有约数，因此不难调动巨额数量。1649 年，刚果国王集中的 1500 担布匹价值约等于 4000 万葡萄牙瑞斯。[21]

我们只要有可能跟踪这类代用货币受到欧洲势力冲击以后的命运（无论是孟加拉的考里，[22]还是“万普姆”或 1670 年以后的刚果“钦波”），每次都会发现相同的演变趋势：由于储备增多，流通加速甚而变为剧烈，它们对于欧洲主要货币同时贬值，造成了灾难性

的通货膨胀。与此同时，原始的“伪币”也出现了！19 世纪欧洲工场用玻璃做原料生产的假“万普姆”促使这一古老的货币完全消失。葡萄牙人考虑比较周到：1650 年他们控制了罗安达岛四周的“产币场”，即出产钦波的渔场。这一货币在 1575 至 1650 年之间已贬值 90%。[23]

如上所述，我们每次都可以作结论说，原始货币确实是一种货币，它具有货币的一切形态和习性。原始货币遭受的劫难概括了原始经济与先进经济相互撞击的历史，欧洲人闯入世界各大海洋意味着冲撞的发生。

货币经济内部的物物交换 391

更少为人知晓的，是在“文明”国家内部存在着几乎同样不平等的交换关系。在货币经济这层薄薄的表皮底下保存着一些原始的经济活动。这类活动与其他活动既相混杂又相对抗，无论在城市市场的正规交易中或在集市贸易的讨价还价中都还存在。在欧洲腹地，一些原始的经济形式在货币生活的包围下得以维持。货币无意取消它们，仅把它们当作近在咫尺的内部殖民地保留下来。亚当·斯密(1775 年)提到一个苏格兰乡村，“那里常见一名工人不是带着钱，而是带着铁钉到面包铺和啤酒店去买东西”。[24]同一时期，在加塔洛尼亚的比利牛斯山中某些偏僻地区，村民有时用装在小口袋里的粮食支付在商店购物的费用。[25]还有更晚、更有说服力的实例：根据民族学家的记载，科西嘉纳入真正有效的货币经济的势力范围是第一次世界大战以后的事情。二次世界大战以前，“法属”阿尔及利亚的某些山区尚未完成这种变革。直到本世纪

30 年代前后，这依旧是奥雷斯山区潜在的多种悲剧之一。[26] 我们据此可以推想，在东欧的穷乡僻壤或深山里，或在美国西部，存在着无数同样与世隔绝的小天地，重复着同样的悲剧。在不同的地区，货币秩序的现代化在时间上虽然彼此相距甚远，但遵循的进程却大体相同。

根据 17 世纪的一位旅行家弗朗斯瓦·拉布莱记载，在切尔克斯和明格列利，即在南高加索和黑海之间，“未见钱币流通”。当地实行物物交换；明格列利的君主每年向土耳其苏丹交纳的贡赋是“布匹和奴隶”。负责运送此项贡赋到伊斯坦布尔的使节遇到一个特殊问题：怎样支付他在土耳其首都居留的费用？事实上他的随从人员是 30 到 40 名奴隶，他把他们逐一卖掉。拉布莱补充说：他的秘书是例外，不到最后关头他舍不得与他分手！然后“他独自返回本国”。[27]

征服中国的忽必烈皇帝命令制造印有御玺的楮币。《奇闻录》。

俄国的例子同样说明问题。15世纪初在诺夫哥罗德，“人们仅使用鞑靼小钱、貂皮块和盖上印记的小块兽皮。1425年才开始铸造很粗糙的银币。即便如此，诺夫哥罗德在经济上还算是领先的：俄国长期实行的是物物交换”。[28]直要等到16世纪，德国货币和银锭来到之后（俄国外贸有顺差），俄国人才开始正规地铸造钱币。但是铸币的规模不大，而且往往是私人开铸。在这个幅员辽阔的国家里，不少地方仍维持物物交换。彼得大帝治下，从前与外界隔绝的地区才相互沟通。俄国落后于西方是不容否认的事实：具有决定意义的西伯利亚金矿自1820年起才得到开发。[29]

美洲殖民地的情况同样耐人寻味。货币经济在那里只抵达矿业国家——如墨西哥和秘鲁——的大城市以及离欧洲较近的地区，如安的列斯群岛和巴西（后者不久即因开采金矿而取得优越地位）。虽说这些城市和地区的货币经济远未达到完善阶段，那里的物价波动足以标志某种程度的经济成熟。相反阿根廷和智利（后者出产铜 392
和白银）的物价直到19世纪还固定不变，[30]好比不会长大的死胎。整个美洲大陆频繁地实行以货易货。殖民政府对封建势力或半封建势力作出让步也说明金属货币缺少。一些不完善的货币，如智利的铜块、弗吉尼亚的烟草、法属加拿大的“银纸”和新西班牙的“特拉戈”，自然便发挥作用。[31]一个“特拉戈”（源自墨西哥话）相当于八分之一里亚尔。这是由杂货店老板发行的小钱币，那种杂货店叫“梅斯蒂扎”，从面包、烧酒到中国绸缎，什么都卖。每个店主都发行盖上自己印记的木质、铜质或铅质辅币。这种筹码在小范围内流通，必要时可把这种筹码换成真正的银比索。有些店铺的筹码在流通过程中丢失了，所有各种筹码都是往往不择手段的投机活动的对象。这种情况之所以发生,是因为银币的面值很大,老百姓事实上接触不到。此外,驶回西班牙的船队每次都把当地的白银搬运一空。最后,1542 年发行铜币的尝试没有成功。[32] 所以人们不得不接受带有缺陷的体系,使用一种几乎是原始的货币。14 世纪法国出现类似情况。为了赎回好心的约翰,法国把全国的货币都交出去了。国王于是发行一种皮币,几年以后才予以收回。

带有佛罗伦萨商人贝鲁齐兄弟印记(两个梨)的铜筹码。赠笔者此物的贝尔诺契先生藏有大量类似的钱币。这类钱币好像是佛罗伦萨几家商行为内部流通需要而发行的,因为它们往往具备两个合伙家族的印记(直径 20 毫米)。

美洲的英国殖民地在独立前后遇到同样的困难。费城一位商人 1721 年 11 月给他在马德拉群岛的一位客户写信,信中说道:“我本想运去一点麦子,但是此间的债权人犹豫不决,兼之我们开始感到货币奇缺,或者不如说,我们近来已经缺乏支付手段,而在通货不足的情况下经营商业必定会陷于困境。”[33] 人们试图在日常交换中摆脱这种“困境”。1791 年,克拉维埃尔和布里索(两人在法国大革命中都大出风头)在他们撰写的关于美国的书中提到那里广泛实行物物交换。他们以赞赏的口吻写道:“农村里的人不必支付或收入货币,他们进行直接交换以满足彼此的需要。裁缝和

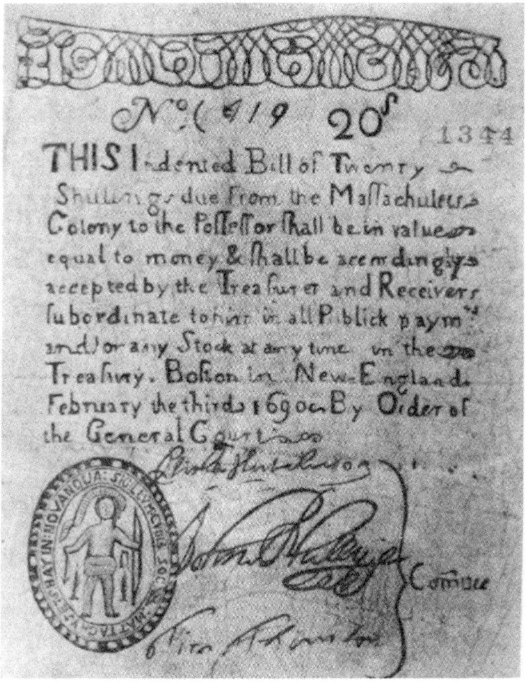

新英格兰马萨诸塞殖民地1690年2月3日发行的票证，原件入藏蒙特利尔摩尔逊公司档案。承蒙该公司赠送复制件，谨表谢意。

鞋匠到需要衣服和鞋的农民家里去干活，后者提供原料，并用食物支付工资。这类交换适用于许多物品；双方分别记账，记下收到的和交出的东西，到了年底只用少量货币便能结清账目，而在欧洲没 393
有大量银钱办不成这么多交易。”这样就产生一种“不用货币的大规模流通手段……”[34]

美国那时立国不久，还存在物物交换和用实物偿付劳务，但把这种办法当作进步的新事物大加赞扬未免可笑。17和18世纪，欧洲也常用实物做支付手段，但这仅是过去时代习俗的遗留。这方面的例子举不胜举，如阿尔封斯·多普希，[35]就提到索林根的刀剪匠、普福尔茨海姆的矿工和织匠、黑森林的农民钟表匠都收取实物报酬，诸如食物、盐、织物、黄铜丝、粮食，这些实物的价格都订得极高。德国、荷兰、英国、法国15世纪实行同一制度。甚至日耳曼帝国的官吏，尤其是市政官员的部分薪金也用实物支付。晚至19世纪，还有许多小学教员拿到的报酬是家禽、黄油和小麦！[36]印度农村同样自古以来一直用食物支付工匠（有些行业世代相传）的劳动报酬。15世纪起，地中海东岸各大小口岸的大商人只要事情办得到，莫不视以货易货为最审慎的交易方式。16世纪的热那亚人是信贷贸易的专家，正是在这一传统的启发下，他们设法举办所谓贝桑松交易会，整个欧洲的汇票都可以在那里交割，也就是实行现代意义的票据清账。交易会的地点选在皮亚琴察，1604年一位威尼斯人不胜惊愕地见到，那里的交易额竟达几百万杜加，最后结账时却只需要少许真正的金币。[37]

394

欧洲之外处于童稚时代的经济和金属货币

日本、伊斯兰国家、印度和中国代表介于欧洲与原始经济之间的中间状态，它们的货币经济还需要走一半路程才能达到活跃、完备的境界。

日本和土耳其帝国

日本的货币经济在17世纪开始繁荣，但是金币、银币和铜币的流通与平民百姓很少发生关系。大米依旧作为货币使用，人们用一定数量的鲱鱼换取一定数量的大米。然而变革正在进行。农民不久就有足够的铜币可供交纳不种水稻的新垦土地的地租（别地的农民仍按老规矩办事，即服劳役和交实物）。在日本的西部地区，农民用货币交纳幕府领地三分之一的贡赋。不久以后，某些大名拥有大量黄金和白银，足够用贵金属支付他们属下的武士的薪金。由于政府的粗暴干涉，也由于社会上对新体制怀有敌视心理以及武士的伦理观念以向往、谈论金钱为耻辱，[38]这个演变相当缓慢。面对封建的农民社会，日本至少有三种货币体制：政府的、商业的和城市的，而后者具有革命性。日本经济达到某种程度的成熟的明显标志是物价，特别是大米价格和农民交纳的货币贡赋的浮动（有记录可查）。1695 年幕府为"增加货币流通量"[39]而决定大幅度贬值也可视作经济成熟的标志。

地跨大西洋到印度的伊斯兰国家自成货币体系，不过这个体系很古老，而且囿于传统，不思改变。只有波斯这个活跃的十字路口、奥斯曼帝国和伊斯坦布尔这个非同一般的城市在这方面有所发展。在 18 世纪，首都的市场上用本国货币公布商品的价格和相应的关税；伊斯坦布尔与西方各大金融中心如阿姆斯特丹、里窝那、伦敦、马赛、威尼斯、维也纳都有汇兑业务。

在伊斯坦布尔流通的金币叫做苏丹宁（sultanins）、丰杜克（Fonduc）和丰杜奇（Fonducchi）（一元、半元、四分之一元）；银币则是土耳其的比亚斯特，叫做格罗克（grouck）或格罗奇（grouch）；至于巴拉（para）和阿斯普尔（aspre）则是记账单位。一个苏丹宁值五个比亚斯特；一个比亚斯特值四十巴拉；一个巴拉值三阿斯普尔；实际流通的最小货币单位梅吉尔（mekir）或捷杜吉（gieduki）（银币和铜币）值四分之一阿斯普尔。这些货币，经过巴斯拉、巴格达、摩苏尔、阿勒颇、大马士革远届埃及和印度。亚美尼亚商人在印度定居，使那里的商业活动大为活跃。但是存在一种明显的货币贬值现象：外国货币优于奥斯曼帝国的货币。一个威尼斯色庚（金币）值 5.5 比亚斯特，一个荷兰塔勒或拉古萨埃居（二者都是银币）可兑换 60 巴拉，一个奥地利塔勒，即卡拉-格罗奇，可换到 101 至 102 巴拉。[40]一份威尼斯文件表明，1668 年在埃及脱手西班牙里
395 亚尔可以净赚 30%；另一份 1671 年的文件表明，把在威尼斯购买的色庚汇到伊斯坦布尔，有 12%到 17.5%的赚头。[41]土耳其帝国就用这个办法吸引西方货币，后者对帝国本身的货币及物资流通是必需的，因为土耳其帝国有求于西方。

另有一个附加因素促使货币流通：在地中海东岸地区，“凡是外来货币一概熔化成块并运往波斯、印度”，然后重新铸造成波斯拉林或印度卢比。[42]至少这是 1686 年一份法国文件的说法。不过在这个日期之前或之后，西方货币仍原封不动地抵达伊斯法罕或德里。商人们遇到的麻烦在于他们带进波斯的所有货币都必须送到造币厂去改铸成拉林，并且由他们承担改铸的费用。直到 1620 年左右，拉林在远东起到类似国际货币的作用，它的价值被估得过高，正好弥补上项损失。不过到 17 世纪拉林逐渐失势，里亚尔升值。因此塔维尼叶时代许多波斯商人利用大规模的陆路商队和波斯湾的船队把千方百计收罗到的里亚尔走私带出境外，用于与印度贸易。[43]

印　　度

印度大陆早在公元前就习惯与金币和银币打交道。在我们感兴趣的历史时期里，货币经济在印度有过三次扩张：13 世纪、16 世纪、18 世纪；任何一次扩张都未能完全达到目的。币制未能统一，南北方之间始终存在对立。北方从印度河和恒河河谷起是清一色的穆斯林天下，南部半岛残存几个印度王国，长期保持繁荣的维贾亚纳加尔即是其中之一。北方实行银、铜混合币制，铜币起的作用远远超过银币。银币即卢比及其辅币，或作圆形，或呈方形，始见于 16 世纪。我们只和上层经济生活发生关系：下层流通的是铜币和苦杏仁——一种来自波斯的奇特的原始货币。阿克巴铸造的金币名为“莫呼尔”（mohurs），实际上不进入流通领域。[44] 南部情况不同，金币是德干高原的基本货币；下层经济生活中使用货贝，另用少许银币和铜币补充不足。[45] 印度的金币在西方语言中称作“宝塔”，它们的直径很小，但钱背很厚，在 1695 年“与威尼斯色庚等值”，黄金含量“高于西班牙皮斯托尔”。[46]

18 世纪的印度币制仍旧一片混乱。无数造币厂分担铸币工作。古吉拉特的主要港口苏拉特的造币厂是其中最大的，但不是唯一的。如货币成色相同，本地货币的估价高于外地货币。由于铸币频繁，王公为牟取私利强行规定新币价值高于旧币，其实新币的成色往往不如旧币。热梅利·卡勒里（1695 年）劝告商人们把他们的银币改铸成“本地货币……尤为重要的是用本年的模子重铸，否则要损失 0.5%。莫卧儿帝国边境各城市都有制币厂，十分方便”。[47]

396 印度本土几乎不产黄金、白银、铜和货贝,结果是别国的货币超过它从不关闭的门户进入境内,为它提供主要造币原料。葡萄牙人见到这一混乱状态有利可图,便仿造印度货币与之竞争。后来(直到 1788 年)还有巴达维亚卢比和波斯卢比出现。全世界的贵金属有条不紊地流向莫卧儿皇帝的钱库及其治下各邦。一位旅行家解释说(1695 年):"读者须知,世界各地流通的金银最后都像回家一样来到莫卧儿帝国。美洲的金银先在欧洲几个王国转一圈,然后通过士麦那的丝绸之路一部分前往土耳其,另一部分来到波斯。土耳其人离不开也门(或称幸福的阿拉伯)的咖啡;阿拉伯人、波斯人和土耳其人也不能没有印度的商品;结果他们必须用船把大宗款项通过红海运往邻近曼德海峡的莫卡、波斯湾尽头的巴斯拉、阿巴斯港和戈麦隆,再从这些地方运往印度。"同样地,荷兰人、英国人和葡萄牙人在印度购买任何商品都用金、银成交,因为"人们只有支付现金才能从印度人那里得到自己想运回欧洲的货物"。[48]

上面这幅图画基本属实。但是世界上没有白占便宜的事情,印度必须无休止地偿付它得到的贵金属。印度的民生艰难的原因之一正在于此。也是出于这个原因,它发展了某些工业作为补偿,如古吉拉特的纺织工业便是显例,远在华斯哥·达·伽马抵达之前,这门工业已成为印度经济生活的原动力。纺织品向远近国家大量出口。我们可以根据中世纪尼德兰羊毛纺织的兴盛情况想象古吉拉特的棉纺织业。早在 16 世纪,在这一发达部门的带动下,形成一股巨大的工业化势头,向恒河流域方向推进。18 世纪,印度棉布充斥欧洲市场。在欧洲自行生产棉布并与印度竞争之前,商人们一直大量进口印度产品。

印度货币史追随西方货币的运动乃是相当合乎逻辑的现象；印度的货币受到西方的遥控。似乎必须等待美洲的白银抵达欧洲后又逃离欧洲，德里才能于1542年以后重新开铸货币。V.马加拉埃斯·戈蒂诺详细解释过这个问题。他说印度卢比是用西班牙里亚尔和波斯拉林熔化后铸造的，而波斯拉林往往也是用西班牙里亚尔改铸的。同样地，印度铸造金币的材料是原产非洲的葡萄牙黄金和来自美洲的西班牙黄金，特别是威尼斯的色庚。[49]新的补给来源打乱了原来的秩序：印度从前供造币用的贵金属主要取给于亚洲（中国、苏门答腊、莫诺莫塔帕的黄金，日本和波斯的白银）和地中海一带（威尼斯的金银），所需不多；此外还有为数不多的铜通过红海来自西方，以及大量次等货币：孟加拉和别的地方的货贝，古吉拉特从波斯进口的苦杏仁。与金、银的流通秩序被打乱一样，铜的流通也不能维持旧状，从葡萄牙大量进口的铜全部被莫卧儿印度吸收。这种局面一直延续到里斯本市面上的铜开始紧缺，[50]最终到1580年以后完全绝迹。从那个时候起，尽管有日本和中国的铜接替，印度还是缺铜。耶罕吉尔的统治始于1627年结束之后，莫卧儿印度不再大量发行铜币，白银在交易中的地位日益重要，而货贝也重新发挥作用，部分地取代了铜制的“倍萨”。[51] 397

中　国

中国本身就是一个巨大的整体，在它周围有若干原始经济与它联系，而它的经济生活也受到这些原始经济的制约。这里指的是西藏、日本（约到16世纪为止）、南洋群岛、印度支那。我们只有把中国放在这个原始经济体系的中心，才能理解它。但是中国的四邻中也有一些足以证明规律的例外，这些地区应排除在原始经济范畴之外。如马六甲是交通枢纽，货币不求自来；又如苏门答腊的西端，那里盛产香料，有若干因开采金矿而兴起的城市；爪哇岛人口众多，虽然货币生活仍处于初级阶段，已经流通以中国铜钱为范本仿造的铜币“制钱”(caixas)。

中国周围的国家仍处于童年时代。在日本，大米长期充当货币；南洋群岛和印度支那使用的货币是从中国进口的铜钱或仿造的“制钱”，还有铜“锣”，根据重量计值的砂金，锡块或铜块；西藏兼用砂金和从遥远的西方进口的珊瑚。

这一切可以解释中国本身的落后，也可以说明为什么它的货币体系具有某种稳固性，因为这一体系对于周围世界而言处于“统治”地位。中国的货币史满可以懒洋洋地发展而不必担心任何危险：它只消比邻国领先就足够了。纸币的发明乃是一种例外。这一天才发明出现于遥远的9世纪，大致上一直应用到14世纪，在蒙古统治时期尤见实效，当时中国通过中亚的道路同时向草原地带、伊斯兰国家和西方敞开大门。纸币不仅为中国各省之间的银钱支付提供方便，还使国家得以保存白银专供对外贸易的需要，因为同中亚和欧洲贸易必须使用白银(顺便指出，认为中国当时出口白银乃是一种谬见)。皇帝征收的某些捐税可用纸币交纳，外国商人需把他们的货币换成纸币(贝格洛蒂提醒这一点)，在他们离境时再换回去。[52]纸币是中国针对13和14世纪经济形势采取的对策。中国由于古老的铜钱和铁钱过于笨重，流通不便，也由于通过丝绸之路开展对外贸易在支付手段上遇到困难，才使用纸币。

左图:14 世纪明朝开国皇帝发行的钞票。G.里翕藏品。右图(自上至下):明代钱币(14、15、17 世纪)。巴黎塞尔努西博物馆藏品。

但是,14 世纪的经济萧条和农民起义的胜利(汉人建立的明朝取得政权)使通向西方的蒙古大道不再畅通。中国继续发行纸币,但是已出现通货膨胀。1378 年,纸币 17 贯只值制钱 13 贯。

70年以后的1448年，纸币1000贯只能兑换制钱3贯。尤其因为纸币使人想起可恨的蒙古统治，通货膨胀很容易就断送了纸币的生命。国家停止印造纸币；只有几家私人票号发行钱票在本地范围流通。

从此中国只有一种货币，即制钱或贯文。这一发明始于公元前200年，在后来的岁月里外形略有改变，但是面对强大的竞争对手始终保持不败。铜钱的对手有盐和粮食；8世纪时丝绸成为它的劲敌；15世纪纸币消失时，大米又出来与铜钱竞争。[53]明朝初年
398 铸造的铜钱含四成铅六成铜，“因此用手指就能捏碎”。这种圆形铜钱仅一面有印文，中央有方孔，以便用绳子把100文或1000文钱贯串起来。马加良恩斯神甫（死于1677年，他写的书发表于1688年）记载：“一贯钱为1000文，通常可换一两银子；票庄和官钱庄都可兑换。”中国的铜钱币值太小，显然不能承担货币的全部职责。在铜钱之上有按重量计值的白银作为高级货币流通，黄金的作用有限得很。这里出现的不是金币或银币，而是金锭银锭，“状如小船，在澳门叫做金面包或银面包”。马加良恩斯神甫接着说，金银锭的价值视大小不同而异。“金锭有一两、二两乃至十两、
399 二十两之分；银锭有半两、一两、十两、二十两、五十两以至一百两或三百两。”[54]我们需要说明的是所谓“两”通常只是一种记账单位，下文还要谈到银两。

在这一高级层次上，只有银锭具有实际重要性。银中掺有铅，所以有“雪花银”的说法。它在中国是大宗贸易的主要工具，尤其因为明代（1368—1644年）出现活跃的资本主义货币经济，手工业和矿业发达。1596年中国曾有开采煤矿的热潮，导致后来1605

年的民变。当时对白银的需求殷切，银与金的比价曾达5∶1。马尼拉大帆船横穿太平洋与新西班牙建立定期联系时，中国帆船急急忙忙赶来与西班牙人相会。中国商品在马尼拉只与墨西哥银洋交换，交易额大致为每年一百万比索。[55]塞巴斯蒂安·芒里克写道："中国人不惜下地狱寻找新的商品，以便换取他们渴求的里亚尔。他们甚至用结结巴巴的西班牙语说，plata sa sangre"，意为白银是血。[56]

日常生活中不可能使用整个银锭，购物者"随身带有钢剪，根据所购货物的价格把银锭铰成大小不等的碎块"。每个碎块都需称出重量；买卖双方都使用戥子。一个欧洲人在1733和1734年之间说过："中国最穷的人也随身携带一把凿子和一杆小秤。前者用于切割金银，后者用于称出重量。中国人做这件事异常灵巧，他们如需要二钱银子或五厘金子，往往一次就能凿下准确的重量，不必增减。"[57]

一个世纪以前，拉斯戈台斯神甫（1626年）记下相同的情节，所有中国人使用这一古怪的支付手段的熟练程度同样使他惊诧。他说，中国的童稚都会估计银锭的重量及成色。中国人在腰带上系一个类似铜铃的东西，里面装着蜡块，用于收集铰下来的银屑。银屑积到一定数量，只要熔化蜡块便能收回银子。[58]那么是否应该赞赏这一体制呢？我们援引的第一位证人对之赞不绝口。他写道："与我们欧洲种类繁多的货币相比，我以为中国人既没有金币也没有银币对他们有利。根据我的看法，原因在于这两种金属本身在中国也是商品，进入中国的金银数量不大，不足以如同在通用金银货币的国家一样大大超出其他商品的数量……"我们这位热情的见证人补充说:"……何况中国一切商品的价格都定得很合适,人们很少付高价买什么东西。只有欧洲人因为相信卖主诚实无欺而受骗上当,因为中国人经常把用平价买来的东西加价卖给他们。"[59]

尽管有那么多的历史学家把中国描写成吸引全世界白银的"唧筒",实际上辽阔的中国国土并非遍地白银。墨西哥本洋在中国的巨大购买力足以证明这一点。中国各省流通的货币虽然相同,但价值却有不同。一块洋钱在不同省份可以换到 700 到 1000 文。如果说这个汇率对我们来说还不能说明问题,那么只要知道,1695 年用一块那么薄的银洋"可以买到足够吃六个月的世界上最
401 好的面包":当然是供一个人吃。说这句话的是一位西方旅行家;中国面粉价格低廉,中国人不爱食用,他就占了便宜。同一位旅行家雇用一名中国厨子,每月只付一块银洋的工资;他另出一两银子(一两即一千文,当时的价值约与一块银洋相等)雇一名中年中国人做贴身仆人。此人将随他到北京去,动身前领到一次付清的"四块洋钱安家费"。[60]旅行家的名字叫卡勒里。

还应该考虑到惊人的积攒金银现象。帝国的国库收藏巨额金银(富人和贪官污吏也在聚财)。不过国帑的使用部分取决于政府的决定和理财措施,政府利用它调节物价。1779 年耶稣会教士的通信说明了这一点。据他们说,清朝银价有变动,即物价大致上升。此外,不管白银是不是严格意义上的货币(显然不是),中国实行的是银和铜的双重币制。国内在铜钱和银两之间,或者在铜钱和西方商人出售的银元之间进行兑换。银与铜的比价根据日子、季节、年份的不同而涨落,尤其受到政府命令发行的银锭或铜钱的

400

北京街头的炉匠手持大剪刀铰碎银锭；称碎银重量的戥子；叫卖钱索子的小贩。需用钱索子串起来的方孔铜钱以及串成的钱索(印在宝钞上)均见上图。法国国家图书馆版画部藏品。

数量的影响。帝国政府力图保持正常的货币流通，每有必要便把银与铜的比价拉到习见的幅度之内。如果银值偏高，国库就抛出白银，反之就脱手铜。中国耶稣会教士说："我们的政府分别提高或降低银币和铜币的价值……这个手段在整个帝国范围内行之有效。"因为国家占有全部铜矿，所以中国政府很容易控制市面。[61]

但我们不能因此说货币在中国是一种不受重视的、中性的工具，也不能说那里的物价始终稳定，令人羡慕。我们知道某些物价是变动的，尤其是米价。到18世纪，在对欧洲贸易的冲击下，货币和信用领域的双重革命深入中国古老的经济体制内部，广州的物价将普遍上涨。[62]以比亚斯特为代表的沿海经济将打乱以铜钱为代表的内地经济。而且中国的内地经济并非如人们通常以为的那样平静、富于惰性。

说到这里，读者可能会接受我们的看法：在货币方面中国处于比较原始阶段，开化程度不如印度。但是中国的货币体系自有其连贯性和一种明显的一致性。中国的货币与众不同。

402

货币流通的几条规律

欧洲自成局面，当时已建立起庞大的货币体系。它具备货币流通所经历的从低到高的各个层次：在底层有物物交换、自给自足、原始货币以及为避免支付金属货币而想出来的种种古老的代用手段，所有这些做法远比人们通常以为的要活跃；在这上面，有金、银、铜币、欧洲持有的金属货币数量相对比较充裕；最上一层是多种形式的信贷，从"伦巴第"人或犹太商人的抵押贷款直到商业中心城市的汇票和投机活动。

这些货币运动不局限于欧洲本土。它们只有从世界角度去解释。16 世纪时，为了欧洲的利益美洲的“财宝”被运到远东，转化成当地的货币或金锭银锭：这并非无足轻重的小事。欧洲开始吞噬、消化世界。因此我们不能苟同过去和今天某些经济学家的看法：作为后世人，他们可怜当时欧洲的健康状况，认为欧洲的货币持续流向远东对它本身是巨大的损失。首先，欧洲并没有死于这一出血症。其次，如果说欧洲受到损失，那也不过是为炮轰一座行将陷落的城市而损失的炮弹、火药和力气。

世界各地的货币归根结底总要产生相互联系。每个地区的货币政策都在于吸引或排斥某种贵金属，光是这个原因就足以造成上述现象。这类货币运动的影响有时会跨越巨大的空间。马加拉埃斯·戈蒂诺曾指出，15 世纪时意大利、埃及和远东的货币相互制约，就像欧洲货币之间相互制约一样。欧洲没有力量任意变动这一世界性货币结构的整体性。凡在它想强行进入的地方，它必须顺应本地货币的特性。但是，因为欧洲早在征服美洲之前就拥有相对说来比较多的贵金属，它往往能使自己与本地货币的关系朝有利于它的方向发展。

争夺贵金属

一种金属货币是一系列彼此有联系的钱币：其中一枚的价值为另一枚的十分之一、十六分之一或二十分之一，等等。通常同时用多种金属（既有贵金属也有非贵金属）铸造货币。西方使用三种金属：金、银、铜；这一多元性既有好处也带来不便。好处在于能够应付不同的交换需要：每种金属都有一整套相应的钱币，负责支付一系列交易。在金币唱独角戏的货币体系里，日常零星购物会成为难题；如以铜币一统天下，巨额交易又会很不方便。事实上，每种金属各司其职：黄金供王公和巨商甚至教会使用；白银用于平常交易；铜理所当然处于底层：这是小民和穷人的“黑钱”；因为铜里掺了一点银，铜币很快会变黑，倒也名副其实。

403 只要看一下是什么金属在一个经济里占主导地位，便能判断这个经济的发展方向及其健康状况。1751 年在那不勒斯，人们积攒金币，银币则流出国境；铜币尽管数量不多(150 万杜加铜币，而银币与金币分别为 600 万和 1000 万杜加)，却用于支付大部分交易，因为它流通迅速，而且它的质地虽然低劣，“却不外流”。[63] 西班牙情况相同：1724 年，“大部分交易……用含少量银子的铜币支付；该铜币运输不便，且运费昂贵，何况人们习惯于按其重量计值……”[64] 这一习惯实在可悲，须知同一时代法国和荷兰的铜币仅作辅币使用。不过西班牙表面上仍主宰着新大陆的白银，别的强国同意它占有远方的财宝，条件是它必须让这些财宝像“各国共有的”货币那样流通，也就是说，西班牙应该拱手交出自己的白银，让别人得益。如葡萄牙与黄金的关系一样，西班牙变成它的殖民地出产的白银的“流通渠道”。1694 年卡勒里随同一支运银帆船队来到卡迪斯；他在一天之内看到“一百多艘船驶入海湾领取由它们运往印度的商品的代价：帆船队运走的大部分白银最终落入外国的钱袋”。[65]

相反，在飞跃发展的国家里，总是以金、银为主要货币。1699 年，伦敦商会恰如其分地认为银币“比黄金更有益，用途更广”。但是随即就出现18世纪普遍的黄金过剩局面。1774年，英国事实上把黄金当作法定的通用货币，白银从此只起辅助作用。[66]然而法国继续以银币为主币。

毋庸赘言，上面说的不过是大体上的规律，还有明显的例外情况存在。17世纪前叶，正当各大商业中心像躲避瘟疫一样拒绝接受铜币的时候，葡萄牙却寻求铜币，然后按照惯例向好望角以远地区，向印度输出铜币。故此我们不能轻信某些假象。黄金也会骗人的：奥斯曼土耳其从15世纪起就属于金币广泛流通的地区（用非洲的黄金铸币或使用埃及金币）。但是1550年以前黄金在地中海地区和欧洲相对充裕；如果说土耳其也富有黄金，那是因为欧洲银币在土耳其境内并不停留，而是流向远东，相形之下黄金就显得多了。

至于何种货币（金、银、铜）占据主导地位，这要取决于各种货币之间的相互关系。货币体系的结构本身意味着不同货币之间的竞争。铜币的角色显然不太重要，因为小钱的价值与它们包含的金属的重量没有确切的对等关系，它们带有"纸币性质"，好比是我们今天说的"小票"。不过也可能发生意想不到的事情：正因为铜的价值不大，它在17世纪被整个欧洲用作初级的、但是强大的通货膨胀的称手工具。这一现象在德国[67]和西班牙（直到1680年）[68]尤为严重，这类经济上有病的国家找不到别的办法摆脱它们的困境。欧洲之外，如1660年前后在波斯，有一种"磨掉一半，像喜鹊肉一样发红"的小铜币充斥市场，"以致伊斯法罕的白银日益稀少"。[69]

关于铜，就讲到这里。剩下金和银这两位显赫的贵人。金、银的产量不稳定，缺乏伸缩性，所以总是其中一种的产量相对超过另一种，然后形势慢慢地逆转，原来居下风的反占上风，日后又被压倒。由此产生动乱，甚至灾祸，但更多的是缓慢、有力的
404 搏动。这种搏动形成旧货币制度的特点。有一句众所周知的至理名言："金和银是自相残杀的亲兄弟"；卡尔·马克思说过类似的话："在金和银依法同时充当货币即充当价值尺度的地方，想把它们当作同一物质看待，总是徒劳无益的。"[70]二者的争执永无休止。

造币图。汉斯·海斯作于1521年，当时安娜贝格城取得用本地银矿出产的白银铸造钱币的永久特权。这幅画挂在该城的大教堂里，离矿工行会专用祭坛不远的地方。

往日的理论家们希望同等重量的金与银的比价应为 1∶12，但这远非 13 到 16 世纪的通行规律，实际比价经常在这一“天然”比例上下浮动，更多情况下是超过这一被说成是天然的比例。从长时段看，比价有时对黄金有利，有时对白银有利，地区性的或短暂的变化可不予考虑。

例如，从长时段看，白银的价值从 13 到 16 世纪一直在上升，这种状况大体上保持到 1550 年前后为止。夸张一点，不妨说这几个世纪里存在黄金通货膨胀。欧洲各造币厂铸造金币的原料来自匈牙利、阿尔卑斯山区、遥远的苏丹金矿以及最早的美洲殖民地。当时金币是最容易到手的货币，所以王公们都用金币来实现他们的谋略：查理八世在进军意大利前夕开铸金币，[71]弗朗斯瓦一世与查理五世皇帝争霸时双方都大量使用金币。

在黄金相对过剩的情况下，谁将得利呢？肯定是白银或银币的拥有者，也就是说奥格斯堡的商人，波西米亚和阿尔卑斯山的银 405
矿主，以及富格尔家族那样的无冕之王。当时白银代表最可靠的价值。

相反，从 1550 年到 1680 年，由于美洲的银矿采用现代技术（汞齐法），白银产量激增，从而成为持久的、强大的通货膨胀的动力。黄金相对减少，因而升值。热那亚人 1553 年起就在安特卫普购进黄金，因而大发其财。[72]

1680 年以后，随着巴西金矿的投产，天平重又稍微向另一端倾斜。直到这一世纪末，一般说：二者之间保持稳定局势，然后稍有波动。在德国的法兰克福和莱比锡的交易会上，1701 至 1710 年之间金、银的比价平均为 1∶15.27，1741 至 1750 年之间变为

1∶14.93。[73]至少白银不再像巴西的黄金投入流通之前那样跌价。这是因为,从1720到1760年,世界黄金产量至少翻了一番。顺便指出一个意味深长的细节:1756年勃艮第农民手里又有了黄金。[74]

从长时段看,在两种金属之间展开的这场慢吞吞的角逐中,一方的任何运动必定带动、影响另一方的相应运动。这是一条简单的法则。15世纪末黄金相对充裕,于是德国的银矿应运而起。同样地,1680年前后巴西金矿的早期繁荣刺激了波托西以及新西班牙的银矿生产。波托西本身极需白银;新西班牙的瓜纳华托银矿盛极一时,韦塔·马德雷的蕴藏量尤为丰富。

这类波动现象都服从所谓的格雷欣定理,其实该定理的发明人并非英格兰伊丽莎白女王的这位顾问官。定理内容众所周知:劣币驱逐良币。根据长时段的局势,黄金和白银相继扮演"劣币"的角色,把对方赶到投机者手中或喜欢攒钱的人的羊毛袜子里去。自然,国家不合时宜的干涉可能加速这一自发运动。国家花出不少精力调整货币,根据市场的变化提高金币或银币的价值,它希望借此恢复二者之间的平衡,但实际上很少达到目的。

如果金币或银币的升值幅度在经济上是合理的,那就不会出什么事,至少不会产生严重情况。如果升值过高,以金币为例,邻国的金币就会涌向金币估价太高的国家,如亨利三世时代的法国,提香时代的威尼斯或18世纪的英国。一旦形势逆转,估值过高的金币便变成劣币,驱走银币。威尼斯经常发生这种事情:奇怪的是,1531年起,西西里一直处于这种局面。[75]因为把白银从威尼斯或西西里运到北非或地中海东岸有利可图,我们可以打赌说,不管

理财家雅各布·富格尔。洛仑佐·洛托作画(手的细部)。布达佩斯美术馆。

人们怎么想,也不管当时的理论家们有什么说法,这些表面上荒谬的运动实质上都是有理由的。

在货币运动领域,遇到合适的时机,什么事情都可能发生,而且一天一变。1723 年 7 月在巴黎,埃德蒙-让-弗朗斯瓦·巴尔比埃在日记里写道:"交易场所只见黄金,结果要出到 20 个苏……才能换到一个银路易……另一方面,人们称路易的重量……带来很大的麻烦。必须老在口袋里装一把戥子。"[76]

406 ## 流失、积储和积攒

欧洲和欧洲以外的货币体系有两个不治之症：一方面是贵金属的外流；另一方面是由于储蓄和积攒，贵金属在国内流通不畅，结果使发动机不断丧失部分燃料。

首先，贵金属不断从西方流向印度和中国。远在罗马帝国时
407 代已出现这种情况。必须用银子或金子购买远东的丝绸、胡椒、香料、药物和珍珠，否则西方得不到这些货物。西方与远东的贸易因此一直有逆差。就西方与中国的贸易而言，这一逆差维持到 19 世纪 20 年代。[77]这是一种经久不息的结构性流失：贵金属通过地中海东岸地区，通过好望角航路，甚至穿过太平洋，自动流向远东。16 世纪，白银以西班牙本洋的形式流入远东；17 与 18 世纪则以“硬比索”的形式流失。后者与前者形状相似，只是名称不同，这一点也可以表明这个现象的持久性。出发地点可以是卡迪斯、贝荣纳、阿姆斯特丹或伦敦，目的地是相同的。卡迪斯港的海湾宽广，利于走私；贝荣纳邻近比利牛斯山，那里有活跃的走私活动；阿姆斯特丹和伦敦则是全世界财富的汇合地。甚至还有人用法国船直接从秘鲁海岸把美洲的白银运往亚洲。

贵金属也经由波罗的海流向东欧。这些落后国家为西方提供小麦、木材、黑麦、鱼、皮革、毛皮，但很少购买西方的商品。实际上是西方逐渐促成这些国家的货币流通。16 世纪与纳尔瓦的贸易便是一例，这个港口是莫斯科公国通向波罗的海的窗口，一度开放（1553 年），后来又关闭（1581 年）；1553 年英国人在白海港口阿尔汉格尔斯克开创的贸易是又一个例子；18 世纪圣彼得堡的贸易也

属于这种情况。必须注入外国货币，才能指望俄国输出西方期待的原料。荷兰人执意用纺织品、布料和鲱鱼支付货款，结果他们失去在俄国的优先地位。[78]

另有一重困难：多方需求的金属货币本应该不断加快流通速度，但由于存在形形色色的积储，甚至欧洲本土也有部分货币不再流通。弗朗斯瓦·魁奈[79]和全体重农主义者（凯恩斯爵士比他们要晚得多！）将大声疾呼，为攒钱而攒钱是不合情理的、荒谬的积储形式，这个吞噬货币的无底深渊赛过"贪图银子"的印度。

中世纪的欧洲曾迷恋贵金属和金首饰，到了13世纪，最晚不过14世纪中叶，又对金属货币产生新的"资本主义的"激情。但是从前对贵重物品的狂热未见减退。菲力浦二世时代的西班牙贵人留给继承人成箱的金币和无数金银器。阿尔巴公爵不以豪富著称，他于1582年去世时留下600打碟子，800个银盘子。[80]两个世纪以后，加里阿尼1751年估计那不勒斯王国积攒的金银为流通货币总量的四倍。他解释说："奢侈成风，钟表、鼻烟壶、剑把、手杖把、刀叉、杯盘皆为银制，令人难以置信。那不勒斯人的习俗与昔日的西班牙如出一辙；他们以收藏古代银器为一大乐事，专门存放银器的箱子叫做'珠宝盒'和'首饰箱'"。[81]塞巴斯蒂安·迈尔西埃面对巴黎"毫无用处"的财富作出相同的反应，他指的是"金银家具、珠宝首饰、银餐具"。[82]

我们在这个领域不掌握任何可靠的数字。W.莱克西斯以前发表过一篇论文，认为16世纪初积攒的贵金属与流通的金属货币的比例为3∶4。[83]到18世纪比例有所改变，但可能没有达到加里 408
阿尼所说的4∶1。加里阿尼曾想证明对贵金属的需求不仅取决于它们的货币用途。贵金属的总持有量从16世纪到18世纪确实奇迹般地增长，据W.莱克西斯粗略的估计，约增加14倍。[84]我们掌握的实例证实这一估计：1670年法国流通的货币总数为1.2亿里佛；一个世纪以后，到大革命前夜增为20亿里佛。1570年那不勒斯货币储存量为70万杜加，1751年为1800万杜加。17、18世纪的那不勒斯和意大利充满找不到用途的现金。出于无奈，1680年热那亚银行家甘愿以2至3厘的低息借钱给外国人。许多修会趁此良机借新债偿还利息为5.6厘或7厘的旧债。[85]

政府也积攒金银。教皇西克斯丁五世在圣天使城堡设有金库；苏利把金库安置在巴黎军械库里；"士官国王"的部队随时准备出击，但找不到用武之地，他的金银同样闲置不用。上面这些实例大家都熟悉，经常引用。还有别的实例，如16世纪末和17世纪初创设或重新设立的那些行事谨慎的银行，甚至大名鼎鼎的阿姆斯特丹银行。1761年，一位目光敏锐的观察家这样谈到后者："银行里确实存着全部现金……但人们不禁要问，存在这里的钱与未经开采的金银岂不同样与流通领域无缘。我确信人们可以发展商业而把这些钱投入流通，这样做既无损于资金本身，也不影响信誉……"[86]除了英格兰银行，这一指责适用于所有的银行。英格兰银行创立于1694年，将为这一领域带来革命。

记账货币

由于多种货币混杂流通，便有必要发明"假想"的记账货币。货币有通用的计量单位，这是理所当然的事。记账货币的性质与钟表上的时、分、秒一样，是标准计量单位。

当我们说，1966年某天一个金拿破仑在巴黎交易所的牌价为44.70法郎时，这里并没有什么深奥莫测的道理。首先，普通法国人平时不关心这个牌价，他也不会每天都遇到这种古代金币；其次，他钱包里有法郎钞票，这是实实在在的记账货币。如果某位巴黎市民指出1602年某月一个金埃居值66苏或者说3里佛6苏，首先这位市民在日常生活中接触金币和银币的机会比今天的法国人要多。对他来说，金、银币是通用货币。反之，他从未遇到里佛、苏（二十分之一里佛）和德尼埃（十二分之一苏）。后三种货币是假设的，用于计数，估量各种实用货币的价值，确定工资和价格，并用于商业簿记。需要付款时，账簿上的数字可以换算成任何一种本地或外国货币。比如说100里佛的债务可以用若干金币、若干银币偿还，必要时还可以用铜币结清尾数。

路易十四时代或杜尔哥时代的任何法国人在手心里摆弄的从不是图尔铸造的里佛或苏（图尔最后一次铸造德尼埃是在1649 409
年）。若要找到与记账货币相应的实际货币，必须追溯到更远的时候。所有记账货币在历史上某个时候都是实际使用的货币，诸如图尔的里佛，巴黎的里佛、英镑、意大利各城邦的里佛、1517年变成记账货币的威尼斯杜加、1540年起不再作为实际货币流通的西班牙杜加（事实如此，尽管有人持不同看法），以及佛兰德的记账货币“格罗”（本是圣路易1266年铸造的银币）。为了换换环境，我们不妨读一条有关18世纪印度的商务札记，遇到的问题却是相同的。作者是个法国人：“全印度都用价值30苏的通用卢比记账……与法国的里佛、英国的英镑、佛兰德和荷兰的格罗一样，这是一种假设货币；这一理想货币用于结算当地成交的买卖，但需声

几种金币。自左至右：1300 年左右佛罗伦萨的弗罗林，14 世纪安茹的路易铸造的金弗罗林，13 世纪的热那亚金币。

明是通用卢比还是别国的卢比……”[87]

我们再补充一点，解释就完整了。由于政府不断抬高实际货币的价值，记账货币相应贬值。如果读者明白这个道理，他就不难理解图尔的里佛一蹶不振的原因。

410 法国的例子可以证明，人为地制造记账货币本可不必。1577 年，我们最不受欢迎的国王之一亨利三世迫于里昂商人的压力，决定提高里佛的价值。办法十分简单，无非把记账货币和黄金挂钩。亨利三世软弱的政府居然办成了这件事，它规定从此以后不用里佛，改用埃居记账；埃居是实际流通的“叮当响”的金币，其价值定为 3 里佛或 60 苏。如果法国政府决定明天起我们的 50 法郎钞票与一个金路易等值，从此以后一切账务都用金路易结算，此举的效果将是一样的。（不过它未必办得成。）1577 年的措施本可以维持到亨利三世被刺（1589 年）后的悲惨年代。但在亨利三世被刺后，外汇比价表明，法国货币急剧下跌。真正的埃居与记账埃居脱钩，后者的价值始终维持为 60 个苏，前者却涨到 63、65 甚至 70 苏。1602 年重新用里佛作记账货币，等于承认通货膨胀的存在。记账货币再次与黄金脱钩。[88]

这一局面将一直延续到 1726 年。路易十五的政府不仅完成了一系列货币改革，并且重又使里佛与黄金挂钩。新体制确立以后，除了一些轻微的变动，不再更改。最后一次变革是 1785 年 10 月 30 日，政府借口黄金流失，把金与银的比价从原来的 1∶14.5 提为 1∶15.5。

由此可见，法国并未彻底放弃它对白银的偏爱，因为当时英国与西班牙的金银比价均为 1∶16。这个差价非同小可，既然法国的金价低于英国，从法国市场把黄金引入英国以供英国造币厂铸造金币，便是有利可图的生意。同样的原因使白银离开英国：从 1710 到 1717 年据说流失 18 000 000 英镑。[89] 从 1714 到 1773 年，英国造币厂铸造的金币的价值为银币的 60 倍。[90]

18 世纪的欧洲终于能安享难得的币制稳定局面。这以前各种记账货币不管其本身价值的大小，都经历持续的贬值。其中有些货币，如图尔的里佛和波兰的格罗兹贬值尤为迅速。这两种货币之所以不断贬值自有原因：法国和波兰这些以出口原料为主的国家实行某种出口倾销政策。

无论如何，记账货币的贬值有规律地刺激物价上升。经济学家鲁伊治·埃诺迪算出,法国1471到1598年物价上涨幅度为627.6%,其中因里佛贬值而造成的涨价不低于209.6%。[91]艾蒂安·帕斯吉埃在他死后六年发表的遗著中说,他不喜欢那句俗话:"形容一个人名声不好就说他像旧币一样招人讨厌……其实根据法国的情况,旧币总比新币好,后者一百年来一直落价……"[92]

411

金属储备与货币流通的速度

法国在大革命前可能有20亿里佛的货币储备。当时法国有2000万居民,即平均每人有100里佛。凑个整数,那不勒斯1751年有1800万杜加货币储备和300万居民,即每人有6个杜加。1500年,在美洲的金银到来之前,欧洲可能有2000吨金子,20000吨银子,这两项数字是根据大可争议的资料推算出来的;[93]如把金子也折算成银子,则欧洲当时的6000万居民拥有约40000吨银子,即每人600克多一点。这个数目小得可怜。根据官方数字,从1500到1650年,印度船队在塞维利亚卸下180吨黄金和16000吨白银。这个数字看来很大,实际上不过如此。

但是大小总是相对而言的。重要的是加快本来很小的货币发行量的流通速度,虽说当时人不这样看问题。当货币易手,或者借用一位葡萄牙经济学家的说法(1761年),[94]"如瀑布跳跃"时,速度使它们的数量成倍增长(达望扎第〔1529—1606〕隐约看到了货币流通速度,威廉·配第和康替龙曾作出说明,后者并且创立这个名称)。[95]货币每一易手,便有一笔账目结清。当代一位经济学家说,货币"像销钉固定构件一样",使交易得以完成。结算的从来不是全部购货款或销货款,而是两者之间的差价。

1751年在那不勒斯流通着150万杜加铜币，600万银币，1000万金币(其中300万存在银行里)，总数约为1800万杜加。一年的买卖总额估计为2.88亿杜加。考虑到生产者自身消费部分产品、实物工资和物物交换，还考虑到加里阿尼解释的情况："农民占我国人口的四分之三，他们的消费只有十分之一用现钱支付"，上面的数字可以缩小百分之五十。于是产生下面的问题：怎样用1800万杜加的货币储备应付1.44亿交易额？答案：让每块钱换8次手。[96]所以流通速度是交易总额除以货币储备得出的商数。不妨认为，交易总额加大，货币"跳跃"的速度就加快。

埃尔汶·费歇法则有助于我们阐述问题。假设交换的产品总额为Q，它们的平均价格为P，货币总额为M，其流通速度为V，只要具备经济学基本知识便能列出下列公式：MV＝PQ。如我们考察的经济确系环环相扣(那不勒斯或别处的经济)，每逢交易额增加而货币储备不变，货币流通速度必须增大。

我们于是认为，16世纪伴随经济上升发生"价格革命"时，货币流通速度与埃尔汶·费歇公式中的其他因素以同一节奏增长。广义地说，如产量、货币总量和价格增长四倍，货币流通速度也应增长四倍。这里指的当然是平均数，短时期发生的变化(如1580至1584年间严重的商务停滞)或地方性变化不计在内。

货币流通速度在某些地方也可能高得出奇。一位与加里阿尼同时代的人说，在巴黎一个埃居可以在24小时内换50个主人：如果把从1月1日到12月31日国内各等级的成员，从王室直到一
天吃一个苏的面包的乞丐的开支都算在一起，"全世界的钱只够巴 412
黎一地半年的花销……"[97]

货币流通是经济学家冥思苦想的对象。他们认为这既是一切财富的源泉，又是财富升降的捉摸不定的主宰，许多怪事都可用它来解释。一位经济学家指出："1745 年图尔奈围城期间，由于交通业已隔绝，城中缺少现金，人们为支付答应借给守军的钱伤透脑筋。有人想出办法，向守军食堂借出它们的全部现金 7000 弗罗林。一星期以后，这 7000 弗罗林又回到食堂，再次被借走。如此反复七星期，直到守军投降时为止，7000 弗罗林派了 49000 弗罗林的用场……"[98]还可以举出许多别的例子，如 1793 年 7 月美因茨发行的"围城货币"。[99]

在市场经济之外

让我们回到 1751 年的那不勒斯王国。货币储备在流通过程中用于结清交易额的半数，这个数字不小。但是剩下来的更加可观。农民和实物工资（猪油、盐、咸肉、酒、油）领取者与货币无缘；那不勒斯和其他地方的纺织、制皂、酿酒工人诚然参与货币分配，领取货币工资，但是他们到手的钱立即花掉，意大利语有个说法叫"由手入口"……德国经济学家冯·斯勒特尔早在 1686 年就说过，工场的功绩在于它们"使更多的钱转辗传递，因为它们正是以这种方式使更多的人有饭吃……"[100]运输部门尽管报酬甚微，也用现金开支。无论在那不勒斯或在别处，这一切并不妨碍一种仅以维持生存为目的的物物交换经济与活跃的市场经济并驾齐驱。

关键的词是 baratto，即物物交换。它处于地中海东岸地区商业活动的核心地位，成为通例。早在 15 世纪以前，人们就巧妙地用威尼斯的纺织品和玻璃制品交换香料、胡椒和没食子，也就是说

抵押放款者。世界各国，不管使用什么货币，抵押放款者处于日常生活的中心。《罗昂的祈祷书，三月》。

不必支付现金。18世纪在那不勒斯物物交易成风，成交的每一方都依据权威部门事后确定的价格进行结算；人们先算出每宗商品的价格，然后根据比价进行交换。亚历山德罗·台拉·布列菲加齐奥奈神甫的《实用算术》1711年在罗马出版，这本书里尽是叫小学生望而生畏的有关物物交换的算题。进行物物交换时用得上三率法，不过要区别下列三种情况：简单交易，如蜡换胡椒；现金与实物混合交易；期货交易，即“确定一个结算日期”……这类题目出现在算术教科书里说明商人们也实行物物交换；我们知道这一交换方式与汇票一样，“可掩盖实际得利的多寡”。

上述这一切表明，即便在经济活跃的18世纪，货币生活仍有若干不足，虽说与以前的时代相比，18世纪简直像天堂。事实上，
413 金钱与市场的网络并没有束缚住人们的全部生活，穷人依旧漏过网眼。在1713年可以说，“币值的变化不影响大部分〔勃艮第〕农民，因为他们没有钱币”。[101]世界各地的农民，自古以来几乎一直如此。

相反，另外一些部门相当领先，已与复杂的信贷活动打交道了，不过这些部门范围很窄。

414

纸币与信贷工具

与金属货币一起流通的还有信用货币（钞票）和代表货币（如冲账、银行转账之类，这在德语中有个漂亮的名称：Buchgeld，账面钱；经济史学家认为，16世纪已有账面钱膨胀现象）。

货币（各种形式的）与信贷（不论采用什么工具）之间有明确的界线。信贷是交换两种在时间上有先后的财物或劳务：我为你效劳，你以后偿还。领主预借麦种给农民，后者收获后偿还，这是一

种信贷。酒馆老板不马上要求顾客付钱，而是用粉笔在墙上记下欠账，或者面包店老板交货后在木头符契上刻下记号，由顾客和自己各执一半，以便日后结账，这也是一种信贷。向农民购买青苗的粮商，塞哥维亚和其他地方在剪毛前就向牧民预购羊毛的商人，从事的也是信贷活动。汇票交易遵循的是同一原则；[102]在某地，如16世纪在坎波交易会上，售出一张汇票的人当场收到现金；购进者三个月以后在另一地点根据当时的汇率将此汇票兑现。此人可能得利，也可能亏本。

对于16世纪大多数人来说，如果说货币已是一种“只有少数人弄得清的鬼名堂”，[103]这类没有货币外形的货币以及这种与书写掺和在一起、彼此混淆不清的银钱游戏更加难以理解，好像有魔鬼在背后操纵，不断使他们瞠目结舌。1555年一位意大利商人在里昂定居，只凭一张桌子和一套文具就发财致富：甚至那些相当了解理财法则和汇兑体制的人也觉得此事绝对不能容忍。1752年，大卫·休谟（1711—1776）这样一位大知识分子，身兼哲学家、历史学家和经济学家，还坚决反对“新发明的票证”“股票、钞票和财政部凭证”，他也反对发行公债。他估计英国全国除了1800万英镑现金，还有1200万英镑纸币在流通，建议取消纸币，因为这是促使新的贵金属大量流入英国的可靠办法。[104]可惜这个与约翰·劳相反的对策没有付诸实现，否则我们的好奇心可以大大满足一番。但是对于英国来说，休谟的主张没有被采纳肯定不是一件坏事。塞巴斯蒂安·迈尔西埃遗憾巴黎不知“效法伦敦银行”。他描述巴黎用现金交易的落后场面：“每月10日、20日、30日，从上午10时到12时，总能见到扛着沉甸甸的皮钱袋的脚夫：他们匆忙奔走，好像敌军就要攻占城市似的;这证明我们还没有发明可以代替贵金属的巧妙的政治记号〔指钞票〕,而贵金属理应是不动的记号,不该从一个钱柜流向另一个钱柜。谁没有现金偿付到期期票,活该倒霉!”这一场面在维维埃纳街显得特别惊心动魄,因为照迈尔西埃的说法,那一条街上的钱“比城里其他地方的钱加在一起还多;这是首都的钱袋。”[105]

415

信贷古已有之

严格意义上的货币被别的手段“超越”,本是很古老的事情,最早的发明年代久远,也无法查考。人们只需要重新发现这些技术罢了,而且正因为它们年代久远,虽说它们看起来很不“自然”,实际上并非如此。

事实上,人们一旦学会书写并需要支配叮当响的金属货币的时候,他们就用文书、票据、承诺等来代替后者。公元前 2000 年,巴比伦的商人和银行家之间就在使用票据和支票,我们虽不必夸大说当时使用的手段已有现代性,但应该钦佩其设想之巧妙。希腊或希腊文化影响下的埃及也通行这种巧妙的交易方式,亚历山大城曾是“国际转口贸易最频繁的中心”。罗马知道开设往来账户,账本上有借方和贷方。伊斯兰国家的商人,不管他们是不是穆斯林,从 10 世纪起已知道使用所有信贷工具:汇票、记名期票、信用证、钞票、支票,主要保存在开罗旧城区犹太会堂里的文件可以证明这一事实。[106]中国早在 9 世纪起就使用庄票。

我们知道了这些遥远的先例,就不至于过分天真地对近代的信贷手段赞叹不已。西方不过是找回这些古老的工具,并非像发现美洲一样发现它们。任何一种经济在金属货币不敷流通的时候,它的本性和它的运动方向顺理成章地导致它很快以信贷工具为出路:后者出现的原因既是这一经济应尽的义务,也是它本身的缺陷。[107]

西方在13世纪重新发现汇票这一远距离支付手段。随着十字军的推进,汇票自西向东穿过整个地中海。在汇票上签下“背书”的做法,其起源比人们想象的要早;持有者签名后即可出让汇票。已知最早的“背书”是1410年签署的,当时汇票显然没有像后世那么通行。后来又有进步:汇票不再像早期那样仅限于在两个地点之间旅行。商人使它们从一个商埠到另一个商埠,从一个交易会到另一个交易会不断流通。这在法国叫做发汇和转汇(le change et le rechange),在意大利叫“打水漂儿”(ricorsa)。17世纪由于金融业不振,这种意味着延长信贷的做法得以普及。商人们串通一气,大量汇票好比“马队”奔向各处,甚至自己给自己开汇票也视为常事,从而为弊端大开方便之门。事实上17世纪以前已有滥开汇票现象:我们知道早在1590年富格尔家族即以转汇而得利,1592年里昂商界也有同样做法;热那亚从15世纪起便是各种新发明争奇斗胜的场所,这一做法更是屡见不鲜。

我们尚不能断定,钞票是1661年在斯德哥尔摩银行的营业窗口最早出现的,何况这家银行不久就中止营业(1668年)。倒不如说,1694年它首次在英格兰银行露面。钞票与钞票不同。早在1667年,英格兰已有大量政府支票流通,这是钞票的母型。更早一些时候,17世纪中叶已普遍使用“金店票”,后来改称“银行票”,即伦敦的金店老板签发这种票据作为接受存款的凭证。1666年,

伦敦一家金店就有 120 万镑的票据在市面上流通。克伦威尔本人
416 曾向他们借款。钞票几乎从商业应用中自发产生,这是有关生死存亡的大事:1640 年,查理一世国王没收了伦敦城的商人存放在伦敦塔里的金条,后者就把“金店票”作为保全他们财产的手段,因而“金店票”在英格兰银行创立前一直大走鸿运。

但是在这一领域领先的并非仅是英国。至少圣乔治银行早在 1586 年就发行票证。1606 年起,根据户主存放的保证金的性质,这种票证可以兑现为金币或银币;15 世纪威尼斯各家“书契”(di scritta)银行发行的票子可以彼此交换或兑成现金。

英格兰银行的创新在于它在银行的存款和转账功能之外,添加了发行货币的功能。发行货币成为银行自觉的、有组织的业务,银行能以钞票形式提供大笔信贷,而贷款的总值实际上远远超过

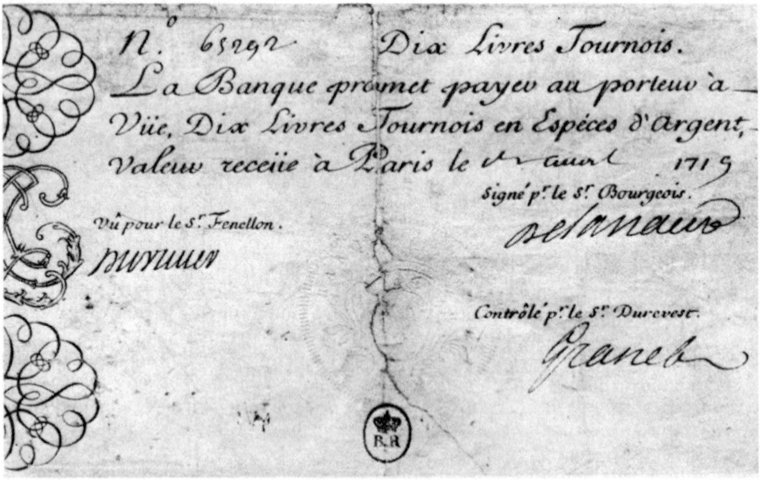

约翰·劳发明的钞票。法国国家图书馆藏品。

存款总额。约翰·劳说，银行这样做就为商业和国家带来说不尽的好处，因为它“增加了货币总量”。[108]

至于信用货币，我们下文还要谈到它。这种货币在银行业草创时期已经出现：遵照客户的意愿，可以用一笔账抵销另一笔账，甚而那时候就有后世所谓的透支，只要你能取得银行家的同意。因此，在本书涉及时代的开端，信用货币已经存在了。

货币与信贷 417

当然并非一直有许多人使用钞票和票证。休谟的见解值得参考。在法国，法兰西银行很晚才创立（1801 年），它发行的钞票仅在巴黎几个商人和银行家之间流通，外省几乎无人问津。这想必是由于人们对约翰·劳的破产记忆犹新，余痛犹存。

然而纸币与信贷以这种或那种形式不断进入货币流通领域，与后者日益融合。汇票一旦经过背书（即汇票持有者在汇票正面，而不像支票那样，在反面签名，声明出让），便如真的货币一样进入流通。甚至公债券也可以出售，威尼斯、佛罗伦萨、热那亚、那不勒斯、阿姆斯特丹、伦敦莫不如此。巴黎市政府 1522 年创办的债券，后来历尽风波，也是可以转售的。1555 年 11 月 1 日，蒙莫朗西大都督即用巴黎市政府的债券购买一块土地（马里尼领地）。[109] 菲力浦二世及其继承者经常用等值的年金证券来偿付他们欠商人的款项。后者又用这些证券清偿他们与第三者的债务，从而把他们承担的风险转嫁给他人。对这些商人来说，这是把短期债务（他们借给国王的钱：年金证券）变成只付息不还本的永久性或终身债务。但是年金债券本身也可以出让、继承、散发，它们也有市价，尽管这一市场很隐蔽。[110]阿姆斯特丹银行的“股票”当年也是上市的。西方各国城市里有钱人买下农田、葡萄园或者农舍后，这些产业提供的收入也可以上市出售，每当我们的观察趋于精密，便能发现这一甚为壮观的景色。更有甚者，西西里的小麦仓库发给货主的存货凭证也能出售；仓库主人还和高级政府当局勾结，让假的存货凭证在市面上流通。[111]最后提一件事：那不勒斯总督颁发粮食或蔬菜出口许可证，他发出的数额总是超过实际需要，因而威尼斯商人经常以低于面值的价格买下出口许可证，以便少纳关税……[112]上面提到的远非全貌，还有其他各种名目、各种性质的票证同时在市面上流通，涉及大笔金额。每逢金属货币紧缺，便有必要采取应急措施，各种有价票证便纷至沓来，或者发明新的票证。

在巴黎，“值得注意1647、1648、1649年间银钱奇缺，商业往来只支付四分之一的现金，四分之三用票证或汇票代替，抬头空白处不署名，持票人不能贴现，但可转让给第三者。商人和银行家于是养成习惯，彼此用这种方式结账”。[113]这段文字需要注解(如关于“抬头空白”)，但是票据的意义不在这里。现金缺乏，人们求助于信贷，这是一种临时应付。威廉·配第在他那篇奇怪的论文《货币略论》(1682年)里提出的劝告，无非也是这个意思。该文用问答
418 体写成。问题二十六：如果我们的货币太少，有何补救办法？答：我们应该设立银行……作为生产信贷的机器，银行有增加现有货币的效能。路易十四连年用兵，由于他未能设立银行，只得依赖金融家的帮助。这些包税人开具汇票，为国王支付他的军队在国境外的巨额开支。实际上他们出借的是他们自己的钱以及旁人存在他们那里的钱。借款日后用国库收入偿还。当王国缺少贵金属

时，国王怎么可能有别的办法？

我们可以注意到，笨重的金属货币或者迟迟不完成它的职责，或者干脆缺席（闲置），所以必须设法推动它，或者用别的东西代替它。在金属货币功能达不到的领域，或当其功能失灵时，势必就反复采用临时应付的办法。人们因此便开始思索货币的性质，提出一些假说。到底出了什么事？很快就想到人为地生产货币或货币的代用品，或者不妨叫做一种被操纵的、“可以操纵”的货币。所有这些倡导银行的先驱者——最后一位是苏格兰人约翰·劳——逐渐领悟“这一发现在经济上带来的可能性，根据这一发现，货币以及作为货币的资本是可以随心所欲地生产，或者创造的”。[114]这真是惊天动地的发现（比炼金师们干得还漂亮！），同时又是多么强烈的诱惑！对于我们来说又是多大的启示！由于笨重的金属货币动作缓慢——换个开玩笑的说法，“点火滞后”——，它在经济生活的黎明时期就创立了必不可少的银行家这门行业。银行家负责修复，或者企图修复出故障的发动机。

根据熊彼特的说法：一切都是货币，都是信贷

我们现在讨论最后的、也是最困难的题目。金属货币、补充货币和信贷工具在性质上是否真有绝对的差别？一开始就区分这三种货币，这是正常的；但是在这以后难道不应该使它们彼此接近，甚而相互混淆吗？这一争论不休的问题，同时也是现代资本主义的问题。现代资本主义在货币领域展开，找到合手的工具，在确定这些工具的同时“意识到自身的存在”。当然我们不打算在这里充分讨论这个题目，下面还有机会谈到它。

至迟到1760年,所有经济学家都已注意透过表面去分析货币现象。在整个19世纪以至更后的年代,直到凯恩斯彻底改变局面为止,他们倾向于把货币看作经济交换的中性工具,或者不如说看作一层面纱;而人们从事"实际"经济分析时采取的立场则通常是撕破这层面纱,观察其中的奥秘,也就是说,不再单纯地考察货币和货币活动,而是探求内在的现实:财产与劳务的交换,收入与支出的消长……

一开始,我们不妨大体上接受老的("唯名论"的)看法,即1760年前的看法,故意采用已经沿袭几个世纪的重商主义观点。这一观点重视货币胜过一切,把货币看作财富本身,看作一条河流,单凭水流的力量就能促使和完成交换,而河水的体积则能加速
419 或延缓交换的进行。货币,或者应该说货币储备,既是体积又是运动。每当体积增大或整体运动加快时,产生的结果几乎是一样的:一切上涨(物价涨得快,工次稍慢;交易总额增加)。反之,则一切紧缩。在这种情况下,不管人们直接交换商品(以货易货),或者使用补充货币以便不借助严格意义上的货币也能成交生意,或者使用信贷促使买卖成功,我们只能得出同样的结论:处于运动过程中的货币总额有所增加。总之,资本主义使用的一切工具都以这种方式进入货币运动,它们可以是代用货币,也可以是真实货币。二者通过运动达成普遍和解,康替龙最早为我们指出了这一道理。

但是,如果可以说一切都是货币,反过来也能说一切都是信贷,都是许诺或按期付款。甚至我手里的这个金路易也是作为一项许诺,是交给我的一张支票(我们知道,真正的支票,即从个人账户上支取金额,到18世纪中叶才在英国普及);这是我确实能得到

的全部财富和劳务的一张票据。明天或更晚一些时候，我将最终在这些财富和劳务之间进行选择，到那个时候，这枚金币才算在我的生活里完成了它的使命。熊彼特说过："货币归根到底也是一种信贷工具，是人们借以获得最终支付手段——即消费资料——的一种凭证。这个理论自然可以有许多表述形式，并且有待在多方面加以完善，但是可以说，今天〔1954 年〕它正在取得领先地位。"[115]总而言之，人们既可以实实在在地从正面为这个论点辩护，也可以从反面加以论证。

货币和信贷是一种语言

货币和信贷与远洋航行和印刷术一样是一些能自行繁殖、流传的技术，是一种统一的语言，每个社会都以自己的方式讲这种语言，每个人都必须学会这种语言。一个人可能不会读书写字：书写是具有高等文化的特征。但是不会数数的人注定不能生存下去。日常生活离不开数字，借方和贷方、物物交换、价格、市场、摇摆不定的货币等，凡此种种组成整套语汇，任何稍见开化的社会都受到这套语汇的包围和约束。这些技术在社会内部变成一种遗产，必定通过榜样和经验世代相传。它们一代又一代，一个世纪又一个世纪地逐日决定人的生活。它们在全世界范围内构成人类历史的环境。

所以，只要一个社会的人口过多，随着城市的建立和交换的激增，为了解决新出现的问题，货币和信贷的语言便变得复杂起来。也就是说，这些无孔不入的技术首先以自身为对象，它们脱胎于自身，又随自身的运动而变化。如果伊斯兰世界在 9 至 10 世纪全盛时期早就知道使用汇票，而西方却要到 12 世纪才出现它的踪迹，这是因为金钱当时需要横穿整个地中海，或从意大利各城市到香巴尼交易会的长途运输。如果说在这以后相继出现签票人有义务
420 兑现的票据以及背书、交易所、银行、贴现等，这是因为定期举行的交易会既不够灵活，又次数不多，不能适应正在加速发展的经济需要。不过这一经济压力在东欧出现的时间要晚得多。1784 年，马赛商人试图在克里米亚开展商务，其中一位亲眼看到："克里米亚半岛银币奇缺。只能见到铜币和由于无法贴现而不能流通的票据。"那是因为俄国人当时占领克里米亚不久，刚刚迫使土耳其开放海峡。还需要等若干年，才能看到乌克兰的小麦经由黑海定期出口。在这以前，谁会想到在克里米亚半岛经营贴现业务呢？

运用金钱的技术和所有技术一样，适应某一专门的、坚持不懈的、长期重复的需求。一个国家的经济越发达，这个国家拥有的货币手段和信贷工具的种类就越多。事实上，每个社会都在国际货币整体中占有一定的位置，有的社会占据优势，有的落在后面，有的处境极为不利。金钱既使世界统一，也体现不公正。

人们并非没有意识到这种分配方式以及它带来的后果（因为金钱总是为运用金钱的技术服务的）。一位散文作家（梵·欧台尔·墨伦）在 1778 年指出，他同时代人的著作给人一种印象，"似乎随着时间的推移，有些国家必定会变得极其强大，而另一些国家则会陷于赤贫"。[116] 一个半世纪以前，1620 年西庇翁·德·格拉蒙写道："希腊七贤说过，金钱是人的血液和灵魂，无钱之辈就成了徒有其表的空架子。"[117]

第八章

城　　市

每一座城市都好比一个变压器:它加大电压,加快交换速度,无休止地搅混人的生活。城市难道不是起源于最古老、最具革命性的劳动分工,即耕田与所谓城市活动的分离?青年马克思写道,“城乡之间的对立是随着野蛮向文明的过渡、部落制度向国家的过渡、地方局限性向民族的过渡而开始的,它贯穿着全部文明的历史并一直延续到现在。”[1]

城市的跌宕起伏显现着世界的命运:城市带着书写文字首次出现时,为我们打开了所谓“历史”的大门。城市于11世纪在欧洲再次出现时,这块狭小的大陆踏上了不断上升的梯级。城市在意大利遍地开花,这便是文艺复兴。从古希腊的城邦,从穆斯林征服时代的都邑直到今天,莫不如此。历史上的重大发展无不表现为城市的扩张。

城市是发达的原因和起源。对此提出疑问纯属多余,正如我们不必追究资本主义是否应对18世纪经济发展或工业革命负责一样。这里充分体现着乔治·古尔维奇爱说的“相辅相成”关系。城市既是经济发展的动力,又是发展的产物。至少可以肯定:即便城市不能人为地制造经济发展,它却总能利用经济发展为自己谋利。此外，城市也是观察这种相辅相成关系的最好的瞭望台。

423
城 市 本 身

任何城市，不论位于何方，都包含一定数量的、带有明显规律性的现实和过程。没有起码的分工，就没有城市；反过来，没有城市的干预，就不会有比较发达的分工。没有市场就没有城市；没有城市就不会有地区性或全国性的市场。人们经常谈论城市在发展多种消费中的作用，但是很少涉及另一极其重要的事实，即最穷的市民也必定通过市场取得生活必需品；总而言之，城市普及了市场。而城市又是不同经济与不同社会的根本分界线，关于这个问题，我以后再谈。此外，没有兼具保护性和压制性的权力——不管这一权力采取什么形式，也不管是哪一社会集团体现这一权力——就没有城市。如果权力在城外存在，它会在城里得到扩充，取得另一种性质的活动场所。最后要指出，没有城市，就不会有对外部世界的开放，不会有远程贸易。

正是在这个意义上，我在十年以前[2]写道，不管在时间和空间里处于什么位置，“一座城市总是一座城市”。虽然菲利浦·阿伯拉罕对这个论点有过字斟句酌的批评，[3]我今天仍旧坚持。我的意思绝不是说所有的城市都彼此相似。不过，尽管每个城市各有特点，它们必定要说同一种基本的语言：与农村不断进行对话（这是日常生活第一位的需要）；取得人力补充（这与水对于磨坊一样不可缺少）；表现自命不凡，力求与众不同；必定处于范围大小不等的网络中心；与城郊和其他城市保持联系。没有其他城市相伴，任何

422

布里夫城(法国科雷兹省)鸟瞰图:中世纪留下的杂乱街巷。

城市都不能独立存在。一些城市是主人,另一些是仆人,甚至奴隶。它们相互维系,有尊卑之分,这在欧洲、中国和其他地方都是如此。

从城市人口的最低限额到城市人口的总数

城市是一种不正常的居住方式:非同寻常的人口集中,相互毗邻的甚至墙垣相接的房屋集中。这并非因为城市总是住满了人或如伊本·巴托塔所说的"人山人海"。这位作者看到开罗有12 000名脚夫和成千上万名赶骆驼的出卖劳力,大为赞叹。[4]有些城市仅具雏形,居民数字还不及某些村镇,如俄罗斯旧时或今天的大乡村,意大利南部或安达卢西亚南部的乡村城市,又如爪哇星罗棋布、组织松散的村落,这个岛屿至今仍以村庄众多而著称。不过这些膨胀的,甚至相互连接的村庄不一定都会变成城市。

因为问题并非仅仅在数量。城市只有在面对一个低级的生活形态时,才能作为城市而存在。这条规律没有例外,任何特殊情形都不能取代它。城市无论大小必定在其周围有乡村,必定把部分乡村生活纳入它的势力范围,必定迫使四乡参加它的集市,光顾它
424 的店铺,接受它的计量标准,向它的放债人借款,请教它的律师,甚至享用它的娱乐。一座城市得以存在,必须统治一个帝国,即便是蕞尔小国。

涅夫勒省的瓦尔齐18世纪初仅有2000居民,不过这的的确确是一座城市。它有自己的市民阶层。律师人数之多,即便周围农村的农民都是文盲,写状子必须请人执笔,恐怕也会闲得发慌。不过这些律师同时是产业主;其他市民则是铸铁工场主、皮革工场主或是木材商人。由于大小河流可漂送木材,后者的业务尤为发达,他们有时供应巴黎需要的巨额柴薪,在远届巴鲁瓦的许多地方拥有采伐区。[5]这是典型的西方小城市,同样的城市数以千计。

为了把问题说清楚,就必须为城市生活确定一个明显的、不容争辩的最低界限。可是,人们对此意见不同,也不可能相同。由于最低界限随着时间改变,更加无法取得一致看法。法国的统计标

准规定一座城市至少应有2000居民(今天仍旧采用这个标准),而这正是1700年前后瓦尔齐的人口数。英国的统计标准定为5000人。因此,如果说1801年英国城市人口占总人口的25%,[6]同时应该知道,倘若把人口超过2000人的居民点都统计在内,这个比例就上升为40%。

理查·加斯贡谈到16世纪历史时,提出了自己的标准。他认为"把六百户(约两千到两千五百居民)定为城市人口的下限,想必相当合适"。[7]至少就16世纪的情况而言,我认为他把下限定得太高了(里昂周围的城市人口比较密集,可能给理查·加斯贡印象很深)。据调查,中世纪末期,德国全境约有3000个地点取得城市资格,而这些城市的平均人口为400人。[8]由此可见,通常确认的城市生活下限低于瓦尔齐的人口数;这一下限适用于法国,想必也适用于整个欧洲。如香巴尼地区的奥伯河畔阿尔西是教区首府,设有盐仓,1546年获得弗朗斯瓦一世的准许建筑城墙,然而到18世纪初,该地仅有228户人家(约900居民)。沙乌斯有一座医院、一所学校,1720年仅有227户。同一年,埃鲁阿的人口为265户,巴尔斯河畔的旺德夫尔有316户,塞纳河畔的桥村有188户……[9]

为研究城市史而进行的调查应该深入到这类代表最低限度城市生活的小城市,因为如同奥斯瓦尔德·斯本格勒指出的那样,[10]小城市最终必定"战胜"附近的农村,它们以"市民意识"渗入农村,自己却同时被人口更多、更活跃的居民点吞噬和征服。这些城市组成若干城市体系,有规律地围绕一个中心城市运转。但是如果我们只顾及中心城市,不管这个城市叫威尼斯、佛罗伦萨、纽伦堡、里昂、阿姆斯特丹、伦敦、德里、南京还是大阪，那就大错特错了……世界各地的城市之间都有等级关系；金字塔的尖顶虽说重要，但不能概括一切。在中国，城市的级别体现在地名后头的缀词上："府"是一等城市，"州"是二等，"县"属三等，这还不算在贫困省份为"遏制常思反叛的半开化民族"而设立的雏形城市。[11] 无论在中国或在远东其他地区，我们对于这类与周围乡村直接接触的雏
425 形城市的最低限度人口数了解得最少。一位德国医生于 1690 年在通向江户（东京）的大路上穿过一座小城市，该地包括郊区在内共有 500 户人家（至少 2000 居民）。[12] 郊区的存在足以证明这是一座城市，可惜类似的记载太少了。

但是，重要的工作应是估计城市体系的总重量，为此我们更有必要深入城市生活的下限，直到城乡接合部。这个总量比个别的数字更适合我们的需要：在天平一侧的盘子上放置所有的城市，在另一侧的盘子上放置整个帝国、整个国家或整个经济区的人口总数，然后计算比重：这是衡量某些经济和社会结构的一个相当可靠的方法。

至少可以说，如果采用这个方法，容易确定令人满意的比例关系。约瑟夫·库里谢那本书里提出的数字[13] 与当今的估计相比，似乎过高、过于乐观。更不用说康替龙的论断了。他写道："一般认为，每个国家都有一半居民在城市里定居，另一半在农村生活。"[14] 马塞尔·雷纳特最近算出，康替龙时代法国的城市人口仅为总人口的 16％。再说，一切都取决于下限的标准。如果把人口超过 400 的居民点都列为城市，那么英格兰的城市人口在 1550 年为 10％，1700 年为 25％。如把下限定为 5000 人，英格兰的城市

人口在1700年仅为13%;1750年为16%;1801年为25%。由此可见,若要有效地比较欧洲各地区的城市化程度,首先应该根据统一的标准重新计算所有的数字。目前我们至多只能举出几个特别高或特别低的实例。

往下看,城市人口占总人口比例最低的欧洲国家是俄国(1630年为2.5%;1724年为3%;1796年为4%;1897年为13%)。[15]德国1500年的水平为10%,与俄国相比已相当可观了。1770年美洲英国殖民地的城市人口比例也为10%:波士顿有7000居民,费城4000居民,纽波特2600,查尔斯顿1100,纽约3900。然而早在1642年,当时纽约还叫新阿姆斯特丹,居民已不用木料,改用"新式"的荷兰砖建造房舍:这显然是财富的标志。谁能否认这些并不起眼的中心已具有城市的性质?1690年,共有20多万人分散居住在辽阔的土地上;占居民总数9%的这些中心代表着所能允许的城市人口密度。日本人口稠密,1750年城市人口约占22%。[16]

往上看,荷兰的城市人口可能超过50%(1515年总人口为274 810人,城市人口为140180,占51%;1627年城市人口占59%;1795年占65%)。根据1795年的普查,不十分发达的上艾塞尔省的城市人口已达45.6%。[17]

为了解释这一整套数字,我们还需要知道,到什么时候(可能当比例达到10%)一个国家或地区的城市人口便算到达第一个门坎。随后,50%、40%甚至不到40%的比例是否将标志着另一个门坎?总之,照魏杰曼的说法,只要跨过了门坎,一切便会自动变化。

426

始终下不了定义的劳动分工

欧洲和别处一样,城市在创立和成长过程中都遇到同一个根本问题:城乡分工。这一分工从未得到明确规定,始终下不了一个定义。原则上说,商业、手工业以及政治、宗教与经济指挥职能,都属于城市一方。但这只是原则上的划分,因为分界不断在向一方或另一方移动。

城市虽是对立双方中最强的一方,我们却不能相信这种阶级斗争事实上总是朝着对城市有利的方向发展。也不能认为乡村在时间上必定先于城市存在,虽然人们通常都这么认为。诚然,经常是"由于生产发展,乡村的进步为建立城市创造了条件",[18]但城市并非总是一种二级产品。简·雅各布斯在一部迷人的著作[19]里提出,城市的出现如果不是早于农村,至少也与农村同时。例如,公元前六千年,已有杰里科和沙达尔·禹禹克(小亚细亚)那样的城市在自己周围创立了可说是现代化的、先进的农村。当然这种情况之所以可能产生,是因为当时土地空旷,没有主人,几乎在任何地方都可以开荒种田。欧洲 11 和 12 世纪有过同样局面。再往后,我们看得更加清楚:欧洲在新大陆重建自己的城市。这些城市简直是空投下来的,居民或者全靠自己,或者在土著的帮助下创立农村,自给自足。布宜诺斯艾利斯建于 1580 年,土人或怀敌意,或者不见踪影(这一情况之严重性不亚于前者),居民不得不自己种地打粮食,因此叫苦连天。总之,他们应该根据城市的需要建立相应规模的农村。莫里斯·毕克贝克谈到,1818 年前后美国向西部扩张时在伊利诺斯州遇到的情形几乎完全相同。他解释说:"几名新移民从政府手中买下几片相毗邻的土地以便开垦，其中一位对于这一地区的需要及其未来的发展看得较远，他把自己名下的土地划成小块，界以整齐的道路，遇有机会就陆续出售。有人在这些土地上建造房舍。先来一个杂货商，带着几箱货物就择吉开张。附近又出现一家客店，医生和律师便在那里安身，后者兼任公证人和商务代理人；杂货商在客店就餐，来往旅客在客店下榻。不久，随着需要的产生，铁匠和别的手艺人相继而来。这一新生村镇的成员里必定还有一位小学教师，为基督教各派充当牧师。〔……〕以前只见披兽皮的土著的地方，现在有人穿着漂亮的蓝色礼服上教堂；妇女则穿棉布袍子，戴草帽。〔……〕城市一旦建立，多样化的种植业便在四郊迅速发展，提供丰富的食物。”[20]在西伯利亚这另一个新大陆，发生了同样情况。1652年建立伊尔库茨克城，以后才在附近出现养活它的农村。

这一切不言自明。农村和城市“互为前景”：我创造你，你创造我；我统治你，你统治我；我剥削你，你剥削我；以此类推，彼此都服从共处的永久规则。即使在中国，城市附近的农村也因邻近城市 428
而得到好处。1645年柏林劫后重生时，枢密大臣说道：“今天粮价低贱的主要原因在于所有城市，几乎无一例外，均经蹂躏，不再需要乡下提供小麦。它们在自己的土地上种的粮食，足以供应为数不多的居民。”这一片城市土地，难道不是城市在三十年战争末期重新建立的乡村？[21]

沙漏可以翻个儿：城市使乡村城市化，乡村也使城市乡村化。理查·加斯贡写道：“16世纪末期起，乡村成了吸收城市资金的无底洞。”[22]不说别的，仅举出购买土地、创设农业领地和建造无数乡村别墅这几项就够了。17世纪的威尼斯把海上贸易的利润和它的全部财富都投放在周围农村。世界各城市，无论是伦敦或里昂，米兰或莱比锡，阿尔及尔或伊斯坦布尔，或早或晚都有这种资金转移现象。

事实上，城市和乡村从来不会像水和油一样截然分开：同时兼有分离和靠拢，分割和集合。甚至在伊斯兰国家，虽然城乡之间界限分明，城市也没有排斥乡村。城市向四郊发展蔬菜种植业；有些运河沿着城市街道修筑，一直延伸到附近绿洲的菜园。中国的城市和乡村也相依为命，乡村用城市垃圾和粪便做肥料。

427

城市需要邻近的乡村。集市图，约翰·密什林（1623—1676）作图：农民销售各自的产品。

不过我们有什么必要去证明不言而喻的事情？直到晚近，任何城市都必须就近取得食物。一位惯作计算的历史学家兼经济学家估计，养活一个3000居民的中心需有10个村庄为之耕种，“由于农业产量低”，[23]这相当于8.5平方公里土地。事实上，如果城市不愿每时每刻担心粮食供应，乡村理应负担城市；通过大规模的贸易得到给养的城市仅系例外，而且只有地位特殊的城市才能这么做：佛罗伦萨、布鲁日、威尼斯、那不勒斯、罗马、热那亚、北京、伊斯坦布尔、德里、麦加……

更何况，直到18世纪，甚至大城市里也保留某些农村生产活动。城市居民中有牧人、乡村警察、农夫、葡萄种植者（在巴黎城内就有）；城市在城墙内外拥有一批菜园和果园；有的城市，如法兰克福、沃尔姆斯、巴塞尔、慕尼黑，还在更远的地方拥有三年轮作的耕地。中世纪的乌尔姆、奥格斯堡或者纽伦堡响彻连枷声；街上任意养猪，街面变得泥泞，肮脏不堪，行人过街需要踩高跷或从一头到另一头搭木板。每当交易会前夕，法兰克福居民便匆忙在主要街道铺上麦秸或刨花。[24]谁能相信，1746年威尼斯还有必要禁止“在城内或寺院里”养猪？[25]

至于数不胜数的小城市，它们刚从乡村生活中脱颖而出；有人甚至说到“农村城市”。在盛产葡萄的下施瓦本地区，威恩斯堡、海尔布隆、斯图加特、埃斯林根这些城市负责把它们自己生产的葡萄酒运往多瑙河。[26]何况葡萄酒本身便是一门工业。塞维利亚附近的赫雷斯-德拉弗朗特拉在1582年回答一项调查时声称，“本城的出产仅为葡萄酒、小麦、油、肉”，这已足够维持该城的生计，使它的商务和手工业活跃起来。[27]直布罗陀1540年突遭阿尔及尔海盗的 429

袭击，那是因为海盗了解当地的习惯，特地选择收摘葡萄的季节发动进攻：当时全体居民都在城外，晚上就睡在葡萄园里。[28]欧洲各地城市都对自己的田野和葡萄园严加守护。每年，当"葡萄叶变黄，宣告葡萄成熟时"，成百上千的城镇如巴伐利亚的卢登堡或法国的巴勒杜克，正式宣告开始收摘葡萄。佛罗伦萨每年秋天堆积着成千上万桶酒，变成巨大的新酒市场。

那个时代的市民往往算不上完全意义上的市民。每逢收获季节，工匠和一般居民离开他们的职业和住房到地里干活。16 世纪工业发达、人口过多的佛兰德是如此，工业革命前夕的英格兰是如此，佛罗伦萨在 16 世纪亦复如此。当时占重要地位的羊毛纺织业在冬闲时尤为活跃。[29]兰斯城的木匠师傅让·布索在他的日记里对于采摘葡萄、收割小麦、酒的质量、小麦和面包的价格比政治事件和有关手工业的事件更感兴趣。宗教战争时代兰斯和埃佩尔内的居民不属同一营垒，他们出去摘葡萄时需有武装护送。我们那位木匠师傅有如下记载："埃佩尔内的强盗从〔兰斯〕城里抢走豢养的猪……，1593 年 5 月 30 日星期二，他们把猪赶到埃佩尔内"。[30]当时事关重要的不仅是天主教同盟还是拿伐尔国王获胜，而且是
430 谁将加工并享用咸猪肉。到 1722 年，情况没有多大改变。当时一本经济学著作抱怨在德国的小城市里，甚至王侯的都城里，工匠兼营农业，占了农民的位置。最好还是"各守其业"。城里没有牲畜和"粪便堆"，便会变得更加干净，更有益于健康，解决办法是"驱逐农业出城，交给适合干这一行的人去干"。[31]这么一来，农民将定期为城市提供的农产品，销路也有了保证，而手工业也可以向农民出售相应金额的产品，双方各得裨益。

如果说城市没有把种植业和饲养业完全交给农村去独占，反过来，农村也没有把“工业性”活动全部让给邻近的城市。农村保留自己的工业活动，虽说一般情况下这不过是别人拣剩下来的。首先乡村里从来不乏工匠。大车轱辘由村里的车匠就地制造、修理，由铁匠趁热加箍（这一技术16世纪末得到普及）；每个村庄都有自己的马蹄铁匠。这些乡村工业在法国一直维持到19世纪初。更有甚者：在11、12世纪，佛兰德和其他地区的城市一度垄断了工业活动，城市工业从15、16世纪起开始大规模流向周围农村，寻求那里不受城市行会保护和管制的廉价劳力。城市并不因此蒙受任何损失，它控制着城墙外面这些贫困的乡村工人，任意支配他们。17世纪起——18世纪更进一步——乡村重新用自己的孱弱的肩膀承担一大部分手工业活动。

船队和骡帮为毕尔巴鄂运送给养。商品卸下后进入仓库。《高贵的毕尔巴鄂的生活》的细部，18世纪末的场景；弗朗西斯科·安东尼欧·里什特雕版。

别的地方有同样的分工,但是组织方式不同,如俄国、印度和中国。在俄国,绝大部分工业生产由自给自足的农村承担。俄国城市不像西方城市一样统治乡村并使乡村惴惴不安。在这里,市民和农民之间不存在真正的竞争。原因很清楚:城市发展缓慢。尽管历遭劫难(莫斯科 1571 年被鞑靼人焚毁,1616 年又被波兰人付之一炬,但到 1636 年已有不下四万座房屋),[32]俄国当然也有几座大城市,但是在一个城市化程度很低的国家里,农村不得不生产自己所需的一切。此外,大地主利用农奴兴办某些有利可图的工业。俄国漫长的冬天不是乡村生产活动活跃的唯一原因。[33]

印度也是一样。村庄作为一个充满活力的集体必要时可以整体迁移,以便逃脱某一危险或过重的压迫。这些村庄自给自足,它们向城市交纳一笔总的贡赋,但是只在需要极少几种商品(如铁器)时才求助于城市。中国的情况相同。乡村工匠以织布或织绸所得贴补他们艰难的生活。由于他们的生活水平低,他们成为城市工匠可怕的竞争对手。一位英国人(1793 年)在北京附近看到农妇或者养蚕,或者纺纱。她们难以置信的灵巧使他大为惊讶,赞叹不已:“她们生产自己穿的衣料,因为整个帝国只有她们会纺织。”[34]

431

城市与新来的以穷人为主的居民

一座城市如果不能保证有新的人员补充,就无法生存下去。城市吸引新的居民。外地人向往城市的光明,羡慕市民享有实在的或表面的自由以及较高的工资,也往往自动前往城市。此外,也因为农村或者别的城市不再需要他们,遗弃了他们。一个人口外流的贫困地区和一个活跃的城市之间常见牢固的结合，如弗里乌尔与威尼斯（前者为后者提供苦力和仆人）；卡比利亚与海盗盘踞的阿尔及尔：山民在城里的菜园或近郊农田劳作；马赛与科西嘉；普罗旺斯的城市与阿尔卑斯山的“帮工”；伦敦与爱尔兰……不过任何一个大城市都需要同时从10个、100个地方补充人员。

1788年在巴黎，“被叫做苦力的都是外乡人。萨瓦人擦皮鞋、擦地板、锯木头；奥弗涅人〔……〕几乎都是水夫；利穆赞人当瓦匠；里昂人通常捡破烂或抬轿子；诺曼底人当石匠、货郎，铺石子路面，修补瓷器，贩卖兔皮；加斯科尼人当理发师傅或学徒；洛林人串街走巷修鞋。萨瓦人住在郊区的集体宿舍里，每间屋有一个老人照料，他掌管庶务，在年轻人能自己管理自己之前还充当他们的监护人”。有个奥弗涅人收购兔子皮后整批出售，他沿街叫卖时“全身上下都是兔皮，人们看不见他的脑袋和胳膊”。这些穷苦人当然都在费拉叶滨河道或梅琪斯利滨河道的估衣铺里买衣服穿。这些铺子里无所不售：“某人进去时像一头乌鸦，出来时却像鹦鹉一样光鲜。”[35]

城市不仅接纳苦力，而且也从远近城市挖走人才：富商、应接不暇的工匠、雇佣兵、舵手、有名望的教师和医生、工程师、建筑师、画家……我们可以在意大利北部和中部的地图上标出16世纪为佛罗伦萨输送羊毛纺织工匠的各个地点；而在15世纪，他们来自遥远的荷兰。[36]我们也可以在地图上标出如麦茨[37]或阿姆斯特丹（从1575到1614年）[38]这样活跃的城市的新居民的来源。每当我们这样做，我们必定能划出一个与该城市生活关系密切的广大地区。如果我们还根据这一城市的商业联系划定它的活动范围，标出接受它的计量制度或者它的货币，或者同时接受两者，甚至也讲它的方言的乡村、城市和集市，很可能这两张地图完全重合。

城市被迫不间断地招募新的人员，这是生物学上的需要。19世纪以前，城市的出生人数很少超过死亡人数，也就是说死亡率过高。[39]如果城市人口要增长，它不能只依靠自己。这也是社会的需要。城市把低贱的工作留给新来的人去干；当时的城市和今天高度紧张的经济一样，需要有北非人或波多黎各人干粗活，需要一个损耗快，应该迅速更新的无产阶级。塞·迈尔西埃谈到巴黎的仆
432 人时写道："乡村的弃物变成城市的渣滓"。据说巴黎当时有15万名仆人。[40]这一贫困的下层无产阶级的存在是大城市的共同特征。

17世纪80年代以后，巴黎每年平均死亡约两万人。其中四千人死在医院里：主宫医院或比塞特尔医院。死人"缝在粗麻布里"，送到克拉玛尔的公共墓穴里胡乱下葬，撒上一层生石灰就算完事。手推车每天夜里把尸体送出主宫医院，迤逦运向南方，还有比这更凄惨的景象吗？"一个蓬首垢面的神甫一手摇铃，一手执十字架"，这便是穷人的葬礼。至于医院，"所谓主的房舍，那里的一切阴森可怕"；1200张病床接待五六千病人："新来的人睡在垂死病人或死人的身边……"[41]

生命历程从出发点起就很不平坦，巴黎1780年有三万人出生，其中有七千或八千弃婴。把弃婴送到育婴堂成为一门行业，从业者把婴儿背在"背上一个内衬软垫的盒子里。每个盒子可竖着装下三名婴儿，上部留有透气孔。〔……〕搬运者打开盒子时，往往有一名婴儿已经死去；他带着剩下的两名继续赶路，急于把他的货物交出去。〔……〕交完差，他立即出发搜寻新的弃婴，以此谋

生”。[42]弃婴中间,许多来自外省。真是些奇怪的移民!

城市的防卫

每座城市都自成天地。有一个突出的事实:从 15 到 18 世纪,几乎所有的城市都有城墙。城墙把城市关在一个界线分明的几何图形里,与周围环境截然分开。 433

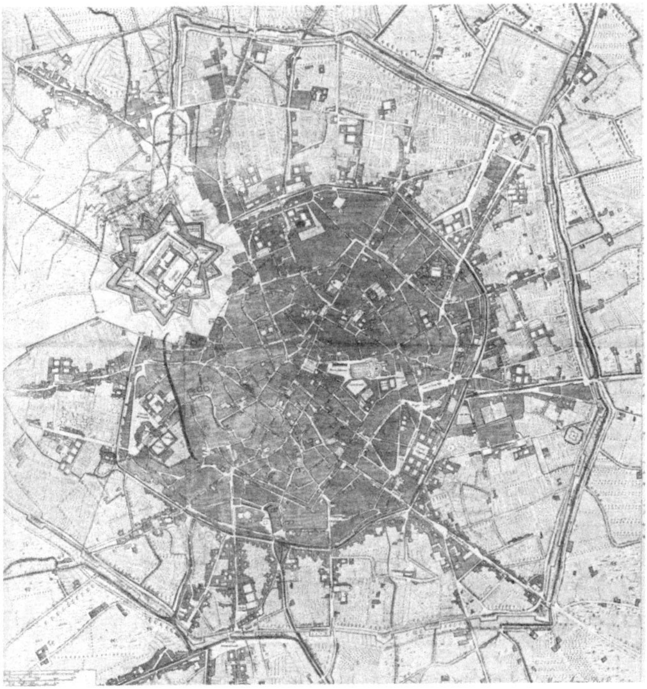

16 世纪,西班牙人建筑新的防御工事后的米兰地图。这些工事把一大片城市化程度很不够、保留大面积菜园和农田的土地划入以老城(图中深色部分)为中心的市区范围。高踞米兰的城堡本身就是一座城市。

这首先是出于安全需要。只有极少几个国家的城市不需要这一保护,个别例外也正好说明规律。举例说,不列颠诸岛的城市基本上不设防御工事;经济学家说它们因而省去许多无益的投资。伦敦市的古老城墙仅有行政意义,虽说 1643 年议员们出于恐惧,一度仓促构筑围绕全城的工事。同样受到大海保护的日本列岛也没有堡垒;威尼斯本是一岛,也不设堡垒。不必担心自身安全的国家用不着城墙。辽阔的奥斯曼帝国仅在受到威胁的边境上,如面对欧洲的匈牙利边境和面对波斯的亚美尼亚边境上有设防城市。1694 年,埃里温驻有少许炮兵,埃尔佐鲁姆被它的近郊区紧紧包围:这两个城市都有两重城墙,但未堆土加固。在土耳其统治下安享和平的地区,原有的城墙从此无人维修,像荒废的产业一样任其墙垣倾覆。甚至拜占庭遗留下来的伊斯坦布尔壮观的城墙也无人过问。海峡对岸的加拉塔,1694 年"城墙损毁过半,土耳其人似无意整修"。[43]早在 1574 年,在通向安德里诺波尔大路上的菲利波普利斯,已经看不到"城门的外形"。[44]

但是其他地方没有这种自信。在欧洲大陆(俄国城市的城墙依凭一座要塞,如莫斯科依凭克里姆林)、殖民地时代的美洲、波斯、印度、中国,城市设置防御工事成为通例。富尔吉埃耳的词典
434 (1690 年)这样给城市下定义:"较多民众居住之地,通常用城墙封闭"。对于许多欧洲城市来说,这一筑于 13、14 世纪的"石环"乃是"争取独立和自由的自觉努力的外部象征",而中世纪的城市扩张正是以这一努力为其标志。不过在欧洲或别的地方,城墙往往也由王公下令修筑,借以抵御外敌。[45]

18 世纪初北京的城墙和城门。法国国家图书馆版画部。

中国只有下等城市或衰落的城市没有或不再有城墙。城墙通常高大壮观，从城外看不见城里的屋脊。一位旅行家(1639 年)说：城市“格局相同，呈四方形，城砖由用以烧制瓷器的黏土覆盖， 435
历久弥坚，锤子不能砸开。〔……〕城墙宽广，配以古式城楼，形状酷似古罗马的城防工事。通常有两条大街在城市中心作十字相交。街道宽广平直，纵横贯穿全城；不管该城有多大，行人站在十字路口必能望见四门”。同一位旅行家说，北京的城墙远比欧洲城市的城墙雄伟，“其宽度足够 12 匹马并驾齐驱，互不相撞”〔不要轻信他的说法，另一位旅行家说“城墙底部宽 20 尺，上部宽 12

尺"[46]〕。夜间有人登城守陴，似临战事，但白天仅有太监把门，目的在于收税，不在警戒。[47] 1668 年 8 月 17 日发生水灾，水势凶猛，淹没首都的郊野，卷走大量村庄和游憩胜地。新城区损失三分之一的房屋，"淹死或埋在倒塌的房屋底下的穷人不计其数"，但是旧城区安然无恙："人们匆忙关闭城门〔……〕用石灰和沥青的混合物堵塞城墙上所有的窟窿和裂缝。"[48]这幅生动的画面证明中国城市的城墙十分结实，几乎滴水不漏！

中国曾有几个世纪安享太平，城市不受外力的威胁，但却发生有趣的事情：城墙变成监视市民本身的设施。城墙内侧有宽阔的马道，顷刻之间可以动员骑兵和步兵登上城头，居高临下控制局势。城市无疑置于当局牢固掌握之中。何况中国和日本一样，每条街都在出入口设有栅栏，都有内部司法体制；出了什么事，或犯了什么案子，人们便关闭栅门，罪犯或被抓住的人立即受到惩处，往往免不了流血。中国的体系尤其严格，因为在每一汉人居住的城市边上，还建有一四方形的满城，以便密切监视汉城。

城墙范围之内通常不仅有市区，还有农田和菜园。这显然是为了保证战时供应需要。如卡斯蒂利亚在 11、12 世纪仓促建立的城池以一组村庄为中心；村庄之间距离很大，一旦有警，留出的空地可以接纳畜群。[49]预计到围城时期的需要，城墙内圈进草地、菜园（如佛罗伦萨），或农田、果园、葡萄园（如普瓦蒂埃），已成为通例。普瓦蒂埃在 17 世纪仍保留堪与巴黎媲美的城墙，但是这件衣服对它来说未免太大。布拉格的情况相同："小城"和 14 世纪建筑的新城墙之间的空地老是填不满。1400 年的图鲁兹亦复如此。巴塞罗那 1359 年重建城垣，今天的朗勃拉即为其遗址。但要过两个世纪以后，到 1500 年才把市区扩展到新城墙脚下。西班牙人在米兰修筑的城墙同样范围过大。

中国情况相同：1696 年扬子江某城"城墙四围长达一万公尺，内有山丘及无人居住的平地，因为城内房舍不多；居民宁可住在市郊"；同一年，江西首府城内有"许多农田、菜园，很少居民……"。[50]

在西方，长时期内花钱不多就能收到保障城市安全的实效：一 436
道壕沟，一堵垂直的墙就足够了。这一设施并不如人们通常认为的那样妨碍城市的扩张。城市如需要空间，城墙就像舞台布景一样挪动位置，不拘次数。根特、佛罗伦萨、斯特拉斯堡莫不如此。城墙是按尺寸定做的紧身胸衣。城市扩大，就重做一件。

但是始建和重建的城墙一直包围着城市，划定它的范围。城墙既提供保护，也标志界线、边境。城市尽可能把手工业生产，特别是那些占地较大的行业，移到它的边缘，结果城墙同时成为不同经济和社会生活的分界线。一般说，城市每次扩张都要并吞部分近郊区，改变它们的面貌，把与严格意义上的城市生活不相容的行业移到更远的地方去。

西方城市杂乱无章地逐渐发展，所以城区布局极其复杂，街道弯弯曲曲，连接方式往往出乎意料。一切与古代保存下来的罗马城市相反，后者如都灵、科隆、科布伦茨、雷根斯堡，井井有条。但是文艺复兴时期已开始有意识地规划城市，当时制订许多呈几何图形的城市布局，或如棋盘格子，或作同心圆，当作"理想布局"向公众推荐。西方城市日后的蓬勃发展正是体现这一精神。人们改建广场，推倒重建新并入的近郊区。于是在街巷曲折的市区核心边上出现方方整整的新市区。

437

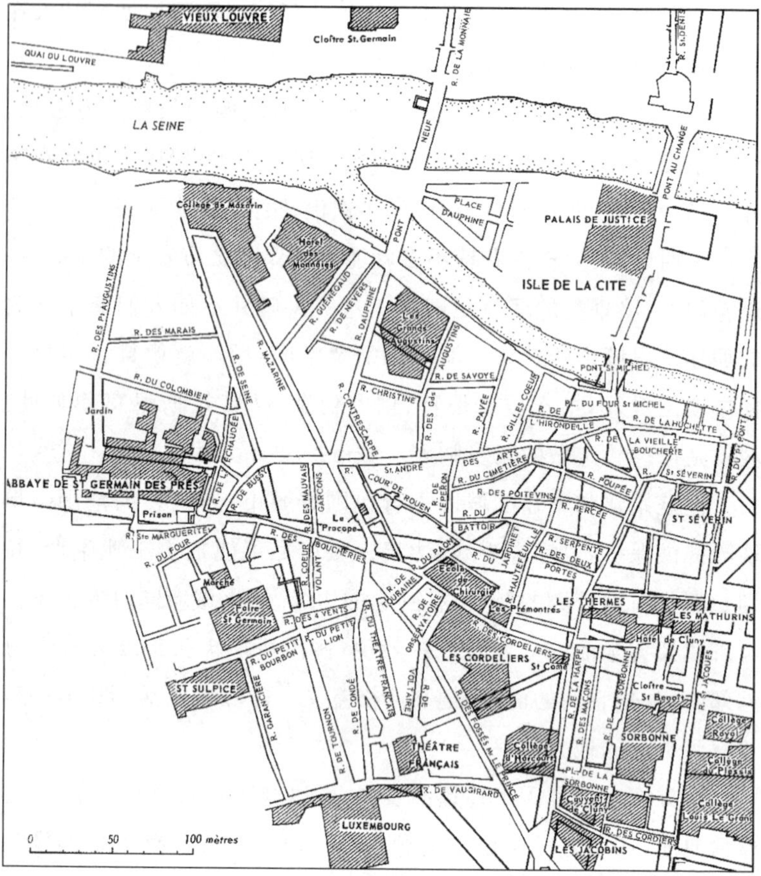

27. 大革命时代的巴黎

街巷犬牙交错的西方城市的范例。在这张地图上,我们用粗线标出几条今天的通衢(圣米歇尔与圣日耳曼大街),以便读者在昔日的巴黎城内,从索邦到圣日耳曼市场和草场圣日耳曼修道院,从卢森堡宫到新桥辨明方向。1684 年开业的普罗戈普咖啡馆(箭头所示处)位于圣日耳曼沟渠街。同一条街(今天叫旧喜剧院街)上,1689 年起法兰西喜剧院在咖啡馆对面演出。

新建的城市因建设者的手脚不受束缚，得以充分贯彻这一统一性和合理性原则。有趣的是，西方16世纪前建成的棋盘形布局城市都是由于人为的努力凭空建成的。如爱格莫特这个小海港是圣路易为在地中海上得到一个出口而购买并改建的；又如蒙帕济耶（多尔多涅）这座小城是遵照英国国王的命令于13世纪末建成的：棋盘上某一格子为教堂，另一格子为围以拱廊、并有一井的集市广场。[51]托斯卡纳14世纪的“新土地”，如斯卡尔佩利亚、圣乔瓦尼-瓦尔达诺、特拉诺瓦-布拉乔里尼、索普拉自由堡[52]……也属于同一布局。从16世纪起，城市规划迅速发展，成果累累。我们可以列出很长的几何图形布局的城市名单，如1575年起的新里窝那，1588年起改建的南锡，1608年起的夏尔维尔。最引人注目的实例是圣彼得堡，我们下文再说。新大陆的城市创立较晚，几乎都是根据预先制定的规划建成的，堪称棋盘形布局城市中的大家族。西属美洲殖民地的城市在这一方面尤为突出，那里的街道成直角相交，划出整齐的街坊；两条主要大街都通向中央广场，广场四周为教堂、监狱、市政厅。

棋盘形布局在世界范围提出一个有趣的问题。中国、朝鲜、日本、印度半岛、美洲殖民地的所有城市，还有古罗马的城市和某些古希腊城邦，其平面都呈棋盘形。只有两个文明曾大量产生街巷犬牙交错的不规则城市：伊斯兰（包括印度北部）和中世纪的西方。为什么不同文明作了不同的选择，我们可以从美学和心理学角度提出许多莫衷一是的解释。但是对于西欧来说，它16世纪开发美洲时一定无意回到罗马军营的严格布局上去。它在新大陆的措置无非反映现代欧洲在城市规划领域的深思熟虑，以及对于秩序的强烈嗜好。这一嗜好表现在许多方面，值得我们越过表象去探求 438

它活生生的根源。

西方城市与炮兵、车辆的关系

15 世纪起,西方城市遇到很大的麻烦。城市人口增加,同时大炮的运用使旧日的城墙失去防御作用。必须不惜一切代价用新的城墙代替它们。新的城墙应该放宽尺寸,加深地基,设置棱堡、垒道和"土堆",后者松软的土层可以减轻炮弹的患害。迁移这种横向伸延的城墙需要花费巨额钱财。在这道防线前面,还要为防守战腾出必需的空间,因此禁止建筑房屋和植树种花。必要的时候还要拆除房屋,砍倒树木以便重建无人区。1520 年在波兰与条顿骑士团的战争中,格但斯克(但泽)就这样做过,1576 年该城与国王斯台芬·巴托里冲突时重演故伎。

城市的扩张于是遇到阻碍,因此比以往更有必要向高空发展。热那亚、巴黎、爱丁堡很早就建筑六、七、九层,甚至高达十一层的房子。各地的地价不断上涨,高层建筑势在必行。木材长时期内比起砖头更受伦敦居民的偏爱,因为当五至七层的房屋取代旧的三层楼房时,这一材料可以使墙体变薄、变轻。在巴黎,"房屋越造越高,必须刹住此风〔……〕因为真的有人架床叠屋。〔大革命前〕房屋的高度限制为 70 法尺〔约 23 公尺〕,屋顶不计在内"。[53]

威尼斯好在没有城墙,可以自由伸展:埋下几根木桩,再用船运来一些石料,一个新的街区便在潟湖上建立起来。碍事的行业很早就被挪到市区边缘。木料解方和抛光工场设在居代卡岛,兵工厂位于卡斯台罗新区的最远一端,而玻璃工场 1255 年起就在缪拉诺岛上……谁不钦佩这一现代化的"分区制"?同时,威尼斯把

439

热那亚局处山陬海隅，不得不向高空发展。城内房屋鳞次栉比，从山顶的要塞一线沿斜坡密密麻麻排到山脚下的港口。15 世纪一幅画的细部。佩里海军博物馆。

美轮美奂的公私建筑安排在大运河两侧，那本是一个深得出奇的河谷。只有里亚托桥，一座中段能开合的木桥（今天见到的石桥建于 1587 年），连接里亚托广场与对岸的德意志商馆（现为中心邮局）。这座桥已经预示今天从圣马克广场经过梅塞里亚街到桥堍这条繁华的通衢。可见威尼斯是一座宽敞的城市。但是圈在围墙里的犹太人居住区却是人为的市区，狭隘逼仄，房屋只能向高空发展，常达六七层。

16 世纪马车在欧洲大量出现，构成严重的问题，迫使人们对城市动一次外科手术。勃拉芒特在 1506 至 1514 年间拆毁了罗马圣彼得教堂周围的老区，他是历史上最早的开拓街道工程主持者，走在欧斯曼男爵的前面。动了这番手术之后，至少在一段时期内城市的秩序略有恢复，呼吸更加舒畅，交通比较方便。彼特罗·迪·脱雷多 1536 年在那不勒斯同样拓宽几条街道。从前费朗特国王说过，该城的“街道太窄，成为国家安全的隐患”。1547 年，热那亚建成豪华的新斯特拉达大道，路虽不长，但平直如砥。教皇西克斯丁五世则下令在罗马开辟三条以波波罗广场为起点的大街。
440 其中一条为科尔索，由于位置优越，日后成为罗马最繁华的商业街道。先是普通马车，不久便是华丽的四轮快速轿车侵入城市。约翰·斯托亲眼目睹伦敦市容早期的变化，作出预言（1528 年）：“世界长了轮子。”下一个世纪，托马斯·德克重复这句话：“〔伦敦〕每条街上的大车和轿车声如雷鸣，好像整个世界都装上车轮。”[54]

地理与城市的内部联络

任何城市在某一特定地点建成后，从此与该地结下不解之缘，除极个别例外，不再迁往别处。这一或好或坏的地理位置一经选定，最初的优点和缺点就一直保留下来。1684 年，一位旅行者抵达当时巴西的首都巴依亚（圣萨尔瓦多）。他指出该城建筑雄伟，奴隶人数众多，“备受虐待”，也注意到地形不利：“倾斜的街道坡度太陡，套车的马立足不稳”，所以没有马车，仅有驮畜和坐骑。更严重的缺陷在于地势突然降低，把市中心所在的高地与海边的商业区截然分开，以致“需用一种起重机械在海港和城市之间升降货物”。[55]今天可用电梯爬高，但仍旧免不了一番攀登。

同样地，金角、马尔马拉海和博斯普鲁斯海峡之间大面积的海域把君士坦丁堡分成两半，为维持交通必须养活许多水手和渡船工。即便如此，渡海仍有风波之虞。

不过这些不便自有实在的好处作为补偿，否则人们不会接受、不能忍受这类障碍。这些好处经常要从远处才能看出——地理学家们习惯说某一城市的“形势”比附近地区如何优越：海上波涛险恶，金角是漫长的航程中唯一可以躲避风浪的港口。同样地，圣萨尔瓦多对面宽阔的万圣海湾，好比一个小型地中海，有一系列岛屿作天然屏障，是巴西海岸线上最宜于欧洲帆船停靠的地点。1763 年，由于米那斯吉拉斯和哥亚斯的金矿兴旺发达，巴西才把首都南迁到里约热内卢。

这些在远距离上起作用的优点当然是不牢靠的。马六甲几百年来有效地占据垄断地位，“所有经过海峡的船舶都向它低头”；然而 1819 年某一天，新加坡从平地拔起。更好的例子是 1685 年卡迪斯取代了塞维利亚（16 世纪初起，塞维利亚垄断了与“卡斯蒂利亚的印度”的贸易），因为吃水深的货船在瓜达尔基维尔河口不能越过巴拉美达的圣吕卡沙滩。以这一技术性原因为借口而发生的变革可能是合理的，但是卡迪斯的海湾过于辽阔，机灵的国际走私活动从此有机可乘。

话说回来，不管地理位置上的优势是否长期可靠，它们是促成城市繁荣的必要条件。科隆位于莱茵河上不同方向航运的交汇点，从海口上溯的船和从上游下驶的船在它的码头上相逢。多瑙
441 河上的雷根斯堡也是中转港，来自乌尔姆、奥格斯堡、奥地利、匈牙利甚至瓦拉几亚的大吨位货船在此卸货。

可能世界上没有一个地点在近距离和远距离的形势比广州更优越。该城"距海 30 法里，城中水面密布，随潮涨落。海舶、帆船或欧洲三桅船以及舢舨船可以在此相会。舢舨船借运河之便能抵达中国内地绝大部分地区。"布拉邦特人 J.F.米歇尔 1753 年写道："我在欧洲经常观赏莱茵河和默兹河的美景，但同流经广州的这条河让人赞叹的场面相比，前者不如后者的四分之一。"[56] 不过广州在 18 世纪所以交上好运，是因为满洲帝国有心把与欧洲贸易的地点尽可能往南方推移。欧洲商人若能自由行动，他们想必更愿意抵达宁波和扬子江；他们已经预感到上海的重要性以及深入中国腹地会给他们带来的好处。

成千上万个小城市的存在也可以用与当时的运输速度，或者不如说运输的迟缓有关的地理原因来解释。15 世纪德国境内三千个大小城市都是转运站，南部和西部的城市间隔约四到五小时路程，北部和东部约七到八小时路程。它们不仅是热那亚人爱说的"陆路货"与"海路货"的装卸港，有时也是内河船舶与大车的集散中心，甚至是"走山路的骡马与走平地的大车"的宿地，确实任何

城市都欢迎运输活动，重新创造这一活动，周而复始地分散和集结商品和人员。

作为一个真正的城市，城墙内外必有繁忙的活动。卡勒里1697年抵达北京，埋怨说："那天我们遇到许多麻烦，皆因无数车辆、骆驼和马匹进出北京城之故，道路堵塞，移动困难。"[57]

活动作为城市的一大职能在集市上尤为明显。1693年一位旅行家说士麦那"简直就是一个大集市"。[58]任何城市首先必须是一个集市，没有集市，不能想象还会有城市；反过来，在某一村庄附近，甚至在一片空地上或者两条道路交叉处，也可以出现集市，但未必有城市。任何城市都需要扎下根子，受周围的土地和居民的供养。

城市附近一定范围内的日常生活需求都可以取给于城市每日举行或每周一次的集市。一座城市里往往不止一个集市，如马林·萨努铎的《编年小史》就列举威尼斯的各个集市。最大的集市设在里亚托广场，商贩在广场边上自建凉棚，每天早晨营业；水果、蔬菜、野味堆积如山。稍远的地方是鱼市，另一个集市设在圣马克广场。每个区的主要广场上都有集市。货物由附近的农民、帕多瓦的菜民供应；还有水手远道从伦巴第运来羊奶酪。

光是巴黎的中央菜场及其在拉瓦雷滨河道专售野味的部分，就有够写一本书的材料。关于按时侵入巴黎这座大城市的各行各业，也可以写一本书。天蒙蒙亮，贡内斯的面包贩子就来了。半夜里，五六千农民瞌睡未醒，赶着大车"带来蔬菜、水果和鲜花"。然后是沿街叫卖的商贩："活的鲭鱼到货，刚到的鲭鱼！新鲜鲱鱼！烤土豆！"卖牡蛎的吆喝："请买牡蛎！"卖柑橘的叫道："葡萄牙甜 442

巴塞罗那的包奈台特市场。18 世纪无名氏作画。

橙!”住在楼房高层的女佣人们的耳朵训练有素,能在一片喧嚷中听出她们期待的叫卖声,不会下楼白跑一趟。每逢受难周的星期二举行火腿集市,“巴黎四郊的农民大清早就在圣母院前的广场和新圣母院街集合,带来无数火腿、香肠、猪血肠,还用桂冠装饰他们 443
的货物。这对于恺撒和伏尔泰的桂冠该是何等的亵渎!”说这番话的自然是塞巴斯蒂安·迈尔西埃。[59]不过关于伦敦及其为数众多、秩序逐渐好转的集市,也可以写一大本书。笛福及其后继者编写的游览指南(《大不列颠岛周游记》)用四页多篇幅介绍伦敦的市场。该书 1775 年第八次再版。

莱比锡的近郊为该城提供美味的苹果和有名的芦笋,这类地区仅是围绕城市的多层空间中最近的一层。[60]没有大量人员和多种财富的集中就没有城市;每一项集中都要涉及城市周围相当大一块空间。可以证明,每个城市需要与几个不同的空间相联系,每个空间仅部分地满足城市的需求。强大的城市很快就把无比辽阔的空间纳入自己的经济生活范围——15 世纪肯定发生这种事情,大城市于是成为远程贸易的工具,它们把远程贸易推向世界经济的极限,从而活跃了世界经济,本身又从中得利。

这些扩张现象引起一系列相互关联的问题。随着时令的推移,城市的活动范围根据它本身的大小而发生变化;城市受到自己生存节奏的制约,时而胀满,时而空虚。17 世纪时,“平时人口不多的”越南城市逢到每月两次的集市顿时热闹非凡。河内当时还叫“交州”,“商贩在各条街上按行业集合:丝绸、铜器、帽子、苎麻、铁器”。街上拥挤不堪,行人无法挪步。某些商业街道的地盘由几个村子的人包下来,他们“得到特许在那里开业”。这些城市“与其说是城市，不如说是市场”，[61]或者毋宁说是集市。不过城市也罢，市场也罢，集市也罢，它们起的作用是相同的：先是集中人员和财富，然后加以分散。越南和西方一样，没有起这一作用的城市，就不可能有节奏稍快的经济生活。

世界各地的城市，首先是西方的城市，都有自己的市郊。一棵茁壮的树的脚下必有新枝萌发，一个发达的城市必有市郊区。市郊即便是贫民聚居的“棚户区”，也体现城市的活力。有个穷困不堪的市郊也比没有市郊强。

穷人、工匠、内河水手住在市郊；噪声震耳或臭气熏天的工厂、廉价客栈、驿站、邮车用马的马厩、小偷的老巢设在市郊。17 世纪的不来梅焕然一新：砖头房屋覆盖瓦顶，街面铺上石块，新辟几条宽广的大道。但是市郊的房子仍保留茅草顶。[62]不管不来梅、伦敦还是别的地方，从市区到市郊总是降了一级。

塞万提斯经常提到特里亚那是塞维利亚的市郊，或者不如说是市区的延伸部分。无赖、骗子、妓女、警棍在那里聚首，用来做一部情节恐怖的侦探小说的背景非常合适。这个市郊区位于瓜达尔基维河右岸，以浮桥为起点。那座浮桥横断河面，类似伦敦桥封住泰晤士河。趁着海潮从巴拉梅达的圣吕卡、圣玛丽亚港或卡迪斯来到塞维利亚的海船至此无法继续上驶。假如近在咫尺的塞维利亚城里没有那么多“弗拉芒人”或其他外国人，没有那么多暴发户
444 和从新大陆发财回来、只想寻欢作乐的“秘鲁佬”，特里亚那肯定不会那么令人生畏，不会有那么多葡萄棚下的小酒店。1561 年的普查结果表明特里亚那有 1664 所房屋，2666 户人家。以每户四口计算，一万多居民住得相当挤，无异城市。[63]光靠坑蒙拐骗不足以

养活这座城市。特里亚那有生产蓝色、绿色、白色上釉陶砖的工匠，砖上的几何图案显示伊斯兰文化的影响（产品运销西班牙全境，并向新大陆出口）。另有制造白肥皂、黑肥皂和洗涤剂的手工工场。不过特里亚那毕竟还是一个市郊区。卡勒里 1697 年途经此地，他说：特里亚那“除一座查尔特勒修道院、宗教裁判所及其监狱外，无甚可观”。[64]

城市的等级

与大城市相隔一定距离的地方必定会出现小城市。站头的安排取决于运输的快慢和行程的长短。斯丹达尔奇怪意大利的大城市与中小城市的斗争尽管激烈——如 1406 年佛罗伦萨攻陷奄奄一息的比萨，又如 1525 年热那亚堵塞萨沃纳的海港——却不把对手置于死地。大城市之所以仁慈为怀，是因为它们不能不这样做，因为它们需要中小城市。一座大城市必定需要一组次要城市的簇拥，有的为它织布、染色，有的为它组织运输，有的为它提供出海口，如里窝那与佛罗伦萨的关系。比萨深入内陆，且持敌对态度，所以佛罗伦萨选中了里窝那。亚历山大和苏伊士对于开罗，的黎波里和亚历山大勒塔对于阿勒颇，吉达对于麦加，都属于同样情形。

这一现象在欧洲尤为明显，小城市的数量特别多。大概是鲁道夫·哈普克[65]第一个使用“城市群岛”这个漂亮说法。他谈到佛兰德时指出当地的许多城市之间，以及 15 世纪与布鲁日，后来与安特卫普的关系尤为密切。昂利·比兰纳跟着说：“尼德兰是安特卫普的郊区”，这个郊区布满活跃的城市。在比较小的范围内，15

445 

塞维利亚港(细部)，传为科埃罗作品，16 世纪。

世纪日内瓦周围的市场，同一时期米兰周围的地方集市，16 世纪从贝尔湖上的马蒂格直到弗莱儒斯，普罗旺斯海岸上与马赛保持联系的一系列海港，无不扮演同样的角色。还可以举出别的例子：巴拉梅达的圣吕卡、圣玛丽亚港、卡迪斯与塞维利亚联在一起组成庞大的城市群体；威尼斯周围星罗棋布的小城市；布尔戈斯与它的外港（特别是毕尔巴鄂）的联系（布尔戈斯衰落后仍长期维持对后者的控制）；伦敦与泰晤士河和英吉利海峡上的港口的关系；最后汉萨同盟提供了最典型的例子。在最低限度上，我们可以举出贡比涅为例子，该城 1500 年仅有皮埃尔丰一个卫星镇；或者以桑利为例，该城只能控制克累比。[66] 单是这一细节就足以使我们判断贡比涅和桑利的规模。据此我们可以画出许多表示城市之间在功能上的联系和依附关系的图表：有的形成整齐的圆圈，有的呈直线或相交的直线，有的仅是几个点。

不过这些图表只在一定时期内有效。甚至毋须改变交通路线，只要速度加快，有些站头就被越过，失去作用，因而衰落消亡。塞巴斯蒂安·迈尔西埃 1782 年写道："二等和三等城市的居民不 446
知不觉中减少"，流向首都。[67] 弗朗索瓦·莫里亚克曾在他的故乡法国西南部接待一位英国客人。关于这位客人，他写道："他在朗贡的金狮旅馆下榻，当夜在这座已进入梦乡的小城市里散步。他跟我说，英国已没有类似的小城镇了。法国外省生活实际上是一种陈迹，是一个正在消失的世界，一个在别处已经消失的世界的遗留部分。我把我的英国客人领到巴扎斯。这座昏昏欲睡的小城与它宏伟的大教堂形成强烈的对照，当年繁荣的巴扎斯作为巴扎台地区的首府，曾是主教驻地，如今只留下这座教堂做往昔的见证。我们今天很难想象过去的时代，当时每个省份自成天地，讲自己的语言，营造自己的纪念性建筑，拥有一个文雅的、等级分明的社会，不知有巴黎及其时尚。巴黎这头怪物想必是吸干了这份出色的养料才成长起来的。”[68]

巴黎在这件事情上显然不比伦敦更有罪,应由经济生活的普遍运动来承担责任。这一运动把城市网络上的次要点拖得精疲力尽,而主要点却从中得益。在扩大了的世界范围内,这些主要点也组成网络,于是这一以大欺小的活动重新开始。甚至在托马斯·莫尔的乌托邦岛上,首都亚摩洛特周围也有 53 座城市。多么壮观的城市网啊!每座城市与邻近城市至少相隔 24 英里,即不到一天的路程。如果运输速度略为加快,这一体系必将随之改变。

从伊斯兰国家看城市和文明的关系

城市之间另有一个共同点,即它们都是它们从属的那个文明的产物。正是这一共性形成它们各不相同的面貌。每个城市都有一个原型。杜哈德神甫乐于重申(1735 年):“我已在别处说过,中国大部分城市之间几乎没有差别,它们彼此相似,只消见过其中一座,便能想象其他城市的模样。”[69]这些话说得干脆,但不莽撞;在谈到莫斯科公国、美洲殖民地、伊斯兰国家(土耳其或波斯)的城市的时候,谁不认为这些话同样适用呢?经过一番犹豫之后,我们甚至能说这也适用于欧洲城市。

从直布罗陀到巽他群岛,整个伊斯兰地区无疑存在一种伊斯兰城市典型。这一例子已足够使我们了解城市和文明之间的明显关系。[70]

一般讲,伊斯兰城市规模很大,彼此相距甚远。城里低矮的房屋如石榴子一般紧挨着排列。伊斯兰教义禁止(除了几个例外:麦加、麦加的外港吉达、开罗)高层建筑,认为这是可憎的骄傲心理的表现。建筑物不能向高空发展,只得侵占公共道路,何况穆斯林法规对公共道路并没有大力保护。大街成了小巷,两头载货的驴同时通过便能堵塞交通。

一位法国旅行家说(1766 年):伊斯坦布尔“街道湫隘,像我们的古城;街面污秽不堪。两边若无步道,坏天气难于行走。每逢两人交叉,其中一人必须走下步道,或紧贴门坎避让。步道上淋不到雨。大部分房屋仅有两层,上层挑出底层之外,几乎所有房屋都经油漆。这一装饰使墙面显得不那么晦暗凄凉,但气氛仍然沉闷。所有的房屋,达官贵人和最有钱的土耳其人的住宅也不例外,都用 447
砖木建造,涂以石灰:因此一旦发生火灾,顷刻间能造成巨大损失”。[71]

开罗的地形虽与伊斯坦布尔大不相同,但根据伏尔奈 1782 年的描述,两地情况相似。一个世纪以前(1660 年),另一位法国人拉斐尔·杜·芒斯对波斯城市的观察也不见善意。“各城市的街道弯弯曲曲、高低不平,尤多便坑。遵照法令,此辈贱民可在街头之便坑如厕,以防尿液溅湿衣裤,招致不净。”[72]三十年后(1694 年),热梅利·卡勒里的印象相同:在伊斯法罕和波斯全境,街面不铺石子,冬天泥泞,夏天尘灰飞扬。“由于居民常把死畜和宰杀的牲口流出的腥血扔到公共场所,又有随地大小便的习惯,本来就脏的街道变得更脏……”有人把伊斯法罕比作巴勒莫,卡勒里大不以为然:巴勒莫“最次的房子也胜过伊斯法罕最好的房子……”[73]

穆斯林城市的街道确实杂乱无章,维护不善。人们尽可能把街道修在斜坡上,以便雨水和溪流自动承担清洁工作。但是这一

片混乱的地形却暗中服从一个相当有规律的布局。城市中心为清真寺，周围是商业街道、货栈或客店，然后各行各业以这一行业在

448

“大市场一角”，18 世纪末埃及的亚历山大。1812 年的版画。法国国家图书馆版画部。

传统上是否视作洁净为依据，由里到外作同心圆式分布。如香水和香料商“因其供奉神圣，根据教义是洁净的”，离清真寺最近。依次类推是织绸匠、金银匠等。市区边缘留给皮革匠、铁匠、马掌匠、陶工、鞍匠、染匠和出租驴子的脚夫，后者光脚行走，赶着牲口，高声吆喝，彼此争吵。最后，乡下人在城门口出售鲜肉、木柴、变味的黄油、蔬菜、“草药”，总之是他们的劳动产品或“小偷小摸”所得。另有一个规律性的特点：根据种族和宗教信仰划分居住区。伊斯兰城市里几乎必有一个基督教区，一个犹太区，后者通常归统治该城的王公保护，因此位于市中心，如特莱姆森的犹太区。

每个城市相同之外自然还有差异，差异的原因与该城的起源，以及与商业或手工业的重要性有关。伊斯坦布尔的商业中心，两个石头建筑的市场好比城中之城。贝拉和加拉塔是基督教区，在金角外侧自成一城。安德里诺波尔的中心有一交易所。1693 年，“交易所附近的塞拉希街长达一古里，两侧开设出售各种货物的殷实铺子；街道盖有多层木板顶棚，边上留有透光的空隙。”清真寺附近，“有顶棚的街上开着金银铺”。[74]

西方城市的特点 449

世上一切繁华，莫不在西方臻于鼎盛。西方城市的盛况在别处极为罕见。城市造就了欧洲这块狭小大陆的伟大，这一事实虽说尽人皆知，但问题却并不那么简单。确定优势势必涉及与之相对的劣势或中等水平，迟早要与世界其他地方作尴尬的、令人失望的比较。不管我们谈的是服装、货币、城市或资本主义，我们已不能不作比较，因为经马克斯·韦伯的倡导后，欧洲一直在“通过与其他大陆的关系”说明它自身。

什么是欧洲与众不同的特点：欧洲城市享有无与伦比的自由；它们自成天地，自由发展。城市势力之大，竟能左右整个国家。国家的形成十分缓慢，而且不能离开城市居心叵测的帮助；国家扩大了城市的版图，但往往冲淡了城市的特色。城市居高临下统治乡村；世界上未有殖民地以前，乡村对城市已起到类似殖民地的作用，而且受到类似殖民地的对待（后来国家将如法炮制）。由于大小城市星罗棋布、互通声气，城市得以执行自己的经济政策，经常能粉碎障碍，不断为自己取得新的特权，庇护或恢复旧的特权。设想今天的国家一旦取消，各大城市的商会能够自由行动，我们将会有好戏可看！

其实就是不打这个信手拈来的比方，古老的事实本身已经令人瞩目了。这些事实引出一个关键问题，而这一问题可以用两三种不同方式表达：为什么世界上其他地方的城市没有获得西方城市的相对自由？是哪个因素或哪些因素阻碍其他地方城市的自由发展？或者从另一角度看同一问题：为什么西方城市不断变革——甚至它们的外形也在改变——，而其他城市相对说没有发生什么事情，好像被长期埋在地下，不得动弹？套用列维-斯特劳斯的说法，为什么有的城市像蒸汽机，有的城市像时钟？总之，比较史学要求我们寻找这些差别的原因，并为西方城市喧闹的发展总结一个“模式”。这一模式将是充满活力的，而世界上其他城市遵循的模式似乎沿直线前进，从古至今没有出现任何意外。

自由的世界

欧洲的城市自由是个已经说明的古典课题；我们就从这个课题发端：

我们可以简单地归纳出如下几点：

一、罗马帝国末期，西方确确实实丧失了它的城市框架。其实在蛮族入侵之前，罗马帝国的城市已逐渐衰落。虽说墨洛温王朝时代城市一度有所活跃，但在这以前或以后，城市生活已几乎完全 450
停顿，呈现一片空白。

二、城市的振兴从11世纪起加快。这一振兴与乡村的发展齐头并进，当时涌现大批新辟的农田、葡萄园和菜园。城市的发展与农村保持协调，城市权利往往脱胎于农村的集体特权。城市通常不过是对农村的一种改组。法兰克福（直到16世纪仍是一派田园风光）地图上许多街道的名称还保留着对树林、树丛和沼泽的回忆，这一城市本来就是在这个地理环境中发展起来的。[75]

农村的改组顺理成章地把乡村政治和社会权力的代表者——领主、王公和教士——带进新兴的城市。

三、如果没有农村经济生活的全面恢复和货币经济的普遍扩张，改组不可能发生。货币可能是远方来客（莫里斯·隆巴尔认为货币来自伊斯兰国家），但它异常活跃，起了决定作用。在托马斯·阿奎那以前两个世纪，阿兰·德·里尔已经说过："现在决定一切的不是恺撒，而是金钱。"说的是金钱，其实也就是城市。

在这些享有特权的城市周围，很快就不再有国家存在。意大利和德国13世纪政治上解体以后，便出现这一局面。龟兔赛跑，这一次破例是兔子领先。其他地方，如法国、英格兰、卡斯蒂利亚，甚至阿拉贡，辖有整片领土的国家不久又重新建立起来。这些国家束缚城市的发展，何况它们境内的城市所处的经济空间本来就不具备强大的活力。这些城市的发展速度不如其他地方。

但是主要的、出乎意料的事实，乃是某些城市完全突破了政治空间的限制，获得充分自治，变成"城邦国家"。这类"城邦国家"享有许多合理的或不合理的特权，而每一项特权都像城墙一样给它们一重法律保障。历史学家从前可能过分强调这些"法权"，因为这些法权虽说有时可能驾于地理、社会学和经济因素之上，或者与之并列，但是后者毕竟起到很大的作用。一项特权如无物质内容，还有什么意义呢？

事实上，西方的奇迹不尽在于它经历了 5 世纪的一场浩劫以后，于 11 世纪又告复苏。城市的这类绵延数百年的反复——扩张、诞生或复兴——历史上屡见不鲜：公元前 5 到 2 世纪的希腊，古罗马，9 世纪起的伊斯兰国家，宋代的中国莫不如此。但是每个复苏时期都有两名赛跑选手：国家和城市。通常是国家赢了，于是城市隶属于国家，受到强有力的控制。欧洲最初的城市繁荣时期发生的奇迹在于城市遥遥领先，赢得这场比赛，至少在意大利、佛
451 兰德和德国如此。相当长的时期内，城市充分体验独立生活。这一巨大事件的起源还没有研究清楚，但是它产生的重大后果十分明显。

城市的现代性

大城市以及与它们有联系，以它们为榜样的其他城市利用这

个自由建设了一种独特的文明，传播了新的技术，或者发掘和更新了几个世纪前原有的技术。不论属于何种情况，这些都使城市有可能在政治、社会和经济等领域完成了相当难得的试验。

在金融领域，城市组织了税收、财政、公共信贷和海关，发明了公债。威尼斯“老山”的历史事实上可以上溯到1167年，而最初形式的圣乔治公司始于1407年。热那亚可能在12世纪末即铸造“热诺维诺”，[76]其他城市相继效法，也铸造金币。城市组织了工业、手工业，发明或重新发明远程贸易、汇票、商业公司和会计制度的早期形式。不久以后，城市内部的阶级斗争也出现了。这是因为，虽然人们说城市是个“集体”，城市也是现代意义上的“社会”，有它自身的紧张状态和同室操戈：贵族与市民对抗，穷人与富人（“瘦人”与“胖人”）对抗。佛罗伦萨的内部斗争与其说是古罗马式的冲突，不如说它已深刻地揭示了19世纪工业社会的对峙。“下等行业工人”（1378年）的悲剧足以证明这一点。

但是这一内部壁垒分明的社会却能团结一致对抗外敌：领主、王公、农民以及所有不具本城公民资格的人，这些城市是西方首次形成的“祖国”，而且市民们的爱国主义精神肯定在很长时期内比以眷恋乡土为内容的爱国主义更一致、更自觉。后一种爱国主义历时很久才在第一批民族国家里出现。有一幅滑稽画表现1502年6月19日纽伦堡市民与进攻该城的勃兰登堡-安斯巴赫家族的卡西米尔总督作战。不必追问这幅画是否为纽伦堡市民绘制的；看到这幅画，人们就可以具体想象市民的爱国主义热忱。画中大部分市民系步兵，穿日常衣服，不披甲胄。他们的首领骑在马上，穿黑色衣服，正与人文主义者威利巴德·皮尔克海默交谈。后者戴一顶当时流行的插有鸵鸟毛的大帽子。另一个同样意味深长的细节是他带来一支部队增援被攻击的城市，帮助它维护自己的权益。勃兰登堡的进攻者是清一色重装骑兵，头盔的脸甲翻下来遮住面部。画中一组三个人可以视作城市为保卫自由与王公、领主斗争的象征：两个面部暴露的市民自豪地挟住一名顶盔戴甲的骑士，把他带走；后者因为当了俘虏，不知所措。

这便是"市民"，便是市民的小型祖国：话就这样说出口了，虽然荒诞，却很合适。威纳尔·桑巴特十分强调市民社会诞生的意义，更强调这一社会代表的新的精神面貌的意义。他写道："如果我没有搞错，具备完美素质的市民是在14世纪末首次出现的。"[77]当然这样说也未尝不可。事实上，1293年主要行会——羊毛业和染色业——在佛罗伦萨取得政权，已经意味着旧富人和新富人的
452 胜利，创业精神的胜利。桑巴特和平时一样，宁可从精神面貌和唯理精神的角度提出问题，他担心陷入马克思的思路，所以避免从社会或者经济角度看问题。

一种新的精神面貌由此形成，这大致上正是仍在彷徨中的西方早期资本主义的精神面貌，包括一整套规则，一系列可能性和计算，同时又代表一种生活和致富的艺术。既是赌博，必有风险：商业语汇的关键名词——财富，冒险，理智，谨慎，保险——确指出应该提防的风险。当然不能像贵族那样得过且过。贵族挥霍无度，入不敷出，全不顾以后的日子怎样打发。商人注意节俭，根据收益
453 决定支出和投资。他们还知道节省时间：一位商人已经说过：chi tempo ha e tempo aspetla, tempo perde。[78]这句话若译成"时间就是金钱"，虽然不够忠实，却合乎逻辑。

在西方，资本主义和城市实际上是合二而一的。路易斯·蒙福特认为，“新兴的资本主义”用新的商业贵族的权力取代了“封建主和行会市民”的权力时，固然挣脱了中世纪城市的狭小范围的束缚，但是最终又把自己绑在国家身上；国家战胜了城市，但是继承了城市的各项体制和精神面貌，它完全不能脱离城市而生存。[79]重要的是，城市即便作为城邦国家衰落了，它仍旧占据显要地位；它在事实上或表面上转而为国王服务的同时，继续称王道霸。国家的命运将与城市的命运不可分：葡萄牙的财富集中到里斯本，荷兰的精华全在阿姆斯特丹，而英国的霸权就是伦敦的霸权（1688 年的和平革命以后，英国全国听命于首都）。西班牙帝国在经济上的严重失误在于它以塞维利亚为依托，而这个城市不但处在贪官污吏的腐蚀和监视之下，而且长期以来听凭外国资本家的摆布。它没有依托一个强大的、自由的、能任意制订并推行一项真正的经济政策的城市。同样地，路易十四虽然多次筹划（1703、1706、1709年），仍不能建立“皇家银行”，这是因为巴黎不能作为一个自由行动、承担责任的城市提供不受君主权力约束的庇护所。

西方的城市形态有没有一个“模式”？

假如我们要写一部欧洲城市史，包括从古希腊城市到 18 世纪城市呈现的所有形态，即欧洲在其境内或境外，东至莫斯科公国，西至大西洋彼岸建立的大小城市，材料是如此丰富，根据政治、经济或社会等标准，简直有一千种不同的分类方式。如果采用政治标准，可以区分首都、要塞、“行政”城市（“行政”这个词在这里取其全部含义）。若按经济标准，可以区分港口、陆路商队的站头、商业城市、工业城市、金融中心。取社会标准,则有食利者居住地、教会中心、司法中心、手工匠集中地……这里可以列出一系列范畴,每个大范畴又可以分成若干个小范畴,足以把各地的变异形态收罗无遗。这种分类方法自有其长处,但是这些长处并非体现在对城市的总体研究上,而是体现在对某一有限时空中的特定经济形态的研究上。

相反,另一些更具普遍性并且遵循城市进化程序的分类原则,对我们从事的研究更为有用。概括说,西方城市经历了三种主要类型:开放型城市,此类城市与其周围农村区别不分明,甚而融为一体(A);封闭型城市,此类城市处于严格意义上的封闭状态,它们的城墙不仅划定其范围,并且限定其性质(B);最后是受监护的城市,这一范畴包括所有以各种形式臣服于某一君主或某一国家的城市(C)。

大体上,A 先于 B,B 先于 C。但是这一次序并无严格性;与其说是先后次序,不如说是发展的方向和方面,西方城市经历的错综复杂的命运就依这些发展的方向和方面为转移。并非所有城市同时演进,演进方式也各不相同。我们然后再看,这种分类方法是否适用于世界各地的城市。

456 第一类:古希腊或古罗马城市。此类城市向周围农村开放,与农村处于平等地位。[80]无论是以牧马为业的贵族,或者是阿里斯托芬喜爱的葡萄种植者,雅典一概视为城内的正式公民:每当普尼克斯山上升起烽烟,他们便纷纷进城,赶往人民会堂,与雅典市民共商大计。伯罗奔尼撒战争初期,阿提卡的全体农村居民自动撤向雅典城内,安顿下来,斯巴达人则大肆掳掠,毁坏耕田、橄榄园和房

纽伦堡的埃吉特-泰莱兹广场，丢勒作画。纽伦堡国家博物馆藏品。

舍。冬天来临，一待斯巴达人撤退，农民重返乡下旧居。事实上，古希腊城市是一个城市加上它周围辽阔的农村。事情之所以如此，是因为当时城市刚刚诞生（一二百年的历史在这个问题上微不足道），刚从混沌的农村中脱颖而出；更重要的是，产业分工这一将在后世造成城乡不和的原因当时还不存在。雅典固然有一个专门生产陶器的郊区，陶工在那里定居，但是他们的店铺极为狭小。雅典还在贝雷乌斯有一个外港，那里麇集外国侨民、被释放的奴隶以及奴隶；该地虽说有颇具规模的手工业，但谈不上工业或早期工业。以土地贵族为主体的社会蔑视手工业生产，对之怀有偏见，因此只有外国人或奴隶经营手工业。尤其重要的原因是，雅典的繁

巴黎圣母院桥，桥上的高大房屋到 1787 年才被拆毁。塞纳河右岸，贴近格外繁忙的杂货交易：小麦、木料、干草。18 世纪的版画。加那瓦莱博物馆。

荣历时不久,社会及政治冲突不够成熟,来不及形成“佛罗伦萨式”的对抗。人们仅能发现一些冲突的迹象。何况农村还有自己的工匠,村里的铁匠铺是村民冬天取暖的好去处。总之,雅典的工业仅具雏形,由外国人经营,不引人注目。同样地,假如我们游历古罗马城市的遗址,一出城门,我们就突然处身乡间:没有郊区,也就是说没有工业,没有活跃的、在各自领域内组织得很好的手工业。

封闭型城市本身就是一个整体,一个微型的、排它的国家。中世纪城市属于这一类型。通过城门,就好像越过当今世界一条仍有实际意义的国境线。在界线的那一边,你尽可嘲弄你的邻人:他拿你没有任何办法。离乡背井进入城市的农民马上变成另一个人:他是自由的,就是说他摆脱了可恶的原有奴役,接受另一些他事先并不一定知道内容的新的奴役。不过后一条无关紧要。如果他已蒙城市接纳,就可根本不必理睬领主的追查。18 世纪在西里西亚,在莫斯科公国内直到 19 世纪,还能经常听到这类在别处久已不闻的追索逃亡农奴的要求。

虽说城市敞开大门,但并非进入城市就能立即真正成为城市的一员。享有充分权利的市民是少数,他们竭力维护自己高人一等的地位。威尼斯市政会议 1297 年起不再接纳新成员,从此成为富人的堡垒。威尼斯的贵族在几世纪内一直形成一个封闭的社会等级。难得有人打破壁垒,跻身其间。在贵族下面的普通市民阶层无疑比较开放,但是市政会议很早就确立两种公民权:完全公民权和部分公民权。需要住满 15 年才有资格申请部分公民权,住满 20 年方得申请完全公民权。这一规则极少例外,它不仅用明文规定,并且反映某种疑虑:元老院 1386 年公布的法令甚至禁止新公民(包括取得完全公民权者)在威尼斯的“德意志商馆”内外与德国商人直接贸易。普通市民同样对新来者怀有戒心甚至敌意。马林·萨努铎记载,1520 年 6 月威尼斯市民在街头与新从大陆迁来 457
的农民斗殴,后者是应召来当兵或狱卒的。市民们对他们喊道:“胆小鬼,滚回去种你们的地吧!”[81]

当然威尼斯是个极端的例子,何况威尼斯之所以能维持它独特的体制直到 1797 年,不仅因为它有一个极其反动的贵族制度,也因为它在 15 世纪初征服整个意大利半岛,得以把它的权力扩张到阿尔卑斯山和布雷西亚。它将是西方最后一个城邦国家。16 世纪的马赛也轻易不授予公民权,必须“住满十年,拥有不动产,娶本地女子为妻”者才有资格申请。多数人不符合条件,只能视作非马赛公民。对于公民资格持这种狭隘观念乃是各地的普遍规律。

工业和手工业以及它们的特权和利润究竟属于谁?这个问题将长期成为争执的焦点。事实上属于城市,属于城市的掌权者及承包商。由他们决定是否应该从城市周围的乡村地带夺走,或者设法夺走纺纱、织布、漂染等行业的权益,或者相反,把这些权益让给农村是否更为有利。孤立研究每一城市的历史时可以看到,在这种反复过程里什么事情都可能发生。

在城墙内部,就劳动(我们不敢冒昧说“工业”)而言,一切安排旨在满足或者应该满足某些行业的要求。这些行业享有独家或联合垄断权,它们拼命维护自己的特权,但因权益之间的界限不甚分明,很容易由细故导致冲突。城市当局不能始终控制局势,或早或晚,当局总得听任某些行业确立特殊地位。这些行业财力雄厚或有权势作奥援,它们享有的荣誉和占有的明显优势得到一致公认。

巴黎从1625年起,“六大行”(呢绒商、食品杂货商、缝纫用品商、皮货商、针织品商、金器商)成为商业界的贵族;佛罗伦萨则由羊毛业和染色业(为从北方进口的本色布料染色)执商界牛耳。德国的城市博物馆最能说明这些古代的事实。比如在乌尔姆,各行各业都拥有一组三折画,两侧的画面表现该一行业的典型活动,中央画面犹如一本珍藏的家庭相册,容纳无数小幅肖像,都是几百年间这一行业中世代相袭的师傅们的尊容。

18世纪伦敦市及其附属部分(贴近城墙外侧)提供了更为显著的实例,几个偏执、守旧但又势力强大的行会盘踞其间。一位见识高明的经济学家1754年写道:威斯敏斯特及其近郊区不断发展的原因很明显:“这些近郊区不受束缚,它们为任何勤奋的公民提供活动天地,而伦敦市里养着92家专利公司(行会),但见它们的众多成员一年一度摆出乱糟糟的排场庆祝市长就职。”[82]我们就在这个美丽的形象上打住吧。在伦敦周围或其他地方,各种不加入行会的自由行业形成劳动组织的另一岸;行会及其组织系统既提供保护,也带来束缚。对这些自由行业,我们在此且不必细表。

最后一类:受监护的城市。此类城市出现于近代史初期,欧洲各地皆然。国家一旦巩固了自身的地位,就怀着本能的狂热,着手用暴力或其他方法迫使城市就范。哈布斯堡王朝、教皇领地、德意志王公、梅迪契家族和法国国王不约而同地务使城市听命。只有尼德兰和英国是例外,那里的城市自然而然地服从国家权力。

458 请看佛罗伦萨:梅迪契家族逐渐制服了这座城市。洛朗佐时代采取的手法还不失温文尔雅,但是1532年这一家族重新执政以后,事态就加剧了,到17世纪,大公的宫廷主宰了佛罗伦萨。大公掌握一切:钱财、兵权、颁发勋位权。从阿尔诺河左岸的比蒂宫通向彼岸的一道走廊实际上是一个秘密通道,以便大公不时光临市府。这道建筑优美的走廊今天仍在旧桥上。它是大公为监视被囚禁的城市而编织的蜘蛛网上的一根丝。

西班牙的"总督"职在管理城市,使各"自治单位"听从王室的摆布。当然王室把相当可观的利益和地方行政权让给当地的小贵族,后一项让步并能满足他们的虚荣心;每逢议会开会,王室召集各城市议会议员(他们可以买卖公职)的代表。西班牙议会表面上一本正经,议员纷纷诉说地方上的疾苦,不过临到表决国王新增的捐税时,全体投票赞成。法国有一批城市享有市政特权和多种税收豁免权,但这并不妨碍它们对国王俯首贴耳。国王政府 1647 年 12 月 21 日宣布加倍征收入市税,并规定此项收入的一半应上缴国库。巴黎同样听命于国王,它经常被迫报效国库。金额庞大的所谓市政债券即在巴黎发行。甚至路易十四也没有抛弃首都。凡尔赛与近在咫尺的巴黎之间实际上没有明确的界线,法国王室自古以来习惯于围着这座强大的、使它畏惧三分的城市打转。朝廷设在枫丹白露、圣日耳曼和圣克鲁;卢浮宫位于巴黎边缘,杜依勒里宫差不多在巴黎外面。这些人满为患的城市宜于从远处治理,至少应该不时与之保持距离。菲力浦二世常年住在埃斯科里亚尔,当时马德里刚被选作首都。后来,历代巴伐利亚公爵住在宁芬堡;弗里德里希二世住在波茨坦;奥地利皇帝住在维也纳附近的申博恩。再说路易十四,他虽然不住在巴黎,但并没有忘记在巴黎确立他的权力和威望;他在位期间,巴黎建成两个巨大的王家广场:胜利广场和旺多姆广场,荣军院这一奇妙的建筑也在此时开工。

多亏路易十四，巴黎才能效法巴洛克城市的风格，向邻近农村开放：通向市郊的宽阔大道上车水马龙，阅兵式也在那里举行。从我们的观点来看，最重要的事实是1667年设立权势炙手可热的警察总监职务。三十年后(1697年)，第二位总监阿尚松侯爵建立警察机器。塞巴斯蒂安·迈尔西埃解释说，“这部机器与它今天的样子不尽相同，但是他首先设计出主要的发条和齿轮。有人甚至说这部机器今天已在自动运转”。[83]

不同的演变途径

城市的演变当然不是自发进行的，不是一种与外界隔绝的“内生”现象。这一演变始终受制于从内部和外部对之施加压力的社会。从这个观点来看，我们再次声明，我们的分类方法过于简略。交代了这一点以后，且看严格范围内的西欧以外的城市是怎样演变的。

459 1.美洲殖民地的城市。确切说，应是葡属和西属美洲，因为英国殖民地的城市处境不同，它们必须独自谋生，从“野蛮”状态走出来，与广阔的世界建立紧密的联系。不妨说这些城市是中世纪城市。葡属和西属美洲城市的命运比较简单，更受限制。这些像罗马军营一样围在四堵土墙里面的城市是军队的戍地，在四周充满敌意的辽阔疆域中显得孤立无依，城市之间的交通联系极慢，因为彼此相隔太远。到这个时代，享有特权的中世纪城市基本上普及整个欧洲，奇怪的是在葡属和西属美洲建立的城市仍旧属于古代类型。只有总督驻扎的大城市是例外，墨西哥、利马、智利的圣地亚哥、圣萨尔瓦多(巴依亚)；这些城市是行政机关驻地，已有寄生性质。

哈瓦那的主要市场老广场全景。美洲地理画册。18 世纪。法国国家图书馆版画部藏品。

那里没有严格意义上的商业城市；以商业活动为主的城市地位不高。例如商贾云集的累西腓与毗邻的奥林达相比只是二等角色，后者是大种植园主和奴隶主居住的贵族城市。不妨说二者的关系类似伯利克里时代贝雷乌斯或法莱尔与雅典的关系。布宜诺斯艾利斯于 1580 年重建后，也是一个商业城镇，相当于古希腊的美加拉或爱琴那。这个城市运道不好，周围都是“好斗的”、未开化的印第安人，居民抱怨他们必须“出力谋生”，因为在葡属和西属美洲白人本应坐食，不事生产。不过有骡帮或装载木料的大车不断从安第斯山、从利马来到，布宜诺斯艾利斯与波托西的银矿发生关系；帆船从巴西运来糖和黄金；通过黑奴船的走私活动，与葡萄牙和非洲也有联系。不过在新生的阿根廷的“蛮荒世界”中，布宜诺斯艾利斯属于例外。

美洲城市通常没有这些来自远方的馈赠，规模很小。它们自己管理自己：没有人过问它们的命运。地主是这类城市的主人，他 460

们的住宅正面朝街,墙上嵌有拴马的铁环。在巴西的市政议会里他们被叫做“善人”,在西班牙殖民地的市政议会里他们被称为庄园主。这些城市好比埃帕米农达斯时代小型的斯巴达和底比斯。我们满可以说,这是西方城市的历史在美洲重演。当然这些城市与周围农村没有明确界限,城乡之间也不平分工业生产。工业稍具规模的地方,如墨西哥城,从事生产的都是奴隶或有实无名的奴隶。不能设想中世纪类型的城市居然使用农奴工匠。

2.俄国城市怎样归类?乍眼看来,经历了蒙古入侵的洗劫后保存下来或重新建立的城市无疑不再遵循西方模式。这些城市,如莫斯科和诺夫哥罗德,规模很大,但往往控制很严。16 世纪仍流行一句俗话:“谁也不能反抗上帝和伟大的诺夫哥罗德”,但是事实并非如此。1427 年和 1477 年,这座城市两次受到教训,后一次它被迫交出 300 车黄金。处决、流放、没收财产屡见不鲜。尤其是俄国城市之间的贸易往来需要穿过无边无际、已呈亚洲风貌的荒凉地带,因而极其缓慢。1650 年和过去一样,内河船舶、雪橇和车队的行动甚为不便,旷日持久。甚至接近村落往往也会带来危险,因此每晚都要在旷野歇宿,像在巴尔干的大路上一样把车辆排成圆圈,人人准备自卫。

由于上述原因,莫斯科公国的城市不能号令周围气势雄壮的乡村。与其说城市把自己的意志强加给农民,不如说农村支配着城市。俄国农民虽说生活贫困,朝不保夕,经常流动,却有极其旺盛的生命力。下述事实具有决定意义:“东欧国家从 16 到 19 世纪每公顷作物产量基本不变”,收成很差。[84]农村若不能提供丰富的多余产品,城市就谈不上安稳。西方经济繁荣、贸易发达的一个特征是它拥有许多次等城市；俄国大城市没有次等城市与之配套。

俄国拥有众多的无地农奴。领主和国家认为他们没有偿债的能力，倒不如让他们进城谋生，或者到富农家里干活。农奴在城里变成乞丐、捡破烂的或兼开铺子的手艺人，也有经营工商业而发财致富的。留在原地的农奴在村里当手工匠，或当流动商贩，或搞运输（农民专营的行业），以便补贴开支。正因为领主予以鼓励，没有任何力量能阻挡农民对财富不可抗拒的追求。领主也从中获益，因为这些工匠和商人不管在社会上取得多大成就，仍旧保有农奴身份，必须缴纳贡赋。[85]

上述形象加上其他形象勾勒出的俄国城市的命运，颇似西方在城市化初期的景象。说得更清楚一些，有点像 11 到 13 世纪时期的西方。在那过渡时期，几乎一切都来自农村，由农民哺育成长。我们还可以说这是 A 与 C 之间的中间状态。不待 B 出现，君主已经像寓言里的食人者那样在一旁虎视眈眈了。

3.东方和远东的帝王都城。当人们离开欧洲，来到东方，人们 462
遇到同样的问题，同样的但是体现在更深层次上的模棱两可性。

在伊斯兰世界，与中世纪欧洲城市类似的城市只是在土耳其帝国崩溃时才出现，它们一度得以主宰自己的命运。伊斯兰文明于是经历一段黄金时代。但是放松控制的时间不长，而且只有伊斯兰世界边缘地区的城市从中得利。科尔多瓦肯定占了便宜，15 世纪那些真正的城邦共和国，如葡萄牙占领（1415 年）前的休达，或者西班牙占领（1509 年）前的奥兰，也是获益者。然而，常见的城市是君主（往往是哈里发）驻节的大城市，如巴格达或开罗。

遥远的亚洲城市也是帝国的中心，有的是王国的首都。这类城市规模巨大，居民不事生产，奢靡成风。德里和维贾亚纳加尔，北京和在它以前曾是首都的南京（虽然人们想象后者与前者不同），皆属此例。我们不必惊讶君主在这些城市里举足轻重。每当一个君主被他所在的城市，确切说被他的宫廷搞掉，另一个君主立即上台，城市重新称臣。我们同样不必惊讶这些城市没有能力夺走农村的全部行业：这些城市既是开放性的，又是受监护的。因此，印度和中国一样，社会结构妨碍城市自由发展。东方城市未能

461

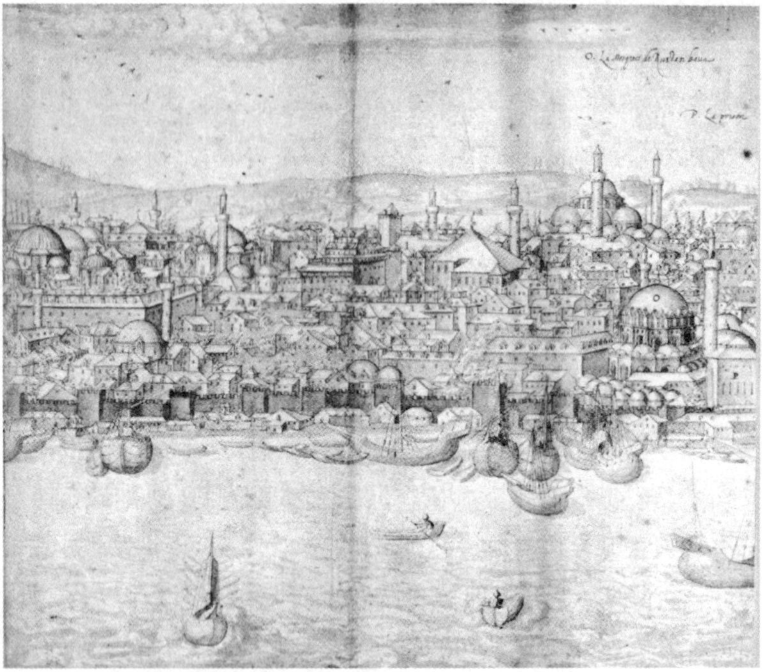

16 世纪的伊斯坦布尔，面向金角的市区正面（细部）。法国国家图书馆版画部。

实现独立，原因不仅在于官吏的刑罚或者君主对商人和普通市民滥施淫威；而且还因为社会本身事先就处于某种结晶状态。

印度的种姓制度注定任何城镇难免内部分裂，成为一团散沙。中国的绅权妨碍城市内部各种成分相互混合，而西方城市的特点正是来源于这种混合。西方城市好比一台机器，善于粉碎旧的联系，把所有人放在平等的位置上，何况移民的涌来在城市里造成一种“美洲式”环境，早就安顿下来的人定下调门，向后来者传授“生活方式”。另一方面，没有任何独立的权力机构能代表中国城市与国家或与势力强大的农村抗衡。中国的生命、活力和思想集中在农村。官员和贵族居住的城市不是工艺和商业的理想场所；资产阶级在这种城市里不能从容成长。再说，资产阶级在这种城市里刚刚形成就想背叛自己，因为它无力抗拒官员的豪华生活对它的吸引。如果个人和资本主义能够自由发展，城市就会过上舒心日子，但是国家作为监护人不情愿看到这种局面产生。在国家有意无意地放松监督的时候，如 16 世纪末期，中国曾出现一个资产阶级，经历一阵经营工商业的热情。在北京附近的大规模冶铁工场，景德镇发达的瓷器工场，尤其在江苏省会苏州蓬勃兴起的丝织工场里，我们看到这个资产阶级扮演的角色。[86] 不过这股热情为时甚短。满人征服中国后，这场危机将在 17 世纪以不利于城市自由的方式得到解决。

只有西方义无反顾地倒向城市这一边。城市推动了西方的发展。我们再次强调，这一事件意义极其重大，但是其深层的原因尚未得到圆满的解释。人们很想知道，假如中国的帆船在 15 世纪初发现了好望角并且充分利用这一征服世界的机会，中国城市又会变成什么样子。

463 大城市

长期内，只有东方和远东才有大城市。马可·波罗的赞叹说明这一点，当时巨大的帝国和庞大的城市都在东方这一边。16世纪以及随后的两个世纪，城市在西方成长，争得头等角色，并且从此出色地扮演这个角色。欧洲于是赶上了差距，弥补了缺陷(如果说欧洲在这一方面存在缺陷)。总之，欧洲也尝到大城市和当时已经出现的过分巨大的城市提供的奢侈，新的享乐以及悲辛。

责任在谁？国家的责任

假如没有国家的持续进步，不能设想欧洲会出现这一姗姗来迟的城市兴起局面。国家赶上了城市飞速前进的脚步。从此以后，国家的首都不管是否称职，总是得到优先照顾。从此以后，各国的首都之间展开现代化竞赛，看谁最早铺设人行道，设置街灯，使用蒸汽泵，建立完备的饮用水供给系统，编制门牌号码。伦敦和巴黎约在大革命前夜已有这些设施。

一个城市若错过这一时机，必然向隅落伍。它的旧躯壳保存得越是完整，这一躯壳就越可能被掏空。16世纪时，城市无论大小，人口普遍增长。到17世纪，政治机遇集中在几个城市，其他城市不得与闻；尽管形势不利，这些城市仍在不断扩张，吸引着人员和各种特权。

伦敦和巴黎带头，那不勒斯也不甘落后。后者很早就享有特权，在16世纪末已有30万居民。由于法国内乱，巴黎1594年的人口可能降为18万人，但这个数字到黎塞留时代将翻一番。别的城市，如马德里、阿姆斯特丹，随后是维也纳、慕尼黑、哥本哈根，还有圣彼得堡，紧跟在这些大城市后面。只有美洲迟迟跟不上脚步，但是当时美洲的总人口很少。矿业基地波托西不合时宜的繁荣（1600年有10万居民）仅系昙花一现。墨西哥城、利马或里约热内卢尽管声名显赫，却迟迟不能集中大量人口。1800年前后，里约至多只有10万居民。至于勤奋、独立的合众国城市，更不能与这些大都会相比。

在大城市兴起的同时，第一批现代国家终于形成。这一巧合在某种意义上可以解释为什么东方和远东那么早就出现大城市。东方和远东城市的规模并非与人口密度相适应——这一密度曾被认为高于欧洲，我们现在知道其实不然——而是与这些国家强大的政治凝聚力相称：伊斯坦布尔16世纪已有70万居民，但是在这个大城市背后存在着巨大的奥斯曼帝国。北京1793年有300万居民，在它后面是统一的中国。在德里后面也有几乎统一的印度。

印度的实例表明这类以官员为居民主体的城市与君主的关系十分密切，甚至到了荒谬的地步。政治困难，甚而君主的一时喜 464
怒，往往成为迁都的原因。除了贝拿勒斯、阿拉哈巴德、德里、马都拉、特里希诺波里、穆塔尔、汉德那尔几个例外——不过这些例外正好证明规律的存在——印度城市历史上曾在相当远的距离上迁移。甚至德里也曾在它的基础上移动过两三次；移动的距离不大，好比在原地跳舞。孟加拉的首都1592年在拉杰诺戈尔，1608年在达卡，1704年在穆希哈德。因此，城市一旦被君主抛弃，顿时陷入萧条、走向衰落,有时还会死去。若交上好运,它又会重新繁荣。1664年,拉合尔的“房屋比德里和阿格拉的还要高,但是因为朝廷二十多年未曾驻跸,大部分房屋已经倾圮。还剩下五六条颇具规模的大街,其中两三条的长度超过一法里,但是街上许多房屋已经倒塌”。[87]

此外,毫无疑问,德里对莫卧儿皇帝的依赖程度超过巴黎对路易十四的依附。尚德尼·丘克大街上的银行家和商人不管多么有钱,他们在君主、宫廷和军队面前无足轻重。奥朗则布1663年行幸克什米尔时,德里全城都跟在他后面,因为没有皇帝的恩宠和赏赐,这座城市就活不下去。这些人组成一个令人难以置信的嘈杂队伍。一位参加这次巡幸的法国医生估计他们约有三四十万人。[88]难道我们能够设想巴黎全城1672年追随路易十四到荷兰去,或者1744年扈从路易十五到麦茨去?

同一时期日本城市的繁荣堪与欧洲城市的兴起比拟。1609年,罗德里戈·维韦罗漫游日本列岛,对所见所闻赞叹不已时,旧都京都已不是最大的城市,天皇在那里徒拥虚名。[89]京都有40万居民,排在江户后面。江户有50万居民,庞大的驻军不计在内;加上驻军及其家属,总人口超过100万。商贾云集的大阪有30万居民,居第三位。大阪当时正处于大发展的前夜,到1749年它将有40万居民,1783年有50万居民。[90]17世纪的日本将是大阪的世纪,“资产阶级的”世纪,颇具佛罗伦萨的气象。贵族体制在某种程度上得到简化,现实主义文学繁荣。这一文学在某些方面具有大众性,用本国语言而不用汉语(文人学士的语言)写作,喜欢从史实和花街柳巷的风流韵事中汲取题材,谐趣横生。[91]

但是不久江户将取代大阪的地位。江户是大权独揽的幕府的驻地,衙署林立,有钱的地主聚居。大名每年必须在那里居住半年,多少受到监视;他们到江户去或从江户回来时带着众多的随从,排场豪华。17世纪初幕府改组后,大名在城里一个与平民分开、专供贵族居住的区域内建造住宅,唯独贵族家的"大门上饰有描金的族徽"。根据一个西班牙人1609年提供的情况,有些画着族徽的大门价值超过两万杜加。[92]东京(江户)从此不断扩张。18世纪东京可能有两个巴黎那么大,但是当时日本的人口比法国多,它的政府无疑也与凡尔赛的政府一样专制集权。

大城市起什么作用? 465

根据一种简单的、有强制性的政治算术法则,似乎一个国家越大、越集权,它的首都的人口就越多。这个规律对中华帝国、汉诺威王室治下的英格兰、路易十四和塞巴斯蒂安·迈尔西埃时代的巴黎同样适用。甚至阿姆斯特丹作为联合省的真正首府,也符合这一规律。

我们将看到,这些城市耗费巨大的开支,它们的经济只能借助外部力量达到平衡,也就是说别人应该为它们的奢侈生活付钱。那么,在城市纷纷出现、凌驾四邻之上的西方,这些城市起到什么作用呢?它们负有建立现代国家的艰巨使命。它们标志着世界历史的一个转折点。它们形成民族市场,没有这个市场现代国家只能在纸上谈兵。因为促使不列颠市场诞生的原因不仅是英格兰和苏格兰的政治合并(1707年)及英格兰和爱尔兰的合并法令(1801年),也不仅在于取消林立的税卡(此举本身造福匪浅),发展运输,狂热地开凿运河和利用海上交通(不列颠群岛四面环海,自然条件利于开展自由贸易)。更大的原因是商品的洪流不断流向伦敦或从伦敦流出,伦敦变成巨大的、要求大量血液供应的心脏,它把自己的搏动节奏传到各地,打乱一切,又使一切归于平静。此外,大城市好比温室,它们在发扬文化、推动学术以及传播革命方面起着巨大作用。不过大城市起到的作用是有代价的,它需要别人付出高昂的代价。

丧失平衡的世界

一切非钱莫办,或用内部的财力,或用外部的财力,最好同时借助内部和外部的力量。阿姆斯特丹就是这样建成一个壮观的城市的。它发展迅猛,1530 年仅有 3 万居民,1630 年有 11.5 万居民,18 世纪末有 20 万居民。这个城市追求的主要不是奢侈,而是舒适。它巧妙地拓宽街坊,1482 至 1658 年间开凿四条半圆形运河,使市区像树木的年轮一样逐层向外扩展。这座城市布局开朗,光线充足,绿树成行,码头和水面相得益彰,保全了原来的面貌,阿姆斯特丹在市政建设上只犯下一个错误,这个错误并且意味深长:西南部的若尔丹区交给几家唯利是图的承包公司去建设;地基不牢固,沟渠狭窄,整个区域位于海平面之下。当然在这里定居的除了本地无产者,就是犹太移民,改信天主教的葡萄牙和西班牙犹太人,逃离法国的于格诺教徒,以及来自各地的穷人。[93]

在欧洲最大的城市伦敦(18 世纪末有 86 万居民),游人如追溯过去,或许会感到失望。1666 年大火以后,伦敦没有充分利用这一灾难提供的方便以合理方式重新规划,为此目的提出的若干方案，其中瑞恩的方案尤为出色，都被弃置不顾。这座城市盲目地重建，直到17世纪末，在市区西部兴建如戈登广场，格罗斯凡纳广场、贝克莱广场、红狮广场、肯新敦广场这样一些大广场时，才谈得上美化。[94]

商业显然是城市人口畸形增长的动力之一。不过威纳尔·桑巴特指出，1700年伦敦至多只有十万人以商业利润为生。这十万人的收入加在一起还不到付给国王威廉三世的年俸总数——70 466
万镑。实际上维持伦敦市面的主要是王室以及从王室领取俸禄的大小官员。高级官吏薪俸优厚，高达1000、1500甚至2000镑。贵族、在城里定居的乡绅、下议院议员和国家债券持有者也为伦敦的

18世纪伦敦圣詹姆斯广场。英国版画。

繁荣出力。从安娜女王(1702—1714 年在位)统治时期起,下院议员习惯携带家眷在伦敦居住,至于国家债券持有者的数目则与年俱增。依赖这些人的年金、薪俸、也利用过剩的钱财、物资,为无所事事者服务的第三产业部门得以兴旺发达,而从中利益的是伦敦,英国强大生命力的体现者。这一第三产业并且为它创造了某种统一性和虚假的需求。[95]

巴黎的情况相似。这座飞跃发展的城市拆除城墙、改造街道以便适合车辆行驶;它整治大小广场,集中了大群挥霍无度的消费者。1760 年起建筑工地遍布巴黎,从远处就可以看到圣日纳维埃芙高地附近和玛德莱纳教区的卷扬机高耸入云的滑轮"把巨大的石块提到空中"。[96]号称"人类之友"的老米拉波希望能从首都驱走
467 20 万人,从王家军官和大地主直到上巴黎来打官司的人[97]——后者可能巴不得早日回家。这些富人和被迫挥霍自己财产的人确实养活了"数不清的商人、工匠、仆人、杂工",以及许许多多教士和"削发的神职人员"。塞巴斯蒂安·迈尔西埃写道,"不少人家家里养着一名教士,名为这一家的友人,实为规规矩矩的仆人。〔……〕随后还有家庭教师,他们也是教士。"[98]离开本教区常住巴黎的主教们还不算在内。拉瓦锡给首都算过一笔总账:在开支栏里,2.5 亿里佛用于人员,1000 万用于马匹,在收入栏里,2000 万来自商业利润,1.4 亿来自国家年金和薪俸,1 亿来自地租或巴黎以外的企业提供的进项。[99]

这些事实无论巨细都逃不过观察家和经济理论家的目光,康替龙说过,"城市的财富使人追逐享乐";魁奈博士写道:"贵人和富人都迁居首都";[100]塞巴斯蒂安·迈尔西埃列举巴黎这座大城市

里各种“不事生产者”，开的名单长得没完。1797 年一篇意大利文献写道：“巴黎不是一个真正的商业中心，它用全副精神为自己寻求给养。巴黎的地位来自它的书籍，它的艺术品、时装，来自那里流通的大量金钱以及人们从事的汇兑投机——这方面除了阿姆斯特丹没有别的地方赶得上巴黎。全部工业都用于生产奢侈品：戈白林或萨伏纳里的地毯，圣维克多街华丽的毛毯，向西班牙、东印度和西印度出口的帽子、丝绸、塔夫绸、镶饰带和缎带、教士的礼服、镜子（制镜的大玻璃来自圣戈班工场）、金器、印刷品……。”[101]

马德里、柏林或那不勒斯的情况与巴黎相同。柏林居民 1783 年有 141 283 人，其中驻军及其家属为 33 088 人，官员及其家属为 13 000 人，外加 10 074 名仆人。以上数目再加上弗里德里希二世的宫廷，共有 56 000 名国家“雇员”。[102]这一结构已属病态。至于那不勒斯，这个城市值得我们重点考察。

那不勒斯，从王宫到市场

那不勒斯既华美又污秽，既富饶又贫穷，但是肯定生机勃勃、喜气洋洋。这座城市在法国大革命前夕有 40 万居民，也许有 50 万。它排在伦敦、巴黎、伊斯坦布尔之后，与马德里同为欧洲第四大城。1695 年起那不勒斯市区朝着郊区契亚查方向大为扩张。契亚查面向那不勒斯第二海湾（第一海湾在马利奈拉），仅供富人居住。1717 年发布的准许在城墙外建筑房舍的敕令基本上只与富人有关。

穷人的领域从广阔的城堡广场开始，直到市场区为止。每逢广场散发免费食品时，人们你争我夺，往往大打出手；市场区面对

从城墙外延伸过来的巴吕第平原，是贫民的一统天下。贫民住得那么挤，只好侵占街面；家家窗口与今天一样晾满衣服。“大部分乞丐无家可归，他们在洞窟、马厩、倒塌的房屋里胡乱过夜。住得起小客店的人也不见得好过，老板的全部本钱只有一盏灯、一捆麦秆，却每夜收费一个格拉诺〔那不勒斯的小辅币〕或者更多。”斯特隆戈
468 利王子(1783 年)接着说：“这些人不分男女老幼，像畜生一样躺在一起；可以想像什么丑事都会发生，而在这里出生的下一代还能好到哪儿去？”[103] 18 世纪末，那不勒斯至少有十万名衣衫褴褛的赤贫居民。“他们大量繁殖，没有家庭，只在绞刑架上与国家打交道，他们乌七八糟挤在一起生活，只有上帝才能理出头绪。”[104] 1763至

那不勒斯在 15 世纪已颇具规模。图中左侧为蛋堡，小岛上为安茹王朝建造的要塞，即新堡。
一道防浪堤把港口分成两部分，划桨船队于解放伊契亚岛后返航，即驶入这个海湾。伏墨洛山上可见圣马丁诺修道院。

1764 年间发生饥荒，街头时见饿殍。

这一切都归咎于穷人的数目太多，那不勒斯召唤他们，但不能养活他们全体。他们勉强糊口，有时连这一点也做不到。不仅是他们，工匠也经常挨饿。小资产阶级的日子同样过得紧绷绷。伟大的乔万尼·巴蒂斯塔·维科(1668—1741)是西方最后一批通才之一，于学无所不窥。他作为那不勒斯大学教授领取 100 杜加年俸，为了养家糊口，只得充当家庭教师四出授课，“在别人的楼梯上爬上爬下”。[105]

一个上层社会高踞在这些一无所有的人之上。组成这另一个社会的是朝臣、大领主、高级教会人士、贪官污吏、法官、律师、诉讼 469
代理人……城里暗无天日的地带之一，卡普拉罗堡，就在法律界人士集中的街区。具有那不勒斯最高法院性质的“维卡里亚”设在该处。出钱就能打赢官司，但是要提防“扒手盯着人们的口袋和钱袋”。一位遇事必求合理解释的法国人不禁起了疑问：一个社会结构需要“负担极多的居民、众多乞丐、大群仆役、为数可观的在俗或脱俗的教士、超过两万人的军队、一大批贵族以及三万名司法人员”，[106]它怎么可能维持不垮呢？

殊不知这个体系安然维持下来，它过去一直维持得很好，与别处消费钱财较少的类似体系相比也不见逊色。首先，这些享受特权的人并非人人领取厚俸。只要肯出一点钱，谁都可以当贵族。“供应我们鲜肉的肉铺老板当上公爵以后不站柜台了，一切都交给伙计”。[107]意思是说老板买了一个贵族头衔，不过你这一次同样不
470 必对第戎法院院长德·勃洛斯的话过分当真。更重要的是，依靠国家、教会、贵族和商业，那不勒斯城把那不勒斯王国的剩余人口统统吸引过来，其中包括吃苦耐劳的农民、牧人、水手、矿工、工匠和运输人员。那不勒斯自古以来，从弗里德里希二世、安茹王朝和西班牙统治时代起，就利用外地人的辛勤劳动养活自己。历史学家吉亚诺纳 1723 年写了一部抨击教会的厚书：《那不勒斯统治时期平民生活史》。教会至少拥有王国三分之二的地产，贵族占有九分之二。这么一来那不勒斯的收支就平衡了。至于“低贱的乡下人”，[108]当然只剩下九分之一的土地属于他们。

1785 年，那不勒斯国王斐迪南和王后玛丽亚·卡洛琳娜前往拜访托斯卡纳的利奥波德大公。这位国王与其说是开明君主，不如说更像那不勒斯街头的无业游民，人们给他介绍的经验和在他面前夸耀的改革叫他恼火。有一天，他对自己的大舅子利奥波德

说："我真不明白，你那么大的学问有什么用处；你手不释卷，你的人民和你一样整天读书，但是你的城市、你的首都、你的朝廷，这里的一切都是那么无精打采。我没有学问，但是我的人民是全世界最快乐的。"[109] 那不勒斯是辽阔的那不勒斯王国以及西西里的首都，托斯卡纳与之相比小得可怜。

那不勒斯贵族：贵妇人坐的轿子挂有帘子，路人难窥玉容（1594 年）。

471

1790 年的圣彼得堡

圣彼得堡，秉承沙皇意志建立的崭新城市，再好不过地显示现代世界早期的大城市在结构上如何反常、失衡，近乎畸形。为了解该城及其所在地区 1790 年的面貌，我们正好有一本德国人编写的出色的导游手册，作者约翰·戈特列伯·格奥尔基把该书献给女皇叶卡特琳娜二世。[110] 我们只消把那本书翻阅一遍，就什么都知道了。

彼得大帝 1703 年 5 月 16 日为日后赫赫有名的彼得-保罗要塞奠基：世上肯定很难找到比他选定的基址更不宜于建立城市的地点。全靠他坚定不移的意志，这座城市才能从星罗棋布的岛屿、涅瓦河边刚刚露出水面的陆地以及这条河流的四股河汊（大、小涅瓦，大、小涅夫斯卡）上崛起。城市东部的军械库和亚历山大·涅夫斯基修道院那一边地势略高，西部地势低下，经常被水淹没。每当水位超过警戒线，有关部门立即发出一系列习惯信号：鸣炮，海军部塔楼上白天挂白旗、彻夜点灯，钟声不息。人们可以告警，但不能制止危险。1715 年，全城被淹，1775 年再次沦为泽国。水灾每年都在威胁这座城市。由于威胁来自地面，圣彼得堡好像必须凌空而起才能脱离险境。地下水位当然很高，掘地两尺，最多七尺就见水，所以房屋底下不可能有地窖。地基通常用石头，价格昂贵也在所不惜。甚至木头建筑也用石料打地基，因为厚木板在潮湿的土壤里很快就会烂掉。还需要开凿贯通全城的运河，在岸边堆放柴捆或修建花岗石的岸帮。莫依卡运河和丰汤卡运河便有石砌的岸帮，船只利用这两条水道运送木料和食物。

视不同地区而异，街道和广场也需要垫高二至五尺。为此需要付出惊人的劳动：挖土、砌砖垒石、建造既能承担铺石路面的重量，又能把街上的积水排放到涅瓦河的拱穹。1770 年起，根据叶卡特琳娜女王的命令由国库支付这一巨大工程所需的费用；冯·鲍耳中将主持其事，以海军部所在地大涅瓦河畔的"高等住宅区"为起点，按计划把工程向前推进。

因此圣彼得堡的市政建设旷日持久，所费不赀。必须重新划定街道和广场，限制人们在不适宜的地点随心所欲地兴造房屋，还要用石料翻修公共建筑和教堂，如远在市区边缘的亚历山大·涅夫斯基修道院便因此翻新。许多住房也需要重建，虽然木料长时期内一直是常用的建筑材料。木料具有十分宝贵的优点：室内相对保暖，没有潮气；价格便宜，建造迅速。圣彼得堡房屋的墙壁与斯德哥尔摩不同，不是用经过加工的方木，而是用带皮的树干建成，仅房屋的正面有时包一层木板。这类房屋也可装饰，或用浮雕，或施彩绘。木头房屋最后一个优点是很容易翻造，还能从市内一地向另一地整体迁移。在造价较高的石头房子里，底层通常铺有花岗石板，当作地窖使用，不得已时也用来住人。居民更乐意住在高楼层，所以这类房子至少有两层，往往有三层，难得也有四层。

圣彼得堡于是成了热闹非凡的工地。涅瓦河上的船只运来石灰、石头、大理石（来自拉多加湖或维堡海岸）和花岗岩块；枞木不劳船运，直接漂放，据说因此内在质量大受损伤。工地上最引人瞩 472
目的还是建筑工人，他们都是北方各省的农民，或当瓦工或充木匠。后者确切说来是捆制木筏的农民，一把斧子就是他们的全部工具。杂工、木工、瓦工纷纷赶着旺季前来寻找工作。只需几个星

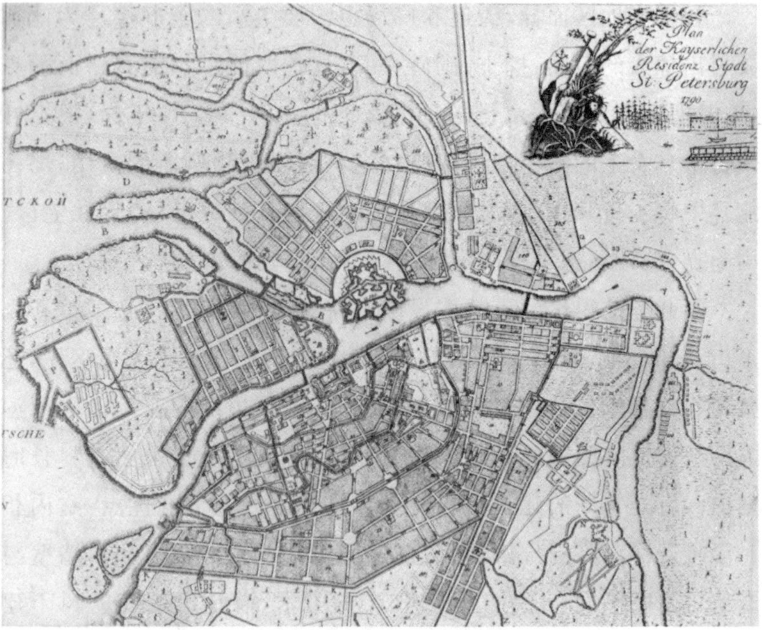

28. 1790 年圣彼得堡地图

A 和 B：涅瓦河的两股河汊；C 和 D：涅夫斯卡河的两股河汊。图中央，涅瓦河北岸，是彼得-保罗要塞。西部为瓦西里岛，有浮桥与涅瓦河南岸的海军部相通。以海军部为出发点，三条通衢呈扇形展开，最东边的是涅夫斯基大街。三条半圆形运河标志市区逐渐向南扩展。

期，原来的一片空地上便“出现一所石头房屋的地基，墙体眼看着逐日升高，工人忙忙碌碌。与此同时，在这所大厦周围新盖的土屋组成一个五脏俱全的村庄，工人们就在那里居住”。

这是因为，圣彼得堡的基址也有优点，至少涅瓦河提供许多方便，河上的风光尤为壮丽。这条河的河面比塞纳河宽，流速比泰晤士河快；位于彼得-保罗要塞、瓦西里岛和海军部之间的一段河面
473 两岸景色之美，举世无匹。百舸争流的涅瓦河在喀琅施塔得入海

后，从瓦西里岛起变成一个活跃的海港；商业区、交易所和海关都设在这个岛上。圣彼得堡果真成为开向西方的窗口，而彼得大帝的夙愿正是让这个文明窗口与俄国结合，从而改变他的子民的暴烈性情。此外，涅瓦河还为城市提供据说是完美无缺的饮用水。

冬天来临，河水结冰，涅瓦河变成通行雪橇的大路和民众的娱乐场所。每逢狂欢节的"黄油周"，人们用木板和方木做架子在河上搭出几座人工冰山，轻型雪橇从山顶上猛冲下来，沿着长长的、经过清理的滑雪道飞速前进，驭手紧张得"气也不敢喘"。别的地方，在公园里或人家院子里，也将就条件组织滑雪活动。涅瓦河上的滑雪道引来人山人海，需要出动警察在一旁监视，圣彼得堡倾城出动观看表演。

只有几座浮桥跨越涅瓦河及其河汊，其中两座架在大涅瓦河上。最重要的那座浮桥一端位于海军部广场附近，广场上今天依旧矗立着栩栩如生、高大威严的彼得大帝铜像（说是法尔库奈做的，其实是根据他的图样铸造的）；另一端位于瓦西里岛商业区。连结成浮桥的船只中间设有吊桥，以利航行。人们习惯每年初秋把这座桥和别的桥一样收起来，但是从 1779 年起不再拆除，听任它被河冰冻住。开冻时浮桥自会解脱，然后等河水畅流后人们把它重新拼接起来。

根据创立者的设想，这座城市应该以彼得-保罗要塞为中心，同时向南北两个方向发展。事实上，日后的发展并不对称，涅瓦河右岸发展缓慢，左岸很快。城市的心脏从左岸的海军部区和彼得大帝广场一直延伸到莫依卡运河，这是圣彼得堡南部最后一条配备石砌码头的水道，也是全城最拥挤、最有钱、最漂亮的地段。只有这个区域的所有房屋(除了某些皇室建筑是例外)都用石头建造(30座公共建筑、221座私家住宅,其中许多是富丽堂皇的宫殿)。有名的大、小百万街,壮丽的滨河大街,涅夫斯基大街的起端,海军部,冬宫及宫前巨大的广场,埃尔米塔日画廊,参议院,圣伊萨克教堂,都在这一带。用大理石建造的圣伊萨克教堂位于同名的广场上,费时数十年(1819—1858)始告落成。[111]

可见圣彼得堡已经有意识地采用分区制,把富人和穷人隔开,把碍事的工业和生产活动安置在市区边缘。如赶大车的集中居住在利戈维奇运河彼岸,自成一区。该区贫困污秽,保留不少荒地,还设有一个牲畜市场。铸炮工场在海军部东边,原是1713年兴造的木结构建筑,1733年翻造成石头建筑;奥尔洛夫亲王自1770年到1778年建造的军械库就在附近。圣彼得堡城也有铸币局;沿涅瓦河上、下游遍设磨坊;城里的工匠比德国和瑞典工匠吃得好,每天都能喝到咖啡,饭前享用伏特加。圣彼得堡生产质地极佳的荷兰帆布;附近的卡辛加有一工场仿制巴黎戈白林工场的产品,生产极其精美的壁毯。最能引起争议的做法可能是像莫斯科一样把零售商集中在占地甚广的市场里。1713年在“彼得堡岛”(彼得-保
474 罗要塞附近)上已有这样的市场,然后另一个市场在海军部附近出现。该市场毁于1736年的火灾,1784年被迁到“大直街”两边。零售商的集中迫使彼得堡居民为了购物在路上花去很多时间。但是目的达到了:上等区完整无损地保存了办公区和住宅区的面貌。

当然这些措施不能排除某些混乱现象:碰巧一所简陋不堪的土屋会紧挨着一座宫殿,每逢节日有军乐队演出的公园与菜园毗邻(原籍罗斯托夫的农民大批涌来经营此业)。当一座城市由于政

府的意志而得到迅速发展，需要大量劳动力，拥有雄厚的财力物力，而且商品能在那里卖到好价钱时，这类混乱现象是不可能避免的。圣彼得堡居民1750年有74 273人；1784年有192 486人；1789年有217 948人。1789年城里住着55 621名水手、士兵和士官生（加上他们的家属），超过居民总数的四分之一。人口构成中这一人为因素产生的明显后果是男性与女性居民的数量相差悬殊（148 520名男性，69 428名女性）：彼得堡是驻防军人、仆役和青年男子的天下。如果我们相信受洗和死亡的数字，彼得堡的出生人数有时还会超过死亡人数，不过这些不完整的数字容易叫人上当，至少20至25岁之间的人口的死亡率很高。这一事实说明两点：首都大量输入年轻人；新来的年轻人往往死于恶劣的气候、热病和肺病。

移民的洪流成分复杂：久久不得升迁的官员和贵族、贵族家庭的幼子、军官、海员、士兵、技师、教员、艺术家、帮闲、厨师、外国家庭教师、女管家，更多的是从城市周围贫困地区蜂拥而来的农民。后者充当运输工人、食品小贩（命运有意嘲弄他们：人们甚至指控他们应对物价高昂负责）；每逢冬天，他们在涅瓦河上砸冰：凿好的冰块（这是芬兰人的工作）被送到大户人家住宅底层的冰窖中储藏起来；也有人干铲除冰雪的活，每天挣半个卢布：富人住宅四周的冰雪永远铲不干净。还有赶雪橇的：顾客出一二个戈比，他们就把你送到大城里任何一处，正好在十字路口，上个夏天马车夫停车的同一地方停下来。芬兰女人当贴身女仆或厨娘，她们很称职，往往能嫁给身份比她们高的人。

“这些居民由那么多不同民族组成〔……〕保留了各自的生活方式”和信仰；希腊教堂与新教教堂和分裂教派的教堂毗邻。为我们提供情况的作者继续写道(1765 年):"世界上找不到别的城市和这里一样人人都能讲许多语言。最卑贱的仆人也会说俄语、德语、芬兰语,受过教育的人常能讲八九种语言〔……〕他们有时混合使用不同语言,听来颇为有趣。"[112]

正是这种混杂形成圣彼得堡的独特之处。1790 年,戈特列伯·格奥尔基甚至想弄个明白是否有一种彼得堡人性格,他认为这种性格的特征是喜爱新奇、变化、头衔、舒适、奢侈、花费。说明白了,这些都是首都居民的癖好,他们不同程度地模仿宫廷的趣味,宫廷以它的要求和它组织的庆典为居民确定基调。宫廷每有庆典,全城欢腾,海军部大楼、政府机关和富家住宅一齐张灯结彩。

《圣彼得堡一市民乘坐的轻便马车》。18 世纪版画。法国国家图书馆藏品。

位于一个贫困地区中心的大城市怎样保证给养始终是个难 475
题。当然，用装满淡水的船从拉多加湖或奥涅加湖运来活鱼十分方便；但是屠宰场的牛羊来自乌克兰、阿斯特拉罕、顿河、伏尔加河，就是说从两千俄里以外，甚至还有从土耳其运来的。其他食物也需长途运送。国库和有巨额收入的贵族领主的收支周期性地出现赤字。帝国的金钱全部涌向王侯府第和富人住宅，那里的地毯、挂毯、五斗橱、名贵家具、雕花包金的细木护壁板、"古典式"的彩绘天花板令人眼花缭乱；那里的套房与巴黎和伦敦一样隔成许多单人卧室，那里同样雇用数量极多的仆人。

圣彼得堡市内与郊外农村最具特色的景象可能是喧嚣而过的豪华马车和载重大车。一个面积巨大、街道泥泞、冬季日照短促的城市不能没有大量车辆做交通运输工具。在使用车辆方面人人互不相让，沙皇因此颁布一道敕令规定每人的权利：只有上将或职位相当者可以在轿车上套六匹马，除了车夫还可以用两名骑手协助驾驶。逐级递减，中尉和资产者有权用两匹马驾车，工匠和商人只配
用一匹马。根据主人的级别，对于仆人的制服也有一系列规定。皇 476
室举行招待会时，轿车到达目的地后照例多绕一个小圈，以便每个人都能看到其他人，也被其他人看到。这种情况下，谁还敢随便雇一辆车，让毛色不纯的马和一身农民打扮的车夫使自己当众出丑？我们用一个细节结束这一节：每逢与凡尔赛宫一样位于城外西部的彼得豪夫堡邀请朝臣前往，据说圣彼得堡全城再也找不出一匹马。

倒数第二个目的地：北京

我们可以到世界各大城市去旅行，但观察得出的结论不会改

变:首都的奢侈必须由别人的肩膀来承担。没有一个首都能依靠本城居民的劳动生存下去。西克斯丁五世(1585—1590 年在位)骨子里是个农民,他不理解当时的罗马;他想让罗马"从事劳动",在城里设立工业。现实本身足以使这个计划无法实现,用不着人们大力反对。[113]塞巴斯蒂安·迈尔西埃与另外几个人一起梦想把巴黎变成海港,引进一些前所未有的生产活动,这件事情即便可能实现,巴黎也会与当时世界上最大的港口伦敦一样,仍然是依靠别人劳动的寄生城市。

世上所有首都,所有以文明、优雅的趣味、悠闲的生活著称的城市,莫不如此:马德里或里斯本,罗马或恋惜往日峥嵘的威尼斯,17、18 世纪领导欧洲风雅的维也纳。还有墨西哥城、利马、里约热内卢,后者自 1763 年起成为巴西的新都。这座城市发展那么快,旅行者一年不来就认不出它的旧貌;它的自然环境本来秀丽,经过人工经营变得分外妖娆。还有德里和巴达维亚。前一个城市里,莫卧儿皇帝的豪华遗风犹存;后一个城市里,荷兰人的早期殖民主义绽开最美的、但是已带毒素的花朵。

最出色的实例该是北京。满清皇帝的首都位于塞北的隘口,一年有六个月蒙受来自西伯利亚的酷寒:冷风刺骨、冰雪遍地。居民至少有 200 万,可能有 300 万。他们各自设法,勉强应付严酷的气候。若非煤产丰富,"其燃烧及发热时间比木炭长五到六倍",[114]这样的寒冷谁也抵挡不住。马加良恩斯神甫在他那本到 1688 年才出版的书中说,他见到 4000 名官员,"从头到脚穿戴价值极其昂贵的紫貂皮",在皇宫正殿里朝贺天子。有钱人简直就是裹在裘皮里过日子,他们的靴子、马鞍镶着毛皮,坐椅有毛皮垫子,帐篷用毛皮做衬里。钱少一些的人用羔羊皮御寒；穷人穿老羊皮。[115]热梅利·卡勒里说：冬天一到，妇女“不管坐轿还是骑马，都戴暖帽或裹头巾。她们这样做自有道理，因为我虽然穿着皮袍，还是受不了这般寒冷。”他接着说：“我实在敌不过寒冷，决心离开这座城市〔1697年11月19日〕”。[116]一百年以后（1777年），一位耶稣会教士写道：“冬天如此寒冷，朝北的窗户不能打开，一年有三个多月结冰，厚达一尺半。”[117]为首都运送给养的大运河从十一月到下年三月因冰冻而停航。

1752年，乾隆皇帝为庆祝他母亲的六十大寿，组织了极其铺 478
张的迎銮仪式。原来安排由水路，乘坐豪华的龙舟进入北京。不料那一年冷得早，庆典大受干扰。几千名民夫徒然在运河上砸破冰面或运走已经结成的冰块，皇帝及其扈从仍不得不“下船改乘爬犁”。[118]

北京位于一个幅员辽阔、地势低下的平原中央，由两个形状整齐的城区（旧城和新城）及许多关厢区（原则上每个城门外有一关厢区，西部的关厢尤为繁荣，因为大部分驿路终于西郊）组成。这座城市不仅常年受到强风袭击，更为严重的是郊区的河流不时泛滥成灾。白河及其支流在洪峰期冲破堤防，改变河道，在几公里外另辟新路。

新城〔外城〕在南部，呈不规则的长方形，以北端较长的一边与旧城〔内城〕相接。旧城呈规则的正方形，每一边的长度小于长方形与其接壤的那一道边。这一正方形建于明朝，中央是皇宫。1644年满清入关时，皇宫多处被毁，残痕宛然，征服者后来才设法修复。该项工程浩大，特别是为了更换某些巨大无比的屋梁，必须

477

北京一条街张灯结彩，等待御辇经过。18 世纪早期的作品，法国国家图书馆版画部。

到遥远的南方市场去采购木材，不仅运输费时，而且不一定能平安抵达。

明朝统治时代，首都的人口已经不断增长，旧城里容纳不下，所以长方形的南城在 1644 年满清入关前已经形成。“外城 1524 年已围有土墙，1564 年起有砖砌的城墙和城门”。满清征服后，旧城被战胜者划归自己居住，从此成为满城；汉人则被限定在南城居住。

新城和旧城里如棋盘格子垂直交叉的街道极其宽阔，足见建置年代较近。南北走向的大街尤为开阔，东西走向的一般较窄。每条街都有名字，如皇亲胡同、白塔胡同、铁狮子胡同、干鱼胡同、烧酒胡同等等。市上出售一本专门记载街坊名称及其位置的书，供官员的跟班们使用。他们跟随主人出门拜客或上衙门，到全城各处为主人送礼、送信、办事……最壮丽的大街〔虽然是东西走向〕叫长安街〔……〕街北是禁城的城墙，街南是各部衙署及达官显宦的府第，这条街的宽度超过 30 图瓦兹〔近 60 米〕，名闻遐迩，以致学者写文章时用部分指整体，用这条街的名字来表示整个城市；说某人住在长安街，等于说他住在北京……[119]

这些宽广、开阔的街道上人流熙来攘往。马加良恩斯神甫说：“这座城市居民数量之多，我不敢说出确数，说了也无法取信。旧城和新城的每条街巷，无论大小，无论位于中心还是僻处一隅，莫不住满了人。各处人群之拥挤，我们欧洲只有集市上和宗教游行时的盛况差堪比拟。”[120] 1735 年，杜赫德神甫也指出北京“街上人山人海，数量多得惊人的马、骡、驴、骆驼、马车、手推车、轿子更使交通堵塞。此外，每隔一段路面就有一二百人扎成一堆，围住一

479

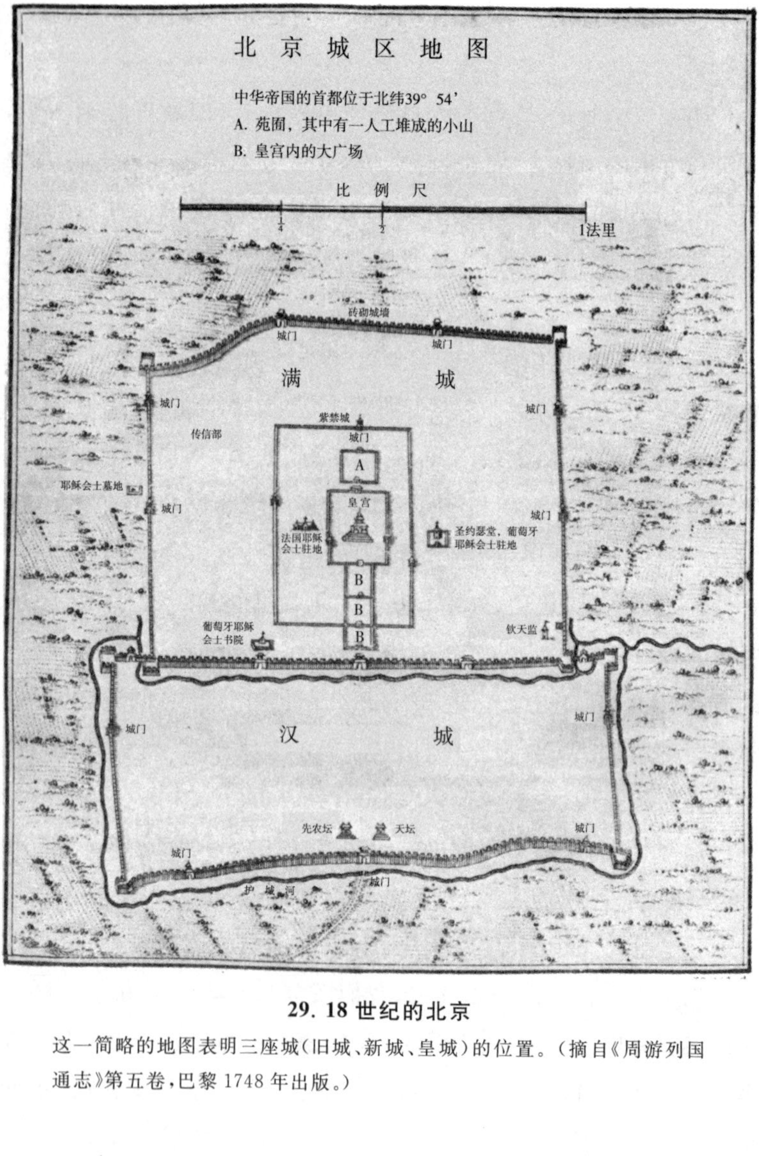

29. 18世纪的北京

这一简略的地图表明三座城（旧城、新城、皇城）的位置。（摘自《周游列国通志》第五卷，巴黎1748年出版。）

个算命先生，一位要杂技的，某个唱曲的艺人，某个善讲滑稽故事的 480
说书人，乃至某个吹嘘自己的药方灵验的江湖郎中。有身份的人上街必须有骑马的随从在前面开路，警告闲人散开，否则他们寸步难行。”[121]一位西班牙人这样形容北京街上的拥挤程度（1577年）：“假

北京的商店鳞次栉比，一眼望不到头，住宅隐藏在商店后面，由一组围绕院子或花园排列的平房构成；没有朝街的门面。

若有人扔下一颗麦粒，这麦粒也不会掉到地上。”[122]两个世纪以后， 481
一位英国旅行家记载：“到处都能见到带着工具寻找雇主的工人和串街走巷的货郎。”[123]街上有这么多人的原因显然在于居民极其稠密。1793 年北京的面积远不及伦敦，但人口为伦敦人口的两三倍。

更大的特点是居民不分贫富,都住平房。这类房屋往往有五六套房间,但不是像欧洲那样一套位于另一套的上面,而是"一进房屋造在另一进的后面,中间隔有广阔的院子"。[124]所以我们不要想象壮丽的长安街上,面对皇宫一字排开富贵之气凌人的住宅。首先,不宜在皇宫面前炫耀财富。其次,习惯上私家住宅只把大门开在街上,门两边低矮的房舍由仆人居住,或租给商人、工人营业。因此沿街都是店铺,招牌高竖,布幌招展。达官贵人的华屋靠在大街后面,街上是商人和工匠的天下。马加良恩斯神甫写道:"这一习俗给公众带来方便,因为在我们〔欧洲〕的城市里,大部分沿街房屋都是大人物的府第,人们为了置备生活必需品不得不走远路到广场上或码头上去购买。北京和中国其他城市则不然,人们在家门口就能买到一切日常用品,甚至能找到取乐的场所,因为这些小房子不是商店就是酒馆、小铺子。"[125]

中国所有城市的面貌如出一辙。在一幅18世纪的画上我们看到南京一条街上鱼贯排列着商店的平房,或者看到天津围着一个院子布置的住房。在一个珍贵的12世纪画轴上我们找到同样的场景,同样的酒店带着同样的长板凳,同样的小铺子,同样的脚夫,同样的车夫推着装有风帆的手推车,同样的牛车。到处是同样忙碌的生活,同样拥挤的川流不息的人群;只有流尽汗水,使尽心机,节衣缩食才能维持生活。他们依靠一点东西就能谋生,"为了活下去而发明的招数令人钦佩"。"一件东西不管看起来多么低贱、无用,它总有用途。人们借以获利。例如光是北京一地,〔1656年〕就有一千多户居民以出售点火的纸煤为业。至少还有同等数目的人家以在街上和在垃圾堆里拣拾破烂为生;他们把拣到的破绸片、布片、麻片、纸片及其他东西洗干净或收拾干净后转卖给别人，买主把这些原料用于各种用途，从中牟利。”[126]拉斯戈台斯神甫（1626 年）在广州同样见到脚夫在劳苦之余还种植小块菜园，否则便不能养家糊口。卖药茶的小贩更是中国任何一个城市街头少不了的角色。俗话说：“四海之内无弃物。”从上述事例我们可以推测中国潜在的贫困无所不在。皇帝、官吏高高凌驾在这一贫困之上，一味享乐靡费：他们的奢侈好像属于另一个世界。

旅行家详细描述了在北京旧城之内自成一区的皇城。清朝皇宫建在元朝皇宫的遗址上，在修复了 1644 年遭受破坏的明朝皇宫以后，几乎全部继承了前代金碧辉煌的外观。两重高大的长方形 482
城墙把皇宫和旧城隔开。外圈城墙“里外两面皆涂上朱色灰浆，顶部覆有金黄色琉璃瓦的墙檐。”里圈的城墙用“规格一律的大城砖砌成，顶上有排列整齐的雉堞”，一道既长又深、灌满水的御河围绕城墙，河中“盛产鲜美的鱼”。两重城墙之间分布着各个衙署，一条架有若干桥梁的河穿流其间，西部还有一个相当大的人工湖……[127]

皇宫的心脏在第二道城墙后面，这就是紫禁城。皇帝在其中居住，由侍卫、司阍、朝规、城墙、壕沟、重檐雕甍的角楼提供保护。紫禁城长 1 公里，宽 780 米。1900 年以后，好奇的欧洲人不难从容观察、详细描述宫内空无一人、破败不堪的殿宇，但是描述皇宫往昔的活动却要困难得多，虽说我们猜到这一活动十分巨大。皇宫是权力中心和恩赏所出，北京全城最终都为它服务。

皇帝的各项金钱和实物（注意这两种类别）收入多得无法枚举。根据他的收入数目，我们可以对皇宫的活动大致上有个估计。

1668年皇帝的主项银钱收入为“白银1860万两”，这笔款项代表的购买力我们不甚了然。他还有其他银钱收入，如没收的财产、直接税、皇庄的出息。最实在、最奇特的，是塞满宫廷庞大仓库的实物贡赋，如4328140袋大米和小麦，一百多万块盐巴，数量极大的朱砂、漆料、干果、绫罗绸缎、天鹅绒、棉布、麻布、豆料(喂御马用)，无数捆干草、活的牲畜、野味、食用油、奶油、调味作料、名酒、各种水果……[128]

这么多汗牛充栋的物资以及御宴上重重叠叠、盛满精美食品的金、银盘子使马加良恩斯神甫赞叹不已。如1669年12月9日，为耶稣会士汤若望[129]举行葬礼后，皇帝曾赐下酒席。1661年，这位耶稣会士与南怀仁一起，把一口比爱尔福特大钟还要大的钟成功地安装在北京城内的钟楼顶上。(爱尔福特大钟的体积与重量素称欧洲与世界之冠，看来名实不符。)为这项工程特制一架机器，动员了几千名劳力。这口钟每夜由更夫定时撞击，以向全城报告时刻。在另一个塔楼顶上，另有更夫击打一面硕大无比的铜鼓与钟声响应。大钟没有钟舌，用木槌撞击，“钟声悦耳，好像发自某一乐器”。[130]当时中国还用线香或一种用木屑缚成、燃烧均匀的药线计时。西方人有理由为自己发明的钟表感到骄傲；与马加良恩斯神甫不同，他们对于该项“配得上这个心灵手巧的民族〔中国〕的发明”[131]不至于过分赞赏。

不幸的是，我们对于宫里的大场面比市井细民的生活了解得
483 更多，我们更感兴趣的倒是用木桶运来活鱼的鱼市，或者是那个野味市场，某一旅行家曾在那里瞥见数量惊人的麞子、野鸡和鹧鸪……这里，不常见的东西掩盖了日常事物。

从伊丽莎白到乔治三世时代的伦敦

现在我们从遥远的北京回到英国，用伦敦这个实例结束本章，同时也结束本卷。[132] 关于伦敦这座城市神奇的发展过程，人们已知道一切，或者可以了解一切。

从伊丽莎白时代起，观察家们莫不把伦敦看作一个例外的世界。对于托马斯·德克，伦敦是"世上一切城市之花"，泰晤士河气象万千，甚至威尼斯大运河岸边的绮丽风光也无法与之比肩。[133] 萨缪尔·约翰逊(1777 年 9 月 20 日)更加热情洋溢："厌倦伦敦就是厌倦人生，因为伦敦具备人生所能提供的一切。"[134]

王国政府虽说有同样的幻觉，但是巨大的首都一直使它害怕：政府把伦敦视作一头怪物，必须不惜任何代价限制它的畸形发展。事实上使统治者和有产者不安的是穷人的入侵。随着穷人的来到，陋屋大批涌现，寄生虫和害虫滋生，对包括富人在内的全体居民形成威胁。斯托为伊丽莎白女王和全体居民的健康担忧，认为这"既危及女王本人的生命，又使整个民族的死亡率上升"。[135] 1580 年首次发布禁止新建房屋的法令(富人可享例外)。1593、1607、1625 年重申禁令。这项措施的结果是使已有的房屋分割成若干小开间，同时人们在老房子的院落里，在远离大街甚至背着小胡同的角落偷偷盖造劣质砖房，也就是说，非法建造的陋屋在所有权归属不明的地皮上大量涌现。即便某一建筑被执法者拆毁，损失也不大。人人都来碰运气，于是形成错综复杂宛如迷宫的街巷，以及有两三个以至四个出入口的房屋。到 1732 年伦敦的街(streets)、巷(lanes)和广场总数为 5099，房屋总数为 95968。可见伦敦居民如涨潮一般增长的趋势既未受抑制,也没有停顿。下列数字可供参考:伦敦的居民数 1563 年为 9.3 万;1580 年为 12.3 万;1593 至 1595 年间为 15.2 万;1632 年为 31.7 万;1700 年为 70 万;18 世纪末为 86 万。当时伦敦是欧洲最大的城市;只有巴黎差可比肩。

泰晤士河是伦敦的命脉,它决定伦敦市区呈半月形展开。联结伦敦城与萨瓦克郊区的伦敦桥(距今天的伦敦桥 300 米)是河上唯一的桥梁和主要的风景点。潮汐对于航运的影响直到伦敦桥下为止,所以伦敦港,即伦敦"池"(pool),位于桥的下游。该区遍设码头、栈桥,桅墙林立:1798 年有 13444 条船停泊,运载不同货物的帆船各在指定码头卸货:从纽卡斯尔来的煤船停靠在圣卡特琳码头,鲜鱼船以及在毕林斯门和格雷夫森德之间往返的船只一直上驶到毕林斯门码头。单桅帆船、平底大驳船、篷船、渡船和小船负责两岸之间的运输或把海船上的货物转运到合适的码头。如果
486 卸货码头位于港口上游,货物必须经过转驳。如温特利码头专门接收来自莱茵河、法国、西班牙、葡萄牙、加那利群岛的货桶。附近的斯蒂尔雅德在 1597 年以前一直是汉萨同盟总部所在地,此处"自从外国商人被逐走以后,专用于品尝莱茵河的葡萄酒"。托马斯·德克戏剧中的某个人物干脆说:"请您今天下午到斯蒂尔雅德的莱茵酒店同我会面"……[136]

泰晤士河的开发逐渐向下游、向海口推进,因为当时还没有在弯弯曲曲的河汊上建造船坞,唯一的例外是东印度公司(1656 年)使用的不伦瑞克船坞。第二个船坞,格林兰船坞,建于 1696 至 1700 年,归捕鲸船使用。大型浮坞的建造始于 18 世纪最后几年。

在毕林斯门，或在伦敦塔渡口，或者最好在海关总署所在地放眼四望，人们可以对伦敦商港一览无余。海关总署1666年毁于大火，1668年即由查理二世重建。港口景色一直延伸到“妓女和小偷麇集的下流去处”雷特克里夫，以及石灰窑和制革厂林立的莱姆豪斯和勃莱克沃尔。到最后一个地方去观看下碇的船舶是一桩乐趣，为此人们甘心承受“刺鼻的柏油味”……水手、工匠、盗贼聚居的伦敦东部外表既不雅观，而且臭气熏天。

对于这一大群贫民，前来停泊的船只满载财富招摇而过，该是多大的诱惑！1798年，“在泰晤士河上猖獗活动的盗贼〔……〕窃取各种商业财产，尤其垂涎西印度产品，因而被视作〔……〕最可怕的祸害之一”。这些窃贼中间，最危险的倒不是成帮成群的“河匪”，他们遇有机会不过抢走一个铁锚，一团缆绳；而是守夜者、装卸工、驳船上雇用的水手，在河面上搜索所谓的废铁、旧缆绳和无主煤块的“淤泥百灵鸟”，以及一切赃物的归宿处，窝主……[137] 1801年出版的《警察论》从道德说教方面对这些盗窃行为的种种抱怨，恰好为我们描绘了伦敦“池”这个暧昧的，到处是木材、帆篷、柏油和报酬甚微的劳动的水上世界。这个世界似乎与首都的生活格格不入，但又与它保持着千丝万缕的联系，虽然伦敦的市民往往只是看到链索的终端。

我们说过，在威斯敏斯特桥于1750年建成以前，泰晤士河上只有一座桥。这座桥的桥面两侧都是商店，形成一条难以穿行的商业街。桥南的萨瓦克郊区只有几家酒店，五座名声不佳的监狱，几家剧场（莎士比亚的剧本在那里首次公演，但是各家剧场都未能维持到17世纪40年代的革命以后），两三个马戏场（熊园、巴黎

18 世纪末的伦敦港和伦敦塔，远处是圣保罗教堂，法国国家图书馆。

伦敦:斯图亚特王朝时代的威斯敏斯特。1643 年的版画。

园)。至于桥北,河的左岸地势比对岸略高。真正的伦敦城,以高耸入云的圣保罗教堂和伦敦塔为标志,像“面对北方的桥头堡”在这里展开。伦敦通过一系列大道、小街和小胡同的活动与英国各郡以及强大的英格兰土地密切联系,而这一系列活动正是朝向北方的。通向曼彻斯特、牛津、邓斯特布尔和剑桥的交通干线袭用罗马时代遗留下来的大道。先是马车、大车、不久便是驿车和邮车在这些呈扇形展开的结实道路上威风凛凛地奔驰,伦敦的陆地生活因而繁荣起来。

所以,伦敦的心脏固然位于泰晤士河边上,却背对河流。这是一个面积不大,房屋、街道、广场紧凑的地区:以旧城墙为界线的伦
487 敦市(160 公顷)。伦敦旧城墙建立在罗马时代的城墙遗址上,面对泰晤士河的那一段到 12 世纪已不复存在,因为人们为了使用码头、渡口和栈桥,早就在不再具保护作用的城墙上打开若干豁口。相反,从苦修士桥或从勃莱德威尔码头到伦敦塔那一条大致呈弓背形的折线上,城墙保留下来了。这段城墙上辟有七个门:鲁德门、新门、奥尔德斯门、跛子门、莫尔门、主教门、奥尔德门。每一座

城门前面，在相应郊区的纵深地带设有栅门，标志伦敦市政当局的权力界限。并入伦敦的市郊称“管辖地”，有的面积很大：主教门前的栅门与霍尔波恩西边的斯密斯费尔德接壤；从鲁德门出城，需要穿过整条舰队街才能抵达圣殿栅门，该地为前圣殿骑士团的圣殿所在，位于滨河路口。圣殿栅门长期只是一道简单的木门。伦敦城，或确切说是伦敦市，早在伊丽莎白女王时代以前已越出自身狭隘的范围，触及邻近乡村的居民点，通过一系列道路和两侧建满房屋的街巷与乡村联结在一起。

伊丽莎白女王和莎士比亚时代，伦敦城的心脏在城墙内部跳动。城市的中心位于从伦敦桥向北延伸的轴线上，经过若干名字各不相同的街道，直达主教门。从西端的新门直达东端的奥尔德门的东西走向轴线上，也排列着一系列街道。伊丽莎白时代两条轴线的交汇点位于伦巴底大街西端的股票市场附近。

1566 年由托马斯·格雷欣创立的王家证券交易所设在近在咫尺的康希尔街上。这一机构最初仿效安特卫普证券交易所的名称，叫做伦敦交易所，后来的名称是 1570 年伊丽莎白女王钦定的。见证人说，这地方是不折不扣的巴别塔，每天中午商人们交割账目 488
的时候尤其热闹，而开设在证券交易所周围的高雅商店则常年吸引着有钱的主顾。起着类似市政府的作用的伦敦行业公会自治机构吉尔特厅以及早期的英格兰银行也在附近。1734 年迁往豪华的新址之前，英格兰银行一直设在曾是香料仓库的格罗赛斯霍尔。

从伦敦的市场也可以感知伦敦生活的充实。如城墙附近广阔的西斯密斯费尔德每星期一、五出售马匹和牲畜，泰晤士河畔的毕林斯门则是鲜鱼市场。铅皮屋顶的里德霍尔位于伦敦市中心，原先是小麦仓库,后来成为鲜肉和皮革的零售市场。关于这些主要商业中心,这些酒馆、餐馆,这些一般位于市区边缘因此主要为平民百姓演出的剧场,以及这些咖啡馆,我们想说的话一时说不完。17 世纪光顾咖啡馆的人实在太多,政府一度想禁止它们营业。有些去处本来名声不好,加上闲言碎语、幻想错觉以及在陌生环境中容易产生的恐惧心理,导致人们把所有街道都视作藏垢纳污之所,不独那些被弃置后由穷人抢占的修道院才蒙此恶名。伦敦没有少说自己的坏话,它竟引以为乐。

但是伦敦市在泰晤士河畔投入竞争时身边总有一个伙伴。与之相比,巴黎便是单枪匹马。伦敦市上游的威斯敏斯特与(晚近凭空创建的)凡尔赛大不相同,这是一座地地道道的古老、活跃的城市。教堂边上被亨利八世抛弃的威斯敏斯特宫后来变成议会及主要法庭所在地:律师与诉讼者在那里约会。皇室在稍远一点的地方,泰晤士河畔的白厅安家。

所以威斯敏斯特等于凡尔赛、圣德尼再加上——为了凑足分量——巴黎最高法院。我们打这个比方是为了说明伦敦发展史上这个第二中心具有多大的吸引力。例如伦敦市范围内的舰队街虽为法学家、律师、检察官以及附属人员的居住区,它却死死盯着西边的威斯敏斯特。又如伦敦市外与威斯敏斯特近在咫尺的河滨马路是贵族区。先是贵族们在这条街上兴建住宅,不久以后,1609 年许多奢侈商品店纷纷在这里开业;从詹姆斯一世时代起,时装和假发就成为顾客争购的俏货。

17、18 世纪,一股巨大的动力推动伦敦同时朝各个方向扩张。市区边缘形成丑陋的新居民区,往往归贫民居住。那里除了污秽的棚屋，就是破坏环境的工厂（尤多砖窑）、用城市的泔脚做饲料的养猪场和堆积如山的垃圾。怀特查帕尔便是一例，穷苦的鞋匠在那里终年忙碌，别的地方则是织绸工匠或织呢工匠居住区。

伦敦近郊再也不见乡村景色，只有西头是例外。通过海德公园或圣詹姆斯公园的一片绿地，通过富人的花园，市民还能领略乡村风光、享受绿荫。莎士比亚和托马斯·德克时代，伦敦城周围有开阔的绿地、田野、树林和真正的农村。人们可以在村庄边上打野鸭子、在地地道道的乡下酒馆喝啤酒，吃香料蛋糕（在霍格斯敦），或在艾林敦村品尝有名的“艾林敦白罐”，一种乳蛋羹。一位研究托马斯·德克的女历史学家最近写道：“那个时代，在首都外围地区飘荡的空气并非始终沉闷、龌龊：快乐的英格兰不仅把全部兴高采烈的劲头，还把它细腻、灵活的想象力通过南部、北部和西北部的剧场传入近郊区……以至全城”。快乐的英格兰指的是中世纪 489
体现农民本色的英格兰：这一看法虽然带有浪漫色彩，却不算错，但是伦敦与农村之间这一良好的联系未能持久。[138]

作为一个整体不断扩张的伦敦城将一分为二，确切地说将完成一分为二的过程。这一过程早就开始，1666 年大火后加速进行。这场大火就算没有毁掉全部伦敦市，至少把它的心脏化为焦土。灾难发生以前，威廉·配第（1662 年）已经解释说：伦敦向西头发展，以便躲开“东头的浓烟、蒸汽、各种垃圾散发的臭味，因为风主要来自西方。〔……〕所以权贵的府第和依赖他们为生的人的住宅都向西迁移到威斯敏斯特，而伦敦市高大的老房子则变成商行的仓库，或者改作民居……”。[139] 于是伦敦的财富悄悄地向西头转移。17 世纪伦敦城的中心还在康希尔街附近，今天 1979 年它位于离查林克洛斯广场不远的地方，即河滨马路的西端。挪了多大一段路啊！

与此同时，东头和某些边缘街区越来越无产阶级化。贫穷只要能在伦敦找到藏身之地，就安顿下来，赖着不走。两种人的境遇尤为悲惨：爱尔兰人和中欧的犹太人。

爱尔兰岛上最贫困的地区很早就向伦敦移民。他们都是吃不饱肚子的农民。不仅土地制度，人口激增也是他们挨饿的原因。1846 年的灾荒以前，人口过多一直是爱尔兰骚动的根源。这些农民习惯与牲畜同住一所破房子，一日三餐吃土豆和少许牛奶。他们吃苦耐劳，什么脏活累活都肯干，每逢草料收割期便到伦敦乡下当雇工。有些人因而有机会进入伦敦，便待下去不走了。他们在伦敦市以北的圣吉尔斯教区聚居，一间不开窗户、污秽不堪的房间里要住上 10 到 12 个人。他们接受大大低于通行标准的工资，当装卸工、送奶工、制砖工，也有个别开小客栈的。星期天喝多了酒，他们之间往往发生殴斗。更严重的是他们摆开阵势与英国无产者干架；后者既不能排斥这些竞争者，便乐于找个机会把他们狠揍一顿。

中欧犹太人的境遇同样悲惨。为逃避迫害，他们 1744 年从波西米亚，1772 年从波兰经由荷兰来到英国。1734 年英国只有五六千中欧犹太人，1800 年仅伦敦一地就有两万人。民众不可理喻地对他们极为仇视。犹太会堂为阻止这股危险的移民洪流所作的努力全告无效。这些苦命人来了以后又能做什么呢？在英国已有家业的犹太人帮助他们，但是既不能把他们送出不列颠岛，又无力养活他们。伦敦的各行各业不接纳他们，排挤他们。他们不得已就推一辆破车沿街叫卖旧衣服和破铜烂铁；有的沦为无赖、偷窃农作物，制造伪币，充当窝主。他们中有人后来作为职业拳击家，甚至作为一种科学拳术的发明人发了财，但是他们的名声并不因此好转。有名的拳击冠军丹尼尔·门多萨开创了一个拳击流派也于事无补。[140]

伦敦的悲剧，它频繁的犯罪记录，它的底层社会和它艰难的生计，这一切只有从穷人这个最低层次出发才能被理解。但是我们可以说，由于街面铺上石块，建设引水系统，控制建筑以及改进城 490
市照明等措施，伦敦的物质条件与巴黎一样大致上得到改善。

那么，我们可以得出什么结论呢？结论是，伦敦与巴黎一样，为旧制度下一国首都可以呈现的面貌提供一个佳例。那里的奢侈享受由别人承担费用，那里聚集着为数不多的特权者，大量仆人和穷苦人，大城市的某种集体命运把他们拴在一起。

确实有一种共同的命运。比如说，街道极脏，贵族和平民同样闻惯街上的臭味。无疑是大群平民挤在一起居住造成环境不洁，但是臭气熏蒸每一个人。到18世纪中期为止，很可能许多农村相对说比大城市干净；也完全有理由想象中世纪城市比这些城市更适宜居住，更整洁，比如路易斯·蒙福特就持这种见解。[141]中世纪城市没有人满为患之虞——人多既带来光荣，也造成贫困——它向周围农村敞开；城墙内就有水源，不劳远求。事实上，大城市无法应付越来越多、越重的任务，首先不能保证起码的清洁；外部安全、防火防汛、食物供应、内部治安等问题都需要优先考虑。即便大城市有意治理环境，它也没有这个能力。物质生活条件极其恶劣成了大城市的通例。

人口过多是造成这一切的原因,但是大城市不断吸引新的居民。每人以不同方式总能从大城市的寄生生活中分到一杯残羹,每人都是受惠者。黑社会的存在也证明这些得天独厚的城市里总有油水可捞;名都大邑里必定盗匪蚁聚。1798年,柯尔丘亨忧心忡忡地指出:“法国前政府被推翻以后,形势大变。以前从欧洲各地涌向巴黎的骗子、恶棍,现在都把伦敦当作他们的集合地点,认为在伦敦最能发挥自己的才能,他们的盗匪行径会带来最大的收益……”巴黎沉没了,老鼠纷纷离船。“从前因为这些人不懂我们的语言,对我们倒是一种保护〔……〕语言的障碍不复存在:我们的语言从来没有像现在那样普及,同时在我们这个国家,特别在年轻人中间,法语从来没有像今天那样被广泛使用……”[142]

城市化宣告新世界的诞生

我们当然不必附和这位愁眉苦脸的保守党人柯尔丘亨。大城市有它们的缺点,也有功绩。我们重申,就像现代国家创造了大城市一样,大城市也创造了现代国家;民族市场和民族本身都在大城市推动下才得以发展;大城市处于资本主义和现代文明——这个五彩缤纷的欧洲近代文明——的中心地位。对于历史学家来说,大城市首先能灵敏地指示欧洲和其他大陆的进化程度。恰当解释大城市这一现象,就能对全部物质生活史有一个整体看法,并能超越通常的局限。

总之,我们探讨的是旧制度下的经济成长问题。对于旧制度
491 经济中在全民族规模上出现的深度不平衡、不对称发展、不合理和非生产性投资等现象,大城市提供了观察的实例。大城市专事寄

生、奢侈、靡费、贪得无厌，它们应该对这些现象负责吗？让-雅克·卢梭在《爱弥儿》里就这么认为："大城市耗尽国家的活力，使它衰弱：大城市创造的财富是表面上的、虚幻的财富；花钱很多，收效甚微。有人说巴黎城对于法国国王来说抵得上一个省；我以为法国国王为巴黎付出的代价等于好几个省。巴黎在许多方面由外省供养，外省的大部分收入流入巴黎以后就留在那里，从不回到人民和国王身边。在这个凡事精打细算的世纪，不能想象没有一个人看到，如果巴黎不存在，法国将比现在强大得多。"[143]

这一见解过分激烈，但也有部分道理，而且问题被提出来了。凡是生活在 18 世纪末，并对当时各种现象十分留心的人势必会想：大城市这头怪物是否预告西方的发展从此受阻？他会联想到罗马帝国末期的情况，罗马这个巨大的累赘集中了帝国的财富，使帝国的发展陷于停顿；也会想到中国，全国出力支撑位于遥远的北方的北京，这个麻木不仁的庞然大物，因而停止发展。阻塞意味着进化的终止。但是我们知道事实并非如此。塞巴斯蒂安·迈尔西埃想象公元 2440 年的世界时[144]犯下的错误，正是他以为未来世界的规模不会改变。他把眼前的现实，即路易十六时代的法国，当作预测未来的框框。他没有看到当代畸形发展的大城市还有无比巨大的可能性尚待开发。

事实上，人满为患，部分居民不事生产的城市不是自发形成的。社会、经济、政治允许它们是什么样子，迫使它们成为什么样子，它们就呈现什么样子。它们是一种量度，一种缩尺。如果说大城市务事奢侈，那是因为社会、经济、文化和政治秩序决定它只能如此，因为资本和多余的产品找不到更好的用途，只能在大城市里积聚起来。我们尤其不应把大城市孤立起来评判；大城市深深卷入城市体系这个庞大的整体之中，它把活力带给这个体系，但是这个体系也决定了城市本身的位置。一个逐步推进的城市化过程发端于18世纪末，到下一世纪将加快速度。在伦敦与巴黎的表象后面发生的事情，是一种生活艺术、生活方式正在向另一种新的生活艺术、不同的生活方式转化。乡村成分超过四分之三的旧制度正在退隐，慢慢地、确实地解体。另一方面，大城市也不是单独承担建立新秩序的艰难使命。事实上，各国首都只是作为观众列席即将来临的工业革命。不是伦敦，而是曼彻斯特、伯明翰、利兹、格拉斯哥以及无数属于无产者的小城市为新时代鸣锣开道，甚至投入工业生产这场新的历险的资金也不是18世纪贵族积累的资本；伦敦直到1830年左右才通过金钱的媒介，控制工业化运动使之对自己有利。巴黎一度对新工业产生兴趣，待到后来真正建立工业体系时，又弃之不顾，让北方的煤矿、阿尔萨斯河流上的落差和洛林的铁矿独占其利。这一切很晚才发生。19世纪访问英国的法国旅行家喜欢挑毛病，对于工业化造成的集中现象和丑恶面貌大为惊恐；依波利特·丹纳形容说这是“地狱的底层”。但是他们有所不知，处于激剧的城市化过程中的英国预示着法国和其他处于工业化过程中的国家的未来。英国城市设施不善，居民拥挤不堪，当初建造时根本没有预见日后需要容纳那么多人口；殊不知法国也将出现同样情况。看到今天的美国和日本的人是否都明白，在他们眼下展开的正是他们本国或近或远的未来？

结　论

写一部书，即使是写历史书，作者写开了就不能控制自己。这部书跑到我的前面去了。对它的不听命令，对它的任性，对它自身的逻辑，又怎么能说是严肃的和正当的呢？孩子任性，我们当父母的却要对他们的行为负责。

我本想在这里或那里多作一点说明或论证，或多举几个例子。但一部书是不能随意拖长的。尤其，为了把物质生活的众多题材包括进来，必须从事系统、扎实的调查，还要把已有的结论汇集起来。这一切做得还很不够。文字和图片的内容还有待进一步探讨和补充。我们没有谈到所有的城市，所有的技术以及衣、食、住等方面的所有基本情况。

我在洛林地区的一个小村庄度过了童年时代，那里的环境当时还真是古趣盎然：池塘的水推动一座磨坊的陈旧轮子在转，一条古老的石路在我家门口匆匆而过；我家的房屋在耶拿之战那年，即1806年，曾经过整修；草场下方的小溪过去是沤麻的地方。只要我想到这些，我就觉得有一本书在我面前重新打开。每个读者都能用个人的回忆、旅行和阅读中所得的印象去补充它的内容。《西格弗利》一书中的那位主人公一天早晨在本世纪20年代的德国骑马旅行，发觉自己仿佛还停留在三十年战争时代。在生活的十字

494 路口，每个人都能退回到过去。即使在经济最先进的国家里，总还残存着旧时代的物质痕迹。我们眼看这些痕迹在消失，但消失的速度很慢，而且方式也从不相同。

本书共有三卷，我们当然并不打算在第一卷中就把15至18世纪世界各国的全部物质生活介绍完毕。第一卷所试图提供的是从吃到住、从技术到城市的各种情形的概貌，因而必定要划出物质生活的过去和现在的界线。这条界线确实很难划清：我有时甚至故意超越界线，以便更好地认准这些界线，例如在谈到货币和城市这些关键问题时就是如此。我的第一个意图恰恰就在这里：即使不能观察一切，至少也要在世界的坐标上确定一切的地位。

至于第二步，那是对很少见诸史书的自然景观东鳞西爪地作一番描述，试图把一种杂乱的素材纳入到历史范围里来，进一步加以整理和分门别类，归纳成几个简练的要点。明白了这一点，第一卷书的内容和针对性也就可以一目了然，即使作者有时只提供了计划的概貌，并未和盘托出。这一半是因为，写一本普及性读物同盖房屋一样，在完工时必须先把脚手架拆掉；同时也因为，让我们重复说一遍，这个领域尚未探明，作者必须亲自对原始资料一项一项地加以检查和验证。

当然，物质生活首先是以成千上万件琐事的形式出现的。能否把这些琐事称作历史事件？不能，否则就是夸大琐事的重要性和不懂得琐事的本质。日耳曼神圣罗马帝国皇帝马克西米利安在一次宴会上把手伸到盘子里去（我们从一张图上可以看到），这是个平凡的事实，不是历史事件。或者，行将被处决的卡图什不要端来的咖啡，而要喝酒……这些都是历史的尘埃，是与古尔维奇所说的微观社会学具有相同含义的微观历史学：这些小事无穷尽地反复，构成现实的系列。每件小事都代表着成千上万件小事，它们静悄悄地随着时间流逝，但又绵延不绝。

正是这些联锁、系列和"长时段"吸引了我的注意：它们为过去的时代勾画了虚线图和远景图。正是它们给过去时代带来某种秩序，使我们得以假定其中存在某些平衡，并找出一些持久因素，一句话，在这表面的杂乱中找出几乎可解释得通的东西。乔治·勒费弗尔说过："一条规律是一个常数"。这里显然是些中时段或长时段的常数，在粮食作物、衣着、住房以及城乡间出现分工这些问题上，我们对中时段的注意超过了长时段……物质生活比人类历史的其他领域更容易遵循这些缓慢的演变。

读者也许已经注意到，我们把文明和文化这类规律性东西放在首位。本书用《物质文明》作书名绝非信手拈来，而是经过斟酌才确定的。文明在成千上万种乍眼看来互不相关、而实际上也是五花八门的文化财富之间——从思维和智慧到日常生活用品和用具，全都包括在内——建立起联系或者说秩序。

一名曾在中国旅行的英国人于1793年说："那里的普通用具在构造上有点特殊，其实也不过是细小的差别，但这种差别表明， 495
各国用具的作用虽然大同小异，但绝不是互相模仿：铁砧在别处是略带倾斜的平面，在中国则呈凸状。"关于铁匠炉的风箱，他也指出："风箱形状如普通箱子，开有一活动风门，当向后拉风门时，箱内产生真空，促使空气从阀门口涌进箱内，而在向前推风门时，风从相反方向的另一口子出去。"[1]这同欧洲铁匠炉的皮风箱相去甚远。

每个人口稠密地区都各有一套基本对策,而且在扮演历史主角之一的惰性力的指使下,往往硬要固守这套对策。文明不过是一群人在一块地域长期安顿而已,否则它又该是什么?文明是一个历史范畴,是一种必要的归类。人类只是从15世纪末开始才趋向统一(但尚未达到统一)。15世纪前,特别在更靠前的各个世纪,人类被分割成不同的星球,每个星球庇护一种独特的文明或文化,每个文明或文化又各有其长时段的特性和选择。即使亲若毗邻,文明的对策绝不会混淆。

在优先说明了长时段和文明这两项秩序后,还必须对普遍存在的各种社会体系按其本质加以分类。一切都体现社会秩序,这对历史学家和社会学家说来已是老生常谈,但平凡的真理并非无足轻重。我连篇累牍地讲了生活长河的两岸:穷人和富人,贫苦和奢侈。这些对日本,对牛顿时代的英国,或对哥伦布发现新大陆前的美洲,都是平淡无奇的事实。在西班牙人到达前,美洲对服饰有十分严格的规定和禁忌,用以区分平民和统治者。欧洲的统治使美洲人全都沦为"土著",规定和区分也就几乎全部消失。他们的衣料——粗呢、棉布或我们称作麻袋布的龙舌兰纤维织物——使人很难看出有什么差别。

但与其说社会体系(术语本身就很含糊),还不如说社会经济体系。马克思说得好:土地、船只、织机、原料、产品等生产资料的占有者怎能不同时占据统治地位呢?仅采用社会和经济两个坐标轴显然也还不够;多种形式的国家必定同时作为起源和结果表现自己,有意无意地影响和搞乱因果关系,并且在世界的各种社会经济体系中笨拙地发挥作用。我们可以按照奴隶制、农奴制、领主制、商人(资本主义诞生前的资本家)的次序对这些社会经济体系分门别类。这样一来,我们又回到了马克思的用语,仍然站在马克思的一边,虽然我们不采纳他的术语,不同意他关于任何社会将严格地按顺序从一个结构向另一个结构过渡的论断。问题归根到底是要明智地按阶梯划分社会。只要一谈到物质生活,任何人都躲不开这个必要性。

*　　　*　　　*

长时段、文明、社会、经济、国家、社会价值等级这类问题必定 496
在物质生活现实的一个方面表现自己;这个事实足以证明,历史总是带着所有人文科学在以人作为研究对象时遇到的谜语和难题出现在我们面前。想把人简化成一个可被捉摸的人物,这是白日做梦,是永远也办不到的事。你刚要抓住以最简单的面目出现的人,他却已经恢复了自己惯有的复杂性。

我花了几年时间研究这一历史地层,这当然并非因为它比较简单或比较明朗,也并非因为从数量的观点看它占着首位,或因为它通常被历史学家所忽视;也不完全因为在我们的时代(当前的时代),哲学、社会科学和数学计量正合乎逻辑地促使历史与活生生的人分家,而我的研究却强迫我埋头于具体事实。这最后一项理由曾使我为之神往,但并未使我下定决心回到这块曾抚育我成长的故土。在房屋的地基尚未勘测之前,是否真能弄清整个经济生活呢？撰写第一卷正是为了奠定基础,在这基础上再建筑房屋,随后的两卷书是对第一卷的补充。

涉及经济生活,我们将脱离因循守旧,走出无意识的日常琐事的范围。经济生活有它自己的规律;由来已久的和逐渐形成的劳动分工为日常生活中能动的、有意识的活动提供有分又有合的组织形式，使之谋得细小的利润；这种刚从普通劳动中脱胎而出的资本主义雏形尚不令人憎恶。再往上走，到了最后一层，那就是资本主义及其扩张野心，这在一般人眼里已是鬼蜮伎俩。有人或许会问，这一玄妙的体系与底层的平民百姓又有什么关系？这也许关系到他们的一切，因为这一体系把平民百姓的生活包括了进去。从本卷第一章开始，我就试图指出这一点，并强调人类世界是个分等级的不平等世界。正是这些不平等、不公正和大大小小的矛盾推动着世界，不断改造着世界的上层结构。世界上真正可变的只是这种上层结构，因为唯独资本主义才享有相对的行动自由。根据不同的时期，资本主义可能同时在不同地点取得成功，也可能交替地朝商业利润、制造业利润、年金、购买国债或放高利贷的方向发展。面对物质生活和一般经济生活不易变动的结构，资本主义可以根据自己的愿望和可能作出选择，投身一些领域和放弃另一些领域，并且以这些基地为出发点，不断改造自身的结构，顺便又逐渐改变其他的结构。

所以，孕育中的资本主义体现着世界的经济形象，是重大物质进步和人对人的沉重剥削的根源和标志。并非仅仅由于攫取人力劳动的“剩余价值”，而且还因为态势和地位的不平衡才造成以下的情形：无论在一国或在世界的范围，随着机遇的变迁，总有某个空缺有待填补，某一部门比其他部门更有开发价值。选择，能够挑选，即使挑选的余地相当有限，这已是无比巨大的特权！

注　释

前言

1. La première édition de ce volume faisait partie d'une collection présentée sans références. Mon éditeur ayant accepté que les deuxième et troisième volumes soient assortis de notes, la réédition corrigée et augmentée de ce premier tome devait évidemment se faire selon le même modèle. Il y a dix ans, la chose eût été facile. Mais aujourd'hui, mes notes de lecture ayant quitté trop souvent leurs fichiers primitifs, il m'a fallu courir après des centaines, des milliers de références. Non sans quelques échecs. Je m'excuse auprès de mes lecteurs historiens des quelques cas où la mention « référence égarée » remplace malheureusement la note restée introuvable.

第一章

1. Selon Ernst WAGEMANN, *Economia mundial*, 1952, notamment I, pp. 59 *sq*.
2. Emmanuel LE ROY LADURIE, *Les Paysans de Languedoc*, 1966, I, pp. 139 *sq*.
3. Fernand BRAUDEL, *La Méditerranée et le monde méditerranéen à l'époque de Philippe II*, 1966, I, pp. 368 *sq*. Indiqué ensuite en abrégé: *Médit*.
4. E. WAGEMANN, *op. cit.*, I, p. 51.
5. Ángel ROSENBLAT, *La Población indígena y el Mestizaje en América*, I, 1954, pp. 102-103.
6. Les travaux les plus caractéristiques: S. F. Cook et L. B. SIMPSON, « The Population of Central Mexico in the 16th Century », *in : Ibero-Americana*, 1948; W. BORAH, « The Aboriginal Population of Central Mexico on the Eve of the Spanish Conquest. » *in : Ibero-Americana*, 1963. Les chiffres de l'École de Berkeley sont actuellement contestés, en particulier, par Charles Verlinden, Semaine de Prato, 1979.
7. Pierre CHAUNU, *L'Amérique et les Amériques*, 1964, p. 105; Abbé PRÉVOST, *Histoire générale des voyages*, XV, 1759, p. 9.
8. D. A. BRADING, *Mineros y comerciantes en el México borbónico, 1763-1810*, 1975, p. 18; Nicolás SÁNCHEZ-ALBORNOZ, *La Población de*

América latina desde los tiempos precolombinos, 1973, p. 81; B.-N. CHAGNY, *Variole et chute de l'Empire aztèque*, thèse dactylographiée, Dijon, 1975.

9. Père A. DÁVILLA, *Historia de la fundación y discurso de la provincia de Santiago de México*, *1596-1625*, pp. 100, 118, 516-517.
10. N. SÁNCHEZ-ALBORNOZ, *op. cit.*, p. 188.
11. *Ibid.*, pp. 121-122.
12. A. Grenfeld PRICE, *The Western Invasions of the Pacific and its Continents*, 1963, p. 167.
13. W. S. et E. S. WOYTINSKI, *World Population and Production, Trends and Outlook*, 1953, et E.R. EMBREE, *Indians of the Americas*, 1939, cités par P. A. LADAME, *Le Rôle des migrations dans le monde libre*, 1958, p. 14.
14. P. A. LADAME, *op. cit.*, p. 16.
15. *Morphologie sociale*, 1938, p. 70.
16. Karl LAMPRECHT, *Deutsche Wirtschaftsgeschichte*, 1891, I[1], p. 163; Karl Julius BELOCH, « Die Bevölkerung Europas im Mittelalter », *in : Zeitschrift für Sozialwissenschaft*, 1900, pp. 405-407.
17. P. MOMBERT, « Die Entwicklung der Bevölkerung Europas seit der Mitte des 17. Jahr. », *in : Zeitschrift für Nationalökonomie*, 1936; J. C. RUSSEL, *Late ancient and medieval Population*, 1958; M. REINHARDT, A. ARMENGAUD, J. DUPAQUIER, *Histoire générale de la population mondiale*, 1968.
18. « The History of Population and Settlement in Eurasia », *in : The Geographical Review*, 1930, pp. 122-127.
19. Louis DERMIGNY, *La Chine et l'Occident. Le commerce à Canton au XVIIIe siècle*, II, 1964, pp. 472-475.
20. *Ibid.*
21. Voir le tableau p. 26.
22. Leo FROBENIUS, *Histoire de la civilisation africaine*, 1936, pp. 14 *sq.*
23. Père Jean-Baptiste LABAT, *Nouvelle Relation de l'Afrique occidentale*, 1728, V, pp. 331 *sq.*
24. Or il s'agit d'une période de très forte émigration, *cf.* Michel DEVÈZE, *L'Europe et le monde à la fin du XVIIIe siècle*, 1970, p. 331 et note 586.
25. Selon les chiffres officiels de «*pasajeros a Indias*», 100 000 au cours du XVIe siècle; G. CESPEDES DE CASTILLO (*in : Historia social y económica de España y América*, dirigée par J. VICENS VIVES, III, pp. 393-394) estime que ce chiffre serait à multiplier par deux ou trois.
26. *Op. cit.*, p. 148.
27. *World Population, Past Growth and Present Trends*, 1937, pp. 38-41.
28. Art. cit., p. 123.
29. L. DERMIGNY, *op. cit.*, II, pp. 477, 478-479, 481-482.
30. *Ibid.*, tableau p. 475 et discussion pp. 472-475.
31. G. MACARTNEY, *Voyage dans l'intérieur de la Chine et en Tartarie fait dans les années 1792 1793 et 1794 ...*, 1798, IV, p. 209.
32. W. H. MORELAND, *India at the Death of Akbar*, 1920, pp. 16-22.
33. En particulier en 1540, 1596 et en 1630: *ibid.*, pp. 11, 22, note 1, 266.

34. Voir *infra*, III, p. 432 et note.
35. A.E., Indes Or., 18, f° 257.
36. *The Population of India and Pakistan*, 1951, pp. 24-26.
37. Art. cit., pp. 533-545.
38. Pierre CHAUNU, *La Civilisation de l'Europe des Lumières*, 1971, p. 42.
39. Très nombreux renseignements dans la *Gazette de France*. En 1762, par exemple, les décès excèdent fortement les naissances à Londres, Paris, Varsovie, Copenhague. Dans cette dernière ville, 4 512 morts contre 2 289 naissances, alors que pour l'ensemble du pays, il y a équilibre.
40. G. MACARTNEY, *op. cit.*, IV, p. 113.
41. P. R. O. Londres, 30.25.65, fol. 9, 1655. En Moscovie, «il n'y a personne qui connaisse le métier de chirurgien, en dehors de quelques étrangers venus de Hollande ou d'Allemagne».
42. N. SÁNCHEZ-ALBORNOZ, *op. cit.*, p. 188.
43. Paul VIDAL DE LA BLACHE, *Principes de géographie humaine*, 1922, p. 45.
44. René GROUSSET, *Histoire de la Chine*, 1957, p. 23.
45. W. RÖPKE, *Explication économique du monde moderne*, 1940, p. 102.
46. Cf. le livre de prochaine publication de Pierre GOUROU, *Terre de Bonne Espérance*.
47. Selon notamment les fouilles de P. NORLUND et les travaux de T. LONGSTAFF, *cf*. Emmanuel Le ROY LADURIE, *Histoire du climat depuis l'an mil*, 1967, pp. 244-248.
48. «Discussion: post-glacial climatic Change», *in : The Quaterly Journal of the Royal Meteorological Society*, avril 1949, p. 175.
49. EINO JUTIKKALA, «The Great Finnish Famine in 1696-1697», *in : The Scandinavian Economic History Review*, III, 1955, I, pp. 51-52.
50. B. H. SLICHER VAN BATH, «Le climat et les récoltes au haut Moyen Age», *in : Settimana... de Spoleto*, XIII, 1965, p. 402.
51. *Ibid*., pp. 403-404.
52. Rhys CARPENTER, *Discontinuity in Greek Civilization*, 1966, p. 67-68.
53. Oronce FINE, *Les Canons et documents très amples touchant l'usage et pratique des communs Almanachs que l'on nomme Éphémérides*, 155[1], p. 35.
54. Si l'on retient le chiffre de 350 millions pour 1300 et un milliard en 1800. Ces chiffres seront retenus dans les calculs qui suivront.
55. Heinrich BECHTEL, *Wirtschaftsgeschichte Deutschlands vom 16. bis 18. Jahrhundert*, II, 1952, pp. 25-26; Hermann KELLENBENZ, «Der Aufstieg Kölns zur mittelalterlichen Handelsmetropole», *in : Jahrbuch des kölnichen Geschichtsvereins*, 1967, pp. 1-30.
56. Ces chiffres discutés par Robert MANTRAN, *Istanbul dans la seconde moitié du XVIIe siècle*, 1962, pp. 44 *sq*.
57. Reinhard THOM, *Die Schlacht bei Pavia (24 Februar 1525)*, 1907.
58. Peter LASLETT, *Un Monde que nous avons perdu*, 1969, p. 16.
59. *Médit*., II, pp. 394-396. Le calcul exact est impossible (voir HARTLAUB et QUARTI), mais la flotte turque comptait 230 galères, la chrétienne 208, plus 6 galéasses vénitiennes.

Les Turcs perdirent, entre tués, blessés, prisonniers, 48 000 hommes.

60. J. -F. MICHAUD, *Biographie universelle ancienne et moderne*, 1843, t. 44, article «Wallenstein».
61. Ernest LAVISSE, *Histoire de France*, 1911, VIII(1), p. 131.
62. Louis DUPRÉ D'AULNAY, *Traité général des subsistances militaires*, 1744, p. 62.
63. Benedit de VASSALLIEU dit Nicolay Lyonnois, *Recueil du règlement général de l'ordre et conduite de l'artillerie...*, 1613. B. N., Ms. fr., 592.
64. Henri LAPEYRE, *Géographie de l'Espagne morisque*, 1960.
65. Selon Robert MANDROU, *La France aux XVII*[e] *et XVIII*[e] *siècles*, 1970, pp. 183-184, le chiffre de 300 000 est accepté d'ordinaire. H. LUTHY, *La Banque protestante*, p. 26, préfère le chiffre de 200 000. W. G. SCOVILLE croit lui aussi que les pertes pour l'économie française ont été surestimées: *The Persecution of Huguenots and French Economic Development*, 1960.
66. Voir *infra*, III, p. 378.
67. Andrea NAVAGERO, *Il Viaggio fatto in Spagna*, 1563.
68. Karl Julius BELOCH, art. cit., pp. 783-784.
69. *Ibid.*, p. 786.
70. BRANTÔME, *Œuvres*, 1779, IX, p. 249.
71. H. LÜTHY, *op. cit.*, I, p. 26.
72. G. NADAL et E. GIRALT, *La Population catalane de 1553 à 1717*, 1960.
73. Barthelémy JOLY, *Voyage en Espagne*, *1603-1604*, p.p. L. BARREAU-DIHIGO, 1909, p. 13: tous les artisans de Figueras, en Catalogne, «sont François de la Haulte Auvergne».
74. Cardinal de RETZ, *Mémoires*, éd. 1949, III, p. 226.
75. Antoine de BRUNEL, *Viaje de España*, 1665, *in : Viajes estranjeros por España y Portugal*, II, 1959, p. 427.
76. Jean HERAULT, sire de Gourville, *Mémoires...*, 1724, II, p. 79.
77. Louis-Sébastien MERCIER, *L'An deux mille quatre cent quarante*, *rêve s'il en fut jamais*, 1771, p. 335.
78. Emmanuel Le ROY LADURIE, «Démographie et funestes secrets: le Languedoc», *in : Annales historiques de la Révolution française*, oct. 1965, pp. 397-399.
79. Antoine de SAINT-EXUPÉRY, *Terre des hommes*.
80. P. VIDAL DE LA BLACHE, *op. cit.*, pp. 10-11.
81. G. W. HEWES, «A Conspectus of the World's Cultures in 1500 A. D.», *in : University of Colorado Studies*, n° 4, 1954, pp. 1-22.
82. Suivant que l'on attribue à la population mondiale 400 ou 500 millions d'habitants.
83. K. J. BELOCH, art. cit., p. 36, note 11.
84. A. P. USHER, art. cit., p. 131.
85. H. BECHTEL, *op. cit.*, pp. 25-26.
86. Jean FOURASTIÉ, *Machinisme et bien-être*, 1962, pp. 40-41.
87. Daniel DEFOE, *A Review of the State of the British Nation*, 1709, p. 142, cité par Sydney POLLARD et David W.

CROSSLEY, *The Wealth of Britain 1085-1966*, 1968, p. 160.

88. Johann Gottlieb GEORGI, *Versuch einer Beschreibung der... Residenzstadt St. Petersburg*, 1790, pp. 555, 561.
89. Johan BECKMANN, *Beiträge zur Œkonomie...*, 1781, IV, p. 8. Rapporte, à propos des bonifications de marais dans le duché de Brême: «Les petits village [de 25 à 30 feux] sont plus faciles à réduire à l'obéissance que les grands, à ce que dit l'expérience.»
90. Denis DIDEROT, *Supplément au voyage de Bougainville*, 1958, p. 322.
91. *Ibid*.
92. Adam MAURIZIO, *Histoire de l'alimentation végétale*, 1932, pp. 15-16.
93. Affonso de ESCRAGNOLLE TAUNAY, *Historia geral das bandeiras paulistas*, 1924, 5 vol.
94. Georges CONDOMINAS, *Nous avons mangé la forêt de la Pierre-Génie Gôo...*, 1957.
95. Ishwari PRASAD, *L'Inde du VIIe au XVIe siècle*, 1930, *in : Histoire du monde*, p. p. E. CAVAIGNAC, VIII^{1}, pp. 459-460.
96. Maximilien SORRE, *Les Fondements de la géographie humaine*, III, 1952, p. 439.
97. P. VIDAL DE LA BLACHE, *op. cit.*, p. 35.
98. G. CONDOMINAS, *op. cit.*, p. 19.
99. P. de LAS CORTES, *Relación del viaje, naufragio y captiverio...*, 1621-1626, British Museum, Sloane, 1005.
100. Rijkmuseum, Amsterdam, Département asiatique.
101. *Beschreibung des japanischen Reiches*, 1749, p. 42.
102. J. A. MANDELSLO, *Voyage aux Indes orientales*, 1659, II, p. 388. Rapport W. BOLTS, A.N., A.E., BIII, 459, 19 messidor an V.
103. G. MACARTNEY, *op. cit.*, III, p. 12.
104. G. F. GEMELLI CARERI, *Voyage du tour du monde*, 1727, I, p. 548.
105. Père J.-B. LABAT, *op. cit.*, V, pp. 276-278.
106. J. A. MANDELSLO, *op. cit.*, II, p. 530. Abbé PRÉVOST, *op. cit.*, V, 1748, p. 190 (Kolben).
107. Abbé PRÉVOST, *op. cit.*, III (1747), pp. 180-181 et 645; V. pp. 79-80.
108. *Journal d'un bourgeois de Paris, sous Charles VI et Charles VII*, 1929, pp. 150, 304, 309.
109. Gaston ROUPNEL, *La Ville et la campagne au XVIIe siècle*, 1955, p. 38, note 117.
110. Albert BABEAU, *Le Village sous l'Ancien Régime*, 1915, p. 345, note 4 et 346, note 3; Maurice BALMELLE, «La Bête du Gévaudan et le capitaine de dragons Duhamel», Congrès de Mende, 1955.
111. A. N., Maurepas, A.P., 9.
112. A. N., F 12, 721.
113. Jules BLACHE, *Les Massifs de la Grande Chartreuse et du Vercors*, 1931, II, p. 29.
114. *Viaje por España y Portugal (1494-1495)*, 1951, p. 42.
115. Référence égarée, mais plusieurs indications concordantes *in :* Günther FRANZ, *Der deutsche Bauernkrieg*, 1972, pp. 79 *sq*.
116. J.-B. TAVERNIER, *Voyages en Perse*, éd, Cercle du bibliophile, s.d., pp. 41-43.
117. H. JOSSON et L. WILLAERT, *Corre-*

spondance de Ferdinand Verbiest, de la Compagnie de Jésus (1623-1688), 1938, pp. 390-391.

118. J.A.MANDELSLO, *op. cit.*, II, p. 523.

119. François COREAL, *Relation des voyages de François Coreal aux Indes occidentales... depuis 1666 jusqu'en 1697*, 1736, I, p. 40.

120. Reginaldo de LIZARRAGA, «Descripción del Perú, Tucumán, Río de la Plata y Chile», *in : Historiadores de Indias*, 1909, II, p. 644.

121. *Voyage du capitaine Narboroug (1669)*, *in* : PRÉVOST, *op. cit.*, XI, 1753, pp. 32-34.

122. R. de LIZARRAGA, *op. cit.*, II, p. 642.

123. Walther KIRCHNER, *Eine Reise durch Sibirien* [relation de Fries], 1955, p. 75.

124. Reconnu par les Russes à partir de 1696, Abbé PRÉVOST, *op. cit.*, XVIII, p. 71.

125. A. E., M. et D., Russie, 7, 1774, f°s 235-236; Joh. Gottl. GEORGI, *Bemerkungen einer Reise im Russischen Reich*, I, 1775, pp. 22-24.

126. G. MACARTNEY, *op. cit.*, I, pp. 270-275.

127. Pierre GOUBERT, travaux non publiés de l'École des Hautes Études, VIe Section.

128. William PETTY, *op. cit.*, p. 185.

129. Erich KEYSER, *Bevölkerungsgeschichte Deutschlands*, 1941, p. 302. Wilhelm SCHÖNFELDER, *Die wirtschaftliche Entwicklung Kölns von 1370 bis 1513*, 1970, pp. 128-129, dit: 30 000 morts.

130. Günther FRANZ, *Der Dreissigsjährige Krieg und das deutsche Volk*, 1961, p. 7.

131. L. MOSCARDO, *Historia di Verona*, 1668, p. 492.

132. G. FRANZ, *op. cit.*, pp. 52-53.

133. Bernard GUENÉE, *Tribunaux et gens de justice dans le bailliage de Senlis à la fin du Moyen Age (vers 1380-vers 1550)*, 1963, p. 57.

134. Wilhelm ABEL, *Die Wüstungen des ausgehenden Mittelalters*, 1955, pp. 74-75.

135. MOHEAU, *Recherches et considérations sur la population de la France*, 1778, p. 264.

136. François DORNIC, *L'Industrie textile dans le Maine (1650-1815)*, 1955, p. 173.

137. Yves-Marie BERCÉ, *Histoire des croquants: étude des soulèvements populaires au XVIIe siècle dans le Sud-Ouest de la France*, 1974, I, p. 16.

138. Fritz BLAICH, «Die Wirtschaftspolitische Tätigkeit der Kommission zur Bekämpfung der Hungersnot in Böhmen und Mähren (1771-1772)», *in : Vierteljahrschrift für Sozial- und Wirtschaftsgeschichte*, 56, 3, oct. 1969, pp. 299-331.

139. *Almanacco di economia di Toscana del anno 1791*, Florence, 1791, cité *in : Médit...*, I, p. 301.

140. A. Venise: A. d. S. Venise, Brera, 51, f° 312 v°, 1540. A Amiens: Pierre DEYON, *Amiens, capitale provinciale. Étude sur la société urbaine au XVIIe siècle*, 1967, p. 14 et note.

141. *Mémoires de Claude Haton*, *in : Documents inédits de l'histoire de France*, II, 1857, pp. 727-728.

142. G. ROUPNEL, *op. cit.*, p. 98.

143. A. APPADORAI, *Economic Conditions*

in Southern India (1000-1500 A. D.), 1936, p. 308.

144. W. H. MORELAND, *op. cit.*, pp. 127-128.

145. Description de Van Twist, cité par W. H. MORELAND, *From Akbar to Aurangzeb*, 1923, pp. 211-212.

146. François BERNIER, *Voyages... contenant la description des États du Grand Mogol...*, 1699, I, p. 202.

147. Eino JUTIKKALA, art. cit., p. 48.

148. Pierre CLÉMENT, *Histoire de la vie et de l'administration de Colbert*, 1846, p. 118.

149. G. ROUPNEL, *op. cit.*, p. 35, note 104.

150. Journal de GAUDELET, Ms. 748, Bibl. Dijon, p. 94, cité par G. ROUPNEL, *op. cit.*, p. 35, note 105.

151. *Journal de Clément Macheret... curé d'Horthes (1628-1658)*, p.p. E. BOUGARD, 1880, II, p. 142.

152. P. de SAINT-JACOB, *op. cit.*, p. 196.

153. Encore en 1867, une ou deux fois par mois, dans la campagne milanaise, Paolo MANTEGAZZA, *Igiene della cucina*, 1867, p. 37.

154. Remarque banale, mais vérifiée utilement par Enrique FLORESCANO, *Precios del maiz y crisis agricolas en México, 1708-1810*, 1969, qui compare (tableau p. 161) les dates des famines et de diverses épidémies dans le Mexique du XVIIIe siècle.

155. Samuel TISSOT, *Avis au peuple sur sa santé*, 1775, pp. 221-222.

156. Mirko D. GRMEK, « Préliminaires d'une étude historique des maladies», *in : Annales, E.S.C.*, 1969, n° 6, pp. 1473-1483.

157. G. ROUPNEL, *op. cit.*, pp. 28-29.

158. L. S. MERCIER, *op. cit.*, III, pp. 186-187.

159. Étienne PASQUIER, *Les Recherches de la France*, 1643, p. 111.

160. Pierre de LESTOILE, *Mémoires et Journal...*, *in : Mémoires pour servir à l'histoire de France*, 2e série, t. I, 1837, p. 261.

161. H. HAESER, *Lehrbuch der Geschichte der Medicin*, III, 1882, pp. 325 *sq.*

162. A.d.S. Genova, Spagna, 11, Cesare Giustiniano au Doge, Madrid, 21 août 1597.

163. Henri STEIN, «Comment on luttait autrefois contre les épidémies», *in : Annuaire bulletin de la société de l'Histoire de France*, 1918, p. 130.

164. M. T. JONES-DAVIES, *Un Peintre de la vie lodonienne, Thomas Dekker*, 1958, pp. 334-335.

165. Société des Nations, *Rapport épidémiologique de la section d'hygiène*, n° 48, Genève, 24 avril 1923, p. 3.

166. A.d.S. Florence, fonds Medici, 2 sept. 1603.

167. A. G. PRICE, *op. cit.*, p. 162.

168. *Ibid.*, p. 172., et M. T. JONES-DAVIES, *op. cit.*, p. 335, note 229.

169. M. T. JONES-DAVIES, *op. cit.*, p. 162.

170. Malherbe, cité par John GRAND-CARTERET, *L'Histoire, la vie, les mœurs et la curiosité par l'image... 1450-1900*, 1927, II, p. 322.

171. *Antonio Pérez*, 1948, 2e édition, p. 50.

172. M. T. JONES-DAVIES, *op. cit.*, p. 335.

173. Erich WOEHLKENS, *Pest und Ruhr im 16. und 17. Jahr.*, 1954.

174. A. E., M. et D., Russie, 7, f° 298.

175. Pierre CHAUNU, *Séville et l'Atlantique*, VIII[1], 1959, p. 290 note 1; J. et R. NICOLAS, *La Vie quotidienne en Savoie...*, 1979, p. 119.
176. Samuel PEPYS, *The Diary*, éd. Wheatley, 1897, V, pp. 55-56.
177. Michel de MONTAIGNE, *Les Essais*, éd. Pléiade, 1962, pp. 1018-1019.
178. Nicolas VERSORIS, *Livre de raison*, p. p.G.FAGNIEZ, 1885, pp. 23-24.
179. Étienne FERRIERES, cité par Gilles CASTER, *Le Commerce du pastel et de l'épicerie à Toulouse, 1450-1561*, 1962, p. 247.
180. Jean-Paul SARTRE, *Les Temps modernes*, octobre 1957, p. 696, note 15; J. et R. NICOLAS, *op. cit.*, p. 123.
181. Henri STEIN, art. cit., p. 133.
182. Comte de FORBIN, «Un gentilhomme avignonais au XVIe siècle. François-Dragonet de Fogasses, seigneur de la Bastie (1536-1599)», *in : Mémoires de l'Académie de Vaucluse*, 2e série, IX, 1909, p. 173.
183. Daniel DEFOE, *Journal de l'année de la peste, 1722*, éd. Joseph Aynard, 1943, pp. 24, 31, 32, 48, 66.
184. *Ibid.*, préface, p. 13, citation de Thomas GRUMBLE, *La vie du général Monk*, 1672, p. 264.
185. Voir à ce sujet le bel article de René BAEHREL, «Épidémie et terreur: histoire et sociologie», *in : Annales historiques de la Révolution française*, 1951, n° 122, pp. 113-146.
186. Venise, Marciana, Ms. ital., III, 4.
187. Père Maurice de TOLON, *Préservatifs et remèdes contre la peste, ou le Capucin charitable*, 1668.
188. Préface d'AYNARD dans D. DEFOE, *op. cit.*, p. 13.
189. M. FOSSEYEUX, «Les épidémies de peste à Paris», *in : Bulletin de la Société d'histoire de la médecine*, XII, 1913, p. 119, cité par J. AYNARD, *Préface* de D. DEFOE, *op. cit.*, p. 14.
190. C. CARRIÈRE, M. COURDURIÉ, F. REBUFFAT, *Marseille, ville morte. La peste de 1720*, 1968, p. 302.
191. Lettre de Monseigneur de Belsunce, évêque de Marseille, 3 sept. 1720, cité par AYNARD, *in :* D. DEFOE, *op. cit.*, p. 14.
192. Jean-Noël BIRABEN, *Les Hommes et la peste en France et dans les pays européens et méditerranéens*, 1976, II, p. 185.
193. *Le Temps de la peste. Essai sur les épidémies en histoire*, 1978.
194. Ping-Ti Ho, «The Introduction of American Foods plants into China», *in : American Anthropologist*, avril 1955, pp. 194-197.
195. E. J. F. BARBIER, *Journal historique et anecdotique du règne de Louis XV*, 1847, p. 176.
196. *Médit...*, I, p. 306.
197. G. MACARTNEY, *op. cit.*, III, p. 267.
198. Pierre GOUBERT, *Beauvais et le Beauvaisis de 1600 à 1730. Contribution à l'histoire sociale de la France du XVIIe siècle*, 1960, p. 41.
199. Michel MOLLAT, *in :* Édouard PERROY, *Le Moyen Age*, 1955, pp. 308-309.
200. Germain BRICE, *Nouvelle Description de la ville de Paris et de tout ce qu'elle contient de plus remarquable*, III, 1725, pp. 120-123.
201. John NICKOLLS, *Remarques sur les désavantages et les avantages de la*

France et de la Grande-Bretagne, 1754, p. 23.

202. François COREAL, *Relation des voyages aux Indes occidentales*, 1736, I, p. 95; Carsten NIEBUHR, *Voyage en Arabie et en d'autres pays de l'Orient*, 1780, II, p. 401; CHARDIN, *Voyage en Perse et aux Indes orientales*, 1686, IV, p. 46: «les grandes débauches de viande et de breuvage mortelles aux Indes» pour les Anglais...

203. John H. GROSE, *A voyage to the East Indies with observations of various parts there*, 1757, I, p. 33.

204. T. OVINGTON, *A Voyage to Surat*, 1689, p. 87, cité par Percival SPEAR, *The Nabobs*, 1963, p. 5.

205. G. MACARTNEY, *op. cit.*, I, p. 321. Cook et Bougainville, durant leur relâche à Batavia, «la terre qui tue», eurent chacun plus de morts et de malades parmi leurs équipages que pendant tout le reste de leur voyage; Abbé PRÉVOST, *Supplément des voyages*, XX, pp. 314 et 581.

206. Bernard FAŸ, *George Washington gentilhomme*, 1932, p. 40.

207. Abbé PRÉVOST, *op. cit.*, IX, p. 250 (citant la relation de la Loubere).

208. Jean-Claude FLACHAT, *Observations sur le commerce et les arts d'une partie de l'Europe, de l'Asie de l'Afrique...*, 1766, I, p. 451.

209. Osman AGA, journal publié par R. KREUTEL et Otto SPIES, sous le titre: *Der Gefangene der Giauren...*, 1962, pp. 210-211.

210. E. KEYSER, *Bevölkerungsgeschichte Deutchslands*, 1941, p. 381; d'une façon générale, la montée démographique des villes ne se fait pas de façon endogène: W. SOMBART, *Der moderne Kapitalismus*, II, p. 1124.

211. Joham Peter SÜSSMILCH, *Die Göttliche Ordnung in den Veränderungen des menschlichen Geschlechts...*, 1765, I, p. 521.

212. Pierre de SAINT-JACOB, *Les Paysans de la Bourgogne du Nord au dernier siècle de l'Ancien Régime*, 1960, p. 545.

213. D'après les publications de Carmelo VIÑAS et Ramón PAZ, *Relaciones de los pueblos de España*, 1949-1963.

214. *L'Invasion germanique et la fin de l'Empire*, 1891, II, pp. 322 *sq*.

215. *Geschichte der Kriegskunst im Rahmen der politischen Geschichte*, 1900, I, pp. 472 *sq*.

216. Rechid SAFFET ATABINEN, *Contribution à une histoire sincère d'Attila*, 1934.

217. Henri PIRENNE, *Les Villes et les institutions urbaines*, 1939, I, pp. 306-307.

218. *Gazette de France*, 1650, *passim*.

219. *Geschichte des europäischen Staatensystems von 1492-1559*, 1919, p. 1 *sq*.

220. Pour ces détails et ce qui suit, cf. Alexander et Eugen KULISCHER, *Kriegs — und Wanderzüge. Weltgeschichte als Völkerbewegung*, 1932.

221. Otto von KOTZEBUE, *Reise um die Welt in den Jahren 1823, 24, 25 und 26*, 1830, I, p. 47.

222. F. J. TURNER, *The Frontier in American History*, 1921.

223. Voyage du médecin Jakob FRIES, publié par KIRCHNER, *op. cit.*, 1955.

224. John BELL, *Travels from St. Petersburg to diverse parts of Asia*, 1763, I, p. 216.

225. Marquant les débuts de ces fouilles,

voir W. HENSEL et A. GIEYSZTOR, *Les Recherches archéologiques en Pologne*, 1958, pp. 48 et 66.
226. Boris NOLDE, *La Formation de l'Empire russe*, 2 vol., 1952.
227. *Médit*... I, p. 175.
228. *Médit*... I, pp. 100-101 et note.
229. G. F. GEMELLI CARERI, *op. cit.*, III, p. 166.

第二章

1. MONTESQUIEU, *De l'Esprit des lois*, livre XXII, chap. 14, *in : Œuvres complètes*, 1964, p. 690.
2. Cette expression proverbiale serait une invention de L. A. FEUERBACH.
3. *Hackluyt's Voyages*, éd. 1927, I, pp. 441, 448-449.
4. P. GOUBERT, *op. cit.*, pp. 108 et 111.
5. K. C. CHANG, *Food in Chinese Culture*, 1977, p. 7.
6. Claude MANCERON, *Les Vingt Ans du Roi*, 1972, p. 614.
7. Wilhem ABEL, « Wandlungen des Fleischverbrauchs und der Fleischversorgung in Deutschland seit dem ausgehenden Mittelalter », *in : Berichte über Landwirtschaft*, XXII, 3, 1937, pp. 411-452.
8. Abbé PRÉVOST, *op. cit.*, IX, p. 342 (voyage de Beaulieu).
9. A. MAURIZIO, *op. cit.*, p. 168.
10. Dr Jean CLAUDIAN, Rapport préliminaire de la Conférence internationale F.I.P.A.L., Paris. 1964, dactylogramme, pp. 7-8, 19.
11. Marcel GRANET, *Danses et légendes de la Chine ancienne*, 1926, pp. 8 et 19, note.
12. J. CLAUDIAN, art. cit., p. 27.
13. J. J. RUTLIGE, *Essai sur le caractère et les mœurs des François comparées à celles des Anglois*, 1776, p. 32.
14. M. SORRE, *op. cit.*, I, pp. 162-163.
15. Pierre GOUROU, « La civilisation du végétal », *in : Indonésie*, n° 5, pp. 385-396 et c. r. de L. FEBVRE, *in : Annales E.S.C.*, 1949, pp. 73 *sq*.
16. P. de LAS CORTES, *doc. cit.*, f° 75.
17. Abbé PRÉVOST, *op. cit.*, V. p. 486.
18. G. F. GEMELLI CARERI, *op. cit.*, IV, p. 79.
19. *Ibid.*, II, p. 59.
20. Mémoire sur le port d'Oczaskof et sur le commerce auquel il pourroit servir d'entrepôt. A. E., M. et D. Russie, 7, f° 229.
21. A. E., M. et D. Russie, 17, f°s 78 et 194-196.
22. V. DANDOLO, *Sulle Cause dell'avvilimento delle nostre granaglie e sulle industrie agrarie*..., 1820, XL, pp. 1 *sq*.
23. *Histoire du commerce de Marseille*, dir. par G. RAMBERT, 1954, IV, pp. 625 *sq*.
24. Étienne JUILLARD, *La Vie rurale dans la plaine de Basse-Alsace*, 1953, p. 29; J. RUWET, E. HÉLIN, F. LADRIER, L. van BUYTEN, *Marché des céréales à Ruremonde, Luxembourg, Namur et Diest, XVIIe et XVIIIe siècles*, 1966 pp. 44, 57 *sq.*, 283-284, 299 *sq.*; Daniel FAUCHER, *Plaines et bassins du Rhône moyen*, 1926, p. 317.
25. M. SORRE, *op. cit.*, I, carte p. 241;

aire étendue à toute la Méditerranée et à l'Europe centrale et méridionale.

26. *Médit*..., I, pp. 539 et 540.
27. B.N., Estampes, Oe 74.
28. *Médit*..., I, p. 223.
29. Hans HAUSSHERR, *Wirtschaftsgeschichte der Neuzeit, vom des 14. bis zur Höhe des 19. J.*, 3e éd. 1954, p. 1.
30. *Médit*..., I, p. 544 et note 1.
31. Louis LEMERY, *Traité des aliments, où l'on trouve la différence et le choix qu'on doit faire de chacun d'eux en particulier*..., 1702, p. 113.
32. *Cf.* tableau de J.-C. TOUTAIN, «Le produit de l'agriculture française de 1700 à 1958», *in : Histoire quantitative de l'économie française*, dirigée par Jean MARCZEWSKI, 1961, p. 57.
33. Jacob van KLAVEREN, *Europäische Wirtschaftsgeschichte Spaniens im 16. und 17. Jahrhundert*, 1960, p. 29, note 31.
34. *Médit*..., II, p. 116.
35. Vers 1740, au moins 50 000 barriques de 400 livres chacune, Jacques SAVARY, *Dictionnaire universel de commerce, d'histoire naturelle et des arts et métiers*, 5 vol., 1759-1765, IV, col. 563.
36. *Ibid.*, IV. col. 565; A. N., G7, 1685, f° 275; A.N., G7, 1695, f° 29.
37. Marciana, Chronique de Girolamo Savina, fs 365 *sq*.
38. P. J. B. LE GRAND D'AUSSY, *Histoire de la vie privée des Français*, 1782, I, p. 109.
39. Abbé PPÉVOST, *op. cit.*, V, p. 486 (voyage de Gemelli Careri); VI, p. 142 (voyage de Navarrette).
40. Voir *infra*, II, p. 14.
41. N. F. DUPRÉ DE SAINT-MAUR, *Essai sur les monnoies ou Réflexions sur le rapport entre l'argent et les denrées*..., 1746, p. 182 et note a.
42. La question reste ouverte, car à travers les mercuriales publiées (notamment Michèle BAULANT et Jean MEUVRET, *Prix des céréales extraits de la mercuriale de Paris, 1520-1698*, 1960), les variations respectives du blé et de l'avoine s'accompagnent de façon très irrégulière. Voir graphique p. 88.
43. *Médit*..., I, p. 38 et note 4.
44. Pierre DEFFONTAINES, *Les Hommes et leurs travaux dans les pays de la Moyenne Garonne*, 1932, p. 231.
45. L. P. GACHARD, *Retraite et mort de Charles Quint au monastère de Yuste*, I, 1854, p. 49.
46. Témoignage de Lesdiguière, gouverneur du Dauphiné, cité par H. SÉE, *Esquisse d'une histoire économique et sociale de la France*, 1929, p. 250; L. LÉMERY, *op. cit.*, p. 110.
47. Archivo General de Simancas, Estado Castilla 139.
48. *Médit*..., I, p. 518.
49. Jean GEORGELIN, *Venise au siècle des Lumières*, 1978, p. 288.
50. J. RUWET et *al.*, *Marché des céréales*..., *op. cit.*, pp. 57 *sq*.
51. P. de LAS CORTES, *document cité* f° 75.
52. Étienne JUILLARD, *Problèmes alsaciens vus par un géographe*, 1968, pp. 54 *sq*.
53. M. DERRUAU, *La Grande Limagne auvergnate et bourbonnaise*, 1949.
54. Jethro TULL, *The Horse Hoeing Husbandry*..., 1733, pp. 21 *sq*.

55. J.-M. RICHARD, «Thierry d'Hireçon, agriculteur artésien (13..-1328)», *in : Bibliothèque de l'École des Chartes*, 1892, p. 9.
56. François VERMALE, *Les Classes rurales en Savoie au XVIIIe siècle*, 1911, p. 286.
57. Johann Gottlieb GEORGI, *op. cit.*, p. 579.
58. René BAEHREL *Une Croissance: la Basse-Provence rurale (fin du XVIe siècle-1789)*, 1961, pp. 136-137.
59. B. H. SLICHER VAN BATH, *Storia agraria...*, *op. cit.*, pp. 353-356; Jean-François de BOURGOING, *Nouveau Voyage en Espagne...*, 1789, III, p. 50.
60. P. G. POINSOT, *L'Ami des cultivateurs*, 1806, II, p. 40.
61. *in :* Marc BLOCH, *Mélanges historiques*, II, 1963, p. 664.
62. Mémoires de 1796, cité par I. IMBERCIADORI, *La Campagna toscana nel'700*, 1953, p. 173.
63. B. H. SLICHER VAN BATH, *Storia agraria dell'Europa occidentale*, 1972, pp. 245-252, 338 *sq.*; Wilhelm ABEL, *Crises agraires en Europe, XIIIe-XXe s.*, 1973, p. 146.
64. A. R. LE PAIGE, *Dictionnaire topographique du Maine*, 1777, II, p. 28.
65. Jacques MULLIEZ, « Du blé, ' mal nécessaire '. Réflexions sur les progrès de l'agriculture, 1750-1850», *in : Revue d'histoire moderne et contemporaine*, 1979, pp. 30-31.
66. *Ibidem*, *passim*.
67. *Ibid.*, pp. 32-34.
68. *Ibid.*, pp. 36-38.
69. *Ibid.*, pp. 30 et 47 notamment.
70. Olivier de SERRES, *Le Théâtre d'agriculture et mesnage des champs...*, 1605, p. 89.
71. *François Quesnay et la physiocratie*, éd. de l'I.N.E.D., 1958, II, p. 470.
72. P. de SAINT-JACOB, *op. cit.*, p. 152.
73. J.-C. TOUTAIN, art. cit., p. 87.
74. Pour tous ces chiffres, Hans Helmut WÄCHTER, *Ostpreussische Domänenvorwerke im 16. und 17. Jahrhundert*, 1958, p. 118.
75. J.-M. RICHARD, art. cit., pp. 17-18.
76. *François Quesnay...*, *op. cit.*, p. 461 (article «grains» de l'Encyclopédie).
77. «Production et productivité de l'économie agricole en Pologne», *in : Troisième Conférence internationale d'histoire économique*, 1965, p. 160.
78. Léonid ZYTKOWICZ, «Grain yields in Poland, Bohemia, Hungary and Slovakia», *in : Acta Poloniae historica*, 1971, p. 24.
79. E. LE ROY LADURIE, *Les Paysans de Languedoc...*, *op. cit.*, II, p. 849-852; I, p. 533.
80. *Essai politique sur le royaume de la Nouvelle Espagne*, 1811, II, p. 386.
81. E. LE ROY LADURIE, *op. cit.*, II, p. 851.
82. *Yield ratios, 810-1820*, 1963, p. 16.
83. H. H. WÄCHTER, *op. cit.*, p. 143.
84. Jean GLENISSON, « Une administration médiévale aux prises avec la disette. La question des blés dans les provinces italiennes de l'État pontifical en 1374-1375», *in : Le Moyen Age*, t. 47, 1951, pp. 303-326.
85. Ruggiero ROMANO, « A propos du commerce du blé dans la Méditerranée des XIVe et XVe

siècles», *in : Hommage à Lucien Febvre*, 1954, II, pp. 149-156.

86. Jean MEUVRET, *Études d'histoire économique*, 1971, p. 200.
87. *Médit...*, I, p. 302.
88. Ruggiero ROMANO, *Commerce et prix du blé à Marseille au XVIIIe siècle*, 1956, pp. 76-77.
89. A.N., A. E., B^1, 529, 4 février 1710.
90. Andrea METRA, *Il Mentore perfetto de'negozianti*, 1797, V, p. 15.
91. Claude NORDMANN, *Grandeur et liberté de la Suède, 1660-1792*, 1971, p. 45 et note.
92. Werner SOMBART, *Der moderne Kapitalismus*, 1921-1928, II, p. 1035. Quantités exportées d'Angleterre après 1697 et d'Amérique en 1770.
93. *Bilanci generali*, 2e série, I, 1, 1912, pp. 35-37.
94. Jean NICOT, *Correspondance inédite*, p.p. E. FALGAIROLLE, 1897, p. 5.
95. J. NICKOLLS, *op. cit.*, p. 357.
96. Moscou, A.E.A., 8813-261, f° 21, Livourne, 30 mars 1795.
97. Werner SOMBART, *Krieg und Kapitalismus*, 1913, pp. 137-138.
98. J. SAVARY, *Dictionnaire...*, V, col. 579-580.
99. W. SOMBART, *Der moderne Kapitalismus*, *op. cit.*, II, pp. 1032-1033.
100. Fritz WAGNER, *in : Handbuch der europäischen Geschichte*, éd. par Th. Schieder, 1968, IV, p. 107.
101. Yves RENOUARD, «Une expédition de céréales des Pouilles...», *in : Mélanges d'archéologie et d'histoire de l'École française de Rome*, 1936.
102. W. SOMBART, *Der moderne Kapitalismus*, *op. cit.*, II, p. 1032.
103. *Médit...*, I, pp. 543-545.
104. Référence exacte perdue.
105. Sur l'organisation des *caricatori*, cf. *Médit...*, I, pp. 525-528.
106. *Médit...*, I, p. 527.
107. *Médit...*, I, p. 577.
108. *Histoire du commerce de Marseille*, *op. cit.*, IV, pp. 365 *sq*.
109. A. P. USHER, *The History of the grain trade in France, 1400-1710*, 1913, p. 125.
110. V. S. LUBLINSKY, «Voltaire et la guerre des farines», *in : Annales historiques de la Révolution française*, n° 2, 1959, pp. 127-145.
111. Abbé MABLY, «Du commerce des grains» *in : Œuvres complètes*, XIII, 1795, pp. 144-146.
112. Earl J. HAMILTON, «Wages and Subsistence on Spanish Treasure Ships, 1503-1660», *in : Journal of Political Economy*, 1929.
113. Tous les chiffres qui suivent calculés par F. C. SPOONER, «Régimes alimentaires d'autrefois: proportions et calculs en calories», *in : Annales E.S.C.*, 1961, pp. 568-574.
114. Robert PHILIPPE, «Une opération pilote: l'étude du ravitaillement de Paris au temps de Lavoisier», *in : Annales E.S.C.*, XVI, 1961, tableaux non paginés entre les pages 572 et 573. A noter une erreur dans le dernier tableau: il faut lire 58% et non 50.
115. Armand HUSSON, *Les Consommations de Paris*, 1856, pp. 79-106.
116. Le calcul est fait d'après les documents du Museo Correr, Donà delle Rose, 218, f°s 142 *sq*. D'un calcul fait sur les années agricoles 1603-

1604, 1604-1605, 1608-1609, en tenant compte des bilans de stocks de céréales, la moyenne de la consommation de Venise s'établit aux environs de 450 000 stara. La population de la ville est de 150 000, la consommation par personne de 3 stara, c'est-à-dire, à 60 k par stara, 180 kg. Ce sont d'ailleurs les chiffres retenus par une enquête officielle de 1760 (3 stara de froment ou 4,5 de maïs). P. GEORGELIN, *op. cit.*, p. 209.

117. Witold KULA, *Théorie économique du système féodal*..., *XVI*[e]-*XVIII*[e] *s.*, 1970.

118. Robert PHILIPPE, «Une opération pilote: l'étude du ravitaillement de Paris au temps de Lavoisier», *in : Pour une histoire de l'alimentation*, p. p. Jean-Jacques HEMARDINQUER, 1970, p. 65, tableau 5; A. HUSSON, *op. cit.*, p. 106.

119. Louis-Sébastien MERCIER, *Tableau de Paris*, 1782, IV, p. 132.

120. E. H. PHELPS BROWN et Sheila V. HOPKINS, «Seven Centuries of Building Wages», *in : Economica*, août 1955, pp. 195-206.

121. P. de SAINT-JACOB, *op. cit.*, p. 539.

122. Giuseppe PRATO, *La Vita economica in Piemonte in mezzo a secolo XVIII*, 1908.

123. Paul RAVEAU, *Essai sur la situation économique et l'état social en Poitou au XVI*[e] *siècle*, 1931, pp. 63-65.

124. Jacques ANDRÉ, *Alimentation et cuisine à Rome*, 1961, pp. 62-63.

125. J.-M. RICHARD, art. cit., p. 21.

126. Jean MEYER, *La Noblesse bretonne au XVIII*[e] *siècle*, 1966, p. 449, note 3.

127. Référence non retrouvée.

128. O. AGA, *op. cit.*, pp. 64-65.

129. N. F. DUPRÉ DE SAINT-MAUR, *op. cit.*, p. 23.

130. Alfred FRANKLIN, *La Vie privée d'autrefois*. III. *La cuisine*, 1888, p. 91.

131. Londres, P. R. O. 30, 25, 157, Giornale autografo di Francesco Contarini da Venezia a Madrid.

132. J. SAVARY, *Dictionnaire*..., *op. cit.*, IV, col. 10.

133. L.-S. MERCIER, *op. cit.*, XII, p. 242.

134. A.N., AD XI, 38, 225.

135. Denis DIDEROT, article « bouillie », *Supplément à l'Encyclopédie*, II, 1776, p. 34.

136. L.-S. MERCIER, *op. cit.*, VIII, pp. 154 *sq*.

137. L.-S. MERCIER, *ibid.*, XII, p. 240.

138. D'après des documents que j'ai consultés aux archives de Cracovie.

139. N. DELAMARE, *Traité de police*, II, 1710, p. 895.

140. *Ibid.*, édition 1772, II, pp. 246-247; A. HUSSON, *op. cit.*, pp. 80-81.

141. A.d.S. Venise, Papadopoli, 12, f° 19 v°.

142. Museo Correr, Donà delle Rose, 218, f° 140 v°.

143. Correspondance de M. de Compans, consul français à Gênes, A. N., A. E., B[1], 511.

144. Antoine PARMENTIER, *Le Parfait Boulanger*, 1778, pp. 591-592.

145. Jean MEYER, *La Noblesse bretonne au XVIII*[e] *siècle*, *op. cit.*, p. 447 et note.

146. NECKER, *Législation et commerce des grains*, chapitre XXIV.

147. *Diari della città di Palermo dal secolo*

XVI al XIX, p.p. Gioacchino di MARZO, vol, XIV, 1875, pp. 247-248.

148. N. DELAMARE, *op. cit.*, II, p. 1039.
149. *Gazette de France*, Rome, 11 août 1649, p. 749.
150. R. GROUSSET, *Histoire de la Chine*, *op. cit.*
151. Annuaire F. A. O., 1977.
152. G. MACARTNEY, *op. cit.*, II, p. 232.
153. M. de GUIGNES, *Voyages à Pékin*, *Manille et i'Ile de France... 1784-1801*, 1808, I, p. 354.
154. Vera HSU et Francis HSU, *in : Food in Chinese Culture*, p. p. K. C. CHANG, *op. cit.*, pp. 300 *sq*.
155. Pierre GOUROU, *L'Asie*, nouvelle édition, 1971, pp. 83-86.
156. Jules SION, *Asie des moussons*, 1ere partie, 1928, p. 34.
157. F. W. MOTE, *in : Food in Chinese Culture*, *op. cit.*, p. 199.
158. P. GOUROU, *op. cit.*, p. 86.
159. Voir les figures des pages 128-129.
160. J.-B. du HALDE, *Description géographique*, *historique*, *chronologique*, *politique et physique de l'Empire de la Chine et de la Tartarie chinoise*, 1735, II, p. 65.
161. P. de LAS CORTES, doc. cité., f° 123 v°.
162. Pierre GOUROU, *L'Asie*, 1953, p. 32.
163. *Ibid.*, pp. 30-32.
164. Au Siam, E. KÄMPFER, *Histoire naturelle... de l'Empire du Japon*, 1732, I, p. 69. Au Cambodge, Éveline PORÉE-MASPÉRO, *Études sur les rites agraires des Cambodgiens*, 1942, I, p. 28; P. GOUROU, *L'Asie*, *op. cit.*, p. 74.
165. P. de LAS CORTES, doc. cité, f° 43 v°.
166. G. MACARTNEY, *op. cit.*, III, p. 287; *Dictionnaire archéologique des techniques*, 1964, I, pp. 214-215; II, p. 520.
167. Michel CARTIER, Pierre E. WILL, « Démographie et institutions en Chine: contributions à l'analyse des recensements de l'époque impériale», *in : Annales de démographie historique*, 1971, pp. 212-218 et 230-231.
168. Pierre GOUROU, *Les Paysans du delta tonkinois*, 1936, pp. 382-387.
169. Les détails qui suivent empruntés à Éveline PORÉE-MASPÉRO, *op. cit.*, I, 1942, pp. 32 *sq*.
170. Jean CHARDIN, *Voyages en Perse*, 1811, IV, pp. 102-105.
171. J. FOURASTIÉ, *Machinisme et bien-être*, *op. cit.*, p. 40.
172. Pierre GOUROU, *L'Asie*, 1953, p. 55.
173. Pierre GOUROU, *Les Pays tropicaux*, 4e éd., 1966, p. 95.
174. J. SPENCE, *in : Food in Chinese Culture*, p. p. K. C. CHANG, 1977, p. 270.
175. Abbé PRÉVOST, *op. cit.*, VIII, pp. 536 et 537.
176. J.-B. du HALDE, *op. cit.*, II, p. 72.
177. P. de LAS CORTES, doc. cité fos 54 et 60.
178. *Voyages à Pékin*, *Manille et l'Ile de France... 1784-1801*, *op. cit.*, I, p. 320.
179. P. GOUROU, *L'Asie*, *op. cit.*, pp. 74, 262.
180. J. A. MANDELSLO, *op. cit.*, II, p. 268.
181. J. SAVARY, *op. cit.*, IV, col. 561.
182. P. de LAS CORTES, doc. cité f° 55.
183. Matsuyo TAKIZAWA, *The Penetration of Money Economy in Japan...*, 1927,

pp. 40-41.
184. P. de LAS CORTES, doc. cité f° 75.
185. Jacques GERNET, *Le Monde chinois*, 1972, pp. 281 et 282, et 648; Wolfram EBERHARD, *A History of China*, 4e éd., 1977, p. 255.
186. F. W. MOTE, *in : Food in Chinese Culture*, *op. cit.*, pp. 198-200.
187. J. SPENCE, *ibid*, pp. 261 et 271.
188. Abbé PRÉVOST, *op. cit.*, VI, pp. 452-453 (du Halde).
189. J. GERNET, *Le Monde chinois*, *op. cit.*, pp. 65-66; *Dictionnaire archéologique des techniques*, 1964, II, p. 520.
190. Victor BÉRARD, *Les Navigations d'Ulysse*, II. *Pénélope et les Barons des îles*, 1928, pp. 318, 319.
191. G. F. GEMELLI CARERI, *op. cit.*, IV, p. 102.
192. G. B. SAMSON, *The Western World and Japan*, 1950, p. 241.
193. Michel VIÉ, *Histoire du Japon*, 1969, p. 99; Thomas C. SMITH, *The Agrarian Origins of Modern Japan*, 1959, p. 102.
194. Th. SMITH, *ibid.*, pp. 82, 92 *sq.*
195. *Ibid.*, pp. 68 *sq.*, 156, 208, 211; Matsuyo TAKIZAWA, *The Penetration of money economy in Japan*, 1927, pp. 34-35; 75-76, 90-92; *Recent trends in Japanese historiography: bibliographical essays*, XIIIe congrès des sciences historiques de Moscou, 1970, I, pp. 43-44.
196. Voir *infra*, III, pp. 433 et 441-442.
197. G. B. SAMSON, *op. cit.*, p. 237.
198. Il est décrit dans la *Vie de Colomb par son fils*, à la date du 5 novembre 1492, comme « une sorte de blé appelé maize qui était très savoureux, cuit au four ou bien séché et réduit en farine», A. MAURIZIO, *op. cit.*, pp. 339.
199. R. S. MAC NEISH, *First annual report of the Tehuacan archaeological-botanical project*, 1961, et *Second annual report*, 1962.
200. G. F. GEMELLI CARERI, *op. cit.*, VI, p. 30.
201. F. COREAL, *op. cit.*, I, p. 23.
202. P. VIDAL DE LA BLACHE, *op. cit.*, p. 137.
203. Jean-Pierre BERTHE, «Production et productivité agricoles au Mexique, XVIe-XVIIIe siècles», *in : Troisième Conférence internationale d'histoire économique*, Munich, 1965.
204. F. MÁRQUEZ MIRANDA, «Civilisations précolombiennes, civilisation du maïs», *in : A travers les Amériques latines*, publ. sous la direction de Lucien FEBVRE, *Cahiers des Annales*, n° 4, pp. 99-100.
205. Marie HELMER, « Les Indiens des plateaux andins », *in : Cahiers d'outremer*, n° 8, 1949, p. 3.
206. Marie HELMER, «Note brève sur les Indiens Yuras», *in : Journal de la société des américanistes*, 1966, pp. 244-246.
207. Alexandre de HUMBOLDT, *Voyage aux régions équinoxiales du Nouveau Continent fait en 1799 et 1800*, éd. de 1961, p. 6.
208. A. de SAINT-HILAIRE, *Voyages dans l'intérieur du Brésil*, 1re partie, I, 1830, pp. 64-68.
209. Rodrigo de VIVERO, *Du Japon et du bon gouvernement de l'Espagne et des Indes*, p.p. Juliette MONBEIG, 1972, pp. 212-213.

210. Earl J. HAMILTON, *American Treasure and Price Revolution in Spain*, 1934, p. 213, note 1, trouve la tomate dès 1608 dans les achats alimentaires d'un hôpital d'Andalousie.
211. Georges et Geneviève FRÊCHE, *Le Prix des grains, des vins et des légumes à Toulouse, (1486-1868)*, 1967, pp. 20-22.
212. Carl O. SAUER, «Maize into Europe», *in : Akten des 34. Internationales Amerikanischen Kongresses*, 1960, p. 781.
213. O. de SERRES, *Le Théâtre de l'agriculture...*, *op. cit.*, II, p. 4.
214. A. BOURDE, *Agronomie et agronomes en France au XVIII*[e] *siècle*, 1967, I, p. 185, note 5.
215. Traian STOIANOVICH, «Le maïs dans les Balkans», *in : Annales, E.S.C.*, 1966, p. 1027 et note 3, p. 1029 et note 1.
216. J. GEORGELIN, *op. cit.*, p. 205.
217. G. ANTHONY, *L'Industrie de la toile à Pau et en Béarn*, 1961, p. 17.
218. G. et G. FRÊCHE, *op. cit.*, pp. 20-22, 34-37.
219. Mémoire sur le Béarn et la Basse Navarre, 1700, B.N. Ms. fr. 4287, f° 6.
220. Moscou, A.E.A., 72/5, 254, f° 29.
221. P. de SAINT-JACOB, *op. cit.*, p. 398.
222. Jérôme et Jean THARAUD, *La Bataille de Scutari*, 24e éd., 1927, p. 101.
223. J. GEORGELIN, *op. cit.*, pp. 205 et 225.
224. G. et G. FRÊCHE, *op. cit.*, p. 36.
225. Filippo PIGAFETTA et Duarte LOPEZ, *Description du royaume de Congo*, 1591, trad. de W. Bal, 1973, p. 76.
226. P. VERGER, *Dieux d'Afrique*, 1954, pp. 168, 176, 180.
227. Ping-Ti Ho, «The Introduction of American food plants into China», art. cité.
228. Berthold LAUFER, *The American Plant Migration, the Patato*, 1938.
229. Cité par R. M. HARTWELL, *The Industrial Revolution and economic Growth*, 1971, p. 127.
230. Archives de Cracovie, fonds Czartoryski, 807, f° 19.
231. Johann Gottlieb GEORGI, *op. cit.*, p. 585.
232. B. LAUFER, *op. cit.*, pp. 102-105.
233. E. JULLIARD, *op. cit.*, p. 213.
234. D. MATHIEU, *L'Ancien Régime dans la province de Lorraine et Barrois*, 1879, p. 323.
235. K. H. CONNELL, «The Potato in Ireland», *in : Past and Present*, n° 23, nov. 1962, pp. 57-71.
236. Vers Dunkerque (1712) : A.N., G^7, 1698, f° 64; vers le Portugal (1765) : A.N., F^{12}, f°s 143 *sq*.
237. Adam SMITH, *The Wealth of Nations*, 1937, p. 161.
238. E. ROZE, *Histoire de la pomme de terre*, 1898, p. 162.
239. J. BECKMANN, *Beiträge zur Oekonomie*, *op. cit.*, V, p. 280.
240. Ch. VANDERBROEKE, «Cultivation and consumption of the potato in the 17th and 18th Centuries», *in : Acta historiae neerlandica*, V, 1971, p. 35.
241. *Ibid.*, p. 21.
242. *Ibid.*, p. 35.
243. *Ibid.*, p. 28.
244. A. SMITH, *The Wealth of Nations*, éd. 1863, p. 35, cité par POLLARD and CROSSLEY, *op. cit.*, p. 157.

245. Louis SIMOND, *Voyage d'un Français en Angleterre pendant les années 1810 et 1811*, I, p. 160; je cite à tout hasard un petit détail (Gabriel SAGARD, *Le Grand Voyage du pays des Hurons*, 1976): en 1623, le vaisseau qui l'emporte vers le Canada, saisit un petit navire anglais où il trouve un baril de patates «en forme de gros naveaux mais d'un goût beaucoup plus excellent» (p. 16)
246. G. F. GEMELLI CARELI, *op. cit.*, IV, p. 80.
247. LABAT, *Nouveau Voyage aux isles de l'Amerique*, 1722, I, p. 353.
248. G. F. GEMELLI CARRERI, *op. cit.*, VI, p. 25.
249. *Ibid.*, VI, p. 89.
250. Ester BOSERUP, *Évolution agraire et pression démographique*, 1970, pp. 23 *sq*.
251. P. Jean-François de ROME, *La Fondation de la mission des Capucins au Royaume de Congo*, trad. Bontinck, 1964, p. 89.
252. Otto von KOTZEBUE, *Reise um die Welt...*, *op. cit.*, I, pp. 70-71.
253. Pierre GOUROU, *L'Amérique tropicale et australe*, 1976, pp. 29-32.
254. *Ibid.*, p. 32.
255. J.-F. de ROME, *op. cit.*, p. 90.
256. Georges BALANDIER, *La Vie quotidienne au royaume de Kongo du XVI*[e] *au XVIII*[e] *siècle*, 1965, pp. 77-78.
257. Abbé PRÉVOST, *op. cit.*, XII, p. 274.
258. Louis-Antoine de BOUGAINVILLE, *Voyage autour du monde*, éd. de 1958, p. 120.
259. James Cook, *Giornali di bordo*, I, 1971, pp. 123-124.
260. *Ibid.*, p. 164.
261. *Ibid.*, I, p. 109.
262. Abbé PRÉVOST, *Supplément des voyages*, XX, p. 126.
263. *Op. cit.*, XV, pp. 1 *sq*.
264. *Ibid.*, p. 87.

第三章

1. John NEF, *La Guerre et le progrès humain*, 1954, pp. 24-25.
2. ÉRASME, *La Civilité morale des enfans*, 1613, p. 11.
3. Dr Jean CLAUDIAN, Rencontre internationale F. I. P. A. L., nov. 1964, *Rapport Préliminaire*, p. 34.
4. L. A. CARACCIOLI, *Dictionnaire critique, pittoresque et sententieux, propre à faire connoître les usages du siècle, ainsi que ses bizarreries*, 1768, I, p. 24.
5. Gerónimo de UZTÁRIZ, *Theoría y práctica de comercio y de marina*, 1724, pp. 348-349.
6. B. de LAFFEMAS, *Reiglement général pour dresser les manufactures en ce royaume...*, 1597, p. 17.
7. Abbé PRÉVOST, *op. cit.*, VI, p. 142 (voyage de du Halde).
8. L.-S. MERCIER, *L'An deux mille quatre cent quarante*, *op. cit.*, p. 368, note a.
9. Werner SOMBART, *Luxus und Kapitalismus*, 1922, p. 2
10. Th. DOBZHANSKY, *L'Homme en évolution*, 1966, p. 369.
11. *Food in Chinese Culture*, p.p. K. C. CHANG, *op. cit.*
12. L.-S. MERCIER, *Tableau de Paris*,

1782, XI, pp. 345-346.

13. *Food in Chinese Culture*, *op. cit.*, pp. 15, 271, 280.

14. Ortensio LANDI, *Commentario delle più notabili e mostruose cose d'Italia*, s.d., pp. 5-6.

15. «Voyage de Jérôme Lippomano», *in : Relations des ambassadeurs vénitiens sur les affaires de France au XVI*^e^ *siècle*, II, 1838, p. 605 (Collection des documents inédits sur l'Histoire de France).

16. A. FRANKLIN, *op. cit.*, III, p. 205.

17. L.-S. MERCIER, *Tableau de Paris*, *op. cit.*, V, p. 79.

18. A. CAILLOT, *Mémoires pour servir à l'histoire des mœurs et usages des Français*, 1827, II, p. 148.

19. L. A. CARACCIOLI, *Dictionnaire... sententieux...*, *op. cit.*, I, p. 349; III, p. 370; I, p. 47.

20. Marquis de PAULMY, *Précis d'une histoire générale de la vie privée des Français*, 1779, p. 23.

21. A. FRANKLIN, *op. cit.*, III, pp. 47-48.

22. *Le Ménagier de Paris, traité de morale et d'économie domestique composé vers 1393*, 1846, II, p. 93.

23. Michel de MONTAIGNE, *Journal de voyage en Italie*, éd. de la Pléiade, 1967, p. 1131.

24. RABELAIS, *Pantagrael*, liv. IV, ch. LIX et LX.

25. Philippe MANTELLIER, «Mémoire sur la valeur des principales denrées... qui se vendaient... en la ville d'Orléans», *in : Mémoires de la société archéologique de l'Orléanais*, 1862, p. 121.

26. *Gazette de France*, 1763, p. 385.

27. Hermann VAN DER WEE, «Typologie des crises et changements de structures aux Pays-Bas (XVe-XVIe siècles)», *in : Annales E. S. C.*, 1963, n° 1, p. 216.

28. W. ABEL, «Wandlungen des Fleischverbrauchs und der Fleischversorgung in Deutschland...», *in : Berichte über Landwirtschaft*, cit., p. 415.

29. *Voyage de Jerôme Lippomano*, *op. cit.*, p. 575.

30. THOINOT ARBEAU, *Orchésographie* (1588), éd. 1888, p. 24.

31. W. ABEL, *Crises agraires en Europe, XIII*^e^*-XX*^e^ *siècle*, *op. cit.*, p. 150.

32. Ugo TUCCI, «L'Ungheria e gli approvvigionamenti veneziani di bovini nel Cinquecento», *in : Studia Humanitatis*, 2; *Rapporti venetoungheresi all'epoca del Rinascimento*, 1975, pp. 153-171; A.d.S. Venise, Cinque Savii, 9, f° 162; *Histoire du commerce de Marseille*, III, *1481-1599*, par R. COLLIER et J. BILLIOUDE, 1951, pp. 144-145.

33. L. DELISLE, *Études sur la condition de la classe agricole et l'état de l'agriculture en Normandie au Moyen Age*, 1851, p. 26.

34. E. LE ROY LADURIE, *Les Paysans de Languedoc*, 2e éd., 1966, I, pp. 177-179.

35. W. ABEL, art. cité, p. 430.

36. Noël du FAIL, *Propos rustiques et facétieux*, éd. 1856, p. 32.

37. G. de GOUBERVILLE, *Journal...*, 1892, p. 464.

38. C. HATON, *Mémoires...*, *op. cit.*, p. 279.

39. W. ABEL, *Crises agraires en Europe...*, *op. cit.*, pp. 198-200.

40. André PLAISSE, *La Baronnie du Neubourg*, 1961; Pierre CHAUNU, «Le Neubourg. Quatre siècles d'histoire normande, XIVe-XVIIIe», *in : Annales E.S.C.*, 1961, pp. 1152-1168.
41. R. GRANDAMY, «La grande régression. Hypothèse sur l'évolution des prix réels de 1375 à 1875», *in : Prix de vente et prix de revient* (13e série), 1952, p. 52.
42. A. HUSSON, *Les Consommations de Paris*, *op. cit.*, p. 157; Jean-Claude TOUTAIN, *in : Histoire quantitative de l'économie française*, I, *Cahiers de l'I.S.E.A.*, 1961, pp. 164-165; LAVOISIER, « De la richesse de la France» et «Essai sur la population de la ville de Paris», *in : Mélanges d'économie politique*, I, 1966, pp. 597-598 et 602.
43. W. ABEL, *Crises agraires en Europe*..., *op. cit.*, pp. 353-354.
44. J. MILLERET, *De la réduction du droit sur le sel*, 1829, pp. 6 et 7.
45. Émile MIREAUX, *Une Province française au temps du Grand Roi, la Brie*, 1958, p. 131.
46. Michel MORINEAU, «Rations de marine (Angleterre, Hollande, Suède et Russie)», *in : Annales E. S. C.*, 1965.
47. Paul ZUMTHOR, *La Vie quotidienne en Hollande au temps de Rembrandt*, 1959, pp. 88 *sq*.
48. L. LÉMERY, *op. cit.*, pp. 235-236.
49. P. de SAINT-JACOB, *op. cit.*, p. 540.
50. P. J. GROSLEY, *Londres*, 1770, I, p. 290.
51. *Mémoires de Mademoiselle de Montpensier*, éd. Cheruel, 1858-1859, III, p. 339.
52. Abbé PRÉVOST, *op. cit.*, X, pp. 128-129 (voyage de Tavernier).
53. R. de VIVERO, *op. cit.*, p. 269.
54. F. BERNIER, *Voyages*..., *op. cit.*, 1699, II, p. 252.
55. P. de LAS CORTES, doc. cité., p. 54.
56. G. F. GEMELLI CARERI, *op. cit.*, IV, p. 474.
57. *Mémoires concernant l'histoire, les sciences, les arts, les mœurs des Chinois* par les missionnaires de Pékin, IV, 1779, pp. 321-322.
58. Ho SHIN-CHUN, *Le Roman des lettrés*, 1933, pp. 74, 162, 178.
59. G. F. GEMELLI CARERI, *op. cit.*, IV, p. 107; P. de MAGAILLANS, *Nouvelle Relation de la Chine*, 1688 (écrite en 1668), pp. 177-178.
60. R. MANTRAN, *Istanbul dans la seconde moitié du XVIIe siècle*, *op. cit.*, p. 196.
61. G. F. GEMELLI CARERI, *op. cit.*, I, pp. 63-64.
62. *Ibid.*, V, p. 305.
63. R. BAEHREL, *Une Croissance : la Basse-Provence rurale*..., *op. cit.*, p. 173.
64. L. SIMOND, *Voyage d'un Français en Angleterre*..., *op. cit.*, II, p. 332.
65. L.-S. MERCIER, *op. cit.*, 1783, V, p. 77.
66. *Ibid.*, p. 79.
67. A. FRANKLIN, *op. cit.*, III, p. 139.
68. *Médit*..., I, p. 139.
69. L.-S. MERCIER, V, p. 252.
70. *Ibid.*, p. 85.
71. *Voyage de Jérôme Lippomano*, *op. cit.*, II, p. 609.
72. M. de MONTAIGNE, *Journal de voyage en Italie*, *op. cit.*, p. 1118.
73. *Ibid.*, p. 1131.

74. Alfred FRANKLIN, *La Vie privée d'autrefois. IX: Variétés gastronomiques*, 1891, p. 60.
75. M. de MONTAIGNE, *Journal de voyage...*, p. 1136.
76. M. de MONTAIGNE, *Essais*, éd. de la Pléiade, 1962, pp. 1054 et 1077.
77. *Les Voyages du Seigneur de Villamont*, 1609, p. 473; *Coryate's Crudities*, (1611), éd. 1776, I, p. 107.
78. Alfred FRANKLIN, *op. cit.*, I, *La civilité, l'étiquette et le bon ton*, 1908, pp. 289-291.
79. Alfred GOTTSCHALK, *Histoire de l'alimentation et de la gastronomie...*, 1948, II, pp. 168 et 184.
80. M. de MONTAIGNE, *Essais*, *op. cit.*, p. 1054.
81. C. DUCLOS, *Mémoires sur sa vie*, *in : Œuvres*, 1820, I, p. LXI.
82. G. F. GEMELLI CARERI, *op. cit.*, II, p. 61.
83. J.-B. LABAT, *Nouvelle Relation de l'Afrique occidentale*, *op. cit.*, I, p. 282.
84. Baron de TOTT, *Mémoires*, I, 1784, p. 111.
85. Ch. GÉRARD, *L'Ancienne Alsace à table*, 1877, p. 299.
86. D'après les archives de Stockhalpen et Alain DUBOIS, *Die Salzversorgung des Wallis 1500-1610. Wirtschaft und Politik*, 1965, pp. 41-46.
87. Dr CLAUDIAN, Première conférence internationale F.I.P.A.L, 1964, rapport préliminaire, p. 39.
88. A. FRANKLIN, *La Vie privée d'autrefois*, *La cuisine*, *op. cit.*, pp. 32, 33, 90.
89. *Médit...*, I, p. 138 et note 1.
90. Archives des Bouches-du-Rhône, Amirauté de Marseille, B IX, 14.
91. J. SAVARY, *op. cit.*, II, col. 778.
92. L. LÉMERY, *op. cit.*, p. 301.
93. A.N., 315, AP 2, 47, Londres, 14 mars 1718.
94. G. F. GEMELLI CARERI, II, p. 77.
95. *Voyage... de M. de Guignes*, *op. cit.*, I, p. 378.
96. Patrick COLQUHOUN, *Traité sur la police de Londres*, 1807, I, 128.
97. Bartolomé PINHEIRO DA VEIGA, «La Corte de Felipe III», *in : Viajes de extranjeros por España y Portugal*, II, 1959, pp. 136-137.
98. L. LÉMERY, *op. cit.*, p. 295.
99. Antonio de BEATIS, *Voyage du cardinal d'Aragon... (1517-1518)*, p. p. Madeleine HAVARD DE LA MONTAGNE, 1913, p. 119.
100. J. SAVARY, *op. cit.*, V, col. 182; I, col. 465.
101. CARACCIOLI, *Dictionnaire... sentencieux*, *op. cit.*, I, p. 24.
102. Giuseppe PARENTI, *Prime Ricerche sulla rivoluzione dei prezzi in Firenze*, 1939, p. 120.
103. G. F. GEMELLI CARERI, *op. cit.*, VI, p. 21.
104. *Journal de voyage en Italie*, *op. cit.*, p. 1152.
105. MONTESQUIEU, *Voyages en Europe*, p. 282.
106. G. F. GEMELLI CARERI, *op. cit.*, II, p. 475.
107. A. FRANKLIN, *op. cit.*, IX, *Variétés gastronomique*, 1891, p. 135.
108. Jacques ACCARIAS DE SÉRIONNE, *La Richesse de la Hollande*, 1778, I, pp. 14 et 192.
109. P. BOISSONNADE, « Le Mouvement commercial entre la France et les iles

Britanniques au XVIe siècle», *in : Revue historique*, 1920, p. 8; H. BECHTEL, *op. cit.*, II, p. 53. Abandon des pêcheries de Schonen en 1473.

110. Bartolomé PINHEIRO DA VEIGA, *op. cit.*, pp. 137-138.

111. J. SAVARY, *op. cit.*, III, col. 1002 *sq.*; Ch. de LA MORANDIÈRE, *Histoire de la pêche française de la morue dans l'Amérique septentrionale*, 1962, 3 vol., I, pp. 145, *sq.*, sur la morue verte; pp. 161 *sq.*, sur la morue sèche.

112. A.N., série K (restituée à l'Espagne), référence incomplète.

113. E. TROCMÉ et M. DELAFOSSE, *Le Commerce rochelais de la fin du XVe siècle au début du XVIIe*, 1952, pp. 17-18 et 120-123; J. SAVARY, *op. cit.*, III, col. 1000.

114. J. SAVARY, *op. cit.*, III, col. 997.

115. B.N., n.a., 9389, chevalier de Razilly à Richelieu, 26 nov. 1626.

116. A.N., A.E., B III, 442.

117. Paul DECHARME, *Le Comptoir d'un marchand au XVIIe siècle d'après une correspondance inédite*, 1910, pp. 99-110; N. DELAMARE, *Traité de police*, *op. cit.*, I, p. 607; Ch. de LA MORANDIÈRE, *op. cit.*, I, p. 1: Les pêcheurs «disent couramment: j'ai pris de la morue à 25 pour mille, ce qui veut dire que mille de ces morues pèsent après salaison 25 quintaux (un quintal = 50kg). La très belle donne 60 qx au mille, la moyenne 25 et la petite 10 qx».

118. N. DELAMARE, *op. cit.*, III, 1722, p. 65.

119. Moscou, A.E.A., 7215-295, f° 28, Lisbonne, 15 mars 1791.

120. G. de UZTÁRIZ, *op. cit.*, II, p. 44.

121. N. DELAMARE, *op. cit.*, I, 1705, p. 574 (1603).

122. *Variétés*, *op. cit.*, I, 316.

123. A. FRANKLIN, *La Vie privée d'autrefois*, III, *La Cuisine*, *op. cit.*, p. 19 et note. Ambroise PARÉ, *Œuvres*, 1607, p. 1065.

124. N. DELAMARE, *op. cit.*, III, 1719, p. 65.

125. J. ACCARIAS DE SÉRIONNE, *La Richesse de la Hollande*, *op. cit.*, I, pp. 14 et 192.

126. Wanda ŒSAU, *Hamburgs Grönlandsfahrt auf Walfischfang und Robbenschlag vom 17-19 Jahrhundert*, 1955.

127. P. J.-B. LE GRAND D'AUSSY, *Histoire de la vie privée des Français*, *op. cit.*, II, p. 168.

128. Kamala MARKANIAGA, *Le Riz et la mousson*, 1956.

129. J. ANDRÉ, *Alimentation et cuisine à Rome*, *op. cit.*, pp. 207-211.

130. J. SAVARY, *op. cit.*, 1761, III, col. 704, On dit aussi maniguette et même maniquette. A.N., F[12], 70, f° 150.

131. SEMPERE Y GALINDO, *Historia del luxo y de las leyes suntuarias*, 1788, II, p. 2, note 1.

132. *Le Ménagier de Paris*, *op. cit.*, II, p. 125.

133. Gomez de BRITO, *Historia tragicomaritima*, 1598, II, p. 416; Abbé PRÉVOST, *op. cit.*, XIV, p. 314.

134. Dr CLAUDIAN, *Rapport préliminaire*, article cité, p. 37.

135. A.N., Marine B[7] 463, f°s 65 *sq*.

136. MABLY, *De la situation politique de la Pologne*, 1776, pp. 68-69.

137. BOILEAU, *Satires*, éd. Garnier-Flam-

marion, 1969, *Satire* III, pp. 62 *sq*.

138. K. GLAMANN, *Dutch-asiatic Trade, 1620-1740*, 1958, tableau n° 2, p. 14.

139. Ernst Ludwig CARL, *Traité de la richesse des princes et de leurs États et des moyens simples et naturels pour y parvenir*, 1722-1723, p. 236; John NICKOLLS, *Remarques sur les avantages et désavantages de la France et de la Grande-Bretagne*, *op. cit.*, p. 253.

140. K. GLAMANN, *op. cit.*, pp. 153-159. Le sucre de Chine disparait du marché européen après 1661.

141. G. MACARTNEY, *op. cit.*, II, p. 186.

142. A. ORTELIUS, *Théâtre de l'univers*, 1572, p. 2.

143. Alice Piffer CANABRAVA, *A industria do açucar nas ilhas inglesas e francesas do mar das Antilhas (1697-1755)*, 1946 (dactylogramme), ff. 12 *sq*.

144. Je me fie à mes lectures sur Chypre. Une énorme vente en 1464 porte sur 800 quintaux: L. de MAS-LATRIE, *Histoire de l'île de Chypre*, III, 1854, pp. 88-90; le 12 mars 1463, la galère de trafego de Venise ne trouve aucun sucre à charger, preuve d'une production modique, A. d. S. Venise, Senato mar, 7, f° 107 v°.

145. Lord SHEFFIELD, *Observations on the commerce of the American States*, 1783, p. 89.

146. Ces chiffres parisiens d'après Lavoisier *in*: R. PHILIPPE, art. cit., tableau I, p. 569, et Armand HUSSON, *Les Consommations de Paris*, *op. cit.*, p. 330.

147. Pierre BELON, *Les Observations de plusieurs singularitez et choses mémorables trouvées en Grèce, Asie, Judée, Égypte, Arabie et autres pays étranges*, 1553, pp. 106 et 191.

148. Abbé RAYNAL, *Histoire philosophique et politique des établissements et du commerce des Européens dans les deux Indes*, 1775, III, p. 86.

149. W. SOMBART, *Der Moderne Kapitalismus*, *op. cit.*, II^2, p. 1031.

150. J.-F. de ROME, *op. cit.*, p. 62.

151. M. PRINGLE, *Observations sur les maladies des armées, dans les camps et dans les prisons*, trad. fr., 1755, I, p. 6.

152. J. A. FRANÇA, *Une Ville des Lumières: la Lisbonne de Pombal*, 1965, p. 48; Suzanne CHANTAL, *La Vie quotidienne au Portugal après le tremblement de terre de Lisbonne de 1755*, 1962, p. 232.

153. Jean DELUMEAU, *Vie économique et sociale de Rome dans la seconde moitié du XVIe siècle*, 1957, pp. 331-339; pour Gênes, cf. J. de LALANDE, *Voyage en Italie*, VIII, pp. 494-495.

154. *Variétés*, II, p. 223, note 1.

155. J. GROSLEY, *Londres*, *op. cit.*, I, p. 138.

156. L.-S. MERCIER, *L'An deux mille quatre cent quarante*, *op. cit.*, p. 41, note a.

157. L.-S. MERCIER, *op. cit.*, VIII, 1783, p. 340.

158. B. PINHEIRO DA VEIGA, *op. cit.*, p. 138.

159. *Food in Chinese Culture*, *op. cit.*, pp. 229-230.

160. *Ibid.*, p. 291.

161. B. PINHEIRO, *op. cit.*, p. 138.

162. A.N., A.E., B 1, 890, 22 juin 1754.

163. Jean BODIN, *La Réponse... au Paradoxe de M. de Malestroit sur le faict*

des monnoyes, 1568, f° 1 r°.

164. Comte de ROCHECHOUART, *Souvenirs sur la Révolution, l'Empire et la Restauration*, 1889, p. 110.

165. Francis DRAKE, *Le Voyage curieux faict autour du monde*..., 1641, p. 32.

166. G. F. GEMELLI CARERI, *op. cit.*, II, p. 103.

167. R. HAKLUYT, *The Principal Navigations, Voyages, Traffiques and Discoveries of the English Nation*, 1599-1600, II, p. 98.

168. Jean d'AUTON, *Histoire de Louys XII roy de France*, 1620, p. 12.

169. *Félix et Thomas Platter à Montpellier, 1552-1559 et 1595-1599, notes de voyage de deux étudiants bâlois*, 1892, pp. 48, 126.

170. *Médit*..., I, pp. 180 et 190.

171. Le Loyal Serviteur, *La Très Joyeuse et très Plaisante Histoire composée par le Loyal serviteur des faits, gestes, triomphes du bon chevalier Bayard*, p.p. J.-C. BUCHON, 1872, p. 106.

172. J. BECKMANN, *op. cit.*, V, p. 2. Selon un document de 1723, «depuis un certain tems que l'usage est venu de mettre les vins en flacons de gros verre, il s'est mis toutes sortes de gens à faire et vendre des bouchons de liège». A.N., G7, 1706, f° 177.

173. *Histoire de Bordeaux*, p.p. Ch HIGOUNET, III, 1966, pp. 102-103.

174. Archivo General de Simancas, Guerra antigua, XVI, Mondéjar à Charles Quint, 2 décembre 1539.

175. J. SAVARY, *op. cit.*, V, col. 1215-1216; *Encyclopédie* 1765, XVII, p. 290, article «Vin».

176. Gui PATIN, *Lettres*, *op. cit.*, I, p. 211 (2 déc. 1650).

177. L.-S. MERCIER, *op. cit.*, VIII, 1783, p. 225.

178. J. SAVARY, *op. cit.*, IV, col. 1222-1223.

179. L. A. CARACCIOLI, *op. cit.*, III, p. 112.

180. Bartolomé BENNASSAR, « L'alimentation d'une capitale espagnole au XVIe siècle: Valladolid», *in : Pour une histoire de l'alimentation*, p.p. J.-J. HEMARDINQUER, *op. cit.*, p. 57.

181. Roger DION, *Histoire de la vigne et du vin en France*, 1959, pp. 505-511.

182. L. S. MERCIER, *Tableau de Paris*, *op. cit.*, I, pp. 271-272.

183. G. F. GEMELLI CARERI, *op. cit.*, VI, p. 387.

184. A. HUSSON, *op. cit.*, p. 214.

185. K. C. CHANG, *in : Food in Chinese Culture*, *op. cit.*, p. 30.

186. P. J.-B. LE GRAND D'AUSSY, *op. cit.*, II, p. 304.

187. *Ibid.*

188. *Storia della tecnologia*, p. p. Ch. SINGER *et altri*, 1962, II, p. 144.

189. *Ibid.*, pp. 144-145, et J. BECKMANN, *Beiträge zur Oekonomie*, 1781, V, p. 280.

190. G. Macaulay TREVELYAN, *History of England*, 1943, p. 287, note 1.

191. René PASSET, *L'Industrie dans la généralité* de *Bordeaux*..., 1954, pp. 24 *sq*.

192. *Histoire de Bordeaux*, p.p. Ch. HIGOUNET, *op. cit.*, IV, pp. 500 et 520.

193. P.J.-B.LE GRAND D'AUSSY, *op. cit.*, II, pp. 307-308.

194. *Ibid.*, II, p. 315.

195. A. HUSSON, *op. cit.*, pp. 212 et 218.

196. A.N., A. E., B[1], 757, 17 juillet

1687. Lettre de Bonrepaus à Seignelay.
197. A.N., Marine, B^7, 463, f° 75.
198. *Cf.* par exemple N. DELAMARE, *op. cit.*, II, pp. 975 et 976, ou l'Arrêt de la Cour du Parlement, de septembre 1740, pour l'interdiction en temps de disette.
199. *Vom Bierbrauen*, Erffurth, 1575.
200. Référence égarée.
201. ESTEBANILLO-GONZÁLEZ, «Vida y hechos», *in: La Novela picaresca española*, 1966, pp. 1779 et 1796.
202. M. GACHARD, *Retraite et mort de Charles Quint...*, *op. cit.*, II, p. 114 (1er février 1557).
203. André PLAISSE, *La Baronnie du Neubourg. Essai d'histoire agraire, économique et sociale*, 1961, p. 202; Jules SION, *Les Paysans de la Normandie orientale: étude géographique sur les populations rurales du Caux et du Bray, du Vexin normand et de la vallée de la seine*, 1909, p. 154.
204. J. SION, *ibid.*
205. René MUSSET, *Le Bas-Maine, étude géographique*, 1917, pp. 304-305.
206. A. HUSSON, *op. cit.*, pp. 214, 219, 221.
207. *Storia della tecnologia*, *op. cit.*, p. 145.
208. *Chroniques de Froissart*, éd. 1868, XII, pp. 43-44.
209. M. MALOUIN, *Traité de chimie*, 1735, p. 260.
210. *Storia della tecnologia*, *op. cit.*, II, p. 147, et Hans FOLG, *Wem der geprant Wein nutz sey oder schad...*, 1493, cité *ibid*, p. 147 et note 73.
211. Lucien SITTLER, *La Viticulture et le vin de Colmar à travers les siècles*, 1956.
212. R. PASSET, *op. cit.*, pp. 20-21.
213. *Bilanci generali*, 1912, I^1, p. LXXVIII.
214. J. SAVARY, *op. cit.*, V, col. 147-148.
215. Mémoire concernant l'Intendance des Trois Évêchés de Metz, Toul et Verdun, 1698, B.N., Ms. fr. 4285, f° 41 v° 42.
216. Guillaume GÉRAUD-PARRACHA, *Le Commerce des vins et des eaux de vie en Languedoc sous l'Ancien Régime*, 1958, pp. 298 et 306-307.
217. *Ibid.*, p. 72.
218. *Storia della tecnologia*, *op. cit.*, III, p. 12.
219. Jean GIRARDIN, *Notice biographique sur Édouard Adam*, 1856.
220. L. LÉMERY, *op. cit.*, p. 509.
221. J. PRINGLE, *Observations sur les maladies des armées...*, *op. cit.*, II, p. 131; I, pp. 14, 134-135, 327-328.
222. L.-S. MERCIER, *Tableau de Paris*, *op. cit.*, II, pp. 19 *sq.*
223. L. LÉMERY, *op. cit.*, p. 512.
224. Gui PATIN, *Lettres*, *op. cit.*, I, p. 305.
225. AUDIGER, *La Maison réglée*, 1692.
226. J. SAVARY, *op. cit.*, II, col. 216-217.
227. En 1710, les syndics du commerce de Normandie protestent contre un arrêt interdisant toute eau-de-vie qui ne serait pas de vin. A. N., G^7, 1695, f° 192.
228. D'après N. DELAMARE, *op. cit.*, 1710, p. 975, et Le POTTIER DE LA HESTROY, A. N., G^7, 1687, f° 18 (1704), cette «invention» daterait du XVIe siècle.
229. J. SAVARY, *op, cit.*, II, col. 208

(article «eau-de-vie»).

230. J. de LÉRY, *Histoire d'un voyage faict en la terre du Brésil*, 1580, p. 124.

231. P. Diego de HAEDO, *Topographia e historia general de Argel*, 1612, f° 38.

232. J. A. de MANDELSLO, *op. cit.*, II, p. 122.

233. E. KÄMPFER, *op. cit.*, III, pp. 7-8 et I, p. 72.

234. *Mémoires concernant l'histoire, les sciences, les mœurs, les usages, etc. des Chinois*, par les Missionnaires de Pékin, V, 1780, pp. 467-474, 478.

235. G. MACARTNEY, *op. cit.*, II, p. 185.

236. Abbé PRÉVOST, *Histoire générale des voyages*, XVIII, 1768, pp. 334-335.

237. D'après les indications de mon collègue et ami Ali MAZAHERI.

238. *Food in Chinese Culture*, p.p. K. C. CHANG, *op. cit.*, pp. 122, 156, 202.

239. Note manuscrite d'Alvaro Jara.

240. Référence égarée.

241. Mémoires de Mademoiselle de Montpensier, cité par A. FRANKLIN, *La Vie privée d'autrefois, le café, le thé, le chocolat*, 1893, pp. 166-167.

242. Bonaventure d'ARGONNNE, *Mélanges d'histoire et de littérature*, 1725, I, p. 4.

243. Lettres des 11 février, 15 avril, 13 mai, 25 octobre 1671, 15 janvier 1672.

244. A. FRANKLIN, *op. cit.*, p. 171.

245. Archives d'Amsterdam, Koopmansarchief, Aron Colace l'Ainé.

246. G. F. GEMELLI CARERI, *op. cit.*, I, p. 140.

247. L. DERMIGNY, *op. cit.*, I, p. 379.

248. Gui PATIN, *Lettres*, I, p. 383, et II, p. 360.

249. Samuel PEPYS, *Journal*, éd. 1937, I, p. 50.

250. L. DERMIGNY, *op. cit.*, I, p. 381.

251. A. FRANKLIN, *op. cit.*, pp. 122-124.

252. L. DERMIGNY, *La Chine et l'Occident. Le commerce à Canton ...*, *op. cit.*, album annexe, tableaux 4 et 5.

253. G. MACARTNEY, *op. cit.*, I, pp. 30-31 et IV, p. 227.

254. S. POLLARD et D. CROSSLEY, *The Wealth of Britain*, *op. cit.*, p. 166.

255. G. MACARTNEY, *op. cit.*, IV, p. 218; L. DERMIGNY, *op. cit.*, II, pp. 596 *sq*.

256. Archives de Leningrad, référence exacte égarée.

257. *Food in Chinese Culture*, *op. cit.*, pp. 70 et 122.

258. Pierre GOUROU, *L'Asie*, *op. cit.*, p. 133.

259. Cité par J. SAVARY, *op. cit.*, IV, col. 992.

260. G. MACARTNEY, *op. cit.*, II, p. 56.

261. J. SAVARY, *op. cit.*, IV ,col. 993.

262. Référence exacte égarée. Remarque analogue chez J. BARROW, III, 1805, p. 57.

263. P. de LAS CORTES, document cité.

264. J. SAVARY, *op. cit.*, IV, col. 993.

265. G. de UZTÁRIZ, *op. cit.*, trad. fr., 1753, II, p. 90.

266. Les détails qui suivent d'après Antoine GALLAND, *De l'origine et du progrez du café. Sur un manuscrit /arabe/ de la Bibliothèque du Roy*, 1699; Abbé PRÉVOST, *op. cit.*, X, pp. 304 *sq*.

267. J.-B. TAVERNIER, *op. cit.*, II, p. 249.

268. *De plantis Aegypti liber*, 1592, chap. XVI.

269. Pietro della VALLE, *Les Fameux Voyages...*, 1670, I, p. 78.

270. Selon Je témoignage de son fils, Jean de LA ROQUE, *Le Voyage de l'Arabie heureuse*, 1716, p. 364.
271. A. FRANKLIN, *La Vie privée d'autrefois, le café, le thé, le chocolat*, *op. cit*. p. 33.
272. *Ibid*., p. 22.
273. *Ibid*. p. 36.
274. *De l'usage du caphé, du thé et du chocolate*, anonyme, 1671, p. 23.
275. A. FRANKLIN, *op. cit*., pp. 45 et 248.
276. Pour tout le paragraphe qui suit, cf. Jean LECLANT, «Le café et les cafés à Paris (1644-1693)», *in : Annales E.S.C*., 1951, pp. 1-14.
277. A. FRANKLIN, *op. cit*., p. 255.
278. Suzanne CHANTAL, *La Vie quotidienne au Portugal*..., *op. cit*., p. 256.
279. P. J.-B. LE GRAND D'AUSSY, *op. cit*., III, pp. 125-126.
280. L.-S. MERCIER, *Tableau de Paris*, *op. cit*., IV, p. 154.
281. Gaston MARTIN, *Nantes au XVIII*[e] *siècle. L'ère des négriers, 1714-1774*, 1931, p. 138.
282. Pierre-François-Xavier de CHARLEVOIX, *Histoire de l'Isle Espagnole ou de S. Domingue*, 1731, II, p. 490.
283. *Dictionnaire du commerce et des marchandises*, p.p. M. GUILLAUMIN, 1841, I, p. 409.
284. Sur des diverses qualités de café, voir correspondance d'Aron Colace, Gemeemte Archief Amsterdam, *passim*, années 1751-1752.
285. M. MORINEAU, «Trois contributions au colloque de Göttingen», *in De l'Ancien Régime à la Révolution française*, p. p. A. CREMER, 1978, pp. 408-409.
286. R. PARIS, *in : Histoire du commerce de Marseille*, dir. par G. RAMBERT, V, 1957, pp. 559-561.
287. L.-S. MERCIER, *Tableau de Paris*, I, pp. 228-229.
288. *Journal de Barbier*, p. p. A. de LA VIGEVILLE, 29 novembre 1721.
289. Cité par Isaac de PINTO, *Traité de la circulation et du crédit*, 1771, p. 5.
290. L.-S. MERCIER, *L'An deux mille quatre cent quarante*, *op. cit*., p. 359.
291. A.d.S. Venise, Cinque Savii, 9, 257 (1693).
292. Jules MICHELET, *Histoire de France*, 1877, XVII, pp. 171-174.
293. L. LEMERY, *op. cit*., pp. 476, 479.
294. André THEVET, *Les Singularitez de la France antarctique*, 1558, p.p. P. GAFFAREL, 1878, pp. 157-159.
295. *Storia della tecnologia*, *op. cit*., III, p. 9.
296. L. DERMIGNY, *op. cit*., III, 1964, p. 1252.
297. D'après Joan THIRSK, communication inédite, Semaine de Prato, 1979.
298. Le mot dans A. THEVET, *op. cit*., p. 158.
299. J. SAVARY, *op. cit*., V, col. 1363.
300. *Mémoire* de M. de MONSÉGUR (1708), B.N., Ms. fr. 24 228, f° 206; Luigi BULFERETTI et Claudio COSTANTINI, *Industria e commercio in Liguria nell'età del Risorgimento (1700-1861)*, 1966, pp. 418-419; Jérôme de LA LANDE, *Voyage en Italie*..., 1786, IX, p. 367.
301. George SAND, *Lettres d'un voyageur*, éd. Garnier-Flammarion, p. 76; *Petite Anthologie de la cigarette*, 1949, pp. 20-21.
302. L. DERMIGNY, *op. cit*., III, p. 1253.

303. Cité par L. DERMIGNY, *ibid.*, III, p. 1253.
304. *Ibid.*, note 6.
305. Abbé PRÉVOST, *op. cit.*, VI, p. 536 (voyage de Hamel, 1668).
306. Suzanne CHANTAL, *La Vie quotidienne au Portugal*..., *op. cit.*, p. 256.
307. P. de SAINT-JACOB, *op. cit.*, p. 547.
308. Abbé PRÉVOST, *op. cit.*, XIV, p. 482.
309. Cf. *infra*, III, p. 379.

第四章

1. P. GOUBERT, *Beauvais et le Beauvaisis de 1600 à 1730*..., *op. cit.*, p. 230.
2. Bartolomé BENNASSAR, *Valladolid au Siècle d'or. Une ville de Castille et sa campagne au XVI*^e^ *siècle*, 1967, pp. 147-151.
3. Jean-Baptiste TAVERNIER, *Les Six Voyages*..., 1682, I, p. 350.
4. Souvenir et photographie personnels.
5. G. E. GEMELLI CARERI, *op. cit.*, II, p. 15.
6. S. MERCIER, *Tableau de Paris*, *op. cit.*, I, p. 21, et II, p. 281.
7. *Ibid.*, IV, p. 149.
8. E. J. F. BARBIER, *Journal historique et anecdotique du règne de Louis XV*, *op. cit.*, I, p. 4.
9. Gaston ROUPNEL, *La Ville et la campagne au XVII*^e^ *siècle*, 1955, p. 115.
10. X. de PLANHOL, « Excursion de géographie agraire. IIIe partie: la Lorraine méridionale », *in*: *Géographie et histoire agraires*, *actes du colloque international de l'Université de Nancy*, *Mémoire n° 21*, 1959, pp. 35-36.
11. F. VERMALE, *op. cit.*, pp. 287-288 et notes.
12. P. de SAINT-JACOB, *op. cit.*, p. 159.
13. René TRESSE, « La fabrication des faux en France», *in*: *Annales E.S.C.*, 1955, p. 356.
14. A. de MAYERBERG, *Relation d'un voyage en Moscovie*, 1688, p. 105.
15. M. de GUIGNES, *op. cit.*, II, pp. 174-175.
16. Abbé PRÉVOST, *op. cit.*, VI, p. 24.
17. *Ibid.*, p. 26.
18. *Ibid.*, pp. 69-70.
19. A. de MAYERBERG, *op. cit.*, pp. 105-106.
20. *La Pologne au XVIII*^e^ *siècle par un précepteur français*, *Hubert Vautrin*, p.p. Maria CHOLEWO-FLANDIN, 1966, pp. 80-81.
21. J. A. de MANDELSLO, 1659, *op. cit.*, II, p. 270.
22. G. MACARTNEY, *op. cit.*, III, p. 260; M. de GUIGNES, *Voyage à Péking*..., 1808, II, pp. 11, 180 et *passim*.
23. L. S. YANG, *Les Aspects économiques des travaux publics dans la Chine impériale*, 1964, p. 38.
24. Pierre CLÉMENT, Sophie CHARPENTIER, *L'Habitation Lao*, *dans les régions de Vientiane et de Louang-Prabang*, 1975.
25. *Voyage du Chevalier Chardin en Perse*, 1811, IV, pp. 111 *sq*.
26. Noël du FAIL, *op. cit.*, pp. 116-118.
27. Johann Gottlieb GEORGI, *Versuch einer Beschreibung der Russisch Kayserlichen Residenzstadt S*^t^ *Petersburg*...,

1790, pp. 555-556.

28. Hermann KOLESCH, *Deutsches Bauerntum im Elsass. Erbe und Verpflichtung*, 1941, p. 18. «Lorsqu'un tenancier voudra construire sa maison, il recensera 5 *Hölzer* (troncs) dont un linteau, une sablière, une panne faîtière et deux poinçons.»
29. F. VERMALE, *op. cit.*, p. 253.
30. Romain BARON, «La bourgeoisie de Varzy au XVIIe siècle», *in : Annales de Bourgogne*, juil.-sept. 1964, p. 191.
31. *Archéologie du village déserté*, 2 vol., Cahiers des Annales n° 27, 1970.
32. X. de PLANHOL et J. SCHNEIDER, «Excursion en Lorraine septentrionale, villages et terroirs lorrains», *in : Géographie et histoire agraires, actes du colloque international de l'Université de Nancy, Mémoire n° 21*, 1959, p. 39.
33. Docteur Louis MERLE, *La Métairie et l'évolution agraire de la Gâtîne poitevine*, 1958, chap. III, pp. 75 *sq*.
34. *Ricerche sulle dimore rurali in Italia*, p.p. Centro di Studi per la geographia etnologica, Université de Florence, à partir de 1938.
35. Henri RAULIN — *La Savoie* (1977), premier volume de la collection de *L'Architecture rurale française. Corpus des genres, des types et des variantes*, collection qui reprendra les données d'une enquête inédite affectuée entre 1942 et 1945, sous la direction de P. L. DUCHARTRE et G. H. RIVIÈRE.
36. O. BALDACCI, *La Casa rurale in Sardegna*, 1952, n° 9 des *Ricerche sulle dimore rurali*, collection citée.
37. C. SAIBENE, *La Casa rurale nella pianura e nella collina lombarda*, 1955; P. VILAR, *La Catalogne et l'Espagne..., op. cit.*, II.
38. Jacques HILAIRET, *Dictionnaire historique des rues de Paris*, 6e éd., 1963, I, pp. 453-454, 553-554, 131.
39. Madeleine JURGENS et Pierre COUPERIE, «Le logement à Paris aux XVIe et XVIIe siècles», *in : Annales E.S.C.*, 1962.
40. Pour tout ce qui précède, S. MERCIER, *op. cit.*, I, pp. 11 et 270.
41. P. GOUBERT, *op. cit.*, p. 230, note 34.
42. G. ROUPNEL, *op. cit.*, pp. 114-115.
43. P. ZUMTHOR, *La Vie quotidienne en Hollande..., op. cit.*, pp. 55-56.
44. Lewis MUMFORD, *La Cité à travers l'histoire*, 1964, pp. 485-486.
45. Peter LASLETT, *Un monde que nous avons perdu, op. cit.*, pp. 7-8.
46. Louis DERMIGNY, *Les Mémoires de Charles de Constant sur le commerce à la Chine*, 1964, p. 145, et M. de GUIGNES, *op. cit.*, III, p. 51.
47. S. POLLARD and D. CROSSLEY, *The Wealth of Britain*, pp. 97 *sq*; M. W. BARLEY, *in : The Agrarian History of England and Wales*, p.p. Joan THIRSK, IV, 1967, pp. 745 *sq*.
48. Marc VENARD, *Bourgeois et paysans au XVIIe siècle. Recherches sur le rôle des bourgeois parisiens dans la vie agricole au sud de Paris*, 1957.
49. William WATTS, *The Seats of the Nobility and Gentry in a collection of the most interesting and picturesque views...*, 1779.
50. Fynes MORYSON, *An Itinerary*, 1617, I, p. 265.

51. Bernardo Gomes de BRITO, *Historia tragicomaritima*, VIII, 1905, p. 74.
52. Bernardino de ESCALANTE, *Primeira Historia de China* (1577), 1958, p. 37.
53. Abbé PRÉVOST, *op. cit.*, V, pp. 507-508 (voyage de Isbrand Ides, 1693).
54. *Mémoires…*, par les missionnaires de Pékin, *op. cit.*, II, 1777, pp. 648-649.
55. M. GONON, *La Vie quotidienne en Lyonnais d'après les testaments, XIVᵉ-XVIᵉ siècles*, 1968, p. 68.
56. P. de SAINT-JACOB, *op. cit.*, pp. 553, 159.
57. *Le Guide du pèlerin de Saint-Jacques de Compostelle*, p. p. Jeanne VIELLIARD, 1963, p. 29.
58. *Ordonnance de Louis XIV … sur le fait des eaux et forests, 13 août 1669*, 1703, p. 146.
59. Daniel DEFOE, *Journal de l'année de la peste*, p.p. J. AYNARD, 1943, pp. 115 *sq*.
60. *Médit…*, I, p. 415.
61. *Ibid.*, I, p. 234.
62. Cité par Louis CARDAILLAC, *Morisques et chrétiens. Un affrontement polémique*, 1977, p. 388.
63. Au témoignage de Branislava TENENTI, chef de travaux à l'École des Hautes-Études.
64. Pierre Daniel HUET, *Mémoire touchant le négoce et la navigation des Hollandais… en 1699*, p.p. P. J. BLOCK, 1903, p. 243.
65. Osman AGA, *Journal*, publié par R. KREUTEL et Otto SPIES, sous le titre: *Der Gefangene der Giaueren*, 1962, p. 150.
66. Rodrigo de VIVERO, *Du Japon et du bon gouvernement de l'Espagne et des Indes*, p. p. Juliette MONBEIG, *op. cit.*, p. 180.
67. G. F. GEMELLI CARERI, *op. cit.*, II, p. 17.
68. *Le Japon du XVIIIᵉ siècle vu par un botaniste suédois*, p.p. Claude GAUDON, 1966, pp. 241-242.
69. M. de GUIGNES, *op. cit.*, II, p. 178.
70. CHARDIN, *op. cit.*, IV, p. 120.
71. *Ibid.*, IV, pp. 19-20.
72. Arménag SAKISIAN, « Abdal Khan, seigneur kurde de Bitlis au XVIIᵉ siècle et ses trésors », *in : Journal asiatique*, avril-juin 1937, pp. 255-267.
73. Le mot « biologie », qui a paru exagéré à certains de mes critiques, n'est évidemment pas à prendre au sens propre. Mais tout *adulte* européen est incapable, sans un vrai réapprentissage, de rester des heures assis en tailleur (Chardin, qui vécut dix ans en Perse, flnit par s'y accoutumer et s'en trouver bien). La réciproque est vraie: des Indiens ou des Japonais me conflaient que, subrepticement, dans un cinéma de Paris, ils ramenaient leurs jambes sur leur fauteuil, dans la position qui leur est seule confortable.
74. G. F. GEMELLI CARERI, *op. cit.*, I. p. 257.
75. John BARROW, *Voyage en Chine*, 1805, I, p. 150.
76. M. de GUIGNES, *op. cit.*, 1795, I, p. 377.
77. Marie-Loup SOUGEZ, *Styles d'Europe : Espagne*, 1961, pp. 5-7.
78. J'emploie ce mot généralement pour désigner un niveau inférieur à celui des «civilisations».

79. J.-B. LABAT, *op. cit.*, II, pp. 327-328.
80. Gilberto FREYRE, *Casa Grande e Senzala*, 1933; *Sobrados e Mucambos*, 1936.
81. J.-B. LABAT, *op. cit.*, IV, p. 380.
82. C. OULMONT, *La Maison*, 1929, p. 10.
83. Henri HAVARD, *Dictionnaire de l'ameublement et de la décoration...*, 1890, IV, p. 345; J. WILHELM, *La Vie quotidienne au Marais, au XVII*e *siècle*, 1966, pp. 65-66.
84. A. FRANKLIN, *op. cit.*, IX: *Variétés gastronomiques*, p. 16.
85. *Ibid.*, p. 19.
86. N.-A. de LA FRAMBOISIÈRE, *Œuvres...*, 1613, I, p. 115.
87. J. SAVARY, *op. cit.*, IV (1762), col. 903.
88. *Ibid.*, II (1760), col. 114.
89. William HARRISON, « An historical Description of the Iland of Britaine», *in :* R. HOLINSHED, *Chronicles of England, Scotland and Ireland*, 1901, I, p. 357.
90. M. de MONTAIGNE, *Journal de voyage en Italie*, *op. cit.*, p. 1154.
91. S. POLLARD et D. CROSSLEY, *Wealth of Britain...*, *op. cit.*, pp. 98 et 112.
92. M. GACHARD, *Retraite et mort de Charles Quint*, *op. cit.*, II, p. 11.
93. M. de MONTAIGNE, *Journal de voyage en Italie*, *op. cit.*, p. 1129.
94. Élie BRACKENHOFFER, *Voyage en France 1643-1644*, 1927, p. 143.
95. British Museum, Ms. Sloane, 42.
96. É. BRACKENHOFFER, *op. cit.*, p. 10.
97. Marquis de PAULMY, *op. cit.*, p. 132.
98. *Encyclopédie populaire serbo - croato - slovène*, 1925-1929, III, p. 447. Je dois ces renseignements, entre autres, à la collaboration de Madame Branislava Tenenti.
99. M. de MONTAIGNE, *Journal de voyage en Italie*, *op. cit.*, p. 1130.
100. Edmond MAFFEI, *Le Mobilier civil en Belgique au Moyen Age*, s.d., pp. 45-46.
101. Pour le paragraphe qui précède, *ibid.*, pp. 48 et 49.
102. Charles MORAZÉ, *in : Éventail de l'histoire vivante*, 1953, Mélanges Lucien Febvre, I, p. 90.
103. La Palatine, cité par le Docteur CABANÈS, *Mœurs intimes du passé*, 1re série, 1958, pp. 44 et 46.
104. Ch. MORAZÉ, art. cit., pp. 90-92.
105. L.-S. MERCIER, *Tableau de Paris*, *op. cit.*, XII, p. 336.
106. Référence égarée.
107. Cité par CABANÈS, *op. cit.*, p. 32.
108. MONTAIGNE, *Journal de voyage en Italie*, *op. cit.*, pp. 1130-1132.
109. E. BRACKENHOFFER, *op. cit.*, p. 53.
110. Cité par CABANÈS, *op. cit.*, p. 32.
111. *Ibid.*, p. 35.
112. B.N., Ms. fr. n. a. 6277, f° 222 (1585).
113. CABANÈS, *op. cit.*, p. 37 et note.
114. L.-S. MERCIER, *Tableau de Paris*, *op. cit.*, XII, p. 335.
115. *Ibid.*, X, p. 303.
116. Comtesse d'AULNOY, *La Cour et la ville de Madrid; relation du voyage d'Espagne*, éd. Plon, 1874-1876, p. 487.
117. A. WOLF, *A History of Science, Technology and Philosophy in the 18th Century*, 1952, pp. 547-549.
118. *Storia della tecnologia*, p.p. C. SINGER

et al., *op. cit.*, II, p. 653.

119. E.MAFFEI, *op. cit.*, p. 5; J. SAVARY, *op. cit.*, III, col. 840 et II, col. 224.
120. E. MAFFEI, *ibid.*, p. 4.
121. André G. HAUDRICOURT, «Contribution à l'étude du moteur humain», *in : Annales d'histoire sociale*, avril 1940, p. 131.
122. E. MAFFEI, *op. cit.*, pp. 14 *sq.*
123. *Ibid.*, pp. 27-28.
124. Cité par A. FRANKLIN, *op. cit.*, IX: *Variétés gastronomiques*, pp. 8 et 9.
125. E. MAFFEI, *op. cit.*, p. 36.
126. Ch. OULMONT, *La Maison*, *op. cit.*, p. 68.
127. C'est le sens du beau livre de Mario PRAZ (*La Filosofia dell'arredemento*, 1964). Je m'y suis référé largement pour les deux pages qui suivent.
128. Princesse PALATINE, *Lettres*, éd. 1964, p. 353., lettre du 14 avril 1719.
129. Un hôtel place Vendôme coûte en 1751, 104 000 livres; en 1788, un hôtel de la rue du Temple, 432 000 livres. Ceci pour le gros œuvre seulement. Ch. OULMONT, *La Maison*, *op. cit.*, p. 5.
130. *Ibid.*, p. 30.
131. *Ibid.*, p. 31.
132. L. MUMFORD, *La Cité à travers l'histoire*, *op. cit.*, p. 487.
133. GUDIN, *Aux mânes de Louis XV*, cité par Ch. OULMONT, *op. cit.*, p. 8.
134. *Ibid.*, p. 9.
135. L.-S. MERCIER, *Tableau de Paris*, *op. cit.*, II, p. 185.
136. Anonyme, *Dialogues sur la peinture*, cité par Ch. OULMONT, *op. cit.*, p. 9.
137. M. PRAZ, *La Filosofia dell'arredamento*, *op. cit.*, pp. 62-63, et 148.
138. Cité par M. PRAZ, *ibid.*, p. 146.
139. L. MUMFORD, *op. cit.*, p. 488.
140. L.-S. MERCIER, *Tableau de Paris*, *op. cit.*, V, p. 22 et VII, p. 225.
141. Eugène VIOLLET-LE-DUC, *Dictionnaire raisonné d'archéologie française du XIe au XVIe siècle*, 1854-1868, VI, p. 163.
142. G. CASTER, *Le Commerce du pastel et de l'épicerie à Toulouse, 1450-1561*, *op. cit.*, p. 309.
143. *Journal d'un curé de campagne au XVIIe siècle*, p. p. H. PLATELLE, 1965, p. 114.
144. Marquise de SÉVIGNÉ, *Lettres*, éd. 1818, VII, p. 386.
145. G. MACARTNEY, *op. cit.*, III, p. 353.
146. J. SION, *Asie des moussons*, *op. cit.*, p. 215.
147. K. M. PANIKKAR, *Histoire de l'Inde*, 1958, p. 257.
148. Mouradj d'OHSSON, *Tableau général de l'Empire ottoman*, cité par Georges MARÇAIS, *Le Costume musulman d'Alger*, 1930, p. 91.
149. G. MARÇAIS, *ibid.*, p. 91.
150. P. de MAGAILLANS, *Nouvelle Relation de la Chine*, *op. cit.*, p. 175.
151. R. de VIVERO, *op. cit.*, p. 235.
152. VOLNEY, *Voyage en Syrie et en Égypte pendant les années 1783, 1784 et 1785*, 1787, *I*, *p*. 3.
153. *J.-B.* LABAT, *op. cit.*, I, p. 268.
154. Jean-Baptiste SAY, *Cours complet d'économie politique pratique*, V, 1829, p. 108.
155. Abbé Marc BERTHET, «Études historiques, économiques, sociales des Rousses», *in : A travers les villages du Jura*, 1963, p. 263.
156. MOHEAU, *op. cit.*, p. 262.

157. *Ibid*., pp. 261-262.
158. P. de SAINT-JACOB, *op. cit*., p. 542.
159. Luigi dal PANE, *Storia del lavoro in Italia*, 1958, p. 490.
160. *Voyage de Jérôme Lippomano*, *op. cit*., II, p. 557.
161. Orderic VITAL, *Historiae ecclesiasticae libri tredecim*, 1845, III, p. 324.
162. Ary RENAN, *Le Costume en France*, s. d., pp. 107-108.
163. François BOUCHER, *Histoire du costume en Occident*, 1965, p. 192.
164. Jacob van KLAVEREN, *Europäische Wirtschaftsgeschichte Spaniens im 16 und 17 jahrhundert*, 1960, cf. «mode» à l'index et p. 160 note 142; *Viajes de extranjeros por España*, *op. cit*., II, p. 427.
165. Amédée FRÉZIER, *Relation du voyage de la mer du Sud*, 1716, p. 237.
166. ESTEBANILLO-GONZÁLEZ, *Vida y hechos...*, *in*: *La Novela picaresca española*, *op. cit*., p. 1812.
167. Les *zocoli* sont des chaussures à très hautes semelles de bois, assez décolletées, qui isolaient du sol humide les promeneuses vénitiennes.
168. Londres P.R.O. 30-25-157, Giornale autografo di Francesco Contarini da Venezia a Madrid.
169. S. LOCATELLI, *Voyage de France, mœurs et coutumes françaises, 1664-1665...*, 1905, p. 45.
170. M. T. JONES-DAVIES, *Un Peintre de la vie londonienne, Thomas Dekker*, 1958, I, p. 280.
171. L.-S. MERCIER, *Tableau de Paris*, *op. cit*., I, pp. 166-167.
172. R. de VIVERO, *op. cit*., p. 226.
173. *Voyage du chevalier Chardin...*, *op. cit*., IV, p. 1.
174. *Ibid*., IV, p. 89.
175. Jean-Paul MARANA, *Lettre d'un Sicilien à un de ses amis*, p.p. V. DUFOUR, 1883, p. 27.
176. Marquis de PAULMY, *op. cit*., p. 211.
177. Ernst SCHULIN, *op. cit*., p. 220.
178. CARLO PONI, «Compétition monopoliste, mode et capital: le marché international des tissus de soie au XVIIIe siècle», dactyl., communication au Colloque de Bellagio.
179. J.-P. MARANA, *op. cit*., p. 25.
180. L.-S. MERCIER, *Tableau de Paris*, *op. cit*., VII, p. 160.
181. J. SAVARY, *op. cit*., V, col. 1262; Abbé PRÉVOST, *op. cit*., VI, p. 225.
182. P. de MAGALLIANS, *op. cit*., p. 175.
183. *Ibid*.
184. L.-S. MERCIER, cité par A. GOTTSCHALK, *Histoire de l'alimentation...*, *op. cit*., II, p. 266.
185. J.-J. RUTLIGE, *Essai sur le caractère et les mœurs des François comparées à celles des Anglois*, 1776, p. 35.
186. Docteur CABANÈS, *Mœurs intimes du passé*, *2e série*, *La vie aux bains*, 1954, p. 159.
187. *Ibid*., pp. 238-239.
188. *Ibid*., pp. 284 *sq*.
189. *Ibid*., pp. 332 *sq*.
190. Jacques PINSET et Yvonne DESLANDRES, *Histoire des soins de beauté*, 1960, p. 64.
191. Docteur CABANÈS, *op. cit*., p. 368, note.
192. L. MUMFORD, *op. cit*., p. 586.
193. L. A. CARACCIOLI, *op. cit*., III, p. 126.
194. A. FRANKLIN, *Les Magasins de nouveautés*, II, pp. 82-90.

195. J. J. RUTLIGE, *op. cit.*, p. 165.
196. L. A. CARACCIOLI, *op. cit.*, III, pp. 217-218.
197. Pour les deux paragraphes qui suivent, cf. A. FANGÉ, *Mémoires pour servir à l'histoire de la barbe de l'homme*, 1774, pp. 99, 269, 103.
198. Marquis de PAULMY, *op. cit.*, p. 193.
199. M. PRAZ, *La Filosofia dell'arredamento*, *op. cit*.

第五章

1. M. MAUSS, *Sociologie et anthropologie*, 1973, p. 371.
2. Marc BLOCH, «Problèmes d'histoire des techniques». Compte rendu de: Commandant Richard LEFEBVRE DES NOËTTES, «L'Attelage, le cheval de selle à travers les âges. Contribution à l'histoire de l'esclavage», *in : Annales d'histoire économique et sociale*, 1932, pp. 483-484.
3. G. LA ROËRIE, «Les transformations du gouvernail», *in : Annales d'histoire économique et sociale*, 1935, pp. 564-583.
4. Lynn WHITE, «Cultural climates and technological advances in the Middle Ages», *in : Viator*, vol. II, 1971, p. 174.
5. De 1730 à 1787, une série d'arrêts du Parlement de Paris interdisent la substitution de la faux à la faucille: Robert BESNIER, *Cours de droit*, 1963-1964, p. 55. Voir aussi René TRESSE, *in : Annales*, *E. S. C.*, 1955, pp. 341-358.
6. Référence non retrouvée, peut-être s'agit-il d'une conférence de Pirenne.
7. Voir *infra*, III, pp. 491 *sq*.
8. Abbot P. USHER, *Historia de las invenciones mecànicas*, 1941, p. 280.
9. Cité par M. SORRE. *op. cit.*, II, p. 220.
10. Référence égarée.
11. E. LE ROY LADURIE, *Les Paysans de Languedoc*, *op. cit.*, I, p. 468.
12. L.-S. MERCIER, *Tableau de Paris*, *op. cit.*, IV, p. 30.
13. P. G. POINSOT, *L'Ami des cultivateurs*, *op. cit.*, II, pp. 39-41.
14. Mémoire de Paris Duverney, A. N. F^{12}, 647-648 (proposition, en 1750, d'exempter de la taille «les terres cultivées à bras»).
15. G. MACARTNEY, *op. cit.*, III, p. 368; Abbé PRÉVOST, *op. cit.*, VI, 126.
16. P. de MAGAILLANS, *op. cit.*, pp. 141, 148.
17. G. F. GEMELLI CARERI, *op. cit.*, IV, p. 487.
18. *Ibid.*, p. 460.
19. Jacob BAXA, Guntwin BRUHNS, *Zucker im Leben der Völker*, 1967, p. 35. SONNERAT a donné des dessins assez précis de ces machines élémentaires: *Voyage aux Indes orientales et à la Chine*, 1782, I, p. 108 — Gravure 25, le moulin à huile.
20. *Mémoires*..., par les missionnaires des Pékin, *op. cit.*, 1977, II, p. 431.
21. Voyage de François BERNIER, *op. cit.*, 1699, II, p. 267.
22. L. -S. MERCIER, *Tableau de Paris*,

op. cit., VIII, p. 4.

23. A. de HUMBOLDT, *Essai politique sur le royaume de la Nouvelle Espagne*, *op. cit.*, II, p. 683.
24. A. de SAINT-HILAIRE, *op. cit.*, I, pp. 64 *sq*.
25. Nicolás SÁNCHEZ ALBORNOZ, *La Saca de mulas de Salta al Peru*, *1778-1808*, publication de l'Universidad Nacional del Litoral, Santa Fe, Argentine, 1965, pp. 261-312.
26. CONCOLORCORVO, *Itinéraire de Buenos Aires à Lima*, 1962, introd. de Marcel Bataillon, p. 11.
27. *La Economía española según el censo de frutos y manufacturas de 1799*, 1960, pp. VIII et XVII.
28. N. Sánchez ALBORNOZ, *op. cit.*, p. 296.
29. G. F. GEMELLI CARERI, *op. cit.*, IV, p. 251.
30. Émilienne DEMOUGEOT, «Le chameau et l'Afrique du Nord romaine», *in : Annales E. S. C.*, 1960, n° 2, p. 244.
31. Xavier de PLANHOL, « Nomades et Pasteurs. I. Genèse et diffusion du nomadisme pastoral dans l'Ancien Monde», *in : Revue géographique de l'Est*, n°3, 1961, p. 295.
32. M. de GUIGNES, *op. cit.*, I, 1808, p. 355.
33. Henri PÉRÈS «Relations entre le Tafilalet et le Soudan à travers le Sahara», *in : Mélanges... offerts à E. F. Gautier*, 1937, pp. 409-414.
34. Référence exacte non retrouvée. Sans doute A.N, A.E., B III. En tout cas remarques confirmées par J.-B. TAVERNIER, *op. cit.*, I, p. 108.
35. Abbé PRÉVOST, *op. cit.*, XI, p. 686.
36. *Libro de agricultura*, éd. de 1598, pp. 368 *sq*.
37. C. ESTIENNE et J. LIÉBAUT, *L'Agriculture et maison rustique*, 1564, f° 21.
38. *François Quesnay et la physiocratie*, *op. cit.*, II pp. 431 *sq*.
39. B.N. Estampes, 1576 — cartes et plans, Ge D 16926 et 16937.
40. P. de LAS CORTES, document cité, British Museum, Londres.
41. J. de GUIGNES, *op. cit.*, III, p. 14.
42. Abbé PRÉVOST, *op. cit.*, VI, pp. 212-213; J.-B. DU HALDE, *op. cit.*, II, p. 57.
43. P. de MAGAILLANS, *op. cit.*, pp. 53-54.
44. Abbé PRÉVOST, *Voyages...*, *op. cit.*, VII, p. 525(Gerbillon).
45. Voir *infra*, II, p. 109.
46. *Médit...*, I, p. 427.
47. Abbé PRÉVOST, *op. cit.*, VIII, pp. 263-264(voyage de Pyrard, 1608).
48. *Les Six Voyages de Jean-Baptiste Tavernier*, *op. cit.*, II, p. 59.
49. Giovanni BOTERO, *Relationi universali*, Brescia, 1599, II, p. 31.
50. G. F. GEMELLI CARERI, *op. cit.*, II, p. 72.
51. *Relazione di Gian Francesco Morosini*, *bailo a Costantinopoli*, 1585, *in : Le Relazioni degli ambasciatori veneti al Senato*, p. p. E. ALBÉRI, série III, vol. III, 1855, p. 305.
52. *Médit...*, I, p. 318.
53. Théophile GAUTIER, *Constantinople*, 1853, p. 166.
54. J. LECLERCQ, *De Mogador à Biskra*, *Maroc et Algérie*, 1881, p. 123.
55. A. BABEAU, *Le Village...*, *op. cit.*, pp. 308,343-344.

56. Voir, sur ces achats en Angleterre, Irlande, Espagne, Algérie, Tunisie, Maroc, Arabie, Naples, Sardaigne, Danemark, Norvège, A. N., O1, cartons 896 à 900.
57. A.d.S. Mantoue, A° Gonzaga, Genova 757.
58. D'après mes souvenirs de lecture du fonds Mediceo, A.d.S. Florence.
59. J.-B.-H. LE COUTEULX DE CANTELEU, *Étude sur l'histoire du cheval arabe*, 1885, notamment pp. 33-34.
60. *Médit*..., I, p. 260.
61. Jules MICHELET, *Histoire de France*, éd. Rencontre, V, 1966, p. 114.
62. VASSELIEU, dit Nicolay, *Règlement général de l'artillerie*... 1613.
63. LAVOISIER, «De la richesse territoriale du royaume de France», *in : Collection des principaux économistes*, XIV, réimpression 1966, p. 595.
64. P. QUIQUERAN DE BEAUJEU, *La Provence louée*, 1614. La différence de prix s'exagère par la suite, avec la mise en culture des collines. En 1718, un mulet vaut le double d'un cheval. R. BAEHREL, *Une Croissance : la Basse-Provence rurale*, *op. cit.*, p. 173.
65. R. BAEHREL, *ibid.*, pp. 65-67.
66. LAVOISIER, *op. cit.*, p. 595; *Réflexions d'un citoyen-propriétaire*, 1792, B.N., Rp 8577.
67. L.-S. MERCIER, *Tableau de Paris*, *op. cit.*, I, p. 151; IV, p. 148.
68. L.-S. MERCIER, *Tableau de Paris*, *op. cit.*, III, pp. 300-301, 307-308.
69. L.-S. MERCIER, *Tableau de Paris*, *op. cit.*, IX, pp. 1-2.
70. *Ibid.*, X, p. 72.
71. E. J. F. BARBIER, *op. cit.*, I, pp. 1-2.
72. L. MAKKAI, «Productivité et exploitation des sources d'énergie, XIIe-XVIIe», rapport inédit, *Semaine de Prato*, 1971.
73. Greffin AFFAGART, *Relation de Terre Sainte* (*1533-1534*), p. p. J. CHAVANON, 1902, p. 20.
74. F. BRAUDEL, «Genève en 1603», *in : Mélanges d'histoire... en hommage au professeur Anthony Babel*, 1963, p. 322.
75. Robert PHILIPPE, *Histoire et technologie*, dactylogramme, 1978, p. 189.
76. E. KÄMPFER, *op. cit.*, I, p. 10.
77. *Storia della tecnologia*, p.p. C. SINGER, *op. cit.*, II, p. 621. Pour la Pologne, statistique non retrouvée. Chiffres incomplets dans T. RUTOWSKI, *L'Industrie des moulins en Galicie* (en polonais), 1886.
78. C'est d'ailleurs l'estimation de Vauban, *Projet d'une dime royale*, 1707, pp. 76-77.
79. L. MAKKAI, article cité.
80. *Storia della tecnologia*, II, *op. cit.*, pp. 625-627, et Jacques PAYEN, *Histoire des sources d'énergie*, 1966, p. 14.
81. Lynn WHITE, *Technologie médiévale*, 1969, p. 108.
82. CERVANTES, *Don Quichotte*, cité par L. WHITE, *ibid.*, p. 109; *Divine Comédie*, *Inferno*, XXXIV, *ibid.*, p. 109; *Divine Comédie*, *Inferno*, XXXIV, 6.
83. *Storia della tecnologia*, *op. cit.*, p. 630.
84. Pour les deux paragraphes qui suivent, *ibid.*, III, pp. 94 *sq.*
85. Modèle exposé au Deutsches Brotmuseum, à Ulm.

86. Ruggierro ROMANO, « Per una valutazione della flotta mercantile europea alla fine del secolo XVIII», *in : Studi in onore di Amintore Fanfani*, 1962, V, pp. 573-591.
87. Tous les calculs qui précèdent ont été faits avec les informations que m'a communiquées J.-J. HEMARDINQUER.
88. Maurice LOMBARD, *L'Islam dans sa première grandeur*, 1971, pp. 172 *sq*.
89. Bartolomeo CRESCENTIO, *Nautica mediterranea*, 1607, p. 7.
90. *Annuaire statistique de la Meuse pour l'An XII*.
91. Paul W. BAMFORD, *Forests and French Sea Power, 1660-1789*, 1956, pp. 69, 207-208 et *passim* pour données des deux paragraphes précédents.
92. François LEMAIRE, *Histoire et antiquités de la ville et duché d'Orléans*, 1645, p. 44; Michel DEVÈZE, *La Vie de la forêt française au XVIe siècle*, 2 vol., 1961.
93. J. SION, *Les Paysans de la Normandie orientale*..., *op. cit.*, éd. 1909, p. 191.
94. R. PHILIPPE, dactylogramme déjà cité, p. 17.
95. F. LÜTGE, *Deutsche Sozial- und Wirtschaftsgeschichte*, 1966, p. 335.
96. Bertrand GILLE, *Les Origines de la grande métallurgie en France*, 1947, pp. 69 et 74.
97. A. KECK, *in : Précis d'histoire des mines sur les territoires polonais* (en polonais), 1960, p. 105; Antonina KECKOWA, *Les Salines de la région de Cracovie, XVIe-XVIIIe* siècles, en polonais, résumé en allemand, 1969.
98. Pour le paragraphe qui précède, voir informations fournies par Micheline BAULANT, d'après les délibérations du Bureau de la Ville de Paris.
99. Michel DEVÈZE, rapport inédit, Semaine de Prato, 1972.
100. P. de MAGAILLANS, *op. cit.*, p. 163.
101. *Médit*..., I, pp. 112, 354, 158.
102. Thomas PLATTER, *op. cit.*, p. 204.
103. Antonio de GUEVARA, *Épistres dorées, morales et familières*, *in : Biblioteca de autores españoles*, 1850, XIII, p. 93.
104. B. L. C. JOHNSON, «L'influence des bassins houillers sur l'emplacement des usines à feu en Angleterre avant circa 1717 », *in : Annales de l'Est*, 1956, p. 220.
105. Référence non retrouvée.
106. Cité par S. MERCIER, *op. cit.*, VII, p. 147.
107. P. de SAINT-JACOB, *op. cit.*, p. 488.
108. *Dictionnaire du commerce et des marchandises*, p.p. M. GUILLAUMIN, 1841, I, p. 295.
109. J.-C. TOUTAIN, « Le produit de l'agriculture française de 1700 à 1958: I, Estimation du produit au XVIIIe s.», *in : Cahiers de l'IS.E.A.*, juil. 1961, p. 134; LAVOISIER *op. cit.*, p. 603.
110. P. de MAGAILLANS, *op. cit.*, pp. 12-13.
111. *Médit*..., I, p. 200.
112. Guy THUILLIER, *Georges Dufaud et les débuts du grand capitalisme dans la métallurgie, en Nivernais au XIXe siècle*, 1959, p. 122 et références en note. D'autres exemples dans Louis TRENARD, *in : Charbon et Sciences humaines*, 1966, pp. 53 *sq*.
113. Max PRINET, «L'industrie du sel en

Franche-Comté avant la conquête française», *in : Mémoires de la société d'émulation du Doubs*, 1897, pp. 199-200.

114. M. ROUFF, *Les Mines de charbon en France au XVIII*[e] *siècle*, 1922, pp. 368-386 et 418.

115. Jean LEJEUNE, *La Formation du capitalisme moderne dans la principauté de Liège au XVI*[e] *siècle*, 1939, pp. 172-176.

116. *Médit...*, I, 561.

117. J. NICKOLLS, *Remarques sur les avantages et les désavantages de la France et de la Grande-Bretagne*, *op. cit.*, p. 137.

118. *Ibid.*, p. 136.

119. Voir *infra*, III, pp. 490 *sq*.

120. John U. NEF, « Technology and civilization », *in : Studi in onore di Amintore Fanfani*, 1962, V, notamment pp. 487-491.

121. Ces calculs risqués et donc discutables. Tout le problème serait à reprendre d'après les suggestions de Jacques LACOSTE, « Rétrospective énergétique mondiale sur longue période (mythes et réalités)», *in : Informations et réflexions*, avril 1978, n° 1, qui s'appuie sur le livre de PUTNAM, *Energy in the future*. Il ne remet pas en cause le classement énergétique que je présente, mais 1) pense que l'énergie à la disposition des hommes de la période pré-industrielle a été plus considérable qu'on ne le dit, mais qu'elle est gaspillée par eux; 2) que la crise du bois amorcée dès le XVIe siècle est comparable, dans ses effets, à la crise du pétrole que nous traversons.

122. *Histoire générale des techniques*, p. p. M. DAUMAS, 1965, II, p. 251.

123. Abbé PRÉVOST, *op. cit.*, VI, p. 223.

124. Cf. *infra*, III, pp. 434 *sq*.

125. Lewis MORGAN, *Ancient Society*, 1877, p. 43.

126. Stefan KUROWSKI, *Historyczny proces wyrostu gospodarczego*, 1963.

127. E. WAGEMANN, *Economía mundial*, *op. cit.*, I, p. 127.

128. P. DEYON, *Amiens, capitale provinciale...*, *op. cit.*, p. 137.

129. Ferdinand TREMEL, *Das Handelsbuch des Judenburger Kaufmannes Clemens Körber, 1526-1548*, 1960.

130. A.-G. HAUDRICOURT, «La fonte en Chine: Comment la connaissance de la fonte de fer a pu venir de la Chine antique à l'Europe médiévale», *in : Métaux et civilisations*, II, 1946, pp. 37-41.

131. *Voyage du chevalier Chardin*, *op. cit.*, IV, p. 137.

132. N. T. BELAIEW, «Sur le "damas" oriental et les lames damassées», *in : Métaux et civilisations*, I, 1945, pp. 10-16.

133. A. MAZAHERI, « Le sabre contre l'épée ou l'origine chinoise de "l'acier au creuset",» *in : Annales E.S.C.*, 1958.

134. J. W. GILLES, «Les fouilles aux emplacements des anciennes forges dans la région de la Sieg, de la Lahn et de la Dill», *in : Le fer à travers les âges*, 1956; Augusta Hure, «Le fer et ses antiques exploitations dans le Senonais et le Jovinien», *in : Bulletin de la société des sciences historiques... de l'Yonne*, 1933, p. 3; «Origine et formation du fer dans le Sénonais»,

ibid., 1919, pp. 33 *sq.*; A. GOUDARD, «Note sur l'exploitation des gisements de scories de fer dans le département de l'Yonne», *in : Bul. de la Société d'archéologie de Sens*, 1936, pp. 151-188.

135. J. W. GILLES, art. cit.
136. J.-B. LABAT, *op. cit.*, II, p. 305.
137. *Histoire générale des techniques*, *op. cit.*, p.p. M. DAUMAS, II, pp. 56-57.
138. Ferdinand TREMEL, *Der Frühkapitalismus in Innerösterreich*, 1954, pp. 52 *sq*.
139. *Ibid.*, p. 53 et fig. 87.
140. Auguste BOUCHAYER, *Les Chartreux, mattres de forges*, 1927.
141. B. GUENÉE. *Tribunaux et gens de justice dans le bailliage de Senlis à la fin du Moyen Age (vers 1380-vers 1550)*, *op. cit.*, p. 33, note 22.
142. *Storia della tecnologia*, p.p. C. SINGER, *op. cit.*, III, p. 34; M. FRANÇOIS, « Note sur l'industrie sidérurgique...», *in : Mémoires de la société nationale des antiquaires de France*, 1945, p. 18.
143. Je n'ai pas retrouvé le document consulté à Venise (A.d S. ou Museo Correr) qui indique l'effectif des ouvriers du fer. Bonnes descriptions de cette activité en 1527, 1562 et 1572, *in : Relazioni di rettori veneti in Terraferma*, XI, 1978, pp. 16-17, 78-80, 117.
144. Richard GASCON, *Grand commerce et vie urbaine au XVI*[e] *siècle; Lyon et ses marchands*, 1971, pp. 133-134.
145. Eli HECKSCHER, «Un grand chapitre de l'histoire du fer: le monopole suédois», *in : Annales d'histoire économique et sociale*, 1932, pp. 131-133.
146. *Op. cit.*, tableau statistique hors texte.
147. Arturo UCCELLI, *Storia della tecnica*, 1945, p. 87.

第六章

1. Aldo MIELI, *Panorama general de historia de la ciencia*, II, 1946, p. 238, note 16.
2. Carlo M. CIPOLLA, *Guns and sails in the early Phase of European Expansion 1400-1700*, 1965, p. 104.
3. *Storia della tecnologia*, p.p. C. SINGER, *op. cit.*, II, p. 739.
4. Friedrich LÜTGE, *Deutsche Sozial- und Wirtschaftsgeschichte*, 1966, p. 209.
5. *Storia della tecnologia*, p.p. C. SINGER, *op. cit.*, p. 739.
6. Lynn WHITE, *Medieval Technology and Social Change*, 1962, p. 101.
7. Jorge de EHINGEN, *Viage...*, *in : Viajes estranjeros por España y Portugal*, p.p. J. GARCÍA MENDOZA, 1952, p. 245.
8. C. M. CIPOLLA, *Guns and sails in the early phase of european expansion...*, *op. cit.*, pp. 106-107.
9. C. de RENNEVILLE, *Voyages...*, *op. cit.*, V, p. 43.
10. SANUDO, *op. cit.*, III, 170 *sq*.
11. Michel MOLLAT, *in : Histoire du Moyen Age*, éd. p. E. PERROY, *op. cit.*, p. 463.

12 et 13. Karl BRANDI, *Kaiser Karl V.*, 1937, p. 132.

14. W. SOMBART, *Krieg und Kapitalismus*, *op. cit.*, pp. 84-85.
15. *Chroniques de Froissart*, éd. 1888, VIII, pp. 37 *sq*.
16. SANUDO, *Diarii*, I, 1879, col. 1071-1072.
17. Ralph DAVIS, « Influences de l'Angleterre sur le déclin de Venise au XVIIe siècle», *in : Decadenza economica Veneziana nel secolo* XVII, 1957, pp. 214-215.
18. Mémoire du chevalier de Razilly au Cardinal de Richelieu, 26 novembre 1626, B. N., Ms. n. a., 9389, f° 66 v°.
19. Le Loyal Serviteur, *La Très Joyeuse et Très Plaisante Histoire... de Bayard*, *op. cit.*, éd. 1872, p. 280.
20. Blaise de MONLUC, *Commentaires*, éd. Pléiade, 1965, pp. 34, 46.
21. Pour les deux paragraphes qui précèdent, cf. W. SOMBART, *Krieg und Kapitalismus*, *op. cit.*, pp. 78 *sq*.
22. Miguel de CASTRO, *Vida del soldado español Miguel de Castro*, 1949, p. 511.
23. M. de MONTAIGNE, *Journal de voyage en Italie*, *op. cit.*, p. 1155.
24. *Médit*..., II, p. 167.
25. Rapport de Savorgnan de Brazza, pour les dernières années du XVIe siècle, soit à l'Archivio di Stato, soit au Museo Correr de Venise.
26. W. SOMBART, *op. cit.*, p. 88.
27. *Ibid.*, p. 93.
28. F. BREEDVELT van VEEN, *Louis de Geer 1587-1655* (en néerlandais), 1935, pp. 40 et 84.
29. Vers 1555? Ancienne série K des archives AN de Paris, transférées à Simancas.
30. *Médit*..., II, p. 168.
31. *Médit*..., II, p. 134.
32. P. de LAS CORTES, doc. cité.
33. G. F. GEMELLI CARERI, *op. cit.*, IV, p. 374.
34. A. BLUM, *Les Origines du papier, de l'imprimerie et de la gravure*, 1935.
35. Lucien FEBVRE, H. J. MARTIN, *L'Apparition du livre*, 1971, pp. 41-42.
36. *Ibid.*, pp. 42 et 47.
37. *Ibid.*, p. 47.
38. *Ibid.*, p. 20.
39. *Ibid.*, p. 36.
40. T. F. CARTER, *The Invention of printing in China and its spread westward*, 1925, *passim*, et notamment pp. 211-218.
41. Loys LE ROY, *De la Vicissitude ou Variété des choses en l'Univers*, 1576, p. 100, cité par René ÉTIEMBLE, *Connaissons-nous la Chine?*, 1964, p. 40.
42. L. FEBVRE, H. J. MARTIN, *op. cit.*, pp. 60 *sq.*, 72-93.
43. *Ibid.*, p. 134.
44. *Ibid.*, p. 15.
45. *Ibid.*, pp. 262 *sq*.
46. *Ibid.*, p. 368.
47. *Ibid.*, p. 301.
48. *Ibid.*, pp. 176-188.
49. Jean POUJADE, *La Route des Indes et ses navires*, 1946.
50. *Médit*..., I, p. 499.
51. La question reste discutable, ne serait-ce qu'aux yeux d'un spécialiste comme Paul Adam. Cependant, sur la fresque égyptienne qui représente l'expédition de la reine Hatchepsout au pays de Pount (en mer Rouge), j'ai été frappé de voir représentée, à

côté des bateaux égyptiens aux voiles carrées, une petite barque *locale, avec une voile triangulaire*. Détail sur lequel j'ai cherché en vain un commentaire chez les égyptologues.

52. Voir *infra*, III, p. 93.
53. Richard HENNIG, *Terrae incognitae*, III, 1953, p. 122.
54. Littérature considérable sur le sujet depuis l'article de P. PELLIOT, «Les grands voyages maritimes chinois au début du XVe siècle», *in : T'oung Pao*, XXX, 1933, pp. 237-452.
55. Alexandre de HUMBOLDT, *Examen critique de l'histoire de la géographie du nouveau continent et des progrès de l'astronomie nautique aux quinzième et seizième siècles*, 1836, I, p. 337.
56. Jean BODIN, *La République*, 1576, p. 630.
57. Thomé CANO, *Arte para fabricar... naos de guerra y merchante*, 1611, p. 5 v°.
58. Laurent VITAL, *Premier Voyage de Charles Quint en Espagne*, 1881, pp. 279-283.
59. Musée Czartoryski, Cracovie, 35, f°s 35 et 55.
60. G. de MENDOZA, *Histoire du grand royaume de la Chine...*, 1606, p. 238.
61. R. de VIVERO, *op. cit.*, p. 194.
62. J.-B. du HALDE, *op. cit.*, II, p. 160.
63. J. BARROW, *Voyage en Chine*, *op. cit.*, I, p. 62.
64. G. MACARTNEY, *op. cit.*, II, pp. 74-75.
65. Jacques HEERS *in* : «Les grandes voies maritimes dans le monde, XVe-XIXe siècles», *XIIe Congrès... d'histoire maritime*, 1965, p. 22.
66. R. de VIVERO, *op. cit.*, p. 22.
67. J. HEERS, *in* : «Les grandes voies maritimes...», art. cit., p. 22.
68. P. VIDAL DE LA BLAGHE, *Principes de géographie humaine*, *op. cit.*, p. 266.
69. Joseph NEEDHAM, conférence en Sorbonne.
70. M. de GUIGNES, *Voyage à Peking...*, *op. cit.*, I, pp. 353-354.
71. Abbé PRÉVOST, *op. cit.*, VI, p. 170.
72. *Voyage du médecin J. Fries*, éd. par W. KIRCHNER, *op. cit.*, pp. 73-74.
73. CONCOLORCORVO, *op. cit.*, pp. 56-57.
74. *Ibid.*, p. 56.
75. *Voyage faict par moy Pierre Lescalopier* publié, partiellement par E. CLÉRAY, *in : Revue d'histoire diplomatique*, 1921, pp. 27-28.
76. G. F. GEMELLI CARERI, *op. cit.*, I, p. 256.
77. P. de MAGAILLANS, *op. cit.*, pp. 47 *sq.*
78. G. F. GEMELLI CARERI, *op. cit.*, III, pp. 22-23.
79. Georg FRIEDERICI, *El Carácter del descubrimiento y de la conquista de América*, éd. espagnole, 1973, p. 12.
80. G. F. GEMELLI CARERI, *op. cit.*, VI, p. 335.
81. J. HEERS, «Les grandes voies maritimes...», art. cit., pp. 16-17; W. L. SCHURZ, *The Manila Galleon*, 1959.
82. Jean-François BERGIER, *Les Foires de Genève et l'économie internationale de la Renaissance*, 1963, pp. 218 *sq.*
83. M. POSTAN, *in : The Cambridge Economic History of Europe*, II, pp. 140 et 147.
84. Otto STOLZ, «Zur Entwicklungsgeschichte des Zollwesens innerhalb des alten Deutschen Reichs», *in : Vierteljahrschrift für Sozial- und*

Wirtschaftsgeschichte, 1954, p. 18 et note.
85. Gerónimo de UZTÁRIZ, *Théorie et pratique du commerce et de la marine*, 1753. p. 255.
86. M. POSTAN, *in : The Cambridge Economic History of Europe*, II, pp. 149-150.
87. P. du HALDE, *op. cit.*, II, pp 158-159.
88. P. de MAGAILLANS, *op. cit.*, pp. 158-159, 162, 164.
89. G. F. GEMELLI CARERI, *op. cit.*, IV, p. 319.
90. G. MACARTNEY, *op. cit.*, IV, p. 17; III, p. 368.
91. G. F. GEMELLI CARERI, *op. cit.*, III, p. 29.
92. Jacques HEERS, *Gênes au XV*e *siècle*, 1961, pp. 274 *sq.*; *Médit.*, I, p. 527.
93. *Ibid.*, p. 277.
94. Rapport de la prise par Sir John BURROUGH, R. HAKLUYT, *The Principal Navigations*..., éd. 1927, V, pp. 66 *sq.*, Alfred de STERNBECK, *Histoire des flibustiers*, 1931, pp. 158 *sq*.
95. *Médit*..., I, pp. 254, 260.
96. H. CAVAILLES, *La Route française, son histoire, sa fonction*, 1946, pp. 86-94.
97. Henri SÉE, *Histoire économique de la France*, I, 1939, p. 294.
98. L.-S. MERCIER, *Tableau de Paris*, *op. cit.*, V, p. 331.
99. MACAULAY, cité par J. M. KULISCHER, *Storia economica*..., *op. cit.*, II, p. 552; Sir Walter BESANT, *London in the time of the Stuarts*, 1903, pp. 338-344.
100. Arthur YOUNG, *Voyage en France*, 1793, I, p. 82.
101. A. SMITH, *op. cit.*, II, p. 382.
102. L. DERMIGNY, *La Chine et l'Occident. Le commerce à Canton au XVIII*e *siècle, 1719-1833*, *op. cit.*, III, pp. 1131 *sq*.
103. Voir *infra*, II, pp. 306 *sq*.
104. H. BECHTEL, *Wirtschaftsgeschichte Deutschlands*, *op. cit.*, I, p. 328.
105. Armando SAPORI, *Una Compagnia di Calimala ai primi del Trecento*, 1932, p. 99.
106. P. de SAINT-JACOB, *op. cit.*, p. 164.
107. *Storia della tecnologia*, p.p. C. SINGER, *op. cit.*, II, p. 534.
108. J.-B. SAY, *Cours complet d'économie politique pratique*, éd. 1966, II, p. 497, note 2.
109. *Der moderne Kapitalismus*, *op. cit.*, II, pp. 231-420.
110. Voir *infra*, II, pp. 306 *sq*.
111. Voir *infra*, *ibid*.
112. Marcel ROUFF, *Les Mines de charbon en France au XVIII*e *siècle (1744-1791)*, 1922, pp. 368 *sq*.
113. *Voyage du Chevalier Chardin*..., *op. cit.*, IV, pp. 24 et 167-169.
114. Thierry GAUDIN, *L'Écoute des silences*, 1978.
115. *Storia della tecnologia*, p.p. C. SINGER, *op. cit.*, III, p. 121.
116. A.d.S. Venise, Senato terra.
117. Marc BLOCH, *Mélanges historiques*, 1963, II, p. 836.
118. Arch. Simancas, E° Flandes, 559.
119. A. WOLF, *A History of Science, technology and philosophy in the 16th and 17th centuries*, pp. 332 *sq*.
120. D. SCHWENTER, *Deliciae physico-mathematical oder mathematische und philosophische Ezquick stunden*, 1636.

121. A.N., A.E., B[III], 423, La Haye, 7 sept. 1754.

122. Gerhard MENSCH, *Das technologische Patt*, 1977.

第七章

1. N. du FAIL, *Propos rustiques et facétieux*, *op. cit.*, pp. 32,33,34.
2. Marquise de SÉVIGNÉ, *op. cit.*, VII, p. 386.
3. A.N., H 2933, f° 3.
4. G. F. GEMELLI CARERI, *op. cit.*, I, pp. 6,10 *sq.* et *passim*.
5. Date de la découverte de la circulation sanguine, par Harvey: 1628.
6. William PETTY, «Verbum Sapienti» (1691), *in : Les Œuvres économiques*, I, 1905, p. 132.
7. L. F. de TOLLENARE, *Essai sur les entraves que le commerce éprouve en Europe*, 1820, pp. 193 et 210.
8. Je songe à *Some Considerations on the Consequences of the Lowering of Interest and Raising the Value of Money*, 1691, Cf. Eli HECKSCHER, *La Época mercantilista*, 1943, pp. 648 *sq*.
9. Jacob van KLAVEREN, «Rue de Quincampoix und Exchange Alley, die Spekulationsjahre 1719 und 1720 in Frankreich und England», *in : Vierteljahrschrift für Sozial- und Wirtschaftsgeschichte*, oct. 1963, pp. 329-359.
10. Princesse PALATINE, *Lettres... de 1672 à 1722*, 1964, p. 419, lettre du 11 juin 1720.
11. Voir *infra*, II, pp. 355 *sq*.
12. Scipion de GRAMMONT, *Le Denier royal*, 1620, p. 20. Plusieurs auteurs parlent de cette monnaie de sel, en forme de petites briques, disent-ils généralement, de dimensions différentes selon les lieux.
13. J.-B. LABAT, *op. cit.*, III, p. 235.
14. *Ibid.*, p. 307.
15. *Monumenta missioniaria africana*, *Africa ocidental*, VI, *1611-1621*, p. p. Antonio BRASIO, 1955, p. 405.
16. LI CHIA-JUI, article en chinois signalé (n° 54) par la *Revue bibliographique de sinologie*, 1955.
17. Article de la presse italienne.
18. Paul EINZIG *Primitive money in its ethnological*, *historical and economical aspects*, 1948, pp. 271-272.
19. *Ibid.*, pp. 47 *sq.*; E. INGERSOLL, «Wampum and its history», *in : American Naturalist*, 1883.
20. W. G. L. RANDLES, *L'Ancien Royaume du congo des Origines à la fin du XIX*e *siècle*, 1968, pp. 71-72.
21. G. BALANDIER, *La Vie quotidienne au royaume de Kongo...*, *op. cit.*, p. 124.
22. Vitorino MAGALHÃES-GODINHO, *L'Économie de l'Empire portugais au XV*e *et XVI*e *siècles*, 1969, pp. 390 *sq*.
23. G. BALANDIER, *op. cit.*, pp. 122-124.
24. Adam SMITH, *Recherches sur la nature et les causes de la richesse des nations*, éd. 1966, I, p. 29.
25. Pierre VILAR, *Or et monnaie dans l'histoire*, 1974, p. 321.
26. ISAAC CHIVA, rapport dactylographié sur la Corse; et Germaine TILLION, «Dans l'Aurès: le drame des civilisations archaïques», *in : Annales E.S.C.*, 1957, pp. 393-402.

27. François LA BOULLAYE, *Les Voyages et observations du Sieur de la Boullaye*..., 1653, pp. 73-74.
28. C. L. LESUR, *Des progrès de la puissance russe*, 1812, p. 96, note 4.
29. W. LEXIS, «Beiträge zur Statistik der Edelmetalle», *in : Jahrbücher für Nationalökonomie und Statistik*, 1879, p. 365.
30. Ruggiero ROMANO, « Une économie coloniale: le Chili au XVIIIe siècle», *in : Annales E. S. C.*, 1960, pp. 259-285.
31. Manuel ROMERO DE TERRERO, *Los Tlacos coloniales. Ensayo numismático*, 1935, pp. 4 et 5.
32. *Ibid.*, pp. 13-17. Il n'y aura pas de monnaie de cuivre au Mexique avant 1814.
33. Référence égarée.
34. E. CLAVIÈRE et J.-P. BRISSOT, *De la France et des États-Unis*, 1787, p. 24 et note 1.
35. Alfons DOPSCH, *Naturalwirtschaft und Geldwirtschaft in der Weltgeschichte*, 1930.
36. Ainsi en Corse: *Médit*..., I, p. 351, note 2.
37. Museo Correr, Dona delle Rose, 181, f° 62.
38. M. TAKIZAWA, *The Penetration of Money economy in Japan*..., *op. cit.*, pp. 33 *sq.*
39. *Ibid.*, pp. 38-39.
40. Andrea METRA, *Il Mentore perfetto de'negozianti*, *op. cit.*, III, p. 125.
41. Venise MARCIANA, *Scritture... oro et argento*, VII-MCCXVIII, 1671; Ugo TUCCI, «Les émissions monétaires de Venise et les mouvements internationaux de l'or», *in : Revue historique*, 1978.
42. A.N., A. E., B III, 265 (1686), Mémoires généraux.
43. V. MAGALHÃES-GODINHO, *L'Économie de l'Empire portugais au XV*[e] *et XVI*[e] *siècles*, *op. cit.*, pp. 512-531.
44. *Ibid.*, pp. 353-358.
45. *Ibid.*, pp. 358 *sq.*
46. G. F. GEMELLI CARERI, *op. cit.*, III, p. 278.
47. *Ibid.*, III, p. 2.
48. *Ibid.*, III, p. 226.
49. V. MAGALHÃES-GODINHO, *op. cit.*, pp. 357,444 *sq.*
50. *Ibid.*, pp. 323, 407 *sq.*
51. *Ibid.*, pp. 356-358.
52. F. BALDUCCI PEGOLOTTI, *Pratica della mercatura*, 1766, pp. 3-4.
53. Pour les paragraphes qui précèdent, voir V. MAGALHÃES-GODINHO *op. cit.*, pp. 399-400.
54. P. de MAGAILLANS, *Nouvelle Relation de la Chine*, *op. cit.*, p. 169.
55. V. MAGALHÃES-GODINHO, *op. cit.*, p. 518.
56. Maestre MANRIQUE, *Itinerario de las Misiones que hizo el Padre F. Sebastián Manrique*, 1649, p. 285.
57. B.N., Ms. fr. n. a. 7503, f° 46.
58. P. de LAS CORTES, doc. cit., f° 85 et 85 v°.
59. Document cité, note 57.
60. G. F. GEMELLI CARERI, *op. cit.*, IV, p. 43.
61. «Mémoire sur l'intérêt de l'argent en Chine», *in : Mémoires concernant l'histoire, les sciences, etc.*, par les Missionnaires de Pékin, IV, 1779, pp. 309-311.
62. L. DERMIGNY, *La Chine et l'Occident. Le commerce à Canton*..., *op. cit.*, I,

pp. 431-433.
63. Abbé F. GALIANI, *Della Moneta*, 1750, p. 214.
64. G. de UZTÁRIZ, *op. cit.*, p. 171.
65. G. F. GEMELLI CARERI, *op. cit.*, VI, pp. 353-354 (éd. 1719).
66. Voir *infra*, III, chap. IV, p. 309.
67. Sur le *Kipper- und Wipperzeit*, F. LÜTGE, *Deutsche Sozial- und Wirtschaftsgeschichte*, *op. cit.*, pp. 289 *sq*.
68. Earl J. HAMILTON, « American Treasure and Andalusian Prices, 1503-1660», *in : Journal of Economic and Business History*, I, 1928, pp. 17 et 35.
69. Raphaël du MANS, *Estat de la Perse en 1660*, p.p. Ch. SCHEFER, *op. cit.*, p. 193.
70. Karl MARX, *Le Capital*, Éd. sociales, 1950, I, p. 106, note 2.
71. Frank SPOONER, *L'Économie mondiale et les frappes monétaires en France, 1493-1680*, 1956, p. 254.
72. *Ibid.*, p.21.
73. Josef KULISCHER, *Allgemeine Wirtschaftsgeschichte des Mittelalters und der Neuzeit*, 1965, II, p. 330.
74. P. de SAINT-JACOB *op. cit.*, p. 306.
75. Antonio della ROVERE, *La Crisi monetaria siciliana (1531-1802)*, p. p. Carmelo TRASSELLI, 1964, pp. 30 *sq*.
76. E. J. F. BARBIER, *op. cit.*, I, p. 185.
77. Voir *infra*, II. chap. II, pp. 188 *sq*.
78. Pour les détails de ce paragraphe, voir *infra*, III, p. 398.
79. «Maximes générales», *in : François Quesnay et la physiocratie*, éd. I.N.E.D., *op. cit.*, II, p. 954 et note 7.
80. Werner SOMBART, *Le Bourgeois*, 1926, pp. 38-39.
81. F. GALIANI, *Della Moneta*, *op. cit.*, p. 56.
82. L.-S. MERCIER, *Tableau de Paris*, *op. cit.*, I, p. 46.
83. W. LEXIS, «Beiträge zur Statistik der Edelmetalle», art. cité.
84. *Ibid.*
85. Geminiano MONTANARI, *La Zecca*, 1683, *in : Economisti del Cinque e Seicento*, p. p. A. GRAZIANI, 1913, p. 264.
86. I. de PINTO, *Traité de la circulation et du crédit*, *op. cit.*, p. 14.
87. B.N., Ms. fr., 5581, f° 83; cf.aussi *Il Mentore perfetto de'negozianti*, *op. cit.*, V, article «Surate», p. 309.
88. F. SPOONER, *op. cit.*, pp. 170 *sq*.
89. Josef KULISCHER, *Allgemeine Wirtschaftsgeschichte des Mittelalters und der Neuzeit*, 1965, II, pp. 344-345.
90. *Ibid.*
91. Luigi EINAUDI, préface à l'édition des *Paradoxes inédits du seigneur de Malestroit*, 1937, p. 23.
92. E. PASQUIER, *Les Recherches de la France*, *op. cit.*, p. 719.
93. F. BRAUDEL et F. SPOONER «Prices in Europe from 1450 to 1750», *in : Cambridge economic history of Europe*, IV, pp. 445; les chiffres de l'or et de l'argent américains sont évidemment ceux de Earl J. Hamilton.
94. I. de PINTO, *Traité de la circulation..., op. cit.*, p. 33.
95. J. A. SCHUMPETER, *Storia dell'analisi economica*, 1959, I, p. 386.
96. F. GALIANI, *Della Moneta*, *op. cit.*, p. 278.
97. I. de PINTO, *Traité de la circulation..., op. cit.*, p. 34.
98. *Ibid.*, p. 34, note.
99. A.N., F[12], 2175, III. Documents de

1810 et 1811 sur le non-remboursement des dettes contractées lors du siège.

100. F. W. von SCHRÖTTER, *Fürstliche Schatz und Rent-Cammer*, 1686, cité par Eli HECKSCHER, *op. cit.*, pp. 652-653.

101. P. de SAINT-JACOB, *op. cit.*, p. 212.

102. Voir *infra*, II, chap. II, pp. 119 *sq*.

103. M. de MALESTROIT, «Mémoires sur le faict des monnoyes...», *in : Paradoxes inédits du seigneur de Malestroit*, p.p. Luigi EINAUDI, 1937, p. 105.

104. D. HUME, «Essai sur la balance du commerce», *in : Mélanges d'économie politique*, *op. cit.*, p. 93.

105. L. S. MERCIER, *op. cit.*, IX, pp. 319-320.

106. S. D. GOTEIN, «The Cairo Geniza as a source for the history of Muslim civilization», *in : Studia islamica*, III, pp. 75-91.

107. H. LAURENT, *La Loi de Gresham au Moyen Age*, 1932, pp. 104-105.

108. John LAW, «Premier mémoire sur les banques», *in : Œuvres... contenant les principes sur le Numéraire, le Commerce, le Crédit et les Banques*, 1790, p. 197.

109. B. SCHNAPPER, *Les Rentes au XVI*e *siècle. Histoire d'un instrument de crédit*, 1957, p. 163.

110. Voir *infra*, II, chap. V, p. 466 *sq*.

111. *Médit...*, I, p. 527.

112. *Ibid.*, p. 528.

113. Référence non retrouvée.

114. J. A. SCHUMPETER, éd. italienne, *op. cit.*, I, p. 392.

115. *Ibid.*, p. 392.

116. *Recherches sur le commerce*, 1778, p. VI.

117. S. de GRAMONT, *Le Denier royal*, 1620, p. 9.

第八章

1. «L'idéologie allemande» (1846), *in : Karl MARX, Pre-capitalist Economic Formations*, p. p. Eric HOBSBAWM, 1964, p. 127.

2. Dans la première édition de cet ouvrage, p. 370.

3. *In: Towns and societies*, p. p. Philip ABRAMS and E. A. WRIGLEY, 1978, pp. 9, 17, 24-25.

4. *Voyages d'Ibn Battûta*, p. p. Vincent MONTEIL, 1969, I, pp. 67-69.

5. R. BARON, «La bourgeoisie de Varzy au XVIIe siècle», *in : Annales de Bourgogne*, art. cit., pp. 161-208, notamment pp. 163-181, 208.

6. P. DEANE, W. A. COLE, *British Economic Growth*, 1964, pp. 7-8.

7. R. GASCON, *in : Histoire économique et sociale de la France*, p. p. BRAUDEL et LABROUSSE, I^1, p. 403.

8. H. BECHTEL, *Wirtschaftsstil des deutsches Spätmittelalters. 1350-1500*, 1930, pp. 34 *sq*.

9. *Cahiers de doléances des paroisses du bailliage de Troyes pour les états généraux de 1614*, p. p. Yves DURAND, 1966, p. 7.

10. O. SPENGLER, *Le Déclin de l'Occident*, 1948, II, pp. 90 *sq*.

11. J. B. du HALDE, *Description géographique, historique, chronologique, politique et physique de l'Empire de la*

Chine et de la Tartarie chinoise, 1785, I, p. 3.

12. E. KÄMPFER, *op. cit.*, III, p. 72.
13. J. KULISCHER, *op. cit.*, éd. italienne, II, pp. 15-16.
14. R. CANTILLON, *op. cit.*, p. 26.; M. REINHARDT, «La population des villes...» *in : Population*, avril 1954, 9, p. 287.
15. J. KULISCHER, *op. cit.*; Pour la Russie, B. T. URLANIS, (en russe, Moścou, 1966) donne le chiffre de 3,6%(population urbaine de 500 000 h.) — cité par V. I. PAVLOV, *Historical premises for India's transition to capitalism*, 1978, p. 68.
16. C. BRIDENBAUCH, *Cities in the Wilderness*, 1955, pp. 6 et 11; Pour le Japon, Prof. FURUSHIMA, cité par T. C. SMITH, *The Agrarian origins of modern Japan*, 1959, p. 68.
17. Jan de VRIES, *The Dutch rural economy in the golden age, 1500-1700*, 1974, tableau p. 86.
18. M. CLOUSCARD, *L'Être et le code*, 1972, p. 165.
19. Jane JACOBS, *The Economy of cities*, 1970.
20. Cité par J.-B. SAY, *Cours d'économie politique*, *op. cit.*, IV, pp. 416-418.
21. F. LÜTGE, *op. cit.*, p. 349.
22. R. GASCON, *in : Histoire économique et sociale de la France*, p.p. BRAUDEL et LABROUSSE, [1]I, p. 360.
23. D'après W. ABEL, référence et discussion *infra*, III, p. 240.
24. Georg STEINHAUSEN, *Geschichte der deutschen Kultur*, 1904, p. 187.
25. *La Civiltà veneziana del Settecento*, p. p. la Fondation Giorgio Cini, 1960, p. 257.
26. Référence non retrouvée.
27. Archivo General de Simancas, *Expedientes de hacienda*, 157.
28. «Saco de Gibraltar» *in : Tres Relaciones históricas*, «Colección de libros raros o curiosos», 1889.
29. *Médit*..., I, p. 245.
30. Jean PUSSOT, *Journalier ou mémoires*, 1857, p. 16.
31. Ernst Ludwig CARL, *Traité de la richesse des princes et de leurs états*, 1723, II, pp. 193 et 195.
32. A. de MAYERBERG, *op. cit.*, pp. 220-221.
33. Voir *infra*, III, pp. 386 *sq*.
34. G. MACARTNEY, *op. cit.*, II, p. 316.
35. L.-S. MERCIER, *Tableau de Paris*, *op. cit.*, IX, pp. 167-168; VI, pp. 82-83; V, p. 282.
36. *Médit*..., I, p. 313.
37. C.-E. PERRIN, «Le droit de bourgeoisie et l'immigration rurale à Metz au XIIIe siècle», *in : Annuaire de la Société d'histoire et d'archéologie de la Lorraine*, XXX, 1921, p. 569.
38. H. J. BRUGMANS, *Geschiedenis van Amsterdam*, 8 vol., 1930-1933.
39. Voir *supra*, chap. I, note 39.
40. Cité par Hugues de MONTBAS, *La Police parisienne sous Louis XVI*, 1949, p. 183.
41. L.-S. MERCIER, *Tableau de Paris*, *op. cit.*, III, pp. 226-227, 232, 239.
42. *Ibid.*, p. 239.
43. G. F. GEMELLI CARERI, *op. cit.*, I, p. 370.
44. *Voyage... de Pierre Lescalopier*, *op. cit.*, p. 32.
45. Hans MAUERSBERG, *Wirtschafts- und Sozialgeschichte Zentraleuropaïscher Städte in neueren Zeit*, 1960, p. 82.

46. *Voyage de M. de Guignes*, *op. cit.*, I, p. 360.
47. J. A. de MANDELSLO, *op. cit.*, II, p. 470.
48. P. de MAGAILLANS, *op. cit.*, pp. 17-18.
49. Léopold TORRES BALBAS, *Algunos Aspectos del mudejarismo urbano medieval*, 1954, p. 17.
50. G. F. GEMELLI CARERI, *op. cit.*, IV, p. 105.
51. P. LAVEDAN et J. HUGUENEY, *L'Urbanisme au Moyen Age*, 1974, pp. 84-85. et fig. 279.
52. Charles HIGOUNET, « Les " terre nuove" florentines du XIVe siècle », *in : Studi in onore di Amintore Fanfani*, III, 1962, pp. 2-17.
53. L.-S. MERCIER, *op. cit.*, XI, p. 4.
54. M. T. JONES-DAVIES, *op. cit.*, I, p. 190.
55. F. COREAL, *Relation des voyages aux Indes occidentales*, *op. cit.*, I, pp. 152 et 155.
56. H. CORDIER, «La Compagnie prussienne d'Embden au XVIIIe siècle», *in : T'oung pao*, XIX, 1920, p. 241.
57. G. F. GEMELLI CARERI, *op. cit.*, IV, p. 120.
58. G. F. GEMELLI CARERI, *op. cit.*, I, p. 230.
59. L.-S. MERCIER, *Tableau de Paris*, *op. cit.*, VI, p. 221; V, p. 67; IX, p. 275.
60. J. SAVARY, *Dictionnaire...*, *op. cit.*, V, col. 381.
61. Vu QUOC THUC, *in : Les Villes...*, p. p. Société Jean Bodin, 1954-1957, II, p. 206.
62. Référence non retrouvée
63. D'après le *Padrón* de 1561, Archivo General de Simancas, *Expedientes de hacienda*, 170.
64. G. F. GEMELLI CARERI, *op. cit.*, VI, pp. 366-367.
65. Rudolf HÄPKE, *Brügges Entwicklung zum mittelalterlichen Weltmarkt...*, 1908.
66. B. GUENÉE, *Tribunaux et gens de justice dans le bailliage de Senlis...*, *op. cit.*, p. 48.
67. L. S. MERCIER, *op. cit.*, III, 1782, p. 124.
68. Article de presse, référence exacte égarée.
69. P. du HALDE, *op. cit.*, I, p. 109.
70. Pour les explications qui suivent, j'ai utilisé le colloque inédit de l'École des Hautes Études, VIe section, *Les Villes*, 1958.
71. R. MANTRAN, *Istanbul dans la seconde moitié du XVIIe siècle*, *op. cit.*, p. 27.
72. Raphaël du MANS, *Estat de la Perse en 1660...*, p.p. Ch. SCHEFER, 1890, p. 33.
73. G. F. GEMELLI CARERI, *op. cit.*, II, p. 98.
74. G. F. GEMELLI CARERI, *op. cit.*, I, p. 262.
75. W. ABEL, *Geschichte der deutschen Landwirtschaft*, 1962, pp. 48 et 49.
76. Giovanni PECLE et Giuseppe FELLONI, *Le Monete genovesi*, 1975, pp. 27-30.
77. W. SOMBART, *Le Bourgeois*, *op. cit.*, p. 129.
78. C. BEC, *Les Marchands écrivains à Florence, 1375-1434*, 1967, p. 319.
79. L. MUMFORD, *op. cit.*, pp. 328-329.
80. Les deux paragraphes qui suivent s'inspirent de Max Weber.

81. M. SANUDO, *Diarii*, XXVIII, 1890, col. 625.
82. J. NICKOLLS, *Remarque sur les avantages de la France...*, *op. cit.*, p. 215.
83. L.-S. MERCIER, *Tableau de Paris*, *op. cit.*, VIII, p. 163.
84. B. H. SLICHER VAN BATH, *Yield Ratios, 810-1820*, *op. cit.*, p. 16.
85. Voir *infra*, III, pp. 386 *sq*.
86. J. GERNET, *Le Monde chinois*, *op. cit.*, p. 371.
87. Abbé. PRÉVOST, *Voyages...*, *op. cit.*, X, p. 104, d'après Bernier.
88. *Ibid.*, p. 103.
89. Rodrigo de VIVERO, *Du Japon et du bon gouvernement de l'Espagne et des Indes*, p.p. Juliette MONBEIG, 1972, pp. 66-67.
90. YASAKI, *Social Change and the City in Japan*, 1968, pp. 133, 134, 137, 138, 139.
91. R. SIEFFERT, *La Littérature japonaise*, 1961, pp. 110 *sq*.
92. R. de VIVERO, *op. cit.*, pp. 58 et 181.
93. L. MUMFORD, *La Cité à travers l'histoire*, *op. cit.*, pp. 554-557.
94. P. LAVEDAN et J. HUGUENEY, *Histoire de l'Urbanisme*, *op. cit.*, p. 383.
95. W. SOMBART, *Luxus und Kapitalismus*, *op. cit.*, pp. 37 *sq*.
96. L.-S. MERCIER, *Tableau de Paris*, *op. cit.*, VIII, p. 192.
97. MIRABEAU père, *L'Ami des Hommes ou Traité de la population*, 1756, 2e partie, p. 154.
98. L.-S. MERCIER, *Tableau de Paris*, *op. cit.*, I, p. 286.
99. LAVOISIER, *De la richesse territoriale du royaume de France*, éd. 1966, pp. 605-606.
100. F. QUESNAY, «Questions intéressantes sur la population, l'agricultureet le commerce...», *in : F. Quesnay et la physiocratie*, *op. cit.*, II, p. 664.
101. A. METRA, *Il Mentore perfetto...*, *op. cit.*, V, pp. 1 et 2.
102. W. SOMBART, *Luxus und Kapitalismus*, *op. cit.*, p. 30.
103. Prince de STRONGOLI, *Ragionamenti economici, politici e militari*, 1783, I, p. 51, cité par L. dal PANE, *in : Storia del lavoro in Italia*, *op. cit.*, pp. 192-193.
104. *Ibid.*
105. René BOUVIER et Andre LAFFARGUE, *La Vie napolitaine au XVIIIe siècle*, 1956, pp. 84-85.
106. *Ibid.*, p. 273.
107. C. de BROSSES, *Lettres historiques et critiques sur l'Italie*, an VII, II, p. 145.
108. R. BOUVIER et A. LAFFARGUE, *op. cit.*, p. 273.
109. *Ibid.*, p. 237.
110. Johann Gottlieb GEORGI, *Versuch einer Beschreibung der... Residenzstadt St. Petersburg*, *op. cit.*, a été utilisé pour l'ensemble des paragraphes qui suivent.
111. *Guide Baedeker Russie*, 1902, p. 88.
112. J. SAVARY, *Dictionnaire...*, *op. cit.*, V, col. 639.
113. J. DELUMEAU, *op. cit.*, pp. 501 *sq*.
114. P. de MAGAILLANS, *op. cit.*, p. 12.
115. *Ibid.*, pp. 176-177.
116. G. F. GEMELLI CARERI, *op. cit.*, IV, pp. 142 et 459.
117. Missionnaires de Pékin, *Mémoires concernant l'histoire, les sciences, les mœurs...*, *op. cit.*, III, 1778, p. 424.
118. Lettre du P. Amiot, Pékin, 20 octo-

bre 1752, *in : Lettres édifiantes et curieuses écrites des missions étrangères*, XXIII, 1811, pp. 133-134.

119. P. de MAGAILLANS, *op. cit.*, pp. 176-177.
120. *Ibid.*, p. 278.
121. J.-B. du HALDE, *op. cit.*, I, p. 114.
122. G. de MENDOZA, *Histoire du grand royaume de la Chine…*, *op. cit.*, p. 195.
123. MACARTNEY, *op. cit.*, III, p. 145.
124. P. SONNERAT, *op. cit.*, II, p. 13.
125. P. de MAGAILLANS, *op. cit.*, pp. 277-278.
126. Abbé PRÉVOST, *op. cit.*, VI, p. 126.
127. P. de MAGAILLANS, *op. cit.*, pp. 278 *sq.*
128. P. de MAGAILLANS, *op. cit.*, pp. 268-271.
129. *Ibid.*, pp. 272-273.
130. *Ibid.*, pp. 150-151.
131. *Ibid.*, pp. 153-154.
132. Pour les pages qui suivent, j'ai utilisé les ouvrages suivants: William BESANT, *London in the Eighteenth Century*, 1902; André PARREAUX, *La Vie quotidienne en Angleterre au temps de George III*; Léonce PEILLARD, *La Vie quotidienne à Londres au temps de Nelson et de Wellington, 1774-1852*, 1968; LEMONNIER, *La Vie quotidienne en Angleterre sous Elizabeth*; T. F. REDDAWAY, *The Rebuilding of London after the Great Fire*, 1940; *The Ambulator or the strargew's Companion in a tour of London*, 1782; Georges RUDE, *Hanoverian London*, 1971; M. DOROTHY GEORGE, *London Life in the Eighteenth Century*, 1964.
133. M. T. JONES-DAVIES, *op. cit.*, I, p. 193.
134. M. T. JONES-DAVIES, *op. cit.*, I, p. 149.
135. John STOW, *A Survey of London* (1603), 1720, II, p. 34.
136. M. T. JONES-DAVIES, *op. cit.*, I, p. 177.
137. P. COLQUHOUN, *op. cit.*, I, pp. 293-327.
138. M. T. JONES-DAVIES, *op. cit.*, I, p. 166.
139. W. PETTY, *Traité des taxes et contributions*, *in : Les Œuvres économiques de Sir William Petty*, 1905, I, pp. 39-40.
140. P. COLQUHOUN, *op. cit.*, I, pp. 166-168, 250-251.
141. L. MUMFORD, *La Cité à travers l'histoire*, *op. cit.*, pp. 375 *sq.*
142. P. COLQUHOUN, *op. cit.*, II, pp. 301-302.
143. Jean-Jacques ROUSSEAU, « Émile », *in : Œuvres complètes*, IV, éd. Pléiade, 1969, p. 851.
144. S. MERCIER, *L'An deux mille quatre cent quarante*, *op. cit.*

结 论

1. G. MACARTNEY, *op. cit.*, III, p. 159.

索　　引

（索引条目后的页码为原书页码，即本书边码）

Abel (W.)　阿贝尔 106,108

Abrams (Philip)　阿伯拉罕(菲利浦) 423

Abyssinie　阿比西尼亚 182,357,388

Acapulco　阿卡普尔科 143,170,180,281,361,368

Açores　亚速尔群岛 192,198,359

Adam (Édouard)　亚当(爱德华) 209

Adam (Jean)　汤若望 482

Adam (Robert)　亚当(罗伯特) 270

Aden　亚丁 220

Aertsen (Pieter)　艾特森(彼得) 274

Afghanistan　阿富汗 46

Afrique　非洲 21,23,25,26,27,29,36,44,89,119,131,139,145,170,198,203,254,300,351,353,357,359,363,370,371,388,389,396,403,459

Afrique australe　南非 47,76,86

Afrique centrale　中非 44

Afrique du Nord　北非 27,46,47,65,154,179,182,194,305,339,347,405

Afrique Noire　黑非洲 19,26,36,39,45,47,79,81,145,147,177,247,254,273,284,297,303,385

Agra　阿格拉 464

Agricola (Georg)　阿格里哥拉(格奥尔格) 311,335,379

Aigues-Mortes　爱格莫特 436

Aiguilles (cap des)　埃吉海角 357

Aix-en-Provence　普罗旺斯地区的艾克斯 170

Akbar　阿克巴 395

Alaminos　阿拉米诺斯 367

Alaric　阿拉里克 188

Alaska　阿拉斯加 22,78,181,389

Albanais　阿尔巴尼亚人 162

Albe (duc d')　阿尔巴公爵 304,305,344,407

Aléoutiennes (Îles)　阿留申群岛 51

Alep　阿勒颇 220,285,394,444

Alés　阿莱斯 323

Alessandro della Purificazione (le P.) 亚历山德罗·台拉·布列菲加齐奥奈神甫 412
Alexandrette 亚历山大勒塔 444
Alexandrie d'Egypte 亚历山大 87,89,179,339,359,415,444
Alger 阿尔及尔 9,212,220,244,273,428,431
Algérie 阿尔及利亚 237,391
Al Kindi 铿迭 212
Allahabad 阿拉哈巴德 464
Allemagne 德意志 34,36,42,48,54,55,61,65,71,75,98,99,100,136,140,142,160,162,165,173,177,178,183,189,204,205,206,208,211,216,221,227,233,237,238,256,257,258,261,262,268,274,278,302,305,314,333,339,344,345,349,351,370,373,386,393,403,405,424,425,430,441,450,451,457,473,493
Allemands 德国人 110,166,247,262
Allevard 阿尔瓦 333
Almaden 阿尔马登 336
Alpes 阿尔卑斯山 43,49,177,200,234,264,285,307,328,333,404,431,457
Alpini (Prospero) 阿尔比尼(普罗斯贝罗) 220
Alsace 阿尔萨斯 86,90,140,142,160,175,211,238,302,327
Amaurote 亚摩洛特 446
Amazone 亚马孙河 76
Amazonie 亚马孙地区 43
Ambroise-Didot (Francois I) 昂博瓦兹·狄杜(弗朗斯瓦) 351
Amérindiens 美洲印第安人 298
Amérique 美洲 9,19,20,21,22,26,27,29,31,32,37,38,44,49,51,63,68,69,70,76,81,83,86,87,101,119,129,131,135,136,137,138,139,145,147,151,152,159,167,170,178,184,187,190,192,193,198,203,211,213,216,226,285,286,293,298,299,318,351,359,378,389,391,393,396,402,404,407,411,415,425,432,436,446,459,460,463,495
Amérique centrale 中美 299
Amérique du Nord 北美 22,43,151,213,234,298,389
Amérique du Sud 南美 212
Amériques 南北美洲 20
Amiens 亚眠 56,327,341,366
Amman (Jost) 阿曼(尤斯特) 379
Amou Daria (vallée de l') 阿姆河谷 83
Amour (vallée de l') 黑龙江流域 76,78

Amsterdam 阿姆斯特丹 8,45,67,103,189,190,193,214,216,226,233,242,382,389,394,407,417,424,431,453,463,465,467;—(Banque d'),408;—(Bourse d'),211,336,417;—(Rijksmuseum à),159,278

Amsterdam (île d′) 阿姆斯特丹岛 51

Anahuac 阿纳瓦克 133

Anatolie 安纳托利安 299

Andalousie 安达卢西亚 138,182,200,201,209,284,305

Andes 安第斯 76,133,135,147,298,299,459

Andrinople 安德里诺波尔 253,432,447

Angkor Vat 吴哥窟 122

Anglais 英格兰人 51,70,76,141,166,167,175,184,186,213,214,216,219,221,285,286,288,318,330,335,338,341,343,345,372,373,396,407,446,494

Angleterre 英格兰 24,36,48,55,56,61,80,87,91,93,98,99,101,112,138,141,142,154,166,167,174,184,185,192,193,196,200,204,211,213,215,216,218,221,224,226,227,233,256,258,262,264,270,284,286,290,305,310,314,318,321,323,324,325,327,329,335,338,345,346,351,352,360,376,381,382,393,403,405,410,414,415,416,419,425,429,436,446,450,453,458,465,466,483,489,491,495;—(Banque d'),408,415,416,488;—(Parlement d'),35,466,488

Angola 安哥拉 389

Anjou 昂儒 322

Annam 安南 126

Anne d'Angleterre 英格兰的安娜 466

Anne d'Autriche 奥地利的安娜 70,174

Antilles 安的列斯群岛 22,86,135,170,181,193,211,212,318,356,359,391

Anvers 安特卫普 103,153,189,193,208,263,328,352,405,444;—(Bourse d'),487

Anzin 昂赞 323

Apaches 阿巴什人 213

Apollonios de Perga 阿波洛尼乌斯 352

Aquitaine 阿基坦 89

Arabes 阿拉伯人 72,87,175,192,359,396

Arabie 阿拉伯 223,330,357

Arabie Heureuse 幸福的阿拉伯

396
Aragon 阿拉贡 450
Aragon (cardinal d') 阿拉贡主教 180
Aranjuez 阿兰胡埃斯 253
Araucans 阿劳干人 76
Arbeau (Thoinot) 阿波(杜瓦诺) 160
Archimède 阿基米德 352
Arcis-sur-Aube 奥伯河畔的阿尔西 424
Ardennes 阿登 96
Argenson (marquis d') 阿尚松侯爵 458
Argenteuil 阿让特伊 113
Argentine 阿根廷 31,49,76,83,100,170,198,299,366,392,459
Arica 阿利卡 135
Aristophane 阿里斯托芬 456
Arkhangel 阿尔汉格尔 319,407
Arles 阿尔 100,101,310
Armagnac (cardinal d') 阿尔马涅克主教 66
Armengaud (A.) 阿尔曼戈 54
Arménie 亚美尼亚 103,190,432
Arméniens 亚美尼亚人 221
Arno 阿尔诺 458
Arthur (roi) 亚瑟王 264
Artois 阿图瓦 92,93,97,110,323
Asie 亚洲 19,25,26,27,29,32,46,58,123,124,127,131,132,147,148,182,190,198,215,237,250,285,301,303,330,338,371,407,462
Asie ("cap d'") 亚细亚海角 363
Asie centrale 中亚 73,119,120,300,308,330,397
Asie du Sud 南亚 145
Asie du Sud-Est 东南亚 145,236
Asie Mineure 小亚细亚 34,300,303,320,426
Assam 阿萨姆 191
Astrakhan 阿斯特拉罕 75,79,83,206,348,475
Atabinen (Rechid Saffet) 阿塔比南(莱希特·萨菲) 72
Athènes 雅典 456,459
Atlantique 大西洋 21,45,74,85,152,167,177,182,198,223,259,284,310,314,341,353,357,359,360,363,386,394,453
Attique 阿提卡 456
Auge (pays d') 奥热地区 165,206
Augsbourg 奥格斯堡 65,113,114-115,177,195,285,345,404,428,441;—Perlachplatz,114-115,308
Aulnoy (comtesse d') 奥诺阿伯爵夫人 262
Aureng Zeb 奥朗则布 58,168,

297,347,464
Aurès　奥雷斯山 391
Australie　澳大利亚 19,76,86,284
Auton (Jean d')　让·多东 200,340
Autriche　奥地利 330,376,441
Auvergne　奥弗涅 162,178,270
Avars　阿乌尔人 75
Avelon　阿瓦朗 333
Aveyron　阿韦龙 238
Avignon　阿维尼翁 66,156,349
Aztèques　阿西德克人 131,133,150

Bab el Mandeb　曼德海峡 396
Baber　巴卑尔 75,348
Babylone　巴比伦 371,415
Babylonie　巴比伦国 203
Bach (Jean-Sébastien)　巴赫(约翰·塞巴斯提安) 70
Bachelard (Gaston)　巴歇拉尔(加斯东) 156
Bacon (Roger)　培根(罗吉尔) 338
Baehrel (René)　巴雷尔(勒内) 53
Bagdad　巴格达 394,462
Bahia　巴依亚 228,440,459
Baïkal　贝加尔湖 78
Balasz (Etienne)　巴拉世(艾蒂安) 10
Bâle　巴塞尔 369,428
Baléares　巴利阿里 359
Balkans　巴尔干 23,34,65,87,137,162,163,226,237,246,300,303,351,366,370
Baltes (pays)　波罗的海地区 98,285
Baltique　波罗的海 86,103,182,200,211,314,318,320,335,353,407
Bamberg　班贝格 350
Bandar Abbas　阿巴斯港 182,342,396
Barbades　巴巴多斯 120,211
Barbarie　柏柏尔地区 304
Barbegal　巴尔勃高尔 310
Barbier (Edmond-Jean-François)　巴尔比埃(埃德蒙-让-弗朗斯瓦) 405
Barbon (Nicholas)　巴蓬(尼古拉) 282
Barcelone　巴塞罗那 35,62,178,208,359,435
Bardi (famille)　巴迪家族 103
Bar-le-Duc　巴勒杜克 311,318,429
Barletta　巴列塔 177
Barre　巴尔 254
Barrois　巴鲁瓦 100,320,424
Barrow (John)　巴罗(约翰) 158,253,361
Bassano (Jacopo)　巴萨诺(雅各波) 177

Bassigny 巴西尼 58
Bassorah 巴斯拉 46,394,396
Bataillon (Marcel) 巴塔雄(马赛尔) 299
Batavia 巴达维亚 22,70,215,396,476
Batory (Stefan) 巴托里(斯台芬) 438
Bauer (von, lieutenant général) 冯·鲍耳中将 471
Bavière 巴伐利亚 48,65,429,458
Bayard 巴亚尔 201,344
Bayonne 贝荣纳 94,136,138,158,214,407
Bayreuth 拜罗伊特 65
Bazadais 巴扎台 446
Bazas 巴扎斯 446
Béarn 贝亚恩 83,138,209
Beaucaire (foires de) 博盖尔交易会 305
Beauce 博斯 93,301
Beaune 波纳 201,375
Beauvais 博韦 54,230,242,246
Beauvaisis 博韦齐 53,69,83,96,112
Bédarrides 培达利特 66
Behanzin 贝罕赞 389
Behring (Vitus) 白令 78
Belgrade 贝尔格莱德 167,258,348,372
Bell (John) 贝尔(约翰) 78
Beloch (Karl Julius) 贝洛克(卡尔·尤利乌斯) 23,30,36,39
Belon du Mans 贝隆·杜芒斯 371
Bénarès 贝拿勒斯 464
Bengale 孟加拉 57,69,119,122,190,191,224,390,396,464
Bénin 贝宁 139,228,247
Benoît XII 贝努瓦十二世 103
Berchtesgaden 贝希特斯加登 309
Berg 贝尔格 345
Berkeley (Ecole de) 贝克莱学派 20
Berlin 柏林 160,167,428,467
Bernard (Jacques-Samuel) 贝尔纳(雅克-萨缪埃尔) 240
Berre (étang de) 贝尔湖 444
Besançon 贝桑松 48,65,66,393
Bessemer (Henry) 贝塞麦 328
Bessin 贝圣 165
Beukelszoon (William) 贝凯尔松(威廉) 182
Bicker 别克 278
Bièvre 比埃芙尔 242,312
Bilbao 毕尔巴鄂 444
Birkbeck (Morris) 毕克贝克(莫里斯) 426
Birmanie 缅甸 132,139,389
Birmingham 伯明翰 491
Biscaye 比斯开 206,335

Blanche (mer) 白海 407
Blésois (le) 布莱佐瓦 58
Bleu (fleuve) 长江 123,370
Bleu (forêt de) 绿森林 318
Bloch (Marc) 布洛赫(马克) 293,312
Boccace 薄伽丘 65
Bodégat 波德加 271
Bodin (Jean) 博丹(让) 198,359
Bohême 波西米亚 42,43,90,92,97,183,204,205,309,404,489
Boileau 布瓦洛 190
Bojador (cap) 博赫阿多尔角 359
Bologne 波洛尼亚 99,158,261
Bombay 孟买 31,70
Bonaparte 波拿巴 112,119,341,372,376
Bonnac (marquis de) 博纳侯爵 382
Bonne-Espérance (cap de) 好望角 47,187,357,359,403,462
Bonnefons (Nicolas de) 包纳丰(尼古拉·德) 173
Bonnivet (Guillaume Gouffier, seigneur de) 博尼凡 34
Borah 博拉 20
Bordeaux 波尔多 66,193,198,200,201,204,244,376
Boserup (Ester) 博什鲁帕(埃斯丹) 146
Bosphore 博斯普鲁斯 182,244,440
Bosse (Abraham) 包斯(阿伯拉罕) 269
Boston 波士顿 425
Botelho (Diego) 博台尔霍(迪埃哥) 361
Botero (Giovanni) 博台洛(卓万尼) 303
Bougainville (Louis-Antoine de) 布甘维尔 19,150
Bouguer (Pierre) 布盖(比埃尔) 379
Boulogne 布洛涅 34,61
Boulonnais 布洛内 323
Bourbon (connétable de) 德·波旁元帅 34
Bourbon (île de) 波旁岛 190,223
Bourbonnais 布尔博内 301
Bourges 布尔日 258
Bourgogne 勃艮第 58,71,96,100,108,138,167,171,174,200,201,211,227,238,245,274,321,349,405
Brabant 布拉邦特 369
Brackenhoffer 勃拉肯豪斐尔 258
Bramante 勃拉芒特 438
Brandebourg 勃兰登堡 75
Brandt (Isabelle) 勃兰特(伊萨贝尔) 279

Brantôme 勃朗托姆 36
Braudel (Paule) 布罗代尔(保尔) 5,10
Bray (pay de) 勃雷地区 83,96,178
Brême 不来梅 70,90,205,443
Brenner 勃伦纳 307,369
Brenta 布伦塔 194,244,370
Brescia 布雷西亚 200,328,333,344,345,457
Brésil 巴西 9,21,22,26,44,76,135,154,170,192,193,221,226,227,254,297,298,299,391,405,440,459,460,476
Breslau 布雷斯劳 196
Bresse 布雷斯 108,274
Brest 布雷斯特 323
Brest-Litowsk 布列斯特-立托夫斯克 370
Bretagne 布列塔尼 88,94,110,180,266,271,305,314
Brie 布里 112,165,178
Brinjaris 布林加里斯 46
Brissot (Jacques-Pierre) 布里索 392
Brosses (Charles de) 勃洛斯(夏尔·德) 470
Brouage 布罗阿日 177
Brousse 布尔萨 180
Brown (Phelps) 布朗(费尔普斯) 107
Brouwer (Adrien) 布鲁威(昂德里安) 245
Brueghel (Jean) 勃鲁盖尔(约翰) 274,365
Bruges 布鲁日 257,260,355,368,428,444
Brunel (Antoine de) 勃吕内尔(安托尼·德) 37
Brunswick 不伦瑞克 97,205
Budapest 布达佩斯 202
Buedkalaer (Joachim) 布埃德卡莱尔(若阿钦) 159
Buenos Aires 布宜诺斯艾利斯 22,170,198,299,366,426,459
Buffon 布丰 202,305,327
Bureau (frères) 比洛兄弟 339
Burgos 布尔戈斯 183,338,444
Burrough (John) 伯罗格(约翰) 372
Bushbell 布希贝尔 381
Bussy 布西 80
Buttstedt 布茨台特 162
Buyer (Barthélemy) 布野(巴特勒米) 352
Byzance 拜占庭 191,276,284,353,386,432

Cachemire 克什米尔 297,464
Cadix 卡迪斯 35,167,270,403,

407,440,444
Caen 卡昂 206
Caffa 卡法 79
Cafres 卡菲尔人 79,187
Cagliari 卡利亚里 178
Caillé (René) 卡叶(勒内) 371
Calabre 卡拉布尔 345
Calais 加来 61,337,338,341
Calcutta 加尔各答 80
Caldera 卡尔德拉 135
Calicut 卡利卡特 357,363
Californie 加利福尼亚 198
Callao 卡亚俄 135
Cambodge 柬埔寨 122,123,154,236
Cambridge 剑桥 486
Camus (Albert) 卡缪(阿尔培) 65
Cana 加拿 177
Canada 加拿大 21,31,86,100,181,212,318,392
Canaries 加那利群岛 192,198,356,359,486
Cancale 康加尔 171
Candie 康提亚 178,199
Cano (Thomé) 卡诺(托梅) 359
Cantillon (Richard) 康替龙 411,419,425,467
Canton 广州 46,51,85,168,191,216,234,242,251,302,352,370,401,441
Cantons Suisses 瑞士各州 61,98,162,339
Cap (route du) 好望角之路 363,407
Caracas 加拉加斯 214,299
Carcaranal 卡尔卡拉纳尔 366
Carinthie 卡林西亚 333
Carletti (Francesco) 卡莱提(弗朗西斯科) 385
Caroline 卡罗利纳 87
Carolingiens 加洛林王朝 63
Carpaccio (V.) 卡巴契欧 266
Carthage 迦太基 47
Cartouche 卡图什 223,494
Casinka 卡辛加 473
Caspienne (mer) 里海 73
Cassey-les-Vitteaux 卡赛莱维托 71
Castelfranco di Sopra 索普拉自由堡 436
Castelnaudary 卡斯台尔努达里 136
Castille 卡斯蒂利亚 71,113,202,305,435,450
Castillon 卡斯蒂荣 339
Catalogne 加塔洛尼亚 69,138,209,239,278,304
Catherine de Médicis 卡特琳·德·梅迪契 153,226,256
Catherine II 叶卡特琳娜二世 79,

85,471
Caucase 高加索 79,328,391
Caux (pays de) 戈地区 157,206
Cayenne (île de) 卡宴岛 223
Célèbes 西里伯斯 69
Celleneuve 赛尔纳夫 321
César 恺撒 187,372,376,443,450
Ceuta 休达 339,462
Cévennes 塞文 88
Ceylan 锡兰 120,122,124,182,217,226,357
Chablis 沙布里 201
Chagres 查格雷斯 135
Chaillot 夏约 196,232
Chalonnais (le) 沙隆奈 274
Châlons-sur-Marne 马恩河畔沙隆 171,311,320
Chambertin 尚贝尔丹 201
Champa 占婆 126
Champagne 香巴尼 100,110,201,234,348,368,424;—(foires de),87,369,419
Champlain (Samuel) 尚普兰 152
Chanchinfu 长春府 302
Chang (K.C.) 张 157,158
Chang-hai 上海 441
Chaource 沙乌斯 424
Chappe (frères) 夏普兄弟 381
Chardin (Chevalier) 夏尔丹 70,124,236,282,330,377
Charente 夏朗德河 318
Charentes 夏朗德地区 209
Charenton 夏朗东 113
Charlemagne 查理大帝 188,203
Charles Ier 查理一世 416
Charles II 查理二世 308,486
Charles V 查理五世 69
Charles VI 查理六世 103,283
Charles VII 查理七世 338,339
Charles VIII 查理八世 179,190,286,288,305,337,339,404
Charles IX 查理九世 61
Charles le Mauvais 恶人查理 208
Charles le Téméraire 大胆查理 287,304
Charles Quint 查理五世皇帝 69,89,201,206,254,258,289,340,341,360,365,404
Charlestown 查尔斯顿 425
Charleville 夏尔维尔 436
Charlevoix (Pierre-François-Xavier de) 夏勒伏瓦神父 152,223
Chatal Yüyük 沙达尔·禹禹克 426
Chau-King-fu 绍兴府 234
Chauliac (Guy de) 夏利亚克(居依·德) 60
Chaunu (Pierre) 谢努(皮埃尔) 9,20
Chekiang 浙江 234
Cheng Hen Chen, voir Toung Hwa

Louh.　盛恒成，见《东华录》
Cherson　赫尔松 65,420
Chiavenna　契亚威那 158
Chichen Itza　契臣伊扎 232
Chichimèques　切奇梅卡人 76,150
Chili　智利 76,86,135,170,198,392
Chinchon (Pérez de)　辛松（佩雷兹·德）247,253
Chine　中国 10,18,23,24,25,27,28,30,31,33,39,42,45,46,50,51,52,55,57,61,62,64,65,68,72,73,75,79,80,84,85,87,90,96,119,120,122,123,124,125,126,127,128,129,130,136,139,154,156,157,158,168,177,179,180,182,187,190,191,192,193,196,197,203,212,213,214,218,219,224,226,227,228,234,235,236,242,248,249,250,251,252,254,255,271,272,273,276,284,285,288,294,295,297,300,302,312,313,314,319,320,322,324,325,326,328,329,330,331,338,347,348,349,352,357,360,361,363,365,366,367,368,370,371,372,373,377,378,382,386,389,392,394,396,397,399,401,406,407,415,423,424,426,428,430,432,434,435,436,441,446,450,462,463,465,481,482,491,494,495
Chinois　中国人 27,29,46,72,79,83,85,120,122,124,127,129,168,175,197,204,212,216,217,219,244,251,253,284,300,330,338,347,357,360,361,370,373,399,401,477
Chiraz　设拉子 198
Chypre　塞浦路斯 171,192,199,248,320
Cicéron　西塞罗 188,192
Cipolla (Carlo)　西博拉（卡洛）338
Circassie　切尔克斯 391
Cîteaux　西多 201
Cividale　奇维道尔 338
Clamart　克拉马 432
Clavière (Etienne)　克拉维埃尔 392
Clusius (Carolus)　克罗修斯（卡洛罗斯）140
Cochinchine　交趾支那 119,154,191
Coeur (Jacques)　克尔（雅克）9,336
Coïmbre　科英布拉 194
Colace (Aron)　高拉斯（阿隆）215
Coblentz　科布伦茨 436
Colbert　柯尔贝尔 185,318,319,

347
Colmar 科尔马 208,311
Cologne 科隆 34,52,113,226,345,370,436,440
Colomb (C.) 哥伦布 22,62,131,136,226,357,359,367,368
Colquhoun 柯尔丘亨 490
Coltelli (Francesco Procopio) 科尔戴里(弗朗西斯科·普罗科比欧) 221
Compagnie anglaise des Indes 英国印度公司 486
Compagnie anglaise des Mers du Sud 英国南海公司 386
Compagnie hollandaise des Indes orientales, voir Oost Indische Companie 荷兰东印度公司
Compiègne 贡比涅 444
Compostelle 孔波斯特拉 111
Condé (prince de) 贡岱亲王 278
Congo 刚哥 26,138,139,147,148,194,389
Constantinople 君士坦丁堡 61,220,284,290,338,348,352,440,448
Contarini (Francesco) 贡塔里尼(弗朗赛斯科) 279
Conti (princesse de) 孔第公主 171
Cook (James) 科克(詹姆斯) 19,150,151
Copenhague 哥本哈根 463
Coquimbo 科金博 170
Corbeil 科尔贝 113
Cordillère, voir aussi Andes 科迪列拉,见安第斯
Cordoba 科尔多瓦 49
Cordoue 科尔多瓦 462
Coreal (Francisco) 科雷尔(弗朗西斯科) 70,133
Corée 朝鲜 39,45,139,227,303,349,436
Corfou 科孚 321
Cornaro (famille) 科拉诺家族 192
Cornouailles 康沃尔郡 381
Corse 科西嘉 88,391,431
Corse (cap) 科西嘉海角 320
Cortez (Fernand) 科尔特斯(费南多) 21,150,212,273
Coryate (Thomas) 考列埃特(汤姆斯) 265
Coster 科斯台 349
Côte-d'Ivoire 象牙海岸 389
Côte-d'Or 科多尔 238
Cotentin 科唐坦 206
Coubert 库倍尔 240
Courteline 库尔特林 104
Cracovie 克拉科夫 112,116,189,240,318,351

Cremano　克雷玛诺 244
Crépy　克累比 54,444
Crimée　克里米亚 78,79,85,198,420
Cromwell　克伦威尔 415
Cuba　古巴 22,192,193,226
Cuernavaca　奎尔纳瓦卡 133
Curacao　库拉索 192,211
Cure　居尔河 320
Cuzco　库斯科 133,232
Czartoryski (prince)　查托里斯基亲王 240
Czernin (famille)　采尔南家族 92

Dacca　达卡 464
Dainville (F. de)　丹维尔 37
Dalmatie　达尔马提亚 86,162,178
Daman　达曼 371
Damas　大马士革 220,330,394
Danemark　丹麦 98,165,170,184,226,227,238,257,281,304,310
Dante　但丁 314
Dantiscus (ambassadeur)　唐蒂斯库 360
Danube　多瑙河 167,247,428,440
Danzig　但泽 102,103,438
Dauphiné　多菲内 89,140,178,331,333,347,348
Davanzati (Bernardo)　达望扎第 411
David (Gérard)　大卫(钱拉) 260
Davis (Kingsley)　戴维斯(京斯莱) 29
Decize　德西兹 323
Defoe (Daniel)　笛福(丹尼尔) 43,67,443
Dekkan　德干 29,46,57,120,232,320,395
Dekker (Thomas)　德克(托马斯) 62,281,440,483,486,488
Delamare (Nicolas)　德拉马尔 215
Delbrück (Hans)　德尔布吕克(汉斯) 72
Del Cano　台尔·卡诺 385
Delft　德尔夫特 231
Delhi　德里 76,130,198,242,348,395,396,424,428,462,463,464,476
Della Valle (Pietro)　台拉·瓦雷(彼特罗) 220
Derby　德比 324
Derbyshire　德比郡 323
Dermigny (Louis)　代尔米尼(路易) 28
Deschamps (Hubert)　台尚(胡贝尔) 146
Deshima　出岛 217
Diderot　狄德罗 112,379
Dieppe　迪耶普 171,180,185,186

Dijon　第戎 57,138,201,232,242,244,320

Djedda　吉达 444,446

Dniestr　德涅斯特 75,78

Dobzhansky (Th.)　多勃兹汉斯基 156

Dole　多尔 65

Dolgyne　道尔京 321

Dombes　东勃地区 93,157,167

Don　顿河 75,78,475

Don Quichotte　唐吉诃德 314

Dopsch (Alfons)　多普希(阿尔丰斯) 393

Dordogne　多尔多涅 200,436

Doubs　杜河 48,320

Douet d'Arcy　杜埃·达西 188

Dracy　德拉西 238,239

Dragonet de Fogasses (Francois)　德拉戈内·德·福加斯(弗朗索瓦) 66

Drake (Francis)　德雷克 198

Dresde　德累斯顿 193

Dubois (cardinal)　杜布瓦主教 179

Ducheshe (Annie)　杜歇(安妮) 10

Dubrovnik　杜布罗夫尼克 89,244

Duclos (Charles)　杜克洛 174

Düren　迪伦 341

Duero　杜埃河 111

Duflos (Charles)　杜弗洛(夏尔) 221

Du Halde (Jean-Baptiste)　杜哈德(让-巴蒂斯特) 124,361,446,478

Dunkerque　敦刻尔克 94,323

Dunstable　邓斯特布尔 486

Duperron　杜培隆 381

Dupleix (Joseph-François)　杜普累(约瑟夫-弗朗斯瓦) 80

Dupré d'Aulnay　杜普累·杜尔内 36

Dupré de Saint-Maur　杜普雷·德·圣莫尔 87,88,110

Dzoungarie　准噶尔 76,301

East India Company　东印度公司 224

Ebre　埃布罗河 370

Ecosse　苏格兰 61,75,182,323,388,391,465

Edimbourg　爱丁堡 438

Edo, voir Tokio　江户,见东京

Edouard III　爱德华三世 338

Egine　爱琴那 459

Egypte　埃及 27,34,61,85,170,180,192,196,203,220,264,301,320,321,338,348,357,394,395,402,403,415

Egyptiens　埃及人 273,353

Eifel　爱菲尔 345

Einaudi (Luigi)　埃诺迪(鲁伊治)

410
Elbe　易北河 78,141,211
Elizabeth Ire　伊丽莎白一世 233,405,483,487
Elisseeff (Serge)　叶理绥(塞尔日) 10
Eluths　厄鲁特人 302
Elvas　爱尔瓦斯 194
Embree　昂勃里 22
Endeavour　恩迪伏尔号 150
Epaminondas　埃帕米农达斯 460
Epernay　埃佩尔内 429
Epinal　埃皮纳尔 258
Epirotes　埃皮鲁斯人 162
Erasme　埃拉斯姆 154,257,262
Erfurt　爱尔福特 482
Erivan　埃里温 432
Eroy　埃鲁阿 424
Erzeroum　埃尔佐鲁姆 300,432
Escalante (Bernardino de)　爱斯加朗特(贝拿第诺·德) 244
Escaut　斯凯尔特河 100
Escorial　埃斯科里亚尔 458
Escragnolle-Taunay (A. d')　埃斯克拉诺尔-都奈 44
Espagne　西班牙 18,34,36,37,42,65,90,92,98,101,110,111,118,125,126,140,154,166,183,184,185,186,188,194,198,200,212,213,215,216,219,226,247,253,257,258,262,276,278,279,281,286,299,305,313,314,330,335,336,338,345,348,351,360,367,382,392,395,403,407,409,410,444,453,458,465,467,486
Espagnols　西班牙人 27,51,76,79,135,139,150,154,168,218,276,278,282,318,345,346,347,348,407,470,480,495
Esslingen　埃斯林根 428
Este (duc d')　埃斯特公爵 260
Esthonie　爱沙尼亚 101
Estienne (Charles)　埃斯蒂安(夏尔) 301
Estoile (Pierre de l')　莱斯托瓦尔 61
Estrémadure　埃什特里马杜拉 89,258
Etats-Unis　美国 31,33,42,76,140,145,185,250,270,322,376,392,463,491
Ethiopie　埃塞俄比亚 46,85,220
Eugène (prince)　奥伊根亲王 305
Eupatoria　叶夫帕托利亚 85
Europe　欧洲 7,8,9,13,18,20,21,22,23,24,25,26,29,30,31,32,35,36,39,42,43,44,45,46,47,49,52,54,55,57,58,60,61,62,63,64,65,68,69,70,72,75,80,83,85,86,90,93,94,96,97,

98, 99, 100, 101, 107, 110, 112, 113,118,119,125,127,129,136, 139,141,142,143,145,147,150, 156,158,159,163,165,167,168, 170,176,177,178,180,181,182, 183,185,186,187,190,191,192, 193,194,198,203,206,211,212, 213,216,218,219,220,223,226, 227,237,240,245,248,250,252, 255,257,258,264,269,270,273, 275,276,278,281,283,284,285, 286,287,288,290,293,294,298, 299,300,303,304,305,308,310, 312,317,318,319,321,322,323, 325,327,328,329,330,331,335, 338,344,345,347,348,351,353, 355,356,359,360,361,363,365, 367,370,371,373,378,385,386, 387,389,390,391,393,394,396, 399,401,402,403,404,406,407, 410,411,420,421,423,425,426, 432,434,435,436,438,440,441, 444,449,453,457,458,459,462, 463,465,467,477,481,482,483, 490

Europe centrale 中欧 43,183,204

Europe de l'Est 东欧 23,30,43, 45,58,64,75,98,99,162,163, 170,183,234,276,288,312,407

Europe du Nord 北欧 104,162, 179,200,212,264,302,314,354

Europe occidentale 西欧 33,45, 58,70,162,216,312

Europe du Sud 南欧 104,314

Europe du Sud-Est 东南欧 75

Extrême-Orient 远东 26,46,81, 83,92,119,120,124,125,127, 131,180,212,219,220,244,330, 338,347,348,360,395,402,407, 424,462,463

Fabriano 法布里亚诺 348

Fail (Noël de) 法依(诺埃·杜) 237,383

Falconnet (Etienne-Maurice) 法尔库奈(艾蒂安-莫里斯) 473

Famagouste 法马古斯塔 348

Febvre (Lucien) 费弗尔(吕西安) 7

Ferdinand le Catholique 斐迪南二世 188

Ferdinand, roi de Naples 那不勒斯国王斐迪南 470

Ferney 费尔内 12,69

Féroé (îles) 法罗群岛 309,357

Ferrante (roi de Naples) 费朗特(那不勒斯国王) 438

Ferrare 费拉拉 87,158

Finé (Oronce) 菲内(奥隆斯) 33

Finlande 芬兰 42,58

Finnois　芬兰人 474
Fisher (Irving)　费歇(埃尔汶) 411
Flandres　佛兰德 92,93,100,141,142,200,257,258,271,314,323,338,409,410,429,430,444,451
Florence　佛罗伦萨 55,65,67,103,158,179,180,243,304,338,352,373,417,424,429,431,435,436,444,451,452,457,458
Floride　佛罗里达 49,133
Fontainebleau　枫丹白露 458
Forest (Bernard)　福雷(贝纳尔) 294,379
Forêt Noire　黑森林 317,393
Forez　福雷 301,322
Forli　弗利 200
Formigny　福米尼 339
Formose　福摩萨 27,46,227
Fou Kien　福建 139,215,227,357
Fourastié (Jean)　符拉斯蒂埃(让) 43,108,109
Fra Mauro　修道士莫罗 359
Fragonard　弗拉戈纳尔 240
Francais　法国人 37,45,51,76,143,154,157,159,167,174,184,197,213,224,253,274,278,286,288,338,341,344,345,388,408,409,447,469
France　法国 18,33,36,37,38,39,42,43,48,54,55,58,61,62,66,69,70,85,86,87,88,93,94,96,98,99,101,103,104,107,110,112,116,124,125,137,140,142,154,157,158,159,160,165,167,168,174,178,180,184,185,190,192,197,200,201,202,205,208,211,213,215,216,221,223,226,232,238,239,246,258,262,266,268,269,274,278,281,285,286,290,294,301,305,310,312,314,317,318,320,321,335,341,344,350,352,372,373,376,379,381,382,383,385,386,392,393,403,405,408,410,411,415,417,424,425,430,450,457,458,464,465,486,490,491
Francfort　法兰克福 352,405,428,450
Franche-Comté　弗朗什-孔代 136,178,211
Francois Ier　弗朗斯瓦一世 34,35,48,153,208,288,318,341,345,404,424
Francois II　弗朗斯瓦二世 61
Frédéric II (empereur)　弗里德里希二世皇帝 470
Frédéric II de Prusse　普鲁士的弗里德里希二世 103,341,408,458,467

Freeman (M.) 弗里曼 213
Freiberg 弗赖贝格 379
Fréjus 弗雷儒斯 444
Frévalais 弗莱瓦莱 180
Fries (Jacob) 弗里(雅各布) 365
Frioul 弗里乌尔 200,333,338,431
Frise 弗里西亚 304
Froissart 弗洛瓦萨尔 338
Frontignan 弗隆迪尼昂 201
Fuchinsu 福建 302
Fuchs (Leonhart) 福赫(雷翁哈特) 136
Fueter (Eduard) 富埃台(爱德华) 75
Fugger 富格尔 9,257,336,404,415
Furetière (Antoine) 富尔吉埃尔 432
Fu-Shun 抚顺 302
Fustel de Coulanges (Numa-Denis) 甫斯特尔·德·库朗歇 72

Gabriel (Jacques) 加布里埃尔 260
Gaillac 加亚克 208
Galabin et Cie 加拉班股份公司 323
Galata 加拉塔 345,432,447
Galiani (abbé) 加里阿尼 407,408,411,412
Galice 加利西亚 138,300
Galles (Pays de) 威尔士 61,321
Gallipoli 加利波利 253
Galoe (comte de) 加洛埃伯爵 143
Galvez (Bernardo de) 加尔韦兹(贝尔拿多·德) 213
Gama (Vasco de) 伽马(华斯哥·达) 188,353,357,363,368,396
Gand 根特 69,369,436
Gange 恒河 46,85,130,191,395,396
Garde (lac de) 加尔达湖 348
Garonne 加龙 200,308
Garonne (vallée de la) 加龙河谷 136,138
Gascogne 加斯科尼 86,110,245,335,344,360,376
Gascon (Richard) 加斯贡(理查) 424,428
Gâtine poitevine 帕脱内沼泽地 94
Gâtine vendéenne 旺岱沼泽地 239
Gattinara (Mercurio) 加提纳拉(梅古里乌) 340
Gaule 高卢 201,203,288,300
Gautier (Théophile) 哥提埃(泰奥菲尔) 303
Gdansk voir Danzig 格但斯克,见但泽
Gemelli Careri (Giovanni Francesco) 热梅利·卡勒里 47,133,

143,168,174,214,252,253,297,371,385,395,401,403,441,444,447,476
Gênes　热那亚 8,67,101,103,106,113,116,185,195,216,247,320,341,349,368,408,415,416,417,438,441,451
Genève　日内瓦 258,262,311,368,446
Gengis Khan　成吉思汗 73
Génois　热那亚人 79,86,393,405
George II　乔治二世 216
Georgi (Johann Gottlieb)　格奥尔基(约翰·戈特列伯) 471,474
Géorgie　格鲁吉亚 198
Germains　日耳曼人 72,73
Germanie　日耳曼 23,72,78
Gernet (Jacques)　谢和耐(雅克) 10
Gévaudan　热伏唐 48
Giannone (Pietro)　吉亚诺纳 470
Gibraltar　直布罗陀 47,357,428,446
Gironde　吉伦特 200
Giunta (famille)　吉文塔家族 352
Glasgow　格拉斯哥 491
Gmelin (Jean-Georges)　格墨林 212
Goa　果阿 70,71,125,235,303,352
Gobi (désert de)　戈壁沙漠 75,299
Goeteborg　哥德堡 216
Goettingen　哥丁根 108
Gohory (Jacques)　戈霍利(雅克) 226
Golconde (royaume de)　戈尔康达王国 330
Gommeron　戈麦隆 396
Gonesse　贡内斯 113,443
Goubert (Pierre)　戈贝尔(比埃尔) 53
Goudjérate　古吉拉特 395,396
Gournay　古尔奈 180
Gourou (Pierre)　古鲁(比埃尔) 124,127,147,218
Goya　戈亚 135
Goyaz　戈亚斯 440
Gozlev　戈兹列夫 85
Gramont (Scipion de)　格拉蒙(西庇翁·德) 420
Grandamy (R.)　格朗达米 108,109
Grande-Chartreuse (Dauphiné)　查尔特勒大修道院 178
Granson　格朗松 287
Grave　格拉弗 201
Gravesend　格雷夫森德 483
Gray　格雷 369
Graz　格拉茨 345

Grèce　希腊 84,264,297,308,415,420,421,450
Greco (Le)　格雷科 240
Grecs　希腊人 79,175,207,353,361
Greenwich　格林威治 345
Grenade　格列纳达 89
Grenoble　格勒诺布尔 66
Gresham (Thomas)　格雷欣 405,487
Greuze　格雷兹 240
Gribeauval (Jean-Baptiste Vaquette de)　格里博瓦尔 341
Grisons　格里松斯 162
Groenland　格陵兰 32,187,357
Grosley (P.J.)　格洛斯雷 167
Grousset (René)　格鲁赛(勒内) 31
Guadalquivir　瓜达尔基维尔 440,443
Guadeloupe　瓜德罗普 192,223
Guanajuato　瓜纳华托 405
Guatemala　危地马拉 132
Gueldre　盖尔德斯 86
Guevara (Antonio de)　格瓦拉(安东尼奥·德) 321
Guibray (foire de)　吉布莱马市 305
Guignes (M. de)　吉涅 124,179,235
Guillaume III　威廉三世 466
Guinée　几内亚 47,79,188,192,254,359,368,388
Gurvitch (Georges)　古尔维奇(乔治) 421,494
Gustave Adolphe　古斯塔夫(阿道夫) 103,344
Gutenberg　谷登堡 349,350
Guyane　圭亚那 190,211

Haarlem　哈勒姆 349
Habsbourg　哈布斯堡 182,457
Haedo (Diego de)　埃多 273
Häpke (Rudolf)　哈普克(鲁道夫) 444
Haïnan　海南岛 182
Halbwachs (Maurice)　哈伯瓦克斯(莫里斯) 22
Hambourg　汉堡 165,187,211,244,270
Hamilton (Earl J.)　汉密尔顿(依尔) 104
Handnar　汉德那尔 464
Hanoï　河内 443
Harington (John)　哈林顿(约翰) 270
Harvey (William)　哈维 386
Haussmann (baron)　欧斯曼男爵 438
Hatarioun (Arménien)　哈达里翁

（亚美尼亚人）221
Haudricourg（G.）　豪特里库尔 294,330
Hawaï　夏威夷 148
Hedjaz　汉志 303
Heilbronn　海尔布隆 428
Hémardinquer（Jean-Jacques）　海马尔坦凯（让-雅克）10
Henri II　亨利二世 341
Henri III　亨利三世 198,405,410
Henri IV　亨利四世 61,154,159,271,275
Henri VIII　亨利八世 305,345,488
Hérauld（Jean，sire de Gourville）　戈勒维尔的贵族让·埃罗 37
Hérode　希罗德 177,265
Herrera（Alonso de）　埃雷拉（阿龙索·德）301
Hewes（Gordon W.）　休斯（戈登）38,40-41,43,149
Hideyoshi　丰臣秀吉 272
Himalaya　喜马拉雅 122,297
Hindous　印度人 252,273
Hindoustan　印度斯坦 367
Hirecon（Thierry d'）　迪尔松（梯叶里）97
Hogarth（William）　霍加斯 216
Hogsdon　霍格斯敦 488
Hokusaï　北斋 297
Holbein l'Ancien　老霍尔本 267
Hollandais　荷兰人 180,182,184,185,187,189,190,192,199,204,214,217,343,396,407,476
Hollande　荷兰 45,61,93,136,166,178,180,182,185,189,194,208,211,215,216,227,238,242,267,268,270,271,278,279,304,314,318,346,378,382,389,393,403,410,425,464,489
Honduras　洪都拉斯 319
Honfleur　翁弗勒尔 185
Hongrie　匈牙利 31,79,86,97,162,170,189,200,238,255,262,348,404,432,441
Hongrois　匈牙利人 75,166
Hopkins（Sheila）　霍普金斯（歇拉）107
Horace　贺拉斯 188
Horn（cap）　霍恩角 22,150
Hougton　霍顿 244
Houpé　湖北 236
Hudson（baie d'）　哈得孙湾 152
Hull　哈尔 376
Humboldt（Alexandre de）　洪堡（亚历山大）97,135,298,359
Hume（David）　休谟（大卫）414,417
Huns　匈奴人 75
Hurons　休伦人 94
Huygens　惠更斯 379

Ibn Batouta 伊本·巴托塔 371,423
Iéna 耶拿 493
Ile-de-France 法兰西岛 301
Illinois 伊利诺斯 426
Incas 印加人 140-141,232
Inde 印度 9,18,29,31,33,39,42,46,55,57,61,64,65,72,75,80,85,119,129,130,139,154,168,180,187,188,191,220,223,224,226,232,235,242,247,250,272,273,276,278,284,294,297,300,303,326,330,347,348,352,357,368,388,389,394,395,396,401,407,409,430,432,436,462,463
Indes 印度 36,70,75,104,138,193,215,224,247,253,297,303,342,347,353,357,359,361,368,370,371,377,388,394,396,403,406,411
Indes occidentales 西印度 188,467,486
Indes Orientales 东印度 205,227,467
Indien (océan) 印度洋 51,79,87,189,284,353,357,363,371,389
Indiens 印第安人 45,68,76,124,135,139,143,152,212,389,396,459
Indochine 印度支那 45,145,154,397
Indonésie 印度尼西亚 22,39,120,121
Indus 印度河 85,130,395
Innsbruck 因斯布鲁克 239
Insulinde 南洋群岛 39,45,46,79,139,154,189,224,227,248,319,347,353,357,386,397
Iran 伊朗 64,73,75,85,284,299,300,313
Irkoutsk 伊尔库茨克 50,51,78,85
Irlandais 爱尔兰人 359,431,489
Irlande 爱尔兰 98,141,167,180,376,465
Irlande (mer de) 爱尔兰海 216
Islam 伊斯兰 10,26,35,39,45,73,75,78,79,80,154,179,187,198,219,220,224,226,230,236,237,242,247,248,252,276,284,300,303,304,317,348,353,354,363,367,368,370,386,394,397,418,428,436,444,446,450,462
Islande 冰岛 357,389
Islington 伊斯林敦 488
Ispahan 伊斯法罕 85,199,282,403,447
Istanbul 伊斯坦布尔 34,45,79,103,170,175,179,194,196,198,219,220,244,248,300,303,366,372,394,395,428,432,447,463,

467
Istrie　伊斯特拉 200,320
Italie　意大利 18,34,36,39,43,75,86,87,98,99,100,101,107,136,138,140,158,167,171,174,178,179,185,187,190,194,210,211,221,226,239,247,256,264,267,279,281,283,284,285,286,288,314,337,339,340,348,351,359,368,371,378,389,402,404,408,415,421,431,450,451
Ivan le Terrible　伊凡雷帝 348

Jacobs (Jane)　雅各布斯(简) 426
Jacques d'Amboise　雅克·昂博瓦兹 240
Jacques Ier　詹姆斯一世 488
Jamaique　牙买加 192,193,223
Janequin (Clément)　雅纳庚 183
Janssen (Hieronymus)　扬森(叶洛尼姆斯) 269
Japon　日本 10,19,39,45,85,120,125,129,130,139,168,179,180,182,190,212,218,219,226,247,248,249,272,281,297,303,330,349,353,360,361,367,385,386,387,394,396,397,435,436,464
Japonais　日本人 217,252,300,361
Jarandilla　约朗提拉 89
Jaune (mer)　黄海 361
Java　爪哇 154,190,216,223,226,357,397,423
Jean II　胡安二世 361
Jean François de Rome (le P.)　让·弗朗斯瓦·德洛姆神甫 147
Jean le Bon　好人约翰 392
Jenkinson (Anthony)　詹金森 83
Jerez　赫雷斯 209
Jerez de la Frontera　赫雷斯-德拉弗朗特拉 428
Johnson (Samuel)　约翰逊(萨缪尔) 483
Joly (Barthélemy)　若利(巴特勒米) 311
Joyeuse (duc de)　茹阿约斯公爵 256
Juan d'Autriche (Don)　奥地利的胡安 278
Juby (cap)　朱皮角 357
Judenburg　茹登堡 327,328
Jujuy　胡胡伊 366
Jules II　裘利斯二世 288
Julien l'Apostat　背教者尤利安皇帝 203
Jura　汝拉 93,127,274,305,311
Jurançon　汝朗松 209

Kabylies　卡比利亚 431
Kämpfer (E.)　康普费尔 46,212,

312,368
Kamtchatka 堪察加 49,51,78
Kansas City 堪萨斯城 250
Kan-Sou 甘肃 42
Karakorum 喀喇昆仑 75
Ka-Yüan (foire de) 开原 302
Kazan 喀山 75,79,348
Ké-cho, voir Hanoï 交州
Keul (Michael) 科尔(米卡埃尔) 10
Keynes 凯恩斯 407,418
Khaïber (passe de) 海拜尔山口 75
Kiakhta (foire de) 恰克图 49,216
Kiang-Si 江西 435
Kiangtsou 江苏 462
K'ien Long (empereur) 乾隆皇帝 476
King (Gregory) 金(格里高利) 27
King-te-tchen 景德镇 462
Koberger (Anton) 科贝格尔(安东) 352
Koenigsberg 坎尼斯堡 70,211
Knaust (Heinrich) 克诺斯特(亨利希) 205
Kongo 刚果 389,390
Kouang Toung 广东 169,191
Kouro-Chivo 黑潮暖流 182
Kovno 科夫诺 370
Kronstadt 喀琅施塔得 473
Kuang Nin (foire de) 广宁 302
Kubilaï 忽必烈 73
Kuczynski 库津斯基 26
Kula (Witold) 库拉(维托德) 202
Kulischer (Alexandre) 库里谢(亚历山大) 75,77
Kulischer (Eugène) 库里谢(欧仁) 75,77
Kulischer (Josef) 库里谢(约瑟夫) 7,425
Kurdistan 库尔德斯坦 303
Kurowski (Stefan) 库洛夫斯基(斯蒂芬) 327,335
Kurubas 库鲁巴斯 46
Kyoto 京都 464

Labat (Jean-Baptiste) 拉巴神甫 174,254,273,388
Labignette (Marie-Thérèse) 拉比涅脱(玛丽-泰雷茨) 10
La Bloye (Tiphaine) 拉勃洛阿(蒂范那) 384
La Boullaye (François) 拉布莱(弗朗斯瓦) 391
Labrador 拉布拉多 182
La Bretonne (Retif de) 拉勃勒东纳(雷蒂夫·德) 288
Ladame (Paul-A.) 拉达姆(保尔-阿) 22
Ladoga 拉多加湖 471,475

Laffemas (Barthélemy)　拉夫马 154,202
Lagos　拉各斯 182
La Haye　海牙 244
La Hontan (baron de)　拉翁当 152
Lahore　拉合尔 464
La Loge　拉洛吉 323
La Machine　拉马钦镇 323
La Mecque　麦加 220,357,428,444,446
Lamprecht (Karl)　朗普莱希(卡尔) 23
Landenthal　朗登塔尔 331
Landes　朗德 86
Landi (Ortensio)　兰第(奥当西欧) 158
Landsberg　兰茨贝格 65
Langon　朗贡 446
Languedoc　朗格多克 18,37,93,97,163,171,177,201,209,305,353
Lannoy (Charles de)　拉诺依(夏尔·德) 34
Laos　老挝 236
Laquedives　拉克代夫 389
Laredo　拉雷多 360
La Rochelle　拉罗歇尔 184,198,200,201,323,341
La Roque (sieur de)　拉洛克先生 220
Las Casas (Bartholomé de)　拉斯卡萨斯(巴托洛美·德) 20
Las Cortes (P. de)　拉斯戈台斯神甫 46,85,90,122,124,126,168,218,251,271,302,347,370,399,481
Laslett (Peter)　拉斯莱脱(彼得) 35
Latium　拉齐奥 180
Lauraguais　洛拉盖 136,138
Lautrec (Odet de Foix, vicomte de)　劳脱雷克 34,344
Laval　拉瓦尔 94,206
La Vallière (Mademoiselle de)　拉瓦里埃尔小姐 269
La Varenne (François-Pierre de)　拉瓦莱纳(弗朗索瓦-彼埃尔·德) 189
Lavoisier　拉瓦锡 124,165,305,380,467
Law (John)　劳(约翰) 416,417,418
Le Caire　开罗 220,242,252,330,338,415,423,444,446,462
Leeds　利兹 491
Lefebvre (Georges)　勒费弗尔(乔治) 494
Lefebvre des Noëttes　勒费弗尔·代诺埃特 291
Le Grand d'Aussy　勒格朗杜西

107,204,221
Le Havre　勒阿弗尔 185
Leipzig　莱比锡 205,352,405,428,443
Le Mans　勒芒 246
Lemery (Louis)　勒姆里(路易) 86,89,167,178,179,180,209,224
Leningrad　列宁格勒 216
Leoben　莱奥本 327
Léon (Pierre)　莱翁(皮埃尔) 326
Léopold de Toscane　利奥波德 470
Lépante　勒班陀 35,344,382
Le Roy (Loys)　勒卢瓦(罗阿) 349
Léry (Jean de)　莱里(让·德) 212
Lesayes (forêt de)　勒赛森林 320
Lescalopier (Pierre)　莱斯卡洛皮埃(比埃尔) 366
Lescarbot (Marc)　莱斯卡博 152
Lévi-Strauss (Claude)　列维-斯特劳斯 449
Lexis (W.)　莱克西斯 407,408
Liberia　利比里亚 389
Libye　利比亚 187
Liébaut (Jean)　里埃博(让) 301
Liège　列日 270,322,323,333,335
Lierre　里埃尔 160
Lima　利马 198,299,459,463,476
Limoges　利摩日 223
Limousin　利穆赞 65,112,232,305
Limousins　利穆赞人 431
Lipova　利波瓦 247
Lippomano (Girolamo)　里包玛诺(基洛拉摩) 158
Lisbonne　里斯本 35,101,138,186,189,194,216,221,226,227,244,307,318,330,355,396,453,476
Lituanie　立陶宛 370
Livonie　里伏尼亚 55,101
Livourne　里窝那 101,178,216,394,436,444
Lizarraga　里扎哈加 49
Loanda (île de)　罗安达岛 390
Locatelli (abbé)　洛卡台利教士 279
Locke (John)　洛克(约翰) 386
Loire　卢瓦尔河 93,180,183,185,198,200,208,209,258,320,323,372,450
Lombard (Denys)　龙巴尔(德尼) 10
Lombard (Maurice)　隆巴尔(莫里斯) 450
Lombardie　伦巴第 87,239,284,333,442
Londres　伦敦 30,61,62,63,66,67,113,118,143,154,158,166,171,179,183,193,196,201,205,215,216,220,233,242,244,246,269,270,288,307,308,323,339,

345,373,379,394,403,407,414,415,416,417,424,428,431,432,438,440,443,444,453,457,463,465,466,467,475,476,481,483,486,487,488,489,490,491

Long Marston Moor　马斯顿草原会战 35

Long Wan　龙江湾 357

Lorient　洛里昂 216

Lorraine　洛林 58,78,90,136,141,178,180,204,209,211,232,320,491,493

Lorrains　洛林人 37,431

Lot (Ferdinand)　卢(费迪南) 93

Louis IX, roi de France (Saint Louis)　路易九世(圣路易) 18,353,409,436

Louis X le Hutin　固执的路易十世 368

Louis XI　路易十一 119,307

Louis XII　路易十二 200,208,240,288,340

Louis XIII　路易十三 33,36,61,266,289,294,305

Louis XIV　路易十四 13,32,103,119,174,182,213,240,242,266,269,273,287,289,290,304,305,307,318,341,372,380,408,418,453,458,464

Louis XV　路易十五 269,270,341,410,464

Louis XVI　路易十六 270,350,465,491

Louisiane　路易斯安那 152

Louvain　卢万 351

Ludovic le More　路德维希·勒莫尔 339

Lübeck　吕贝克 78,103,211

Lülle (Raymond)　吕勒(雷蒙) 207

Lusignan (dynastie)　吕西尼昂王朝 192

Luther　路德 189

Luxembourg　卢森堡 90

Lyon　里昂 177,213,220,258,279,282,318,323,334,335,351,352,414,415,424,428

Lyonnais　里昂人 283,431

Lyonnais (le)　里奥内 322,323

Mably (abbé de)　马布利教士 31,64,189

Macao　澳门 85,226,352,398

Macartney (ambassadeur)　马戛尔尼 51,235,361

Macheret　马什莱 58

Machu Pichu　马丘比丘 133

Mac Neil (William H.)　麦克内尔(威廉) 68

Mâcon　马孔 301

Madagascar　马达加斯加 121,363

Madère　马德拉岛 192,198,359,392
Madrid　马德里 37,61,179,202,270,278,458,463,467,476
Madura　马都拉 464
Magaillans (Gabriel de)　马加良恩斯(加布列尔·德) 297,322,370,398,399,476,478,481,482
Magalhaes Godinho (V.)　马加拉埃斯·戈蒂诺 396,402
Magdebourg　马格德堡 78
Magellan　麦哲伦 150,337,385
Magellan (détroit de)　麦哲伦海峡 150
Magnésie　马涅西亚 180
Main　美因河 232
Maine　曼恩 55,206,332
Maintenon (Madame de)　曼特农夫人 380
Majorque　马霍卡岛 87
Makkai (Lazlo)　马凯(拉兹洛) 312
Malabar (côte de)　马拉巴尔 84
Malacca　马六甲 357,368,397,440
Malaga　马拉加 35,48,345
Malais　马来人 371
Malaisie　马来亚 121,182
Maldives　马尔代夫 389
Malherbe　马雷伯 62
Malmédy　马尔梅迪 345
Malte　马耳他 226,323,347,348
Malwa　马尔瓦 57
Manche　英吉利海峡 86,140,182,216,323,353,360,444
Manche (Espagne)　拉曼查 314
Manchester　曼彻斯特 373,491
Mandchourie　满洲 49,73,75,302
Mandchous　满洲人 27,72,73,75,83
Mandelslo (Johann Albrecht)　芒代尔斯罗 125,212
Manille　马尼拉 170,281,368,399
Manrique (Sebastian)　芒里克(塞巴斯蒂安) 399
Mansard　芒萨尔 260
Mansfeld　曼斯菲尔德 165,336
Mantoue　曼图亚 305
Manuce (Alde)　马努斯(阿尔德) 352
Maoris　毛利人 147
Maranon (Gregorio)　马拉农(格雷古里奥) 62
Maremme　马莱姆地区 93
Marignan　马里尼昂 262
Marigny (seigneurie de)　马里尼领地 417
Marmara (mer de)　马尔马拉海 440
Marne　马恩河 100,311,318,320,332,369

Maroc　摩洛哥 219,303
Marquez Miranda (Fernando)　马凯斯·米兰达(费南图) 133
Marseillais　马赛人 185
Marseille　马赛 64,67,85,86,100,101,103,178,185,223,244,305,320,323,341,359,394,431,444,457
Martigues　马蒂格 444
Martin (Pierre)　马丁(比埃尔) 328
Martin V　马丁五世 194
Martinique　马提尼克 192,223
Marx (Karl)　马克思(卡尔) 404,421,452,495
Maryland　马里兰 227
Massatlan　马沙特朗 143
Massif Central　中央高原 93
Massoudi　马苏第 357
Maures　摩尔人 338,388
Mauriac (François)　莫里亚克(弗朗索瓦) 446
Maurice (île)　毛里求斯岛 49
Maurizio　毛利齐奥 83
Mauss (Marcel)　莫斯(马赛尔) 156,291
Maximilien d'Autriche　马克西米利安 13,339,494
Mayas　玛雅人 39,131,134,232
Mayence　美因茨 412
Mayenne　马延 94
Mazagan　马扎干 303
Mazahéri (Ali)　马扎海利(阿里) 330
Mazarin　马扎林 153,240
Mecklembourg　梅克伦堡 103
Médicis (les)　梅迪契家族 269,457,458
Médicis Catherine de　卡德琳·德·梅迪契 153,226,256
Médicis Cosme de　科斯姆·德·梅迪契 304,458
Médicis Laurent de　洛朗佐·德·梅迪契 458
Médicis Marie de　玛丽·德·梅迪契 112,195
Medina de Rioseco　里奥塞科城 183
Medina del Campo　坎波城 321,345,414
Méditerranée　地中海 34,85,86,100,101,102,103,167,177,178,180,182,188,189,197,203,208,218,232,284,288,300,305,313,323,342,353,354,355,359,361,367,368,403,415,419,436,440
Mégare　美加拉 459
Mélinde　梅兰德 363
Melun　默伦 165
Melville (Hermann)　梅尔维勒

270
Ménam 湄南河 46
Mendoza 门多萨 49,366
Mendoza (Daniel) 门多萨(丹尼尔) 489
Mendoza (Pedro de) 门多萨神甫 360
Menon 墨农 158
Mercier (Sébastien) 迈尔西埃(塞巴斯蒂安) 38,107,112,156,201,223,232,257,262,269,281,283,297,307,308,407,414,431,443,446,458,465,467,476,491
Mésopotamie 美索不达米亚 146
Methuen (lord) 梅森爵士 198
Metz 麦茨 305,338,341,431,464
Meulan 默朗 58
Meurthe 默尔特 318
Meuse 默兹 43,323,335,441
Mexico 墨西哥 21,131,133,143,298,459,460,463,476
Mexique 墨西哥 20,76,79,86,126,132,133,148,150,170,198,213,361,391,399
Meyer (Jean) 梅耶(让) 116
Michel (J.-F.) 米歇尔 441
Michelet (Jules) 米希勒 157,224
Michoacan 米却肯 133
Middle West 中西部 86
Midwinter (William) 密德温特(威廉) 285
Mieli (Aldo) 米埃里(阿尔都) 338
Milan 米兰 69,278,305,339,369,435,446
Milanais 米兰人 278
Mina 米纳 359,361
Minas Gerais 米纳斯吉拉斯 440
Ming (dynastie) 明朝 23,75,397,399,478,481
Mingrélie 明格列利 391
Mirabeau (Victor Riqueti, marquis de) 米拉波 466
Mississippi 密西西比 31,45
Modène 莫德纳 158
Moghol (Grand) 大莫卧儿 58,168,198,224,242,303,347,367,395,396,464,476
Moka 莫卡 223,396
Moldau 伏尔塔瓦河 240,311
Moldavie 摩尔达维亚 103
Molinacela 莫利纳奇拉 339
Moluques 马鲁古 139
Mombert (Paul) 蒙倍尔(保尔) 23,29,30
Mondejar (duc de) 蒙台雅公爵 201
Mongolie 蒙古 27,75,76,302,386
Mongols 蒙古人 18,72,73,75,83,368,397,481

Monluc (Blaise de)　蒙吕克 344
Monomotapa　莫诺莫塔帕 388, 396
Monpazier　蒙帕济耶 436
Montagu (Lady Mary)　蒙塔古(玛丽) 288
Montaigne　蒙田 65, 66, 160, 171, 173, 174, 180, 242, 258, 261, 262, 345
Montaigut　蒙岱古 238
Montausier (duc de)　蒙多西埃公爵 174
Montbard　蒙巴尔 327
Montbéliard　蒙贝利亚尔 323
Montecuccoli (Alonso)　蒙特库库里(阿朗索) 61
Monténégro　门的内哥罗 138, 351
Montespan (Madame de)　蒙台斯邦夫人 269
Montesquieu　孟德斯鸠 81, 180, 382
Montevideo　蒙得维的亚 170
Montmorency (Anne de)　蒙莫朗西(昂纳·德) 69, 417
Montpellier　蒙彼利埃 200, 207, 211, 320
Montpensier (Mademoiselle de)　蒙邦西埃小姐 167
Montpezat　蒙比扎 165
Montreuil　蒙特勒依 178
Monza　蒙扎 158
Moravie　摩拉维亚 200
More (Thomas)　莫尔(托马斯) 446
Morgan (Jacques-Jean-Marie)　摩尔根 327
Morineau (Michel)　莫里诺(米歇尔) 52, 53
Morvan　莫尔旺 108, 320
Moscou　莫斯科 50, 64, 76, 79, 83, 233, 234, 319, 430, 432, 460, 473
Moscovie　莫斯科公国 23, 55, 75, 79, 204, 205, 230, 234, 247, 259, 310, 314, 330, 347, 349, 407, 446, 456, 460
Moscovie Companie　莫斯科公司 83
Mossoul　摩苏尔 394
Mostar　莫斯塔尔 247
Mote (F.W.)　莫特 157, 213
Moulins　穆兰 323
Mouris (caste des)　莫利族 300
Mozambique　莫桑比克 79, 363, 371
Müller (Heinrich)　缪勒(海因里希) 164
Mulliez (Jacques)　缪利茨(雅克) 94, 96
Multien　米尔蒂安 112
Mumford (Lewis)　蒙福特(路易

斯) 269,453,490
Multar 穆塔尔 464
Munich 慕尼黑 65,428,463
Münzer (Thomas) 闵采尔(托马斯) 49
Murano (île de) 穆拉诺岛 308,438
Musset (Alfred de) 缪塞 226
Mytilène (île de) 米蒂利尼岛 341

Nagasaki 长崎 352,361
Namur 那慕尔 90
Namur (comté de) 那慕尔伯爵领地 86
Nancy 南锡 436
Nankin 南京 124,357,424,462,481
Nantes 南特 116,185,193
Naples 那不勒斯 34,118,167,178,180,198,201,226,244,271,305,344,351,402,407,408,411,412,417,428,438,463,467,468,469,470
Naples (royaume de) 那不勒斯王国 101,201,470
Napoléon, voir Bonaparte 拿破仑,见波拿巴
Napolitains 那不勒斯人 407
Narva 纳尔瓦 407
Navagero (Andrea) 纳瓦吉罗(安德列奥) 36
Navarre 纳瓦拉省 370
Néchao (canal de) 奈绍河 353
Necker 奈克尔 118
Nedj 内志 303
Nef (John U.) 内夫(约翰) 335
Nègrepont 埃维亚 344
Nérac 奈拉克 157
Néva 涅瓦河 471,473,474
Nevers 奈韦尔 258
Newcastle 纽卡斯尔 323,483
Newcomen (Thomas) 纽可门 381
Newport 纽波特 425
Newton 牛顿 495
New York 纽约 373,425
Nicaragua 尼加拉瓜 135
Nicot (Jean) 尼古(让) 226
Niebuhr (Carstens) 尼布尔 70
Nièvre 涅夫勒 238,424
Niger 尼日尔 45,147,363,388
Nigeria 尼日利亚 389
Nil 尼罗河 85,353
Ning Po 宁波 127,441
Nogais 诺盖人 75,78,83
Noire (mer) 黑海 34,78,79,391,420
Nord (mer du) 北海 86,140,182,216,259,323
Nord-Est brésilien 巴西东北部 193,320

Nordlingen　诺德林根 345
Norfolk　诺福克郡 244
Normandie　诺曼底 88,91,163,165,178,206,232,305
Normands　诺曼底人 431
Norvège　挪威 42,98,184
Nouvelle-Espagne　新西班牙 135,143,180,192,193,213,226,273,281,282,298,299,368,392,399,405
Nouvelle-Zélande　新西兰 19,76,147,148,150,151
Novgorod　诺夫哥罗德 391,460
Numance　努曼西亚 203
Nuremberg　纽伦堡 48,103,165,177,205,208,232,244,261,311,335,345,352,372,424,428,451
Nymphenburg　宁芬堡 458

Ob　鄂毕河 49
Oberhergheim　奥伯赫格海姆 160
Obersteiermark　奥伯施泰马克 327
Océanie　大洋洲 19,22,23,25,26,29,145
Ochoa (Josiane)　奥莎(若齐阿纳) 10
Octavian (sieur)　奥克塔维安 262
Oder　奥得河 370
Odessa　敖德萨 65
Ohsson (Mouradj d')　道松(穆拉吉) 273
Oise　瓦兹 100,311,369
Okhotsk　鄂霍次克 50,78
Olinda　奥林达 459
Olivier (François)　奥里维埃(弗朗斯瓦) 289
Olonne　奥洛纳 184
Oman (mer d')　阿曼海 353
Omsk　鄂木斯克 49,366
Onéga (lac)　奥涅加湖 475
Oost Indische Companie　东印度公司 190,191,214,223,227,336
Oran　奥兰 65
Orcades (îls)　奥尔卡达斯群岛 182
Orléans　奥尔良 65,160,201,318,323,372
Orloff (Grigorii Grigorievitch)　奥尔洛夫亲王 473
Ormuz　霍尔木兹 303,357
Ornain　奥尔南 318
Ortelius (Abraham)　奥台利乌斯 192
Osaka　大阪 361,424,464
Osman Aga　奥斯曼·阿加 70,110,247
Osmanlis　奥斯曼部落 272,278,385,403,432,463
Ostende　奥斯坦德 216

Othe (forêt d') 奥脱森林 320,331
Oural 乌拉尔 23,24,47,327,335
Oxford 牛津 66,486
Oxford (duc d') 牛津公爵 244
Oya Shivo 北方寒流 182

Pacifique (océan) 太平洋 21,22,51,74,120,148,150,353,386,399,407
Padoue 帕多瓦 158,442
Palatinat 帕拉丁 86
Palatine (Charlotte-Elisabeth de Bavière, Princesse) 帕拉丁娜公主 13,174,260,386
Palembang 巨港 357
Palenque 巴朗克 232
Palerme 巴勒莫 447
Pallavicini 巴拉维契尼 118
Panama 巴拿马 135,143
Pâques (île de) 复活节岛 148
Paraguay 巴拉圭 132
Paré (Ambroise) 巴雷(昂勃卢瓦兹) 187
Paris 巴黎 47,56,60,61,62,65,67,69,70,87,92,94,100,104,106,111,112,113,117,118,158,159,160,162,165,166,167,171,174,178,179,180,182,183,185,186,192,193,195,196,200,201,202,204,206,207,209,210,211,213,214,220,221,222,223,224,226,232,233,240,242,243,246,256,257,258,260,262,265,269,270,278,282,286,287,288,289,294,297,307,308,311,312,321,323,351,352,369,372,375,376,407,408,412,414,417,424,428,431,432,435,438,442,443,446,453,457,458,463,464,465,466,467,473,475,476,483,488,490,491
Parmentier (Antoine-Augustin) 帕尔曼蒂耶(安都昂·奥古斯丹) 116,141
Parnot 帕尔诺 58
Pascal 巴斯噶 158
Pasquier (Etienne) 帕斯吉埃(艾蒂安) 410
Patin (Gui) 巴丹(吉) 201,210,215
Pavie 帕维亚 34,35,104,106,344,347
Pays-Bas 尼德兰 9,42,43,55,61,78,87,98,99,142,160,180,201,204,205,208,209,213,218,258,262,268,278,314,332,344,347,351,368,373,396,431,444,453,458
Peccais 贝该 177

Pegnitz　佩尼茨河 311
Pegolotti (Francesco)　贝格洛蒂 397
Peî Ho　白河 182,478
Pékin　北京 27,30,46,73,75,76,83,85,119,120,123,124,127,168,169,196,234,242,245,248,253,271,295,297,300,302,320,322,357,366,371,399,428,430,435,441,462,463,476,477,481,482,491
Péloponnèse　伯罗奔尼撒 128,456
Pendjab　旁遮普 75
Pepys (Samuel)　佩皮(萨米埃尔) 65,183,215,308
Périclès　伯利克里 127,459
Périgord　佩里戈尔 157,209
Péronne　佩罗纳 366
Pérou　秘鲁 21,79,132,133,135,139,192,193,198,273,278,299,366,391,407
Perrier (frères)　佩里埃兄弟 196
Persans　波斯人 174,179,248,250,282,284,396
Perse　波斯 46,50,110,123,190,191,199,206,212,220,223,230,236,248,250,282,303,330,342,347,348,367,377,394,395,396,403,432,446,447
Persique (golfe)　波斯湾 45,182,395,396
Pescaire (marquis de)　佩斯凯尔 34
Pescara　俾斯卡拉 246
Peterhof (château de)　彼得豪夫堡 476
Petit (Jean)　普蒂(让) 352
Petty (William)　配第(威廉) 52,386,411,417,489
Pétrarque　佩特拉克 293
Pézenas　贝兹拿 157
Pfister (Albrecht)　普菲斯特尔(阿尔勃莱希特) 350
Pforzheim　普福尔茨海姆 393
Phéniciens　腓尼基人 79,353,357
Philadelphie　费城 373,392,425
Philippe Ⅱ　菲力浦二世 62,69,278,380,407,417,458
Philippe Ⅲ　菲力浦三世 179,196
Philippe Ⅳ　菲力浦四世 278
Philippe Ⅵ de Valois　伐洛瓦家族的菲力浦六世 338
Philippe (Robert)　菲力浦(罗伯尔) 312
Philippe d'Edimb ourg　爱丁堡公爵菲利浦 389
Philippines　菲律宾 46,85,143,226,368
Philippopoli　菲利波普利斯 432
Picardie　皮卡第 92,100,178,234

Pi Cheng 毕昇 349
Piémont 皮埃蒙特 87,108,284,333
Pierre le Grand 彼得大帝 45,76,79,153,167,389,391,471,473
Pierrefonds 皮埃尔丰 444
Pigafetta 皮加费塔 138
Pigot (maison) 皮戈商号 379
Pinheiro da Veiga (Bartolomé) 宾海洛·达·韦加(巴托洛美) 197
Pirckheimer (Willibald) 皮尔克海默(威利巴德) 451
Pirée (Le) 贝雷乌斯 456
Pirenne (Henri) 比兰纳(昂利) 293,444
Pise 比萨 444
Plaisance 皮亚琴察 158,393
Plantin (Christoph) 普朗坦 352
Platter (Felix) 普拉台尔(费利克斯) 200,320
Plaute 普劳图斯 187
Pline 普林尼 188
Pô 波河 370,375
Podolie 波多利亚 85
Poinsot (P.-G.) 普恩索 294
Poissy 普瓦西 94
Poitiers 普瓦蒂埃 110,351,435
Poitou 普瓦图 209,307,332
Poivre (Pierre) 波瓦弗尔(彼埃尔) 190
Polesine 波利津 138
Polo (Marco) 波罗(马可) 368,463
Pologne 波兰 23,42,48,65,74,75,79,97,98,99,101,110,139,162,189,200,204,205,211,233,234,238,262,278,281,285,301,312,314,320,360,370,371,410,489
Polynésiens 波利尼西亚 147,148,371
Poma de Ayala (G.) 波玛·德·阿雅拉 133
Poméranie 波美拉尼 320
Poni (Carlo) 波尼(卡洛) 283
Pont-l' Evêque 蓬莱韦克 179
Pontoise 蓬图瓦兹 113
Pont-sur-Seine 塞纳河畔的桥村 424
Portici 波蒂契 244
Porto Belo 贝洛港 22,70,135
Porto da Estrella 埃斯特雷拉港 298
Portoricains 波多黎各人 431
Portugais 葡萄牙人 26,27,45,70,76,125,138,139,148,150,214,330,338,349,389,390,396
Portugal 葡萄牙 70,85,101,138,140,198,200,201,221,304,354,359,361,396,403,443,453,459,

465,486
Potherie　波脱里 152
Potosi　波托西 135,139,198,405,459,463
Potsdam　波茨坦 458
Pouilles　普利亚 101
Pouilly　普依 58
Poujade (Jean)　普雅德(让) 353
Prague　布拉格 230,240,311,435
Praz (Mario)　普拉兹(马里欧) 290
Prévost (abbé)　普列服教士 152
Prince (île du)　太子岛 192,368
Priuli (Domenico)　普里乌利 190
Proche-Orient　近东 152,300
Provence　普罗旺斯 32,53,92,101,171,182,207,307,431
Provinces-Unies　联合省 142,346,465
Prusse　普鲁士 42,70,97,99,141,211
Ptolémée　托勒密 357
Puerto Santa Maria　圣玛丽亚港 444
Pugatchev　普加乔夫 64
Pussot (Jean)　布索(让) 429
Pyrénées　比利牛斯 136,391,407

Quarnero　克瓦内尔 320
Quercy　凯西 165
Quesnay (François)　魁奈(弗朗斯瓦) 93,96,97,301,407,467
Quiqueran de Beaujeu　基克朗·德·博热 307

Rabelais　拉伯雷 160
Raguse, voir Dubrovnik　拉古萨，见杜布罗夫尼克
Raca (Soliman Mustapha)　拉卡(苏里曼·穆斯塔发) 220
Radjpoutes (Princes)　拉吉普特王公 272
Rajinahal　拉杰诺戈尔 464
Raleigh (Walter)　洛力(瓦尔特) 140,372
Ramelli (Agostino)　拉美利(奥戈斯蒂诺) 314,379
Raphaël　拉斐尔 260
Raphaël du Mans　拉斐尔·杜·芒斯 447
Ratisbonne　雷根斯堡 345,436,440
Ratzel (Frédéric)　拉采尔(弗里德里希) 46
Raynal (abbé)　雷纳尔 193
Razilly (chevalier de)　拉齐伊骑士 343
Réaumur　列奥米尔 330
Recife　累西腓 192,459
Reggio　勒佐 158

Reims 兰斯 311,429

Reinhardt (Marcel) 雷纳特(马赛尔) 23,54,425

Rennes 雷恩 52,66

Resina 雷西纳 244

Retz (cardinal de) 雷兹主教 37

Réunion (la), voir Bourbon (île de) 留尼汪,见波旁岛

Reval 雷瓦尔 96

Rey (Jean) 雷伊(让) 380

Rhénanie 莱茵地区 55

Rhin 莱茵河 34,183,200,211,264,335,346,369,375,440,450,486

Rhône 罗纳河 100,177,323

Rhône (vallée du) 罗纳河谷 86,177,284

Richard Ⅱ 理查二世 339

Richelieu 黎塞留 36,88,213,343,365,463

Riga 里加 96,167,318

Rio de Janeiro 里约热内卢 22,31,212,230,299,440,463,476

Rio de la Plata 拉普拉塔河 76

Rio Grande do Sul 南里奥格朗德 193,299

Rio San Francisco 圣弗朗西斯科河 299

Rios (Baltasar de) 里奥斯(巴尔塔扎尔·德) 380

Robbia (Giovanni della) 罗比奥的乔伐尼 56

Rocheuses (montagnes) 落基山 33

Rocroi 罗克洛瓦 347

Rodolphe de Habsbourg 哈布斯堡的鲁道夫 369

Romagne 罗马尼阿 87,101

Romain (Empire) 罗马帝国 72,73,187,203,237,310,365,407,449,491

Romains 罗马人 110,194,201,207,353,435

Romanée 罗马奈 201

Rome 罗马 35,72,94,118,170,178,180,188,195,199,200,226,247,261,264,269,287,297,302,408,412,415,428,436,438,440,450,451,476,491

Roquestor 罗凯斯托 97

Roscher (Wilhelm) 罗雪尔(威廉) 139

Rosenberg (famille) 罗森堡家族 43

Rosenblat (Angel) 罗桑勃拉脱(安吉尔) 19,22

Rostow 罗斯托夫 474

Rothenbourg 卢登堡 429

Rouen 鲁昂 200,257

Rouge (mer) 红海 12,45,353,

371,396
Roumanie　罗马尼亚 309
Roupnel (Gaston)　罗普内尔(加斯东) 60
Rousseau (Jean-Jacques)　卢梭(让-雅克) 491
Rubens　鲁本斯 268
Rueff (Jacques)　吕埃夫(雅克) 156
Ruel (Jean)　鲁埃尔(让) 136
Ruhr　鲁尔 323
Rumegies　吕末基 271
Rumford (Benjamin Thomson, comte de)　伦福德 262
Rungis　兰吉斯 195
Russel (J.-C.)　罗素 23,27
Russes　俄罗斯人 49,51,75,76,78,83,189,200,216,247,420
Russie　俄罗斯 26,30,31,61,65,79,98,103,110,136,139,189,216,218,219,226,257,262,285,328,330,335,379,389,407,423,425,430,460,475

Saardam　萨尔丹 45
Sachau (Ernst)　萨肖(厄内斯特) 371
Sahara　撒哈拉 19,299,300,301,363
Sahel　萨赫勒 244
Saint-Bonnet-le-Château　圣博内勒夏图 334
Saint-Chamond　圣夏蒙 334
Saint-Cloud　圣克卢 307,458
Saint-Denis　圣德尼 488
Saint-Didier　圣迪迪埃 334
Saint-Domingue　圣多明各 21,192,223
Saint-Etienne　圣艾蒂安 334,345
Saint-Exupéry　圣埃克苏佩里 38
Saint-Flour　圣弗路尔 162
Saint-Germain-en-Laye　圣日耳曼昂莱 458
Saint-Gobain　圣戈班 467
Saint-Gothard　圣戈塔 369
Saint-Hilaire (Auguste de)　圣伊雷尔(奥古斯特·德) 135,298
Saint-Jean-d'Acre　圣让达克尔 192
Saint Jean-le-Froid　圣让勒弗洛瓦 238
Saint-Laurent　圣洛朗 86,152,171
Saint-Martin　圣马丁 334
Saint-Paul (forêt de)　圣保罗树林 320
Saint-Paul-en-Jarez　圣保朗雅雷 334
Saint-Pétersbourg　圣彼得堡 43,71,92,139,167,200,227,237,269,308,318,407,436,463,471,472,473,474,476
Saint-Romain　圣罗曼 334

Saint-Simon　圣西门 174
Saint-Symphorien　圣桑福尼安 334
Saint-Vivant　圣维旺 201
Saint-Yague (île de)　圣雅格岛 254
Sainte-Marie-aux-Mines　圣玛丽亚矿 336
Sakhaline　萨哈林岛 182
Salta　萨尔塔 299
Salviati (nonce)　萨尔维亚第宗座大使 171
Salzbourg　萨尔茨堡 369
Salzewedel　萨尔茨韦德尔 54
Samoyèdes　萨莫叶特人 46
Sand (George)　乔治桑 226
Sandwich (îles)　桑威奇群岛 120
San Francisco　旧金山 51
San Giovanni Valdarno　圣乔瓦尼-瓦尔达诺 436
San Lucar de Barrameda　巴拉美达的桑吕卡 177,184,440,444
San Salvador, voir Bahia　圣萨尔瓦多
Santa Fé de Bogota　波哥大的圣菲 299
Santander　桑坦德 183,230
Santiago du Chili　智利的圣地亚哥 49,198,366,459
Santillana　桑提亚那 230
Sanudo (Marin)　萨努铎（马林） 158,190,372,441,457
Sao Francisco (Vallée du)　圣弗朗西斯科山谷 170
Sao Jorge da Mina　圣乔治达米纳 359
Saône　索恩河 100,108,232,369
Sao Paulo　圣保罗 45,76,299
Sao Tomé (île de)　圣多美岛 192
Saragosse　萨拉戈萨 37,279
Sardaigne　撒丁 101,179,232,239,274,359
Sargasses (mer des)　马尼藻海 359
Sarre　萨尔 322,331
Sartre (J.-P.)　萨特(让-保尔) 66
Saskia　莎士基亚 242
Sassanides　萨桑王朝 191,284,330
Sassenage　萨色那日 178
Saulnot (salines de)　苏尔诺 323
Saulx　索尔河 318
Saumur　索米尔 258
Saunders (Carr)　桑德尔斯(卡尔) 26,27
Saut de Flix　弗力克斯险滩 370
Savary des Bruslons (J.)　萨伐里 184,201,211,226,257
Save　萨沃河 167
Savoie　萨瓦 127,178,232,238
Savone　萨沃纳 444

Saxe　萨克森 55,64,160,165,270,379
Say (Jean-Baptiste)　萨伊(让-巴蒂斯特) 273,376
Scandinavie　斯堪的纳维亚 99,308
Scanie　斯卡尼亚 101
Scarperia　斯卡尔佩利亚 436
Sceaux　苏 94
Schafer (E.H.)　沙非尔 213
Schoenbrunn　申博恩 458
Schongauer (Martin)　申戈埃尔 258,267
Schove (D.J.)　斯柯佛 32
Schumpeter (Joseph Alois)　熊彼特 418,419
Schwarzenberg (famille)　施瓦尔岑堡家族 43
Schweinfurth (Georg)　施魏大特(格奥尔格) 371
Schwenter　施温台 380
Scutari d'Asie　亚细亚的斯库台 303
Ségovie　塞哥维亚 194,414
Séguier (chancelier)　塞吉埃 215
Seignelay (marquis de)　塞涅雷侯爵 205
Seine　塞纳河 117,183,195,196,206,288,307,308,311,318,320,331,369,472
Sélim　塞里姆 198
Sénégal　塞内加尔 175,388
Senlis　桑利 54,333,369,444
Sens　桑 320
Serbie　塞尔维亚 258
Serra do Mar　都马尔山 298
Serres (Olivier de)　赛尔(奥利维埃·德) 96,137,140
Setchouan　四川 139,212,218,236,271,302,320,370
Sète　塞特 209,210
Setubal　锡图巴尔 177
Severn　塞文河 312
Sévigné (Madame de)　塞维尼夫人 213,271
Séville　塞维利亚 27,35,36,65,90,101,184,200,204,226,227,318,359,411,428,440,443,444
Sèvres　塞夫勒 307
Shakespeare (W.)　莎士比亚 486,487,488
Shang (les)　商代 203
Sheffield (lord)　锡菲尔爵士 192
Siam　暹罗 46,119,122,154,212,236,312,347,368
Sibérie　西伯利亚 27,43,49,69,76,78,150,151,212,227,248,255,262,330,366,389,391,476
Sicile　西西里 99,100,101,103,160,182,192,207,221,226,284,359,405,417,470

Sieg (vallée de la)　锡格河谷 331
Sienne　锡耶纳 158
Sierra Leone　塞拉利昂 389
Silan (lac de)　西朗湖 311
Silésie　西里西亚 55,103,456
Simpson　辛普森 20
Singapour　新加坡 440
Sivalik　锡瓦利克 122
Sixte Quint　西克斯丁五世 408,438,476
Slicher Van Bath (B.H.)　斯利歇·万·巴脱 98,99
Slovaquie　斯洛伐克 97
Smith (Adam)　斯密（亚当）141,143,373,376,388,391
Smyrne　士麦那 214,396,441
Snell　斯耐尔 379
Sofia　索非亚 372
Soliman le Magnifique　苏里曼 198
Solingen　索林根 393
Sologne　索洛尼 110
Solutré　索吕脱累 301
Sombart (Werner)　桑巴特（威纳尔）7,103,156,167,376,451,452,465
Sonde (îles de la)　巽他群岛 446
Song (dynastie)　宋朝 365,450
Song du Sud　南宋 357
Sorgues　索尔格 66
Sorocaba (foire de)　苏鲁卡巴 299
Souabe　施瓦本 86,164,428
Soudan　苏丹 303,404
Sou-tcheou　苏州 462
Southwark　萨瓦克 483,486
Sparte　斯巴达 460
Spartiates　斯巴达人 456
Spekle (Daniel)　斯班克尔（丹尼尔）302
Spencer (J.)　斯本塞 157,158
Spengler (Oswald)　斯本格勒（奥斯瓦尔德）352,424
Spinola (famille)　斯皮诺拉家族 106
Spitzberg　斯匹次卑尔根 187
Spooner (Frank)　斯普纳（弗朗克）105
Stamboulyol　伊斯坦布尔驿道 372
Staunton (George)　斯吞通（乔治）29,212,216,361,371
Steen (J.)　斯蒂恩 245
Stendhal　斯丹达尔 194,444
Stockholm　斯德哥尔摩 211,471
Stockholm (Banque de)　斯德哥尔摩银行 415
Stoianovitch (Traian)　斯托雅诺维奇（特雷扬）137
Storaci (Gio. Vicenzo)　斯图拉奇（维仁佐）118
Stow (John)　斯托（约翰）440,483
Strasbourg　斯特拉斯堡 90,158,

339,436
Straubing　斯特劳宾 65
Stromer (Wolfgang von)　斯特罗迈(沃尔夫冈·冯) 162
Stuarts　斯图亚特王朝 154
Stuttgart　斯图加特 428
Styrie　施蒂里亚 330,331,332,333,345
Sud (mer du)　南海 150
Suède　瑞典 33,42,98,101,141,211,226,227,327,328,335,345,473
Suédois　瑞典人 47,320
Süssmilch (J.P.)　休斯米尔克 70
Suez　苏伊士 444
Suez (canal de)　苏伊士运河 363
Suez (isthme de)　苏伊士地峡 353
Suhl　苏尔 345
Suisse　瑞士 141
Suisses　瑞士人 173,304
Sully　苏利 289,321,408
Sumatra　苏门答腊 46,83,120,357,368,396,397
Surat　苏拉特 395
Surrey　萨里 179
Suse　苏兹 307
Syrie　叙利亚 136,192,285,314,330,338,348,371

Tabris　塔布里兹 300,348
Tahiti　塔希提岛 19,147,150
Taine (Hippolyte)　泰恩(依波利特) 491
Taiwan　台湾 191
Talikota　塔利科塔 46
Tamerlan　帖木儿 282
Tamise　泰晤士 32,196,372,373,444,472,486,488
Tana　塔纳 79
Tang (dynastie)　唐朝 250
Tardin (Jean)　塔尔丹(让) 380
Tarn　塔恩 238
Tarragone　塔拉戈纳 313
Tartares Calmuques　鞑靼族的卡尔莫克人 79
Tartarie　鞑靼 154,169,297,349,377
Tasman (Abel-Janssen)　塔斯曼 19,150
Tasmanie　塔斯马尼亚 19,39
Tatars　鞑靼族 72,74,78,79,83,430
Tavernier (Jean-Baptiste)　达维尼叶 167,220,303,330,395
Tche-Kiang　浙江 227,357
Tche-li　直隶 226,361
Tchouktes　楚克特人 46
Téhéran　德黑兰 76
Tehuacan (vallée du)　特瓦坎 131
Télémaque　忒勒马科 128

Temesvar　特梅斯瓦尔 110
Tenenti (Alberto)　特南蒂(阿尔培托) 10
Tenenti (Branislava)　特南蒂(布拉尼斯拉瓦) 10
Ténériffe　特纳里夫岛 198
Teniers　德尼埃 223
Terranuova Bracciolini　特拉诺瓦—布拉乔里尼 436
Terre de Feu　火地岛 148
Terre Ferme　意大利半岛 86,89,138,457
Terre-Neuve　纽芬兰 181,182,184,185,186,193,359
Terre Noire　台尔诺瓦 334
Thèbes　底比斯 460
Thevet (Jean)　特凡(让) 226
Thiérache　梯埃拉什 327
Thom (R.)　托姆 35
Thomas (Sidney Gilchrist)　托马斯(悉尼·吉尔克里斯特) 328
Thomas d'Aquin　托马斯·阿奎那 450
Thorn, voir Torun　托伦
Thorner (Daniel)　托尔内(达尼埃尔) 10
Tibet　西藏 27,75,120,219,313,386,397
Tien Fi Cha (écluse)　天妃闸 295
Tien Tsin　天津 481
Tilly (Jean Tserklaes, comte de)　梯利(约翰) 345
Titicaca (lac)　的的喀喀湖 133
Tlemcen　特莱姆森 447
Tobolsk　托博尔斯克 78
Tokai　杜凯 201
Tokugawa (dynastie)　德川时代 129,385
Tokyo　东京 129,282,425,464
Tolède　托莱多 195,240,328
Toledo (Pietro di)　脱雷多(彼特罗·迪) 438
Tolon (Maurice de)　托隆(莫里斯·德) 67
Tomar　托马尔 194
Tomsk　托木斯克 49,85,366
Tonkin　北圻 119,123,124,154,182,353
Tonnay　托奈 209
Top Hane　托普哈恩 345
Torfou　托尔夫 372
Torre Annunziata　托雷安农齐亚塔 244
Torre del Greco　托雷-德尔格雷科 244
Tortosa　托尔托萨 370
Torun　托伦 370
Toscane　托斯卡纳 55,61,87,103,136,269,274,284,305,470
Tott (baron de)　托特男爵 175

Toulon　土伦 67,157
Toulouse　图卢兹 65,136,157,270,308,311,435
Touraine　都兰 178,352
Tournay　图尔奈 412
Tournon　图尔农 380
Tours　图尔 323
Toutain (J.-C.)　杜坦(儒尔) 97
Trajan　图拉真 284
Transcaucasie　外高加索 198
Transylvanie　特兰西瓦尼亚 74,79
Trapani　特拉巴尼 177
Travancour　特拉凡哥尔 120
Trébizonde　特拉布松 47
Trent　特兰托 312
Trèves　特里尔 23,203
Triana　特里亚那 443
Trichinopoly　特里希诺波里 464
Tripoli　的黎波里 444
Troyes　特鲁瓦 56,157,232,348
Tscheng Hwo　郑和 357
Tsing (dynastie)　清朝 168,401
Tucuman　图库曼 299
Tudela　图德拉 370
Tull (Jethro)　图尔(瑞特罗) 91
Tunisie　突尼斯 370
Tupinambas　图比南姆巴人 212
Turcomans　土库曼人 72
Turcs　土耳其人 70,72,73,86,170,196,220,224,273,283,305,330,338,341,345,347,348,353,366,396,432,447
Turgot　杜尔哥 99,102,104,373,408
Turin　都灵 436
Turkestan　土耳其斯坦 27,75,76,79,83,330,349
Turner (F.J.)　塔纳 78
Turquie (et Empire turc)　土耳其帝国 31,70,79,80,85,101,110,136,170,179,220,227,252,272,278,303,305,347,385,387,394,395,396,403,420,432,446,475
Tyne　泰恩河 323
Tyrol　蒂罗尔 60,200,274,316

Uelzen　于尔岑 64
Ukraine　乌克兰 85,100,198,420,475
Ulm　乌尔姆 55,177,196,244,285,428,441,457
Urdaneta　乌尔达内塔 368
U.R.S.S.　苏联 219,238
Usher (A.P.)　乌歇 23,27,42
Ustariz (Geronimo de)　乌斯达里茨 154,219
Utrecht　乌得勒支 281

Valachie　瓦拉几亚 441
Val Camonica　卡莫尼卡河谷 333

Valence　巴伦西亚 49,87,92,192
Valenciennes　瓦朗西安 271
Valéry (Paul)　瓦勒里(保尔) 31,372,376
Valladolid　巴利阿多里德 179,183,196,197,230
Vallière (général de)　瓦利埃尔 341
Valparaiso　瓦尔帕莱索 198
Van de Bassen (B.)　梵得巴森 268
Vandenbrocke (C.)　万丹布洛克 142
Van der Weyden (Roger)　梵德尔威登 266
Van Eyck (Jan)　梵·艾克(扬) 266
Van Ouder Meulen　梵·欧台尔·墨伦 420
Van Santvoort (D.)　梵·桑伏特 278
Vanves　旺夫 180
Varsovie　华沙 16,43,318
Varzy　瓦尔齐 238,424
Vélasquez　委拉斯开兹 202
Vendée　旺岱 94
Vendeuvre-sur-Barse　巴尔斯河畔旺德夫尔 424
Vénétie　威尼西亚 87,138,284,372
Venise　威尼斯 54,56,68,71,86,87,89,101,103,106,112,113,138,154,158,160,162,171,174,177,178,183,189,190,192,193,194,195,202,208,211,220,226,234,247,259,271,278,285,308,328,341,345,351,352,353,359,369,370,394,395,396,405,409,412,416,417,424,428,431,432,438,441,444,451,456,457,476,483
Vera Cruz　维拉克鲁斯 181
Vérard (Antoine)　维拉尔(安托尼) 352
Verbiest (Ferdinand)　南怀仁 49,482
Vercors　维科尔 48
Verdun　凡尔登 173
Vermandois　韦芒杜瓦 100
Vérone　维罗纳 54
Versailles　凡尔赛 171,174,260,269,288,307,458,464,476,488
Versoris (Nicolas)　维索里(尼古拉) 65
Vesle　维斯勒 311
Vésuve　维苏威 244
Vexin　韦克森 112
Vicence　维琴察 200
Vico (Giovanni Battista)　维科(乔万尼·巴蒂斯塔) 468
Vidal de La Blache (Paul)　维达尔·德·拉布拉什 38,363

Vienne　维也纳 140,167,174,300,341,394,458,463,476
Vierzon　维埃松 157
Vietnam　越南 121,236,443
Vijnayanagar　维贾亚纳加尔 46,395,462
Vila do Conde　贡代城 194
Villamont (seigneur de)　维亚蒙老爷 174
Villard de Honnecourt　维雅尔·德·霍恩库尔 311
Villars (maréchal de)　维拉尔元帅 35
Villeneuve (Arnaud de)　维勒纳弗(阿尔诺·德) 187,207
Vincennes　文森 178
Virginie　弗吉尼亚 70,134,226,227,392
Vistule　维斯杜拉河 102
Vital (Orderic)　维塔尔(奥德里克) 276
Vitoria　维多利亚 230
Vitry-le-François　维特里-勒-弗朗索瓦 100
Vivaldi (frères)　维瓦尔迪兄弟 357
Vivarais　维瓦雷 137
Vivero (Rodrigo)　维韦罗(罗德里戈) 135,247,281,347,360,361,464
Viverols　维韦罗尔 334
Volga　伏尔加河 75,76,78,83,183,475
Volhynie　沃伦州 85
Volleney　伏勒奈 201
Voltaire　伏尔泰 12,69,202,240,255,443
Von Schrötter　冯·斯勒特尔 412
Vos (A. de)　德伏斯 53
Vos (Cornelis de)　伏斯(科内利斯·德) 279
Vosges　孚日 302,318,321,336,348

Wächter (Hans-Helmut)　瓦赫特尔(汉斯-赫尔穆特) 97,99
Wagemann (Ernst)　瓦杰曼(厄内斯特) 18,365,425
Waldfogel (Procope)　瓦尔德福格尔(普洛科普) 349
Wallenstein (I.)　华伦斯坦 35,240
Walis (Samuel)　韦利斯(赛米尔) 150,151
Wallons　瓦隆 37
Walpole　沃尔波尔 244
Washington (Augustin)　华盛顿(奥古斯丹) 70
Washington (George)　华盛顿(乔治) 70
Watt (James)　瓦特(詹姆斯) 379

Weber (Max) 韦伯(马克斯) 449
Weigert 魏格尔特 209
Weimar 魏玛 162
Weinsberg 威恩斯堡 428
Werth (E.) 韦尔特 146
Wetterau 韦特洛 232
White (L.) 怀特 293
Wiborg 维堡 471
Wielicza 维利契卡 320
Wierzynek (marchand) 维埃尔齐奈克 240
Wight (île de) 怀特岛 382
Wilcox (W.F.) 韦尔科克斯 25,27,29
Wissembourg 维桑堡 90
Wou San-Kouei 吴三桂 23
Worms 沃尔姆斯 428
Woytinski 伏伊丁斯基 22
Wren (Christoph) 瑞恩 465
Wupper 乌珀河 345
Wurtemberg 符腾堡 42,226

Ximénès 希门内斯 103

Yamal (presqu'île de) 亚马尔半岛 46
Yang-tse-kiang 扬子江 182,192,219,295,370,435,441
Yédo, voir Tokyo 江户,见东京
Yémen 也门 396
Yersin (Alexandre-Emile-John) 雅尔森 64
Yéso 北海道 46,182
Yonne 荣纳 200,320,331,369
Yorkshire 约克郡 323
Yougoslavie 南斯拉夫 247,248
Young (Arthur) 杨格(阿瑟) 94,373
Yucatan 尤卡坦 232
Yun Leang Ho 运粮河 85
Yunnan 云南 139,271,357,370,389
Yuste 尤斯特 89,206

Zadar 扎达尔 211
Zanzibar 桑给巴尔 45,79,357,363
Zara, voir Zadar 扎拉,见扎达尔
Zélande 西兰岛 182
Zonca (Vittorio) 宗卡(维多利奥) 379
Zytkowicz (Léonid) 齐特科维奇(列奥尼德) 97

译 后 记

在译完这部广征博引的著作后，我们想就翻译本书过程中遇到的一些技术性问题以及我们的处理方式向读者作个交代。

由于新史学与传统史学不同，融多种科学于一炉，更由于作者从特定角度描述全世界四个世纪的历史，本书引用的历史素材远远超过了一般历史著作的范围。人名、地名、历史事实、文物、典章制度等如一一作注，势必加大本书已经过大的篇幅。考虑到译本的读者即使不是专业历史研究人员，也必定有相当深厚的世界史素养，我们索性一律不加注。好在我们采用的译名尽量规范化，读者不难利用工具书和本书的索引，查出外文原名后再作进一步探索。

附在正文后面的原书注释仅标明引文的出处，一般读者对这类注释不会有兴趣。专业研究人员愿意寻根究底的话，根据译成中文的作者名和书名，也很难找到原件。因此，我们以为倒不如照录原文，这样更利于研究人员检索原始文献。

原书行文中夹杂许多法语以外的外语单词或词组，如拉丁文、英文、德文、意大利文、荷兰文、西班牙文、葡萄牙文等。除在个别语境中我们认为有必要保留原文外，为了排版和阅读的方便，一般情况下我们都把这些外文译成汉语，不一一注明。

作者是地中海史无可争议的权威,对西欧史更是如数家珍。他还在巴西住过几年,研究过美洲的历史。由于本书把全世界的不同文明作为考察对象,为了了解他不熟悉的东方文明,他求教过研究日本、印度和中国的法国学者。本书中有关中国的论述主要根据传教士的记载,译者在翻译这一部分内容时,发现一些错误或不确切的地方。如在第八章《城市》,提到“中国的体系尤其严格,因为在每一汉人居住的城市边上建有一四方形的满城,以便密切监视汉城。”我们知道这并非通例,清朝仅在大城市和有战略意义的城市驻扎满洲旗兵(由将军或都统统率),如江宁、杭州、成都、荆州、镇江等,一般城市是没有如杭州“旗下营”那样的“满城”的。又如同一章讲到北京的繁华时,提到“长安街名闻遐迩,以致学者写文章时用部分指整体,用这条街的名字来表示整个城市;说某人住在长安街,等于说他住在北京”。事实上,明清人著作中往往借用前朝首都“长安”的名字称呼北京,如蒋一葵著的《长安客话》,讲的其实是北京的地理、掌故,但是“长安街”不能用来作为北京的代称。再如第三章《奢侈和普通:饮食》里有一幅插图,右上角明明用中文印着“奕山杨芳与义律结和好之图”,作者写的说明却认为是18世纪中国人与荷兰人打交道。我们知道,奕山、杨芳是第一次鸦片战争中的清军统帅,义律则是英国的谈判代表,作者的说明把时间和人物都搞错了。对日本史和印度史有研究的读者或许会发现作者有关日本和印度的论述在个别细节上也有差错。这些细小的错误或不够准确之处不影响全书的立论。考虑到这是一部学术著作,为了保存原书的面貌,译者遇到这些地方仍按原文译出,不一一纠正。

北京大学教授张芝联先生大力促成本书译本的出版，我们谨在这里向他表示敬意和谢意。我们还要感谢张慧君同志，她除了负责资料工作，还帮助我们校订、统一译名。

译 者

1987 年 1 月

图书在版编目(CIP)数据

十五至十八世纪的物质文明、经济和资本主义. 第一卷，日常生活的结构：可能和不可能：全2册 / (法)费尔南·布罗代尔著；顾良，施康强译. —北京：商务印书馆，2018(2024.10重印)
(汉译世界学术名著丛书)
ISBN 978-7-100-16478-8

Ⅰ. ①十… Ⅱ. ①费… ②顾… ③施… Ⅲ. ①资本主义社会—历史—15-18世纪②资本主义社会—生活史—15-18世纪 Ⅳ. ①K13

中国版本图书馆CIP数据核字(2018)第189098号

汉译世界学术名著丛书
十五至十八世纪的物质文明、
经济和资本主义
第一卷
日常生活的结构：可能和不可能
(全2册)
〔法〕费尔南·布罗代尔 著
顾良 施康强 译

商 务 印 书 馆 出 版
(北京王府井大街36号 邮政编码100710)
商 务 印 书 馆 发 行
北京市艺辉印刷有限公司印刷
ISBN 978-7-100-16478-8

2018年11月第1版 开本 850×1168 1/32
2024年10月北京第4次印刷 印张 27½
定价：125.00元